MICHAEL HAASE

EINE STÄTTE FÜR DIE EWIGKEIT
DER PYRAMIDENKOMPLEX DES CHEOPS AUS BAULICHER, ARCHITEKTONISCHER
UND KULTURHISTORISCHER SICHT

SONDERBÄNDE DER ANTIKEN WELT

Zaberns Bildbände zur Archäologie

VERLAG PHILIPP VON ZABERN · MAINZ AM RHEIN

MICHAEL HAASE

Eine Stätte für die Ewigkeit

DER PYRAMIDENKOMPLEX DES CHEOPS AUS
BAULICHER, ARCHITEKTONISCHER UND KULTURHISTORISCHER SICHT

VERLAG PHILIPP VON ZABERN · MAINZ AM RHEIN

IV, 147 Seiten mit 96 Farb-, 23 Schwarzweiß- und 58 Strichabbildungen

Umschlag: Die Pyramiden von Giza. Blick von Südosten. (Photo M. Haase)

Frontispiz: Die Cheops-Pyramide von Westen. (Photo M. Haase)

Bibliographische Information der Deutschen Bibliothek

Die Deutsche Bibliothek verzeichnet diese Publikation
in der Deutschen Nationalbibliographie; detaillierte bibliographische Daten
sind im Internet über *<http://dnb.ddb.de>* abrufbar.

© 2004 by Verlag Philipp von Zabern, Mainz am Rhein
ISBN 3-8053-3105-3
Gestaltung: Ilka Schmidt, Verlag Philipp von Zabern, Mainz
Redaktion: Katharina Angermeyer, Gerhild Klose, Annette Nünnerich-Asmus, Verlag Philipp von Zabern, Mainz
Lithos: Stade & Hörn GmbH & Co. KG, Mannheim
Alle Rechte, insbesondere das der Übersetzung in fremde Sprachen, vorbehalten.
Ohne ausdrückliche Genehmigung des Verlages ist es auch nicht gestattet, dieses Buch oder Teile daraus
auf photomechanischem Wege (Photokopie, Mikrokopie) zu vervielfältigen oder unter Verwendung
elektronischer Systeme zu verarbeiten und zu verbreiten.
Printed in Germany by DRUCKWERKSTÄTTEN DIETER HOFFMANN, MAINZ
Printed on fade resistant and archival quality paper (PH 7 neutral) · tcf

INHALT

VORWORT von Rainer Stadelmann	3

ZUR EINFÜHRUNG

Bemerkungen zur Regentschaft des Cheops, des Bauherren der größten Pyramide Ägyptens	4
Cheops' Bildnis	7
Die königliche Titulatur	8
Die unbekannte Dauer von Cheops' Herrschaft	9
Belege für Cheops' Regentschaft außerhalb des Giza-Plateaus	12

DAS GRABMAL DES CHEOPS

Zwischen Felskern und Pyramidion	14
Bauplatz Giza-Plateau	16
Der Bau der Pyramide im Überblick	21
Vom Steinbruch zum Pyramidenstumpf	28
Das Kammersystem der Cheops-Pyramide	29
Der absteigende Korridor	30
Die Felsenkammer	33
Der aufsteigende Korridorbereich	35
Die Königinnenkammer	36
Die Sarkophagkammer	38
Die Schachtsysteme der Cheops-Pyramide	47
Der Verlauf der Schächte	47
Die Fundobjekte aus dem nördlichen Schacht der Königinnenkammer	50
Die Verschlußsteine	51
Wege für die Seele des Königs …	52
… oder Luftschächte für die Arbeiter im Kammersystem	54

DER PYRAMIDENKOMPLEX DES CHEOPS

Kultbauten für die Ewigkeit	56
Zwischen Taltempel und Pyramide	56
Im Zentrum des Totenkults	59
Die Kultpyramide	62
Die Boote des Cheops	65
Die Barken an der Südseite der Cheops-Pyramide	65
Die östlichen Bootsgruben	68
Die Bootsgrube am Aufweg	69

DIE PRIVATNEKROPOLEN IM GRABKOMPLEX DES CHEOPS

Im Schatten der Großen Pyramide	71
Der Familienfriedhof östlich der Cheops-Pyramide	72
Das Schachtgrab G 7000x und die Herkunft des Cheops	73
Die Nebenpyramiden G I-a bis G I-c	77
Die Grabanlage des Kawab	86
Der Beamtenfriedhof westlich der Cheops-Pyramide	90
Die Mastaba G 2000	92
Die Grabanlage des Hemiunu	96
Die Mastaba des Iunu	101
Die Mastaba des Wepemnefret	103

DAS GRABMAL DES CHEOPS IM WANDEL DER ZEIT

Im Bann eines architektonischen Weltwunders	105
Zielpunkt Giza-Plateau	108
Der Fall des göttlichen Falken	116
Giza jenseits des Pyramidenzeitalters	119
Cheops im Fadenkreuz antiker Historiker	124
Die Große Pyramide in arabischer Zeit	129
Die europäische Wiederentdeckung der Pyramidenzeit	132

DIE FORSCHUNGSGESCHICHTE DER CHEOPS-NEKROPOLE SEIT DEM ENDE DES 17. JHS. IM ÜBERBLICK   136

ZEITTAFEL	138

ANHANG

Abkürzungen und Literatur	140
Anmerkungen	140
Bildnachweis	146
Danksagung	146
Adresse des Autors	147

VORWORT

Die Große Pyramide des Cheops in Giza hat zu allen Zeiten die Menschen fasziniert und in ihren Bann gezogen. Die Pyramiden der Cheopssöhne und Enkel, Chephren und Mykerinos, sind auf diesen vollendeten Grabbau hin ausgerichtet. Ihre harmonischen Ausmaße, ihr einzigartiges, grandioses Kammer- und Korridorsystem hat über Jahrtausende die Phantasie von Archäologen, Baumeistern, Theologen, Esoterikern und Utopisten beflügelt und zu Deutungen angeregt. Griechische Historiker und Geographen, römische Kaiser und kulturbeflissene Reisende der Antike bewunderten sie. Fromme Pilger des frühen Mittelalters sahen auf ihren Wegen ins Heilige Land die Große Pyramide und hielten sie für die Kornspeicher Josephs und Pharaos. Als solche sind sie in den Mosaiken des Markusdomes in Venedig dargestellt. Arabische Historiker wußten noch zu berichten, daß dies Grabbauten waren; für sie und die Menschen des arabischen Mittelalters war die Große Pyramide aber ein Ort geheimer Schätze und Mächte, worüber allerdings schon Herodot Geschichten zu berichten wußte. In moderner Zeit sind es häufig esoterische Deutungen, die Pyramide als Monument, in dem für Wissende biblische Geschichte und zukünftiges Geschehen verbaut ist, geheime Kammern mit außerirdischen Geheimnissen, die die Sensationslust der Menschen beflügeln. Dagegen haben Archäologen und Bauforscher in nüchterner Arbeit die staunenswerte Perfektion der Maße dieses Riesenbaues entschlüsselt und bekannt gemacht.

Wer war dieser Cheops, der dies ewige Wunderwerk hat errichten lassen. Altägyptische Berichte über Leben und Persönlichkeit von Königen des Alten Reiches oder des Mittleren Reiches existieren nicht. Daß Cheops ein Sohn des Snofru, des großen Pyramidenerbauers war, erfahren wir allein durch den Zufallsfund der Grabausrüstung seiner Mutter Hetepheres in Giza. Er muß einer der jüngeren Söhne des Snofru gewesen sein, der in Dahschur im Anblick und im Erleben der gewaltigen Pyramidenbauten seines Vaters aufgewachsen ist. Seine älteren Brüder Nefermaat und Rahotep haben diese ersten, echten Pyramiden erbaut und dabei lehrreiche Kenntnisse gesammelt. Der Name des Kronprinzen Cheops wird jedoch zu Lebzeiten seines Vaters Snofru niemals erwähnt, noch erfahren wir, wie seine Wahl zum Thronerben innerhalb des Königsklans vor sich gegangen ist. Anscheinend lebte der bestellte Erbe fest abgeschirmt und beschützt im Schatten des regierenden Königs in Vorbereitung auf seine künftige Verantwortung. Indes hat Cheops unmittelbar nach seinem Regierungsantritt weitgehende Entscheidungen getroffen und es ist kein Zweifel daran, daß er während seiner Regierung einen bestimmenden Einfluß auf alle Geschehnisse nahm. Spätere Schilderungen seines Charakters wie die des Herodot sind zweifellos späte Erfindungen lokaler Dragomane, und stark geprägt von griechischem Denken und griechischen Vorstellungen menschlicher Hybris beim Anblick von Bauten, die alles menschliche Maß zu überschreiten scheinen. So bleiben allein sein Pyramidenbezirk, seine Denkmäler und die Stiftungen, die Cheops hinterlassen hat, um ein Bild seiner Persönlichkeit zu umreißen, denn auch für ihn gilt, daß allein eines Menschen Werk zählt und nicht Zufälligkeiten seines Lebens.

Diese Werke bereitet Michael Haase mit einer ausgezeichneten Vertrautheit der lokalen Gegebenheiten in Giza, einer umfassenden Literaturkenntnis und einem feinem Einfühlungsvermögen auf, ergänzt durch hervorragende eigene Aufnahmen und Pläne. Dadurch gelingt es ihm, ein wirklich umfassendes Bild und Verständnis dieses größten Bauwerks der antiken Welt zu vermitteln, das sowohl Archäologen und Historikern als Forschungsgrundlage dienen wird, jedoch auch interessierten Laien und begeisterten Hobbyforschern einen Zugang ermöglicht.

Rainer Stadelmann

ZUR EINFÜHRUNG

Bemerkungen zur Regentschaft des Cheops, des Bauherren der größten Pyramide Ägyptens

Im Jahre 1646 – in einer Zeit, als man in Deutschland am Ende des Dreißigjährigen Krieges in langwierigen Verhandlungen an einem nachhaltigen Friedensabkommen schmiedete – wurde in London der «publizistische» Grundstein für die wissenschaftliche Erforschung des größten Königsgrabes Ägyptens gelegt. 155 Jahre bevor Napoleon Bonaparte seinen fast dreijährigen militärischen Feldzug in Ägypten verlor, aber durch die Arbeiten der in der französischen Armee mitgeführten Wissenschaftler über die antiken Stätten und Monumente zwischen Kairo und Assuan die eigentliche Geburtsstunde der modernen Ägyptologie eingeläutet wurde, avancierte das Buch «Pyramidographia: Or a Description of the Pyramids in Ægypt» des britischen Mathematikers und Astronomen John Greaves (1605–1652) zum damaligen Standardwerk über die monumentalen Königsgräber am Nil. Der Professor aus Oxford hatte Ägypten zwischen 1638 und 1639 besucht und sein Augenmerk dabei vor allem auf die Pyramiden von Giza (Abb. 1), insbesondere auf die sog. Große Pyramide, gelegt. Greaves bestieg die größte Pyramide Ägyptens und betrat auch ihr Kammersystem. Dabei erwähnte er in seiner Dokumentation sogar bereits die «Luftkanäle», die von der oberen Grabkammer ausgehend durch das Kernmauerwerk der Pyramide verlaufen und deren im Pyramidenbau einmalig gebliebene Existenz bis heute für Diskussionsstoff sorgt. Ausgestattet mit der notwendigen wissenschaftlichen Grundeinstellung erkannte Greaves basierend auf den Berichten antiker Autoren und aufgrund eigener Anschauungen in der Großen Pyramide zweifelsfrei das Grabmal eines altägyptischen Königs und ordnete es folgerichtig Cheops zu. Auch wies er die Fundamentblöcke aus Basalt an der Ostseite der Pyramide korrekterweise dem dort ursprünglich gestandenen Totentempel des Grabmals zu und deutete damit nach langer Zeit wieder auf den baulich komplexen Charakter dieser königlichen Begräbnisstätte hin. Greaves Messungen und Berechnungen wie auch seine Querschnittzeichnung des Kammersystems sind für die Gegebenheiten der damaligen Zeit relativ genau. Die Basislänge der Pyramide, deren Verkleidung zu diesem Zeitpunkt bereits fast vollständig abgerissen und deren unterer Bereich zum Teil von bis zu 17 m hohen Schutthaufen umgeben war, bestimmte er auf 211 m; ihre Höhe berechnete er auf 152 m.[1]

In den letzten Jahrhunderten war Cheops' Grabmal (Abb. 2)

Abb. 1 Die Pyramiden von Giza. V. l. n. r.: Die Mykerinos-Pyramide und ihre Nebenpyramiden (im Vordergrund), die Pyramide des Chephren und die Cheops-Pyramide.

ZUR EINFÜHRUNG

Abb. 2   Die Cheops-Pyramide. Blick von Südwesten. Links im Vordergrund der südöstliche Bereich des sog. Westfriedhofes, dessen Kernstrukturen unter Cheops errichtet wurden.

oftmals das Ziel wissenschaftlicher Untersuchungen. Heute gilt sie als die am besten vermessene Pyramide Ägyptens. Ihre ursprüngliche Seitenlänge wurde im Mittel auf 230,36 m rekonstruiert. Dies entspricht 440 altägyptischen Ellen. Durch einige erhaltene Verkleidungssteine ermittelte man einen mittleren Neigungswinkel der Pyramide von 51° 50' 40''. Dieser Wert kommt dem von den Ägyptern bei der Konstruktion schiefer Ebenen verwendeten Steigungsverhältnis (siehe S. 22) der Form «1 Elle Höhe zu 5,5 Handbreiten Länge» (entspricht einem Winkel von 51° 50' 34'') sehr nahe, das dem Bau der Cheops-Pyramide of-

Abb. 3   Eine nur 7,5 cm große Elfenbeinstatuette des Königs Cheops, das einzige bisher sicher zugeordnete Abbild des Erbauers der Großen Pyramide von Giza. Die kleine Rundplastik wurde 1903 im Tempel des Chontamenti in Abydos gefunden und befindet sich heute im Ägyptischen Museum in Kairo. Zu beiden Seiten der Beine wurden auf die Frontseite des Throns Inschriften geschnitzt, von denen noch diejenige am rechten Bein lesbar ist. Dort steht (eingeschrieben in einer Palastfassade, auf der ein Falke thront) der erste Bestandteil der königlichen Titulatur des Cheops – der Horusname «Medjedu», übersetzt «der (die Feinde) zerdrückt».

Abb. 4   Kleiner Kalksteinkopf eines Königs mit der oberägyptischen Krone (Höhe: 5,7 cm, Breite 3,5 cm, Herkunft unbekannt), der sich heute im Ägyptischen Museum in München befindet. Stilistischen Ähnlichkeiten mit der Statuette des Cheops in Kairo zufolge könnte es sich bei dieser Plastik um ein weiteres Abbild dieses Königs handeln.

König	Dyn.	Begräbnisstätte	Pyramidenmaße			
			Basislänge [m]	Neigungswinkel [° ′ ″]	Höhe [m]	Theor. Bauvolumen [m³]
Djoser	3.	Sakkara-Nord	109 x 121	Stufenpyramide	~ 60	~ 200 000
Sechemchet	3.	Sakkara-Nord	120	Stufenpyramide	~ 70	~ 310 000
Chaba	3.	Zawjet el-Aryan	~ 84	Stufenpyramide	~ 45	~ 100 000
Snofru (Meidum)	4.	Meidum	144,32	51° 50′ 34″	~ 92	~ 639 000
Knick-Pyramide	4.	Dahschur-Süd	189,43	55° 00′ 30″ (*)	104,71	1,45 Mio.
Rote Pyramide	4.	Dahschur-Nord	219,08	44° 44′ (**)	109,54	1,75 Mio.
Cheops	4.	Giza	230,36	51° 50′ 34″	146,59	2,59 Mio.
Djedefre	4.	Abu Roasch	106,20	51° 50′ (?)	~ 67	~ 252000
Chephren	4.	Giza	215,15	53,17°	143,50	2,21 Mio.
Baka	4.	Zawjet el-Aryan	~ 200	unvollendet (nur Ausschachtung für Kammersystem)		
Mykerinos	4.	Giza	102,20 x 104,60	51,3°	~ 65	~ 230 000
Schepseskaf	4.	Sakkara-Süd	99,60 x 74,40	Mastaba	~ 19	~ 128 000
Userkaf	5.	Sakkara-Nord	73,30	53°	49	~ 87700
Sahure	5.	Abusir	78,75	50° 11′ 40″	47	~ 97000
Neferirkare	5.	Abusir	~ 105	Stufenpyramide: Umbau in Pyramide unvollendet (geplant: 54°, 72 m Höhe, ~ 260 000 m³)		
Neferefre	5.	Abusir	~ 65	unvollendet (Pyramidenstumpf)		~ 29500
Niuserre	5.	Abusir	78,90	51° 50′ 35″	51,58	107000
Djedkare Asosi	5.	Sakkara-Süd	78,75	52° (?)	52,50	108500
Unas	5.	Sakkara-Nord	57,75	56°	43	47800
Teti	6.	Sakkara-Nord	78,50	53° 7′ 48″	52,50	107800
Pepi I.	6.	Sakkara-Süd	78,75	53° 7′ 48″	52,50	108500
Merenre I.	6.	Sakkara-Süd	78,75	53° 7′ 48″	52,50	108500
Pepi II.	6.	Sakkara-Süd	78,75	53° 7′ 48″	52,50	108500

Tab. 1 Die Cheops-Pyramide im Vergleich zu anderen Königsgräbern des Alten Reiches. (*) Neigungswinkel der Knick-Pyramide im unteren Bereich; im oberen Bereich 43° 01′ 30″. (**) Der ursprüngliche Neigungswinkel der Roten Pyramide lag vermutlich bei 45°.

fensichtlich zugrunde gelegen hat. Die Höhe der Pyramide, deren obere zehn Steinlagen heute fehlen, wurde auf 146,59 m, umgerechnet 280 Ellen, berechnet. Damit beinhaltete die Cheops-Pyramide unter Vernachlässigung eines Felshügels unbestimmten Ausmaßes, über dem das Grabmal errichtet wurde, ein theoretisches Volumen von über 2,59 Mio. m³. Sie stellte als Mittelpunkt eines umfangreichen Grabkomplexes somit den baulichen Höhepunkt jener Epoche des Gigantismus dar, die zu Beginn des klassischen Pyramidenzeitalters für etwa ein Jahrhundert vorherrschte (Tab. 1).

Hinter diesem nüchternen Zahlenwerk stecken die Erkenntnisse einer Generation fähiger Baufachleute und Handwerker, die bereits unter Cheops' Vorgänger Snofru auf dem Pyramidenfeld von Dahschur mit der Errichtung zweier großer Pyramiden die maßgeblichen Grundlagen für den Weltwunderbau von Giza geschaffen haben. Der Bau der Cheops-Pyramide war aber natürlich auch mit dem mannigfaltigen Schicksal vieler Tausend Arbeiter verbunden. Ideologisch-religiös geprägt von der ihr Dasein beeinflussenden Rolle des Gottkönigs und von dem Glauben an ein Leben nach dem Tode schufen sie in jahrzehntelanger Arbeit ein machtbeladenes Wahrzeichen des zentralistischen Anspruchs des Königtums – ein monumentales Grabmal, das eine die Existenz und das Wirken eines gottgleichen Herrschers krönende Hinterlassenschaft für die nachfolgenden Epochen darstellen sollte.

Wer aber war dieser König Cheops, der als der Bauherr der größten Pyramide Ägyptens in die Geschichte einging? Wer verbirgt sich hinter dieser Lichtgestalt des frühen Pyramidenzeitalters, dessen Grabmal die Menschen zu allen Zeiten faszinierte und das in der modernen Zeit mehr als irgendeine andere Pyramide im Zentrum des populären wie auch wissenschaftlichen Interesses steht?

Bislang ist noch keine umfassende Familiengeschichte der Könige der 4. Dynastie geschrieben worden. Zu kompliziert und un-

Abb. 5a   Blick von Südosten auf den Sphinx. Im Vordergrund der Taltempel der Chephren-Pyramide, im Hintergrund die Cheops-Pyramide. Der Sphinx liegt etwa 350 m südöstlich der Großen Pyramide von Giza und gehört nicht mehr zum Ensemble des Grabkomplexes des Cheops.

bestimmt stellen sich die Verhältnisse innerhalb der Königsfamilie dar, die Ägypten zwischen 2620 und 2480 v. Chr. regierte. Während die Familienverhältnisse im Hause Cheops in den folgenden Kapiteln anhand des archäologischen Materials über die privaten Grabanlagen im Umfeld der Cheops-Pyramide dargestellt werden, beschränkt sich diese einführende Betrachtung auf die bekannten Informationen zur Amtsperson des Königs und auf seine Regierungszeit. Sie stellt sozusagen den administrativen Rahmen für die Beschreibung seines epochalen Bauvorhabens dar.

Cheops' Bildnis

Man weiß heute aufgrund der spärlichen Fundlage zeitgenössischer Inschriften nicht viel über Cheops und seine Regierungszeit – und das, was man weiß, stellt sich leider nicht immer eindeutig dar. Selbst die Bildnisse dieses Königs sind nur in äußerst geringer Zahl überliefert worden. Von den vielen Statuen, die von Cheops angefertigt und die z. B. in den Tempeln seiner Pyramidenanlage aufgestellt worden waren, sind nur wenige Fragmente erhalten geblieben. Das einzige ihm heute absolut sicher zugeordnete – da namentlich fixierte – rundplastische Abbild stammt aus dem Tempel des Gottes Chontamenti im oberägyptischen Abydos. Es wurde dort 1903 bei Ausgrabungen gefunden[2] und wird heute im Ägyptischen Museum in Kairo ausgestellt. Hierbei handelt es sich um eine nur 7,5 cm hohe Statuette aus Elfenbein, die den König auf einem Thron sitzend darstellt (Abb. 3). Cheops trägt die rote, unterägyptische Krone auf dem Kopf und einen kurzen, plissierten Schurz. Der rechte Arm ist angewinkelt;

Abb. 5b   Der Kopf des Sphinx ist etwa 5,20 m hoch und 4,20 m breit. Er zeigt alle charakteristischen Merkmale eines Königsabbildes. Das Nemes-Tuch, an dessen unterer Kante an der Stirn die Uräusschlange ansetzt, besitzt die voll plissierte Form. Einst war der Sphinxkopf bemalt. Noch heute kann man rötliche Farbspuren erkennen.

in der rechten Hand hält er eine Geißel, die über die rechte Schulter fällt. Der linke Arm liegt eng am Körper an, die linke Hand ruht ausgestreckt auf Höhe des linken Knies. Zu beiden Seiten der Beine wurden an die Frontseite des Throns Inschriften ge-

Abb. 6 Kalksteinfragment mit der Darstellung des Cheops. Der König, dessen Gesicht bis auf das Ohr zerstört ist, trägt die Rote (unterägyptische) Krone und ein Trägerhemd. Das Bruchstück wurde bei Ausgrabungen im Bereich des Totentempels gefunden und stammte vermutlich aus dem Dekorationsprogramm des Pfeilerhofes.

schnitzt, von denen aber nur noch diejenige am rechten Bein lesbar ist. Dort steht der erste Bestandteil der königlichen Titulatur des Cheops – der Horusname «Medjedu», übersetzt «der (die Feinde) zerdrückt». Er ist in einer Palastfassade eingeschrieben, auf der ein Falke thront.

Aufgrund stilistischer Ähnlichkeiten mit der Kairoer Statuette werden Cheops heute noch zwei weitere Königsköpfe zugeordnet.[3] Ein kleiner, nur 5,7 cm hoher und 3,5 cm breiter Kalksteinkopf unbekannter Herkunft befindet sich im Ägyptischen Museum in München und zeigt einen König mit der weißen, oberägyptischen Krone (Abb. 4). Der zweite, 54,3 cm hohe und 29 cm breite Granitkopf, der ebenfalls eine oberägyptische Krone trägt, befindet sich in der Sammlung des Museums von Brooklyn.[4] Seit kurzem findet außerdem eine Diskussion darüber statt, ob der Große Sphinx von Giza (Abb. 5a.b) womöglich doch nicht das Werk des Chephren war, sondern bereits unter Cheops aus dem Felsen gemeißelt wurde und der Sphinx-Kopf demzufolge ein Porträt dieses Königs darstellen sollte.[5]

Daneben existieren noch eine Reihe stilistisch genormter und daher anatomisch weniger aussagefähiger «Profildarstellungen» des Cheops, die den König mit verschiedenen Kronen ausgestattet und in unterschiedlichen Posen zeigen (Abb. 6. 7. 10). Gemeinsam ist allen Abbildungen, daß Cheops wie sein Vorgänger Snofru stets ohne Zeremonialbart gezeigt wird, der innerhalb der 4. Dynastie offensichtlich erst wieder bei Djedefre, Cheops Sohn und Thronfolger, als königliches Attribut in den Königsdarstellungen auf Reliefs oder bei Rundplastiken Verwendung fand.[6]

Die königliche Titulatur

Königstitulaturen beinhalteten in der Regel gewisse politisch-programmatische Aspekte bzw. Ansprüche, die vorrangig die Kontinuität, Stärke und Schöpferkraft des Regenten zum Ausdruck bringen sollten. Durch die bei der Thronbesteigung vollzogenen Riten und die Annahme der Titulatur, der Kronen und herrschaftlichen Insignien übernahm der König ein göttliches Amt und wurde zum obersten Priester des Landes. Er wurde letztlich zum Mittler zwischen den Menschen und den Göttern, der aufgrund seiner durch das Herrscheramt übertragenen gottgleichen Autorität die Aufgabe hatte, die Ordnung der Welt zu erhalten und das Land zu beschützen. Zur Zeit des Cheops war die Königstitulatur noch nicht vollständig ausgeprägt und setzte sich aus vier Komponenten zusammen: Horusname, Herrinnenname, Goldhorusname und Geburts- bzw. Eigenname. Von ihnen war

Abb. 7 Umzeichnung zweier benachbarter Felsreliefdarstellungen im Wadi Maghara auf dem Sinai, die König Cheops in symbolischer Pose als Bezwinger der dort ansässigen Beduinen (links) und seine Titulatur (rechts) zeigen. Hier wurden beide Varianten des Eigennamens des Königs wiedergegeben.

der Horusname der wichtigste, da er die Stellung des Königs als irdischen Repräsentanten des falkengestaltigen Himmelsgottes charakterisierte, der in der Rolle eines Stellvertreters des obersten Gottes der Ägypter auf Erden fungierte. Man verstand das Königtum als eine Art irdisches Legat der Götter.

Ein gutes Beispiel für die Wiedergabe der vollständigen Titulatur des Cheops findet sich auf einem Felsrelief im Wadi Maghara auf der Sinai-Halbinsel[7], das sich unmittelbar neben einem zweiten Relief erhalten hat, das den König als Bezwinger eines bärtigen, asiatisch aussehenden Nomaden zeigt (Abb. 7). Cheops wurde somit wie schon zuvor Snofru und noch viele Pharaonen nach ihm symbolisch als Eroberer wie auch als Beschützer der dortigen Türkisminen sowie derjenigen Ägypter gezeigt, die im Auftrag des Königs auf dem Sinai tätig waren.

Die Königstitulatur auf dem Relief ist in drei Spalten aufgeteilt. In der linken Spalte ist der Horusname des Cheops innerhalb einer Palastfassade mit krönendem Falken wiedergegeben. Links daneben stehen untereinander der Titel «nesut bit», «König von Ober- und Unterägypten», und der unvollständig erhaltengebliebene Herrinnenname «Medjed er Nebti», «Der (die Feinde) zerdrückt entsprechend der beiden Herrinnen». In der zweiten Spalte von links steht schließlich der in einen Königsring geschriebene Geburtsname des Königs in der Kurzform «Chuiefui» (in der Literatur in der Regel als «Chufu» geschrieben), «Er schützt mich». Darunter befindet sich der Goldhorusname «Biku(i) nebu», «Gold (Goldener) der zwei Falken».

Der vollständige Geburtsname des Cheops befindet sich auf dem benachbarten Relief, rechts oberhalb der Szene, in der der mit der Doppelkrone Ägyptens ausgestattete König vor dem Gott Thot zum Schlag gegen den Beduinen ausholt. Er lautet: «Chnum-Chufu», übersetzt «(Gott) Chnum, er schützt mich». Dahinter steht das Epitheton «Großer Gott». Damit lautet die komplette Titulatur (mit dem vollständigen Eigennamen) des Cheops zusammenfassend: «Horus, der (die Feinde) zerdrückt, König von Ober- und Unterägypten, der (die Feinde) zerdrückt entsprechend der beiden Herrinnen, Gold (Goldener) der zwei Falken, (Gott) Chnum, er schützt mich».

Die Bestandteile dieser Titulatur können in leicht variierbaren Schreibweisen vorkommen, sind aber in ihrer Gesamtheit und individuellen Aussagekraft einmalig und identifizieren den König für die Nachwelt eindeutig.[8] Oftmals wurde insbesondere der Geburtsname des Cheops wie im Fall der Sinai-Inschrift unter Weglassung des Gottesnamens geschrieben. Vermutlich befand sich diese Schreibweise auch auf der beschädigten Frontpartie der Elfenbeinstatue des Königs aus Abydos. Der heute in der Literatur gebräuchliche Name des Bauherrn der größten Pyramide Ägyptens «Cheops» geht auf die griechische Lesung der Kurzform des altägyptischen Namens zurück.

Ein weiteres interessantes Beispiel für die inschriftliche Überlieferung des Königs Cheops existiert auf einem Fragment einer Widderfigur aus Basalt (Abb. 8), das sich heute im Ägyptischen Museum in Berlin-Charlottenburg befindet und die Brustpartie des Tieres wiedergibt. Dort sind auf der einen Seite der Horusname des Cheops (in vollständiger Darstellungsweise mit Palastfassade und Horusfalke) verewigt und auf der anderen Seite in einer senkrechten Zeile der Titel «König von Ober- und Unterägypten» und darunter offenbar eine abgekürzte Form des Eigennamens des Königs geschrieben worden. Bei der Widderstatue selbst handelt es sich um eine Darstellung des Gottes Chnum, einer Schöpfer- und Fruchtbarkeitsgottheit, die vor allem in Oberägypten diverse Kultorte besaß. Die Aussage «Chnum, er schützt (mich)» ist hier wohl als eine Art «Schutzformel» zu verstehen, die offensichtlich auch den Wunsch und die Hoffnung zum Ausdruck bringt, daß die göttlichen Attribute und Wesensmerkmale des Chnum (in erster Linie der lebensspendende Aspekt) auf die irdische, vor allem aber auch auf die jenseitige Daseinsebene des Königs symbolisch übertragen werden sollten.[9]

Ob die Widderstatue ein Werk des Alten Reiches ist und zum ursprünglichen Kultensemble eines Heiligtums gehört hat oder womöglich im Rahmen der Restaurationsarbeiten an den Königsgräbern von Giza und gewisser Kultbelebungen im Umfeld der Cheops-Pyramide eine späte Stiftung aus der Saitenzeit (26. Dynastie) gewesen war, ist völlig unklar. Vielleicht hat die Götterplastik einst in einem der Tempel des Pyramidenkomplexes des Cheops gestanden und somit die enge Bindung des Königs mit der Gottheit Chnum dokumentiert. Womöglich bringt eine paläographische Untersuchung der Hieroglyphen auf der Statue nähere Informationen über ihre Datierung.

Die unbekannte Dauer von Cheops' Herrschaft

Es ist heute nicht bekannt, wie lange die Regierung des Cheops angedauert hat. Die spärliche Informationslage basiert auf zwei unterschiedlichen Quellen. Einerseits auf zeitgenössischen inschriftlichen Datumsvermerken, die in Felsinschriften in der

Abb. 8 Aufsicht auf ein Fragment einer Widderstatue aus Basalt, das heute im Ägyptischen Museum Berlin-Charlottenburg aufbewahrt wird. Der Fundort des Fragments ist unbekannt. Die auf der Brust befindlichen Inschriften geben die Namen des Königs Cheops wieder. Links der Horusname »Medjedu«, rechts der Titel »König von Ober- und Unterägypten« und darunter Cheops' Eigenname »Chnum, er schützt mich«.

Zur Einführung

Westlichen Wüste oder in Form von Bauarbeitergraffiti auf Steinblöcken gefunden wurden, die man im Grabkomplex des Königs verbaut hat. Andererseits auf Überlieferungen der in späteren Epochen lebenden Chronisten, die auf tradierte Königslisten zurückgreifen konnten, in denen die Regierungszeiten der Herrscher registriert waren. Beide Datenbestände sind in ihrer Auswertung jedoch problematisch und erlauben es derzeit nur, ein Intervall für die Herrschaft des Cheops abzuschätzen.

Die grundsätzlichen Probleme bei der Auswertung dieser Quellen lassen sich leicht eingrenzen. Um ein Ereignis der Gegenwart mit der Vergangenheit in Zusammenhang zu bringen, benutzten die alten Ägypter keine Notationsweise im Sinne einer fortlaufenden Zeitrechnung wie wir heutzutage, sondern verwendeten eine Art «lokale Chronologie», die ausschließlich auf die Regentschaft des gegenwärtig regierenden Königs zugeschnitten war. Die Jahreszählung orientierte sich dabei im Alten Reich an den turnusmäßigen, landesweit durchgeführten Viehzählungen zum Zweck der Steuererhebung. So enthielt eine Datumsangabe in der Regel die Angabe «Jahr des x. Mals der Zählung», die zusätzlich mit dem Monats- und Tagesverweis spezifiziert wurde. Jahre ohne Zählungen wurden durch die Bezeichnung «Jahr nach dem x. Mal der Zählung» ausgewiesen. Beispielsweise findet sich auf einem Steinblock, der in der Mastaba des Wesirs und «Vorstehers aller königlichen Bauarbeiten» Hemiunu auf dem Westfriedhof des Giza-Plateaus verbaut wurde (s. S. 99 ff, Abb. 100a.b) die Datumsangabe «Jahr des 8. Mals der Zählung, 3. Monat der Ernte-/Sommerzeit, 20. Tag»[10], wodurch eine präzise Tagesangabe innerhalb des altägyptischen Jahreskalenders vorgenommen wurde.

Die späteste, bislang bekannte Regierungsdatierung des Cheops wurde erst 1999 innerhalb einer Felsinschrift in der Libyschen Wüste südwestlich der Oase Dachla entdeckt. Sie weist in das «Jahr nach dem 13. Mal der Zählung»[11] (s. Abb. 9). Das Problem besteht nun darin, daß man einerseits keinen definitiven Beleg aus dem letzten Regierungsjahr des Cheops vorliegen hat und man andererseits heute nicht mit absoluter Sicherheit sagen kann, ob die Steuerzählungen unter diesem Herrscher stringent in dem festen, in dieser Zeit üblichen Rhythmus von zwei Jahren durchgeführt wurden. Bereits unter Snofru sind nämlich Abweichungen von dieser Regel belegt bzw. rekonstruierbar, die zeigen, daß man sie auch gelegentlich in aufeinanderfolgenden Jahren durchführte.[12] Wertet man nun die bislang höchste vorliegende Datumsangabe aus, so kann man unter Berücksichtigung einer festen zweijährigen Zählweise derzeit nur folgern, daß Cheops mindestens 27 Jahren regiert hat, wenn die erste Zählung in seinem 2. Regierungsjahr stattfand. Sollten während seiner Regentschaft ähnlich wie bei Snofru auch einige jährlich aufeinanderfolgende Zählungen vom Umfang x stattgefunden haben, läßt sich aus dem belegten «Jahr nach dem 13. Mal der Zählung» lediglich eine minimale Regierungsdauer der Form 27-x Jahre rekonstruieren (Tab. 2).

Zieht man die späteren Überlieferungen zu Rate, wird die Situation nicht konkreter. Die wohl zu allen politisch stabilen Zeiten in Ägypten existierenden Annalen und Königslisten, die in den Behörden und Tempeln aus verwaltungs- und kulttechnischen Gründen geführt wurden, sind unglücklicherweise weitgehend zerstört. Ihr Inhalt ist nur bruchstückhaft und zum Teil nicht mehr im Original überliefert, so daß sich historische Zusammenhänge oftmals nicht mehr eindeutig rekonstruieren lassen.

Zählungen unter Cheops	Jahr	Fundorte
4. Mal	7/8	Giza: Verkleidungsstein, Mastaba G 2130
5. Mal, ?. Monat schemu, Tag 5	9/10	Giza: Kalksteinfragment, Mastaba G 1203
8. Mal, 1. Monat peret	15/16	Giza: am oberen Ende des Aufweges der Cheops-Pyramide, nahe des Eingangs zum Totentempel
8. Mal, 3. Monat schemu, Tag 20	15/16	Giza: Bruchstein hinter der Verkleidungsschicht der Westseite der Mastaba G 4000
10. Mal, 4. Monat peret, Tag 23 (oder 24)	19/20	Giza: Steinfragment in der Nähe der südlichen Kultstelle der Mastaba G 4000
10. Mal*, 1. Monat schemu, Tag 10+x	19/20	Giza: Rückseite eines Steinblocks am Eingang der Kultkapelle der Mastaba G 4000
10. Mal, 2. Monat schemu, Tag 10+x	19/20	Giza: Rückseite eines Verkleidungssteins an der Ostwand des Kultkorridors der Mastaba G 4000
11. Mal	21/22	Giza: Abdeckstein der östlichen Bootsgrube südlich der Pyramide
12. Mal, 2. Monat schemu	23/24	Giza: Isis-Tempel, vermutlich aus der Mastaba G 7130/40
Jahr nach dem 12. Mal	24/25	Libysche Wüste: Felsinschrift
Jahr nach dem 13. Mal	26/27	Libysche Wüste: Felsinschrift

Tab. 2 Beispiele überlieferter Jahresangaben, die einen direkten oder indirekten Bezug zur Regierungszeit des Cheops herstellen. Berechnung der Regierungsjahre nach zweijährigem Zählrhythmus je nachdem, ob die erste Steuererhebung im 1. oder im 2. Regierungsjahr stattgefunden hat. Alle Inschriften bis auf die aus der Libyschen Wüste treten ohne Nennung des Königsnamens auf Baublöcken von Grabanlagen auf, die unter Cheops errichtet wurden. Die Mastabas G 2130 (Chent(ka)), G 1203 (Kanefer) und G 4000 (Hemiunu) gehören zum Westfriedhof, die Mastaba G 7130/40 (Chaefchufu) liegt auf dem Ostfriedhof der Cheops-Nekropole. (*) Lesung auch als «Jahr nach dem 10. Mal» möglich.

Zur Einführung

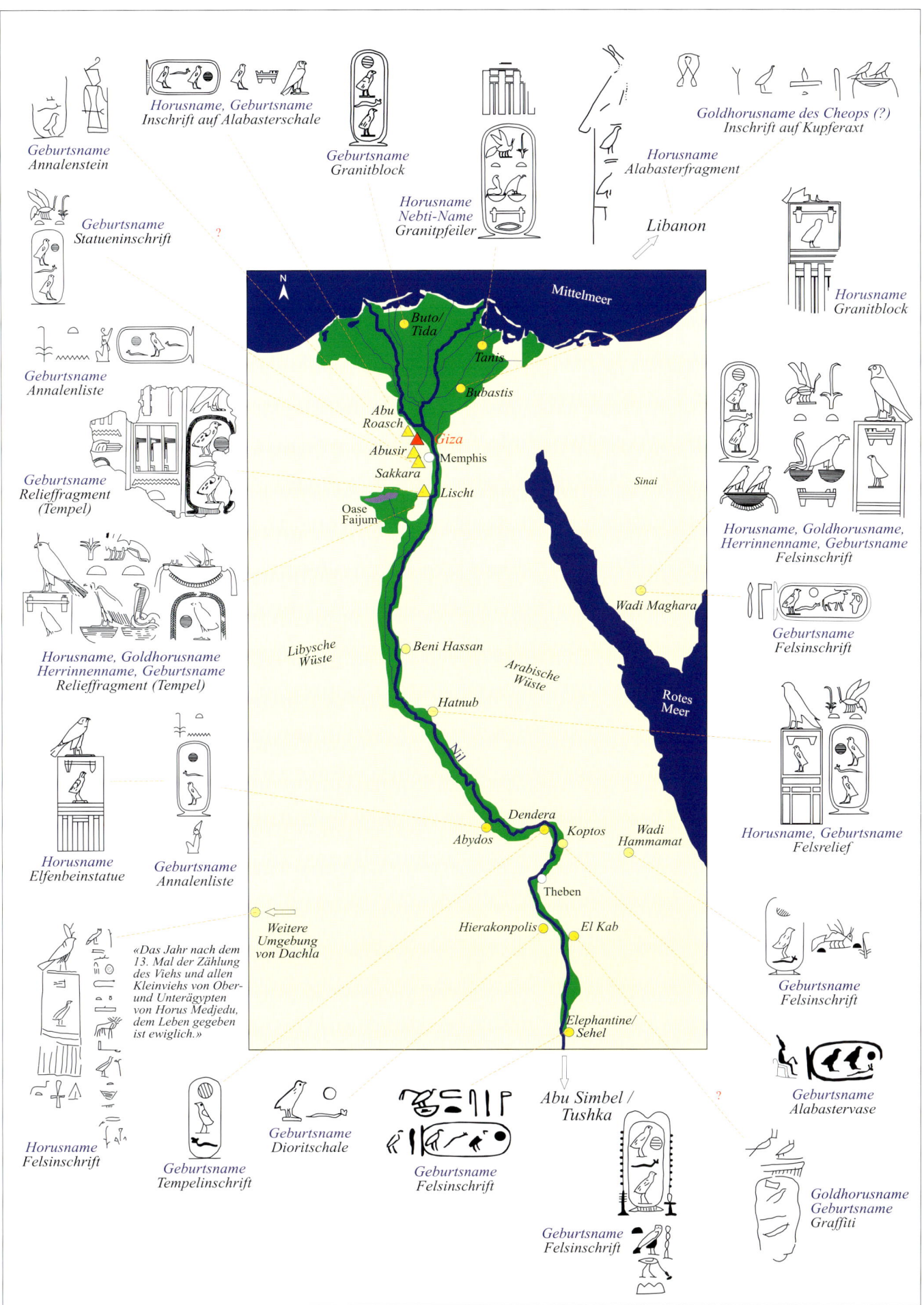

Abb. 9 Inschriftliche Belege der verschiedenen Königsnamen des Cheops außerhalb des Giza-Plateaus, die auch auf die Aktivitäten dieses Königs im alten Ägypten hindeuten.

Dem Turiner Königspapyrus[13] ist für Cheops eine Herrscherdauer von 23 Jahren zu entnehmen. Einer Arbeitshypothese zufolge könnte sich der Eintrag im Königspapyrus womöglich auf die zu Beginn des Alten Reiches gültige zweijährige Zählweise beziehen und in der Abschrift irrtümlich mit der in der Ramessidenzeit mittlerweile üblichen Zählweise in Regierungsjahren verwechselt worden sein. Demnach hätte Cheops sogar 46 Jahre lang regiert.[14] Dem griechischen Historiker Herodot von Halikarnassos zufolge, der Ägypten um 450 v. Chr. bereiste, soll Cheops hingegen 50 Jahre lang regiert haben, ohne daß jedoch eine genaue Quelle für seine Behauptung genannt wird.[15]

Einen weiteren Verweis auf Cheops' Regierungszeit findet man in einer bis zu König Nektanebos I. (um 360–342 v. Chr.) gehenden Chronik des Pharaonenreiches, die der etwa zwischen 280 und 245 v. Chr. unter Ptolemaios I. Soter lebende Hohepriester von Heliopolis Manetho verfaßt hat. Dort wurden für Cheops sogar 63 Regierungsjahre registriert – eine archäologisch nicht zu verifizierende Jahresangabe, die vermutlich irrtümlicherweise aufgrund der vielen Abschriften der ursprünglichen Vorlagen auf die im Turiner Papyrus vermerkten 23 Jahre zurückgeht.

Basierend auf den Bauleistungen an den Pyramiden ist in den letzten beiden Jahrzehnten mehrmals der Versuch unternommen worden, die Regierungszeiten der Könige der 4. Dynastie indirekt zu bestimmen. Auf dieser Grundlage wurde die 23 Jahre lange Regentschaft, die der Turiner Königspapyrus für Cheops ausweist, als realistische Regierungsdauer bestätigt[16], aber auch eine Herrschaftsperiode von über 30 Jahren vermutet.[17]

Unter Berücksichtigung aller Problemstellungen und Unzulänglichkeiten bei der Bestimmung einer in sich schlüssigen Chronologie für das Alte Reich existiert heute aufgrund der Untersuchungsergebnisse moderner Chronisten ein «Zeitfenster» für die Regierungszeit des Cheops, das zwischen 2604 und 2528 v. Chr. liegt.[18] In der vorliegenden Publikation wird auch basierend auf eigenen Abschätzungen davon ausgegangen, daß Cheops etwa zwischen 2580 und 2550 v. Chr. regiert hat – ein Intervall, das hier also nur als Richtgröße zu verstehen ist.

Belege für Cheops' Regentschaft außerhalb des Giza-Plateaus

Aus der Regierungszeit des Cheops ist neben dem Bau seiner monumentalen Grabanlage nur wenig historisches Material bekannt. Seine Bau- und Spendenaktivitäten reichten jedoch von den Städten im Nildelta bis nach Elephantine, der damaligen Südgrenze des ägyptischen Reiches (Abb. 9).

Belegt sind z. B. mit dem Horusnamen des Königs versehene Steinblöcke in Tida bei Buto[19] sowie auf den Tempelgeländen von Bubastis und Tanis[20], die dorthin aus anderen lokalen Heiligtümern oder sogar aus dem Pyramidenkomplex bei Giza verschleppt und verbaut wurden. Eine Felsinschrift in den Alabastersteinbrüchen bei Hatnub südöstlich von Tell el-Amarna (Abb. 10)[21] bezeugt die umfangeichen Aktivitäten der Prospektoren unter Cheops, die hier Rohstoffmaterial für diverse Kultgegenstände und Bauelemente gewannen. Eine Restaurationsinschrift aus dem Neuen Reich in der Krypta Nr. 9 des Hathor-Tempels in Dendera weist auf Cheops als eine Art Gründerkönig des Heiligtums hin bzw. ihn als den Regenten aus, unter dem die «Gründungsinschrift» von Dendera aufgezeichnet wurde.[22] Aus Koptos, einem Ort, an dem der Kult um Cheops bis ins Neue Reich hinein lebendig blieb und wo man offenbar die Gründung eines dortigen Isis-Heiligtums auf diesen König zurückführte, stammt ein Bruchstück einer großen Alabastervase, die den Horusnamen des Cheops in einer Palastfassade mit krönendem Horusfalken eingeschrieben trägt[23] – vermutlich einst eine Weihegabe. In Hierakonpolis, dem politisch-religiösen Zentrum Oberägyptens in vordynastischer Zeit und Standort eines alten Heiligtums des Reichsgottes Horus, wurde ein Fragment einer Dioritschale mit dem Geburtsnamen des Cheops gefunden.[24]

Auch auf einem im Ägyptischen Museum in Kairo befindlichen Bruchstück einer königlichen Annalenliste haben sich einige spärliche Informationen aus Cheops' Regentschaft erhalten. Das steinerne Fragment erwähnt die Herstellung einer 14 Ellen (ca. 7,33 m) hohen Kolossalstatue des Königs und einer Götterstatue und enthält vielleicht auch einen Hinweis auf den Bau ei-

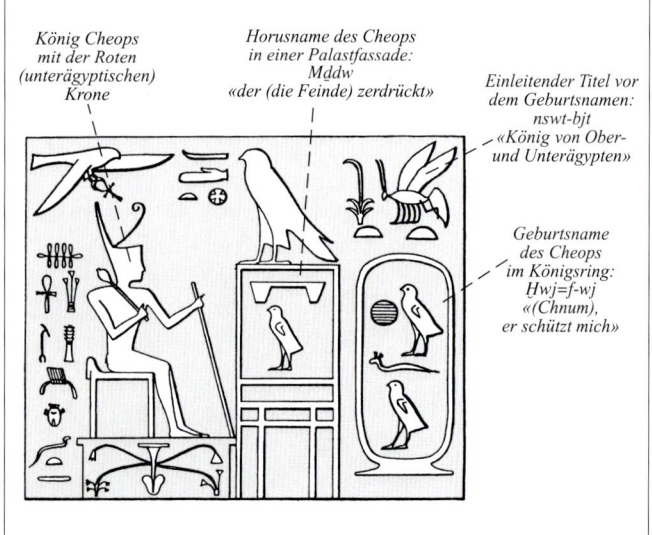

Abb. 10 Umzeichnung eines Felsreliefs aus den Alabastersteinbrüchen von Hatnub, die Cheops und einen Teil seiner königlichen Titulatur zeigen.

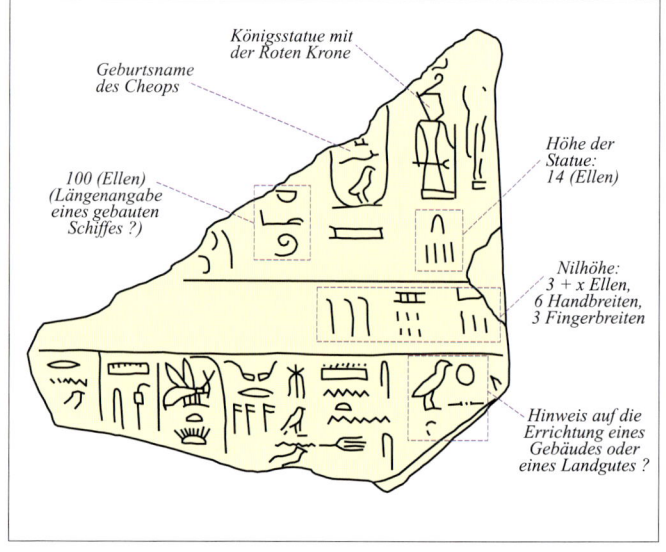

Abb. 11 Umzeichnung eines im Ägyptischen Museum von Kairo befindlichen Bruchstückes, das offensichtlich zu einem Annalenstein gehörte und einige spärliche Informationen aus der Regierungszeit des Cheops enthält.

Abb. 12 Blick auf die Ostwand der Hauptkultkammer des Felsgrabes der Meresanch III. auf dem Ostfriedhof des Giza-Plateaus: Im oberen Register ist die Darbringung unterschiedlicher Opfergaben aus verschiedenen Stiftungsgütern des Cheops für die Grabinhaberin abgebildet.

nes 100 Ellen (etwa 52,4 m) langen Schiffes und die Gründung eines Landgutes[25] (Abb. 11). Über den Aufstellungsort der Kolossalstatue ist leider nichts bekannt. Vielleicht war für sie ein exponierter Platz im Grabkomplex vorgesehen – möglicherweise im Hof des Totentempels.[26]

Und noch immer tauchen bei Ausgrabungen in Ägypten neue Belege für Cheops' Regentschaft vor über 45 Jahrhunderten auf. Neben den in der Westwüste gefundenen Inschriften mit den Jahresangaben seiner Regierungszeit wurden erst vor wenigen Jahren in einer fast abgetragenen Nebenpyramide im Grabkomplex seines Sohnes und unmittelbaren Thronfolgers Djedefre bei Abu Roasch Fragmente einer Alabasterschale gefunden, auf deren Innenseite der Horus- und der Geburtsname des Cheops graviert wurden.[27] Bei Ausgrabungen im Norden von Sakkara entdeckte man vor kurzem ein kleines Höhlenheiligtum einer löwenköpfigen Göttin mit einigen Stiftungsgaben aus der 6. Dynastie. Unter den zahlreich gefundenen Kleinplastiken fand sich auch eine kleine Terrakotta-Figur in Form eines Löwen oder eines Sphinx, die den Namen des Cheops trägt.[28]

Über Cheops' außenpolitische Aktivitäten ist nur wenig bekannt. Neben der weiteren Erschließung der Türkis- und Kupferminen auf dem Sinai führt Cheops' Spur auch nach Nubien. Ungefähr 65 km nordwestlich von Abu Simbel wurde in den Diorit-Steinbrüchen unweit südlich vom Wadi Tushka eine Stele gefunden, deren Inschrift die Ortsbezeichnung «Hamet-Chufu» enthält. Sie weist das dortige Abbaugebiet im Sinne von «Jagdgebiet des Cheops» als Eigentum des Königs aus.[29] Auch ein Alabasterfragment aus dem heutigen Libanon, von wo aus die ägyptischen Herrscher oftmals große Mengen an Zedernholz für ihre Bauvorhaben importieren ließen, trägt den Horusnamen des Cheops.[30] Aus dieser Region stammt ebenfalls eine Kupferaxt, auf der möglicherweise der Name einer «Bootsmannschaft des Cheops» eingraviert wurde.[31]

Vermutlich hatte Cheops bereits früh in seiner Regierungszeit damit begonnen, an verschiedenen Stellen des Landes Opferstiftungen für seinen späteren Totenkult einrichten zu lassen (Abb. 12). Inschriftlich sind bislang 25 Domänen bekannt, die bis zum Ende der 4. Dynastie in Betrieb gewesen waren und von denen wohl die meisten bereits unter Cheops inauguriert wurden. Insgesamt sind aus der 4. und 5. Dynastie 60 Stiftungsgüter für Cheops' Totenkult belegt, kein einziges hingegen mehr aus der 6. Dynastie.[32] In jener Zeit war dessen Totenkult als wirtschaftliche Institution offenbar schon ohne Bedeutung.

DAS GRABMAL DES CHEOPS

Zwischen Felskern und Pyramidion

Die Geschichte der Großen Pyramide von Giza beginnt bautechnisch betrachtet eine Generation vor Cheops auf dem Pyramidenfeld von Dahschur. Snofru hatte in seiner etwa vier Jahrzehnte langen Regierungszeit den königlichen Grabbau revolutioniert und das umfangreichste Bauprogramm des gesamten Pyramidenzeitalters durchgeführt.[33] Dieser König ließ insgesamt drei große Pyramidenkomplexe mit einem Gesamtvolumen von mehr als 3,6 Mio. m³ Steinmaterial errichten, was ihn zum größten Pyramidenbauherren der ägyptischen Geschichte machte.

Die Untersuchung der drei Grabbauprojekte des Snofru ist komplex und ihre Geschichte noch immer nicht vollständig bekannt. Sie beginnt nahe der heutigen Ortschaft Meidum, wo Snofru am Ende seines ersten Regierungsjahrzehnts seinen ersten Grabbau, eine Stufenpyramide, errichten ließ (Abb. 14a). Doch aus heute nicht eindeutig nachvollziehbaren Gründen gab der König seine Nekropole wieder auf und ließ auf einem Felsplateau beim Dorf Dahschur die Arbeiten an der sog. Knick-Pyramide beginnen (Abb. 14b). Wie ihre ungewöhnliche Form andeutet, war das zweite Grabbauprojekt Snofrus von statischen Problemen überschattet. Deren Ursachen werden heute in erster Linie im Untergrund gesehen, der den enormen Belastungen durch den massiven Baukörper nicht gewachsen war. Trotz mehrerer aufwendiger baulicher Rettungsversuche wie der Modifikation der Baupläne des Kammersystems, der Erweiterung der Pyramide durch einen Stabilisierungsmantel und letztlich der auf fast halber Höhe durchgeführten Reduzierung des Neigungswinkels blieb die Grabkammer der Knick-Pyramide einsturzgefährdet. So mußte das Bauwerk als königliche Begräbnisstätte aufgegeben werden und die Errichtung eines dritten Grabbaus etwa 2 km weiter nördlich wurde erforderlich. Innerhalb eines guten Jahrzehnts gelang es Snofrus Bauarbeitern schließlich, die erste geplante und geometrisch formkorrekte Pyramide Ägyptens ordnungsgemäß und ohne heute erkennbare bautechnische oder statische Probleme zu errichten. In der sog. Roten Pyramide wurde Cheops' Amtsvorgänger letztendlich auch zu Grabe getragen (Abb. 14c).

So hatten die Ägypter also etwa 80 Jahre nach dem ersten pyramidalen Grabbauprojekt des Königs Djoser (Abb. 13) zu Beginn der 3. Dynastie die ideale Form für ihre königlichen Grabmäler gefunden. Die Rote Pyramide markierte den Endpunkt ei-

Abb. 13 Die Stufenpyramide des Djoser bei Sakkara; Blick von Süden. Sie wurde etwa zwischen 2700 und 2680 v. Chr. errichtet und markiert den Beginn des Pyramidenzeitalters.

Abb. 14a Die Überreste der Pyramide von Meidum. Noch heute ist ihre Basis von großen Schuttwällen umgeben. Nach der Freilegung der Nord-West-Ecke (Bildmitte) kamen Teile der Verkleidung zum Vorschein. Etliche dort gefundene Steinblöcke weisen Datumsangaben auf, die über den Zeitpunkt der Erweiterung der älteren Stufenpyramide in eine echte Pyramide Auskunft geben.

Abb. 14b Die Knick-Pyramide, Snofrus zweites Pyramidenprojekt – die größte Bauruine der Antike. Blick von Nordwesten. Ihr markantes Äußeres (Reduzierung des Neigungswinkels von 55° auf etwa 43° in einer Höhe von ca. 47 m über dem Basisniveau) ist das Resultat einer (weiteren) baulichen Modifikation, die dazu diente, das instabil gewordene Bauwerk als Königsgrab zu retten. Doch ohne Erfolg. Die Knick-Pyramide wurde als Grabmal aufgegeben und in eine Kultstätte für den König umfunktioniert. Sie besitzt noch in großen Bereichen ihre Verkleidung aus Tura-Kalkstein und gilt heute als die am besten erhaltene Pyramide Ägyptens.

Abb. 14c Die Rote Pyramide, das Grabmal des Snofru, liegt etwa 2 km nördlich der Knick-Pyramide. Blick von Südosten. Mit dem Bau dieser Pyramide gelang es erstmals, ein Königsgrab ordnungsgemäß zu errichten, das von Beginn an als geometrisch echte Pyramide geplant war. An den Pyramidenflanken liegen Flugsand und Geröll heute teilweise noch über 15 m hoch. An der Ostseite wurden Reste des Totentempels und der Verkleidung freigelegt.

ner Entwicklung im ägyptischen Grabbau, die sich von den ersten Ziegelmastabas über die Stufenpyramiden der 3. Dynastie bis zur echten Pyramidenform verfolgen läßt. Sie war aber auch der architektonische Prototyp für ein bemerkenswertes Baukonzept, das in den folgenden 1000 Jahren das Aussehen der Nekropolen bestimmen sollte. Der Mythos um die «Weltwunder-Pyramiden» Ägyptens wurde demnach in Dahschur begründet. Dort liegt die eigentliche Geburtsstätte des klassischen Pyramidenzeitalters.

Bauplatz Giza-Plateau

Etwa um das Jahr 2580 v. Chr. starb Snofru und Cheops, der heute allgemein hin als dessen Sohn angesehen wird, bestieg den Thron.[34] Man weiß bislang weder, nach welchen Kriterien die Thronfolgeregelung in der 4. Dynastie gehandhabt wurde, noch kann man nachweisen, daß Cheops als unmittelbar Erbfolgeberechtigter an die Macht gekommen war. Der neue König von Ober- und Unterägypten ist vor seiner Regierungszeit inschriftlich und archäologisch nicht zu fassen – ein Umstand, der für alle Könige der 4. Dynastie zu gelten scheint. Bislang ließ sich kein Privatgrab eines designierten Thronfolgers nachweislich bestimmen. Prinzen, die später Regenten wurden, haben vor ihrer Thronbesteigung merkwürdigerweise keine unmittelbar erkennbaren Spuren in den königlichen Nekropolen hinterlassen.[35]

Vermutlich gab Cheops bereits in seinem ersten Regierungsjahr den Befehl, einen geeigneten Platz für die Errichtung seiner Grabstätte zu suchen. Aufgrund der gewonnenen Erfahrungen während der Bauprojekte bei Dahschur konzentrierte sich die Suche auf ein sich markant von der Umgebung abhebendes und relativ leicht zugängliches Felsplateau am westlichen Rand des Niltals, das einerseits die notwendige geologische Konsistenz besaß, um einen stabilen Untergrund für die monumental geplante Grabpyramide zu gewährleisten, und andererseits den Aufbau einer effektiven Infrastruktur zwischen der Baustelle, den nahen Steinbrüchen und dem Talbezirk mit seiner Hafenanlage erlaubte. Die Wahl fiel letztlich auf ein etwa 22 km nördlich der Roten Pyramide gelegenes Felsmassiv, dessen steile nordwestliche und nordöstliche Ränder teilweise eine Höhe von 35–40 m aufweisen. Das sattelförmige Felsplateau, die sog. Mokattam-Formation, zeichnet sich durch einen festen, kompakten Untergrund aus und wird im Süden heute durch ein Wadi, das sich südlich des Grabkomplexes des Mykerinos von Osten nach Westen erstreckt, von der sog. Maadi-Formation getrennt – einer geologischen Struktur, die sich aus weicheren, sandig-tonigen Kalk- und Mergelschichten zusammensetzt.[36]

Das Plateau gehörte im alten Ägypten verwaltungstechnisch wohl noch zum 1. unterägyptischen Gau «Inebu Hedj», die «Weißen Mauern», der alten Königsresidenz bei Memphis.[37] In moderner Zeit hat es aufgrund seiner geographischen Nähe zur nordöstlich liegenden Vorstadt von Kairo den Namen Giza-Plateau bekommen und diese Bezeichnung bis zum heutigen Tage behalten.

Als Cheops' Planungsstrategen das Giza-Plateau als zukünftige Grabstätte für ihren König auswählten, befanden sich dort bereits eine Reihe von Privatgräbern offensichtlich einflußreicher Beamter aus den ersten drei Dynastien.[38] Ihre Überreste sind noch heute im südlichen Bereich der Hochebene, etwa 1 km südlich der Cheops-Pyramide, zu sehen (Abb. 15). Die bisherigen Befunde zeigen, daß sie entlang der Abhänge auf den beherrschenden Hügeln des Plateaus plaziert wurden. Eine derartige Vorgehensweise läßt sich auch auf dem Gräberfeld von Dahschur beobachten, wo man insbesondere nordwestlich des dortigen Sees Hügel als exponierte Standorte für Privatgräber ausgewählt hatte.[39] Wahrscheinlich befanden sich auf dem Giza-Plateau auch im Bereich der Pyramidenkomplexe alte Grabanlagen, die den königlichen Bauaktivitäten im Wege standen und rücksichtslos beseitigt wurden.[40] Vermutlich gehörte auch die Schachtanlage mit der Bezeichnung G 7000x dazu, die sich auf der Ostseite der Cheops-Pyramide befindet und noch Gegenstand der Diskussion sein wird (s. S. 73 ff.). Für weitere derartige Strukturen gibt es allerdings derzeit keine eindeutigen Hinweise. Vermutungen, daß sich beispielsweise ein altes Grab an jener Stelle befunden hat, an der die Cheops-Pyramide selbst errichtet wurde, halten einer näheren Betrachtung nicht stand (s. S. 33). Einige andere im Umfeld der Cheops-Pyramide lokalisierte aufgegebene Schachtanlagen gehörten dagegen allem Anschein nach einer ersten Planungsphase der königlichen Nekropole an, die aber im Laufe der Bauarbeiten Änderungen unterworfen war.

Man wählte für den Baugrund von Cheops' Grabmal nicht den höchstmöglichen Standpunkt des Felsplateaus aus, sondern verlegte ihn an die Nord-Ost-Kante der «Mokattam-Formation» – dorthin, wo sich großflächig ein kompakter Felshügel erhob. Diese Felserhöhung gab der Pyramide als stabiler Unterbau nicht

Abb. 15 Etwa 1 km südlich der Cheops-Pyramide befinden sich eine Reihe von Grabanlagen aus den ersten Dynastien. Links im Bild eine Steinmastaba aus der 3. Dynastie. Im Hintergrund v. l. n. r. die Pyramiden von Mykerinos, Chephren und Cheops.

nur mehr Standfestigkeit, sondern sie reduzierte vor allem den Arbeitsaufwand und damit auch die Bauzeit im unteren Bereich des Grabmals. Primär war es also wohl gerade die Existenz dieses Felshügels, die die Architekten des Königs schlußendlich veranlaßte, die größte Pyramide Ägyptens genau an dieser Stelle zu errichten. Da auch die Pyramiden von Djedefre und Chephren auf massiven Felssockeln errichtet wurden, sollte man sich die Frage stellen, ob man es hier nicht vielleicht mit einem maßgeblichen Kriterium für die Wahl des Standortes einer königlichen Pyramide in jener Zeit zu tun hat, das womöglich neben der eigentlichen Arbeitsersparnis auch durch die statischen Probleme bei der Errichtung der Knick-Pyramide motiviert wurde.

Nach dem Verlust der Verkleidung der Cheops-Pyramide tritt der Felshügel heutzutage an einigen Stellen aus dem Kernmauerwerk hervor. Beispielsweise lassen sich an der Nord-Ost-Ecke der Pyramide die graugelblichen Steinblöcke des Mauerwerks deutlich vom dunkelgrauen Felsen unterscheiden (Abb. 16). Auch im Bereich der Nord-West-Ecke und an der Südseite nahe der Süd-Ost-Ecke des Grabmals ist der Felskern lokalisiert worden.[41] Man kann also wohl davon ausgehen, daß seine unteren Abmaße ungefähr in der Größenordnung der Basisfläche des Kernmauerwerks der Pyramide liegen. Innerhalb der Pyramide wurde der Felshügel an zwei Stellen des Kammersystems nachgewiesen. Der absteigende Korridor trifft nach einer Wegstrecke von gut 33 m knapp 3 m oberhalb der Pyramidenbasis auf Felsgestein. Der dritte Teilabschnitt des «Serviceschachtes», der die Große Galerie mit dem absteigenden Korridor verbindet, wurde größtenteils im anstehenden Felshügel konstruiert, der dort offenbar eine Höhe von 5,70 m über dem Basisniveau erreicht.[42] Vermutlich wurde der Felsstumpf in Korrespondenz zu den einzelnen Steinlagen des Kernmauerwerks symmetrisch in Terrassen abgearbeitet, damit die Steinblöcke besser verlegt werden konnten. Da der Schnittpunkt des Kammersystems mit dem Felshügel noch relativ weit von der Mittelachse der Pyramide entfernt liegt, kann man nicht ausschließen, daß der Felskern noch eine größere Höhe erreicht.[43] Abschätzungen zufolge könnte sich sein Volumen durchaus auf bis zu 200 000 m^3 belaufen. Diese Felsmasse würde etwa 7,7 % des Gesamtvolumens der Cheops-Pyramide entsprechen.

Etwa 300 m südlich des Baugrundes steckte man in Richtung Süden das Hauptsteinbruchgebiet ab, aus dem der weitaus größte Anteil des Materials für das Kernmauerwerk der Pyramide gewonnen wurde (Abb. 17a.b. 18). Seine Nähe zur Baustelle gewährleistete, daß insbesondere die Transportzeiten verhältnismäßig kurz blieben. Geochemische Vergleichsanalysen von Gesteinsproben zeigten, daß das Baumaterial für das Kernmauerwerk der Cheops-Pyramide auch noch von einem Steinbruch an der Abbruchkante östlich der Pyramide und von einem Abbaugebiet im südöstlichen Bereich des Plateaus stammt.[44] Lediglich ein kleiner Teil der Proben konnte bislang keinem bestimmten Abbaugebiet zugeordnet werden. Es wird aber vermutet, daß sich westlich der Cheops-Nekropole noch ein Steinbruch befand, der als Materiallieferant diente.[45] Sicherlich wurde auch im Umfeld des Baugrundes selbst wie etwa am Rand des Felshügels und auf dem Gelände des Ostfriedhofes eine nicht unbeträchtliche Menge an Steinblöcken gewonnen, die man direkt innerhalb der ersten Lagen des Kernmauerwerks verbauen konnte.

Neben den Steinbrüchen bildete ein großes Hafenareal die zweite wichtige Komponente im Logistiksystem der Baustelle. Über den Hafen am Fuß des Giza-Plateaus wurden die für das Bauprojekt benötigten kostbaren Steinsorten aus den entfernten Steinbrüchen bei Tura, der Oase Faijum und bei Assuan sowie die sonstigen Materialien und Versorgungsgüter aus den externen Werk- und landwirtschaftlichen Produktionsstätten angeliefert und umverteilt. Die Anbindung des Hafens an den Nil, der zur

Abb. 16 Nach dem Verlust des Verkleidungsmantels kann man z. B. an der Nord-Ost-Ecke der Cheops-Pyramide den äußeren Rand des großflächigen Felshügels erkennen, über dem das Grabmal errichtet wurde. Dieser massive Felskern gab der Pyramide mehr Standfestigkeit und reduzierte den Arbeitsaufwand an den unteren Steinlagen ihres Kernmauerwerks.

Zeit der 4. Dynastie offenbar etwa 2–3 km weiter westlich als heute und damit relativ nahe an den Pyramidenfeldern verlief[46], wurde vermutlich über einen oder mehrere Kanäle verwirklicht, die breit und tief genug waren, um die Schiffe auch noch bei Niedrigwasser des Nils treideln zu können.

Eine Hafenanlage lag unmittelbar vor dem Taltempel des Grabkomplexes, der sich etwa 700 m östlich des Grabmals im Dorf «Nazlet el-Samman» befand. Die 1993 ca. 550 m weiter östlich im benachbarten «Nazlet el-Sissi» entdeckten Mauerreste deuten entweder auf die östliche Begrenzung eines Flutbeckens hin oder gehörten zu den Kaimauern eines umfangreicheren Hafenkomplexes.[47] Letzteres würde bedeuten, daß dieser Hafen nicht nur im Rahmen der königlichen Bestattung als Landestelle für die Barken des Begräbniszuges und später für die Versorgung des Totenopferkultes eine Rolle spielte, sondern auch eine wichtige Funktion in der Infrastruktur während der Errichtung der königlichen Nekropole innehatte. In diesem Fall sind die angelieferten Güter vom Hafen aus zuerst einige 100 m auf Schleppbahnen bis zur südöstlichen Flanke der «Mokattam-Formation» und von dort aus dann über eine Rampe bis auf das Plateau transportiert worden (Abb. 18). Mit der Fertigstellung des monumentalen rampenförmigen Unterbaus des späteren Aufweges konnte auch über diesen Transportweg diverses Baumaterial zur Baustelle gebracht werden.

Abb. 17a Das Steinbruchgebiet, aus dem die Ägypter den Großteil der Steinblöcke für das Kernmauerwerk der Cheops-Pyramide gewannen, beginnt etwa 300 m südlich des Grabmals. Hier der östliche Bereich mit der Grabanlage der Chentkaus I. im Vordergrund. Siehe auch Abb. 107a.

Abb. 17b Blick von der Mastaba der Chentkaus I. nach Norden über einen Teil des Steinbruchgebiets auf die Cheops-Pyramide. In den aufgegebenen Abschnitten des Steinbruches wurden später Felsgräber eingelassen.

DAS GRABMAL DES CHEOPS

Abb. 18 Schematische Darstellung des Pyramidenplateaus von Giza und seiner möglichen Infrastruktur zur Bauzeit der Cheops-Pyramide. Als Transportwegmodell ist hier eine Spiralrampe (nach M. Lehner) eingezeichnet. Durch die vertikale Abarbeitung des Steinbruches südlich der Cheops-Pyramide mußte die Zugangsrampe immer weiter nach Süden verlängert werden.

Möglicherweise existierte noch ein weiterer Hafen, der zur Baustelle der Cheops-Pyramide gehörte – und zwar unmittelbar östlich des Plateaus am Eingang des zentralen Wadis, das die «Mokattam-Formation» nach Süden hin begrenzt. Untersuchungen des Geländes östlich des später errichteten Taltempels der Chephren-Pyramide bestätigen die Existenz eines Hafens; sie lieferten aber bislang keine Informationen, die Rückschlüsse auf eine exakte Datierung gestatten. Vielleicht wurde er erst unter Chephren angelegt. Womöglich stammte er aber auch bereits aus der Zeit des Cheops und wurde dann mit dem zweiten Pyramidenbauprojekt auf dem Giza-Plateau erweitert.[48] Die Lage des Hafens dicht am Zugang zum Zentralwadi hätte eine vernünftige logistische Anbindung an die Steinbrüche und die in deren Umfeld befindlichen Arbeitsstätten der Steinmetze und sonstigen Handwerker wie auch relativ kurze Transportwege zu den Rampenkonstruktionen gewährleistet.

Die dritte wichtige Komponente im Logistikkonzept der Cheops-Baustelle stellen die Siedlungen, Magazine und Werkstätten dar (Abb. 18). Eine große Arbeitersiedlung lag südlich der sog. Krähenmauer (Abb. 18. 19a.b), einer etwa 200 m langen und 10 m breiten wie hohen Steinmauer, die sich ostwestorientiert am Eingang des Zentralwadis in Richtung Niltal erstreckt. Seit 1988 werden die Siedlung und ein dazugehöriges Friedhofsgelände freigelegt.[49] Obwohl die bisherigen Befunde lediglich Belege für eine Datierung in die Regierungszeiten von Chephren und Mykerinos lieferten, geht man davon aus, daß die Siedlung bereits unter Cheops im Zuge der Errichtung seines Grabmals angelegt und von den späteren königlichen Bauherren auf dem Giza-Plateau weitergenutzt wurde.

Die Gesamtausdehnung des Grabungsgeländes beläuft sich derzeit auf etwa 40 000 m². Die bislang freigelegten Strukturen, deren Kernbereich im Westen und Südwesten von einer 4 m breiten Umfassungsmauer aus Bruchstein begrenzt wird, lassen sich in mehrere Abschnitte mit ganz unterschiedlich ausgeprägten Gebäudekomplexen unterteilen (Abb. 20). Das Zentrum bilden galerieartige, aus Lehmziegeln errichtete Räume, die in zusammenhängenden Komplexen nach streng symmetrischen Vorgaben in mehreren Reihen in Nord-Süd-Richtung angeordnet wurden. Die Galeriekomplexe, deren einzelne Räume in der Regel über 34 m lang und zwischen 3,8 m und 4,5 m breit sind, werden teilweise durch Straßenzüge voneinander getrennt. Diese verlaufen von Osten nach Westen und teilen die Siedlung in einzelne Sektoren auf. Bei den Ausgrabungen in den Galerien kamen große Mengen von Keramik, vor allem aber Fragmente von Brotbackformen, zutage. Neben Bäckereien konnten in diesem Areal wie auch in einigen Gebäudestrukturen unmittelbar östlich der Galerien eindeutige Belege für die Kupfer- und Fischverarbeitung sowie für die Herstellung von Bier gefunden werden. Dieser Bereich der Siedlung war demnach eine Produktionsstätte, die offensichtlich primär der Versorgung der Bauarbeiter sowie den Bedürfnissen des angeschlossenen Palastes und Administrationsbereiches diente.

Westlich dieser Produktionsstätte befinden sich Gebäudereste aus Bruchsteinen, die in Bezug auf die Galerien abweichende Grundrisse aufweisen, so daß man sie eher für Wohnhäuser oder teilweise auch für Magazine hält. Des weiteren konnten Magazingebäude südlich der Galeriekomplexe lokalisiert werden. In diesem Bereich liegt auch ein großer, einst durch eine massive Lehmziegelmauer eingefaßter, «königlich administrativer Bereich», in dem u. a. die Reste großer Getreidesilos entdeckt werden konnten. Dieser Abschnitt ist allerdings noch nicht vollständig erforscht. Suchschnitte etwa 300 m südlich der «Krähenmauer» deuten an, daß sich die Arbeitersiedlung noch weiter in Richtung Süden ausdehnt. Zu den jüngsten Entdeckungen

Abb. 19a Auf der «Krähenmauer». Diese monumentale, 10 m breite und bis zu 10 m hohe Steinmauer erstreckt sich etwa 200 m lang in Ost-West-Richtung am südöstlichen Rand des Giza-Plateaus. Sie begrenzte einst eine große Arbeitersiedlung nach Norden. Im Hintergrund die Pyramiden von Mykerinos (links) und Chephren (rechts).

gehören Gebäudestrukturen östlich des Produktionsbereichs. Hierbei handelt es sich offensichtlich um ein reines Wohngebiet, in dem Handwerker und Arbeiter untergebracht waren. Hinsichtlich der monumentalen, die Siedlung nach Norden begrenzenden «Krähenmauer» deuten jüngste Grabungen an der Schnittstelle zwischen der Mauer und angrenzenden Gebäudestrukturen darauf hin, daß sie offensichtlich erst nach dem Bau des nördlichen Galeriekomplexes errichtet worden ist. Damit würde ihre Entstehung nicht unter Cheops, sondern frühestens unter Chephren, womöglich sogar erst in die Regierungszeit des Mykerinos fallen.

Die zeitliche Zuordnung einer zweiten Arbeitersiedlung, deren Spuren man zwischen 1971 und 1975 südlich des Aufweges der Mykerinos-Pyramide gefunden hat[50], deutet hingegen eindeutig in die Regierungszeit des Cheops. Unter den enormen Mengen an Siedlungsschutt kamen neben verschiedenen Architekturteilen von Wohnhäusern auch Siegelabdrücke mit den Namen von Cheops und Chephren sowie diverse in die 1. Hälfte der 4. Dynastie datierbare Keramikfragmente von Haushaltsausstattungen zum Vorschein. Die Siedlung wurde anscheinend mit der Errichtung des Grabkomplexes des Mykerinos abgetragen und an der Fundstelle aufgeschüttet. Dies läßt vermuten, daß sie in unmittelbarer Nähe des Taltempels der Mykerinos-Pyramide gelegen hatte und dem dritten königlichen Bauprojekt auf dem Giza-Plateau weichen mußte.

Weitere Werkstätten wird man noch westlich der Steinbrüche, dort, wo sich heute die Chephren-Pyramide erhebt, sowie westlich und östlich der eigentlichen Baustelle der Cheops-Pyramide erwarten dürfen (Abb. 18). Ihre Spuren werden wohl aber mit der Errichtung der Privatnekropolen größtenteils verloren und kaschiert worden sein. Sicherlich werden auch im Umfeld des Hafens und des Taltempels, also im Bereich südlich des späteren

Abb. 19b Durch dieses Tor in der «Krähenmauer» (Blick von Norden) wurde eine Anbindung der Arbeitersiedlung zur königlichen Nekropole geschaffen.

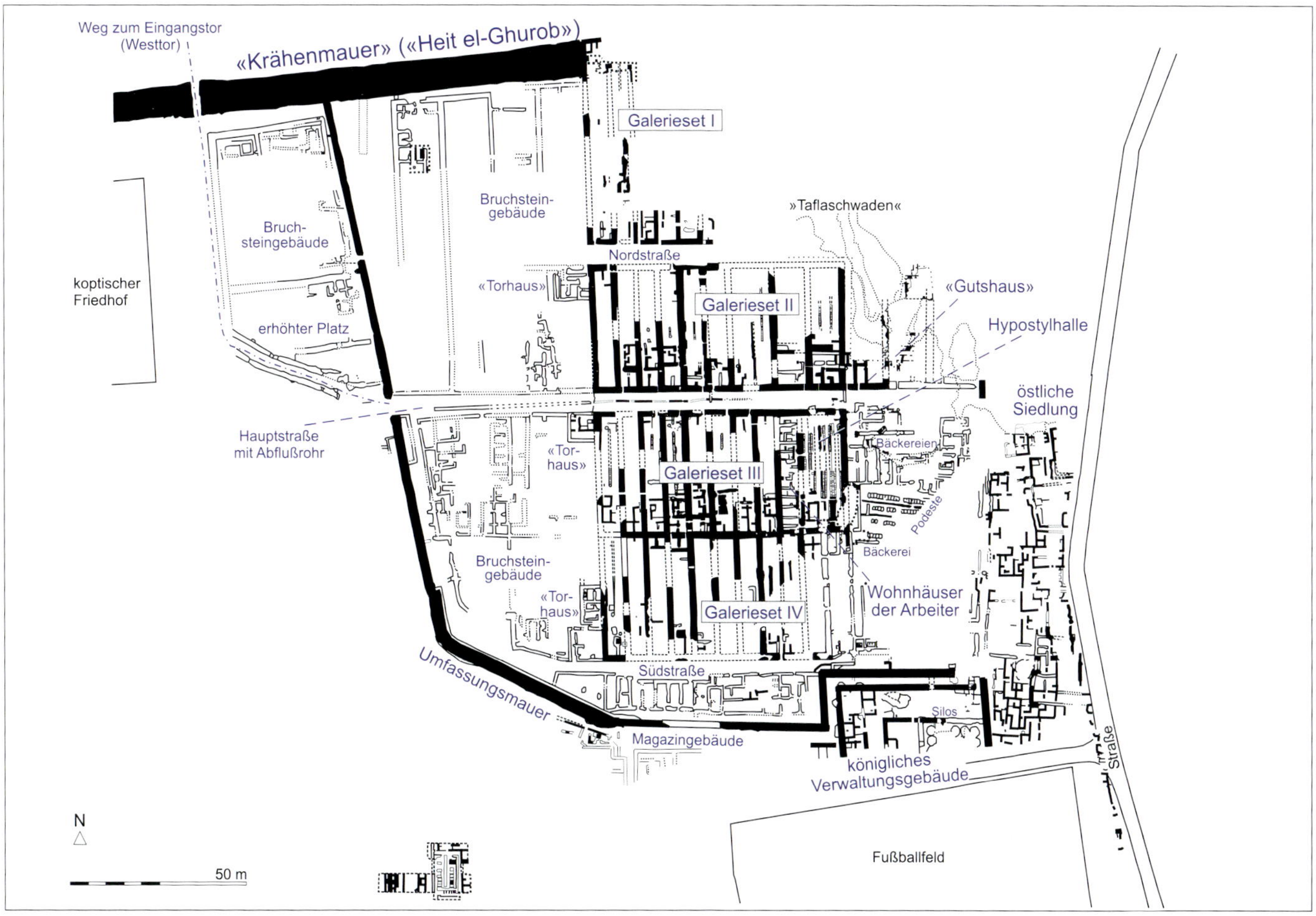

Abb. 20 Übersichtsplan der großen Arbeitersiedlung südlich der «Krähenmauer», die seit 1988 von amerikanischen Archäologen untersucht wird.

Aufweges bis hin zum Plateaurand am Zentralwadi, eine Vielzahl von Magazinen, Produktionsstätten und womöglich Wohnhäuser gestanden haben, aus denen sich später die Pyramidenstadt des Cheops formte.

Der Bau der Pyramide im Überblick

Obwohl es keinen archäologischen Befund gibt, kann man wohl davon ausgehen, daß es für die komplexen königlichen Bauprojekte wie die Errichtung der Cheops-Nekropole konkrete Baupläne auf Papyrus gegeben hat, die alle relevanten Informationen und Berechnungen für die Konstruktion der Pyramide und die Positionierung ihrer Umgebungsbauten enthielten. Daneben gab es sicherlich auch konstruktive Elemente der Gebäudeplanung im Maßstab 1:1, die in Form von Vorritzungen, Vorzeichnungen oder sonstigen bautechnisch relevanten Markierungszeichen auf dem Fundament oder an bestimmten Positionen des Baukörpers angebracht wurden und somit den Architekten und Vermessungsspezialisten während der Errichtung der Pyramide als wichtige Referenzpunkte gedient haben. Möglicherweise lagen außerdem kleine Architekturmodelle vor, die das fertigzustellende Bauvorhaben oder Teilaspekte dessen abbildeten. Offensichtlich haben Cheops' Architekten auch auf spezielle Vorlagen zurückgegriffen, die sie in überarbeiteter Form in das neue Projekt integrierten. Ein Vorgang, der gerade in der jungen Phase des Pyramidenbaus, in der grundlegende bauliche Aspekte unter Snofrus Regentschaft entwickelt und umgesetzt wurden, nur allzu verständlich ist. Beispielsweise deuten die «trial passages» – exakt nordsüdlich ausgerichtete, etwa 22 m lange und bis zu 10 m tief

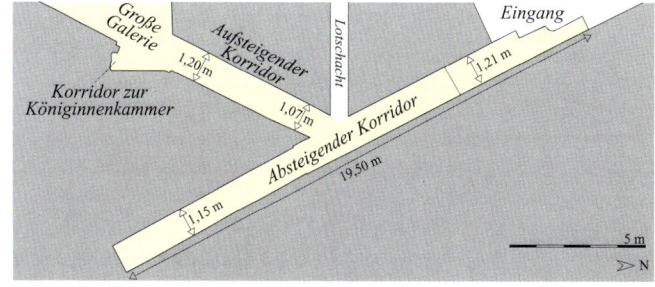

Abb. 21 Nord-Süd-Schnitt durch die «trial passages». Hierbei handelt es sich um eine nordsüdorientierte, etwa 22 m lange und 10 m tiefe Korridorstruktur, die vermutlich ein Modell für den Übergang vom unteren ins obere Kammersystem der Cheops-Pyramide gewesen war. Die «trial passages» liegen nördlich des Aufweges auf Höhe der Pyramide G I-a, etwa 85 m östlich der Cheops-Pyramide.

in den Felsuntergrund reichende Korridorstrukturen nördlich des Aufweges der Cheops-Pyramide – darauf hin, daß hier offenbar der nördliche Bereich des Korridorsystems der Cheops-Pyramide im verkleinerten Maßstab im Felsen nachgebildet wurde (Abb. 21. 23).[51] Eine derartige Modellkonstruktion ist aber allem Anschein nach einmalig im Alten Reich geblieben.

Darüber hinaus weisen der grundlegende Aufbau des zentralen Kammer- und Korridorbereichs im Kernmauerwerk wie auch die bauliche Realisierung des Übergangs vom unteren zum oberen Kammerbereich der Cheops-Pyramide starke Ähnlichkeiten mit dem Kammersystem der Kultpyramide (siehe zu Kultpyramiden ab S. 62) der Knick-Pyramide auf, das hier offensichtlich als Vorbild gedient hat (Abb. 22). Es hat fast den Anschein, als ob im Grabbau des Cheops der Baustil der Kammersysteme der 3. Dynastie mit ihren tief im Felsuntergrund liegenden Grabkammern und eine «innovative Idee» bei der Gestaltung eines Kammersystems zu Beginn der 4. Dynastie vereint wurden.

Auch was die grundlegenden Abmessungen der Pyramide angeht, orientierten sich Cheops' Baustrategen an den drei großen Pyramidenprojekten des Snofru. Nachdem die horizontalen Ausmaße des Felshügels auch die Breite der Pyramide mit beeinflußten, legte man wie in der Einführung bereits erwähnt eine Basislänge von 440 Ellen, umgerechnet 230,36 m, fest.[52] Der theoretische Neigungswinkel von 51° 50' 34'' wurde von den Ägyptern als ein Steigungsverhältnis der Form 14:11 definiert. Konstruktionstechnisch bedeutete dies, daß die geneigte Außenfläche eines Verkleidungsblocks derart bearbeitet werden mußte, daß sie bei 1 Elle Höhe (1 Elle = 7 Handbreiten = 28 Fingerbreiten = im Mittel 52,4 cm)[53] eine Länge von 5 1/2 Handbreiten bzw. 22 Fingerbreiten aufwies. Man nannte ein solches Verhältnis (hier bezogen auf das spezielle Steigungsverhältnis der Cheops-Pyramide) ein «Seked» von 5 1/2 Handbreiten. Mit diesen Vorgaben projektierte man die Höhe der Cheops-Pyramide auf 280 Ellen (146,59 m), wodurch sich dieses Bauwerk hinsichtlich seiner Größe deutlich von seinen Vorgängerbauten abhob (Abb. 23. Tab. 1).

Die Grundvoraussetzung für die erfolgreiche Errichtung eines derart großen Baukörpers war die präzise Einmessung und Nivellierung der Basisfläche. Zuerst wurde der Felsuntergrund rund um den Felshügel mittels hölzerner Setzwaagen mit hinreichender Genauigkeit nivelliert. Etwa 3 m parallel zur Pyramidenbasis verlaufende, heute meist mit Mörtel und Steinen aufgefüllte, rechteckige Löcher deuten darauf hin, daß hier während der ersten Bauphase eingelassene und mit Seilen miteinander verbundene Holzpfosten Referenzlinien bildeten, von denen aus man die Pyramidenbasis abstecken konnte.[54] Anschließend wurde um den Felshügel ein stabiler Fundamentsockel aus Tura-Kalksteinplatten verlegt (Abb. 24), der die Grundlage für die Einmessung der Kantenlinien, die Konstruktion der rechten Winkel und letztlich das Verlegen der ersten Steinlage des Grabmals bildete.[55] Moderne Messungen haben ergeben, daß dieser Fundamentrahmen präzise nivelliert wurde. Der größte Höhenunterschied beträgt lediglich 2,1 cm. Auch die Längen der vier Pyramidenseiten, ihre Ausrichtung nach den Himmelsrichtungen und die Winkel der Ecken wurden mit großer Genauigkeit eingemessen. Die größte Abweichung der Seitenlängen zum theoretischen Mittelwert wurde mit 3,2 cm an der Nordkante festgestellt. Die Ostkante der Pyramide zeigt mit 3' 26'' nach Westen die größte Abweichung von der exakten Nordrichtung auf. Die größte Differenz zu einem rechten Winkel beträgt an der Nord-Ost-Ecke lediglich 58''.

Zu den Meßverfahren, die diesen Zahlenwerten zugrunde liegen, gibt es heute zum Teil recht unterschiedliche Auffassungen. Längenmessungen wurden offensichtlich mit Visiergeräten, Markierungsstangen und hinreichend langen Meßstricken bzw. -latten durchgeführt. Zur Konstruktion der rechten Winkel benutzten die Ägypter entweder große hölzerne und bereits mit dem entsprechenden Winkel vorgefertigte Dreiecke oder wendeten ein geometrisches Verfahren an (Abb. 25). Zur Festlegung der Nordausrichtung der Pyramidenkanten gibt es eine Reihe von Vorschlägen, die sich auf solar- oder stellarorientierte Beobachtungsszenarien wie z. B. auf den Verlauf einer Schattenlinie eines Gnomons (senkrecht stehender Stab zur Bestimmung der Sonnenhöhe) oder auf die Bestimmung markanter Sternpositionen am nördlichen Himmel beziehen (Abb. 26).[56]

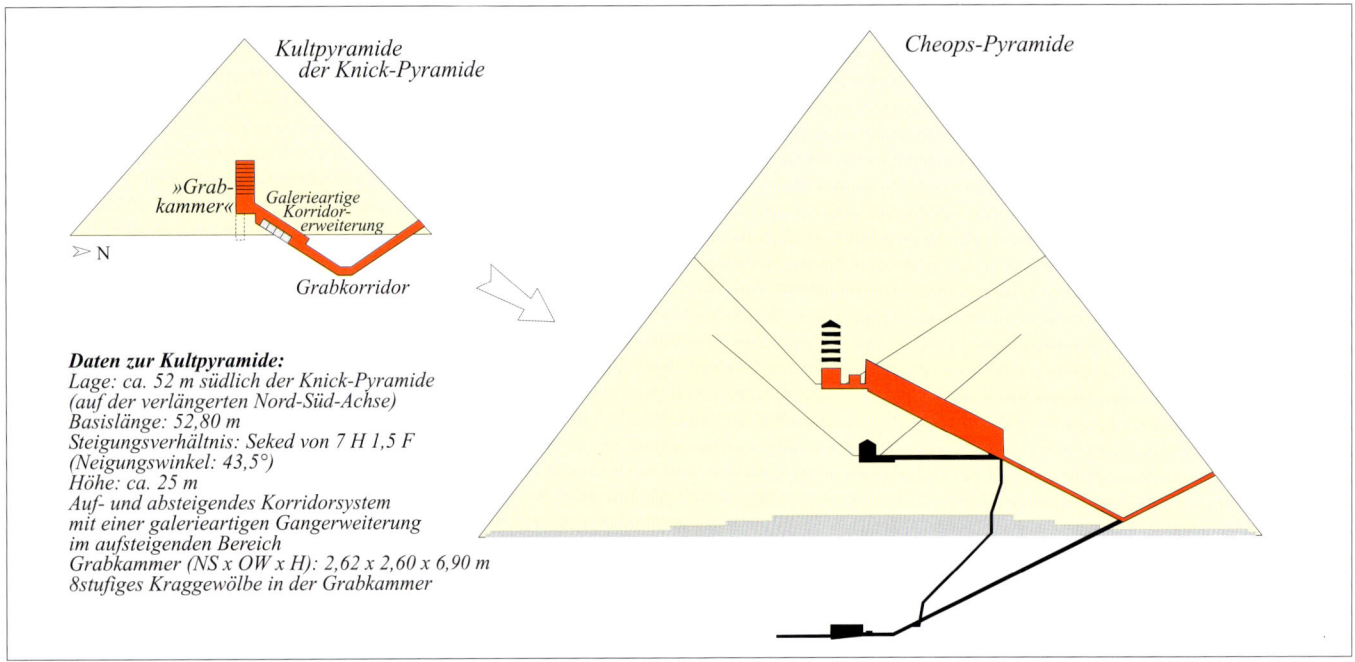

Abb. 22 Die Nord-Süd-Schnitte durch die Kammersysteme der Kultpyramide südlich der Knick-Pyramide (links) und der Cheops-Pyramide (rechts) zeigen ihre enge architektonische Verwandtschaft. Das Kammersystem der kleinen Kultpyramide diente offensichtlich als Vorlage für den grundsätzlichen Aufbau des oberen Korridorbereichs der Cheops-Pyramide.

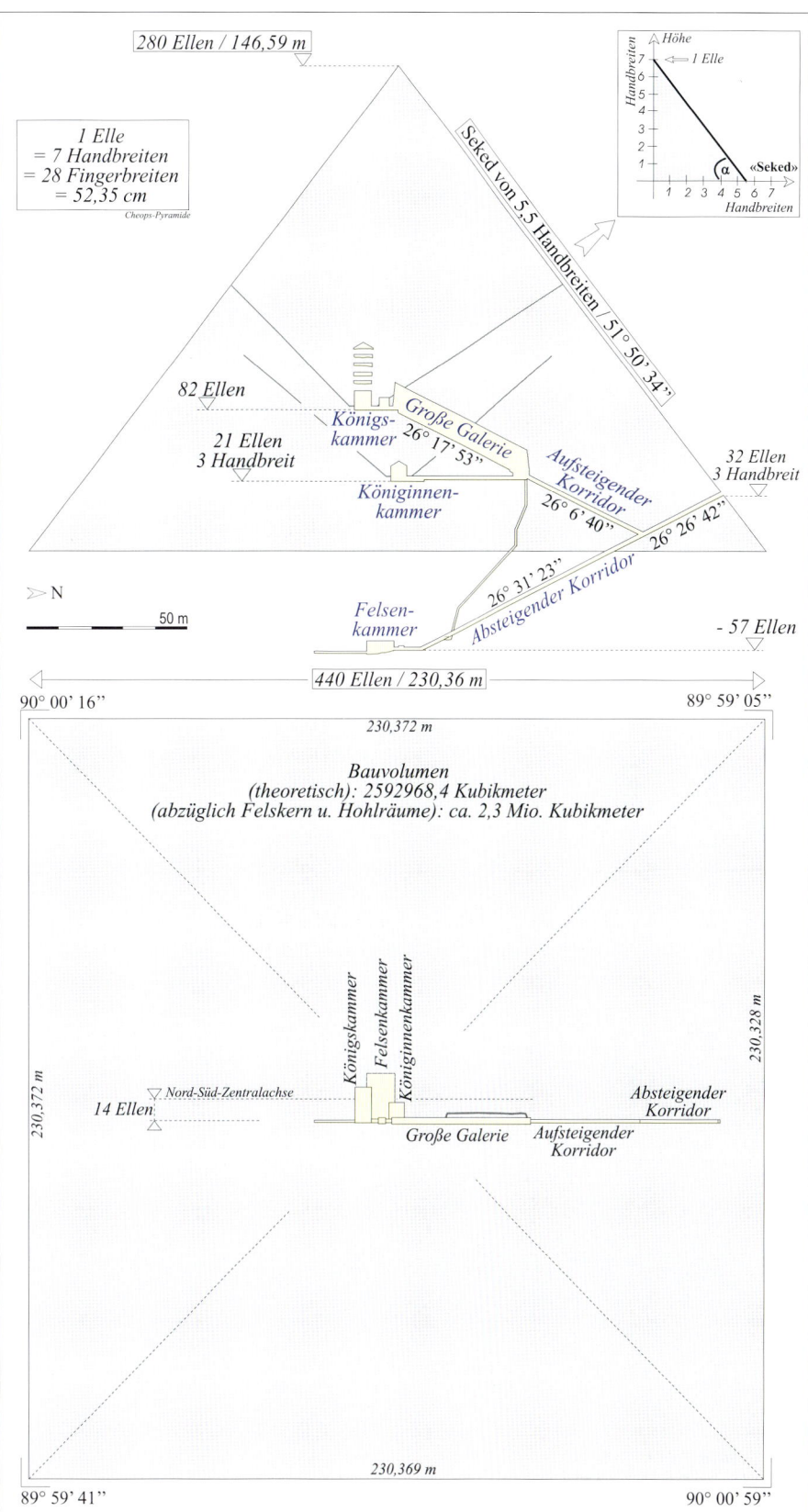

Abb. 23 Die Cheops-Pyramide und ihr Kammer- und Korridorsystem im Überblick (oben ein Nord-Süd-Schnitt, unten ein Grundriß ohne Berücksichtigung der Schächte, die von den oberen Kammern ausgehen).

Über den strukturellen Aufbau der Pyramide hat man aufgrund der fehlenden Verkleidungsschicht einige Erkenntnisse gewinnen können. Generell setzt sich der Baukörper aus drei Bereichen zusammen: dem Felshügel an der Basis, dem darüber errichteten Kernmauerwerk und dem Verkleidungsmantel, dessen akkurate Bearbeitung der Pyramide letztlich ihre geometrisch korrekte Form verlieh. Bei der Cheops-Pyramide wie auch an den meisten anderen Königsgräbern des Alten Reiches wurden dafür Kalksteine aus der Gegend von Tura und Maasara auf der Ostseite des Nils südlich von Kairo verwendet. Sie wurden vor allem wegen ihres gleichfarbigen, feinsandigen Äußeren und ihrer hohen Verwitterungsresistenz bevorzugt als Verkleidungssteine eingesetzt. Die Menge des benötigten Materials wird auf über 123 400 m³ geschätzt.[57] Die wenigen heute erhaltenen Verklei-

Abb. 24 An der Westseite der Cheops-Pyramide: Man erkennt den Fundamentsockel, Reste des Pflasters des Pyramidenumgangs und eine Reihe teilweise stark verwitterter und restaurierter Verkleidungssteine der 1. Lage.

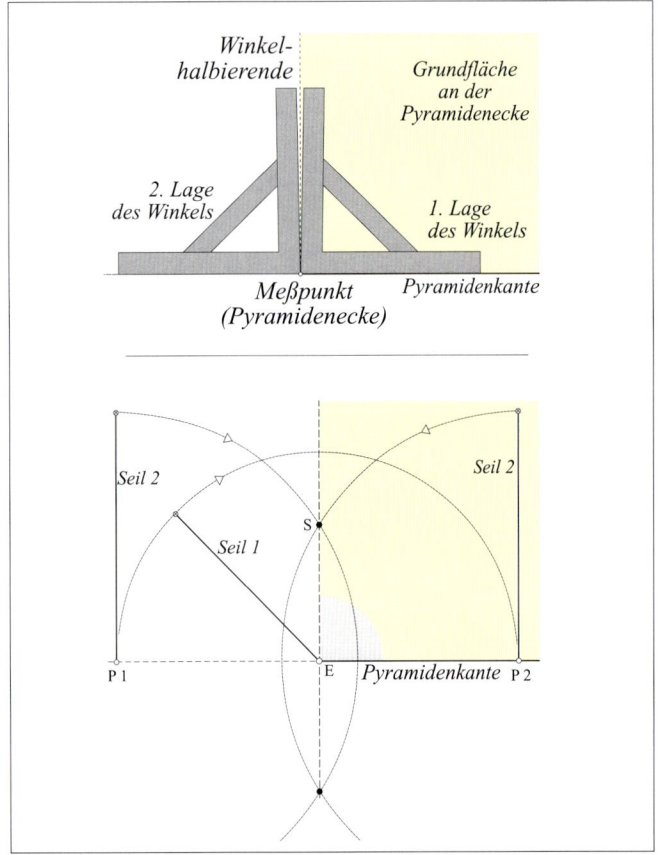

Abb. 25 Zwei Methoden zur Ermittlung eines rechten Winkels an den Ecken der Pyramide. Oben: Bestimmung der Winkelhalbierenden unter Verwendung hölzerner Winkel. Unten: Geometrisches Konstruktionsverfahren mit zwei Seilen, bei dem zuerst mit einem Seil (1) ein Halbkreis um den Eckpunkt der Pyramide (E) geschlagen wurde. Anschließend wurden mit einem anderen, etwas längeren Seil (2), ausgehend von den beiden vorher ermittelten Schnittpunkten (P1, P2) auf der Pyramidenkante (bzw. auf deren Verlängerung) zwei weitere gleichgroße Halbkreise geschlagen, deren Schnittpunkt (S) in Verbindung mit dem Eckpunkt (E) eine Gerade bildet, die senkrecht auf der Strecke E-P2 (Pyramidenkante) steht und mit ihr einen rechten Winkel bildet.

dungssteine der Cheops-Pyramide befinden sich an der Basis der Nordkante unterhalb des Eingangs (Abb. 27) sowie in der ersten Steinlage der West- und Südseite des Grabmals (Abb. 24). Bei den ersten Freilegungsarbeiten an der Südseite der Pyramide kamen sogar noch fünf Verkleidungsblöcke *in situ* zum Vorschein, die eine Reihe von Besucherinschriften aufwiesen[58]. Die älteste, hieroglyphische Inschrift stammte aus der Spätzeit (ca. 600 v. Chr.), die jüngste aus dem 7. Jh. n. Chr.

Die Befunde zeigen, daß die Verkleidungsblöcke der Cheops-Pyramide gleichzeitig mit dem Kernmauerwerk verlegt wurden. Dabei setzte sich eine Lage des Verkleidungsmantels bautechnisch gesehen in der Regel aus zwei Reihen von Steinblöcken zusammen: den äußeren, mit dem Neigungswinkel der Pyramide angeschrägten Verkleidungssteinen und den dahinterliegenden «backing stones». Letztere dienten mit als Auflageblöcke für die nächste Steinlage der Verkleidungsblöcke und bildeten eine Art horizontale Verzahnung des Verkleidungsmantels mit dem Kernmauerwerk.[59]

Die Errichtung einer Steinlage[60] begann in der Regel mit den Ecksteinen und wurde mit der präzisen Verlegung der Verkleidungssteine entlang der markierten Außenkanten der Pyramide fortgesetzt. Wie die rechteckigen Vertiefungen im Felsuntergrund an allen vier Ecken der Cheops-Pyramide andeuten, waren die Fundamenteckplatten offenbar durch rechteckige Vorsprünge an ihren Unterseiten fest mit dem Untergrund verbunden.[61] Vielleicht wurden auch die Ecksteine höherer Lagen mit den darunterliegenden Steinen verzahnt. Eine halbkreisförmige Vertiefung an der Unterkante eines Verkleidungsblocks an der Nordseite der Cheops-Pyramide läßt vermuten (Abb. 27), daß diese Steinblöcke mit Hilfe stabiler Holzhebel seitlich an ihre Positionen geschoben wurden. Zum leichteren Einpassen und Bewegen der Blöcke verwendeten die Ägypter eine dünne Schicht aus Gipsmörtel, die auf die darunterliegenden Flächen gegossen wurde. Um zu verhindern, daß weder feiner Flugsand noch Regenwasser ins innere Mauerwerk der Pyramide eindringen konnten, wurden die aneinanderliegenden Seitenflächen der Verkleidungsblöcke durch Benutzung von Kupfersägen oder -drähten präzise geglättet. Spuren derartiger Sägearbeiten findet man z. B. noch an erhaltenen Verkleidungsblöcken der Königinnenpyramiden G I–b und G I–c südlich der Cheops-Pyramide.

Die 9 m tiefe Bresche an der Südflanke der Pyramide gibt einen Hinweis auf die durchgängige Bauweise des Kernmauerwerks in horizontalen Lagen. Eine stufenförmige, ebenfalls wieder in einzelnen horizontalen Schichten errichtete Kernstruktur im Inneren der Pyramide kann derzeit jedoch nicht kategorisch ausgeschlossen werden.[62] Die Bresche zeigt auf der anderen Seite, daß man im Kernmauerwerk auch zahlreiche Bruchsteine mit verbaut hat, die offenbar durch eine dicke Mörtelschicht zusammengehalten werden. Teilweise wurden zum Bau einer Steinlage sogar zwei übereinanderliegende Steinblöcke verwendet.

Die bisher gefundenen Datumsinschriften auf den Pyramidenfeldern Ägyptens belegen, daß die Arbeiten an den königlichen Grabbauten während des gesamten Jahres stattgefunden haben. Die Ferntransporte über den Nil und die zu den Baustellen führenden Kanäle wurden hingegen womöglich nur während der Überschwemmungszeit durchgeführt.[63] Ein Arbeitstag umfaßte im Mittel zehn Stunden. Gearbeitet wurde neun Tage in Folge, ehe es einen Ruhetag gab. Bei besonders schweren und zeitabhängigen Zulieferarbeiten wie z. B. in den Steinbrüchen wird es vor allem in der Anfangsphase des Bauprojekts, in der man im unteren Bereich des Pyramidenstumpfes große Mengen von Steinblöcken verbauen mußte, vermutlich eine Art Mehrschichtbetrieb gegeben haben, damit das Tagessoll erfüllt werden konnte. Nur so läßt es sich erklären, daß beispielsweise die Rote Pyramide innerhalb von maximal 284 Tagen bereits eine Höhe von über 9 m mit einem theoretischen Bauvolumen von über 400 000 m³ erreichen konnte.[64] Während dieser kurzen Zeitspanne waren somit schon über 22 % des Gesamtvolumens von Snofrus Grabmal verbaut worden.

Das heute oftmals in der Größenordnung von 20 000 bis 25 000 Personen vermutete Arbeiterheer[65] für den Bau der Cheops-Pyramide machte schätzungsweise nur etwa 1 % der damaligen Gesamtbevölkerung Ägyptens aus. Es setzte sich primär aus einer Kerntruppe qualifizierter Bauarbeiter, Steinmetze und sonstiger Handwerker, aus den Arbeitermannschaften, die für die Bereitstellung der Steinblöcke in den Steinbrüchen und für deren Transport zum Baugrund sowie für die Errichtung der Baurampen verantwortlich waren, sowie aus den vielen Männern und Frauen im Logistikbereich zusammen, die für die Verpflegung

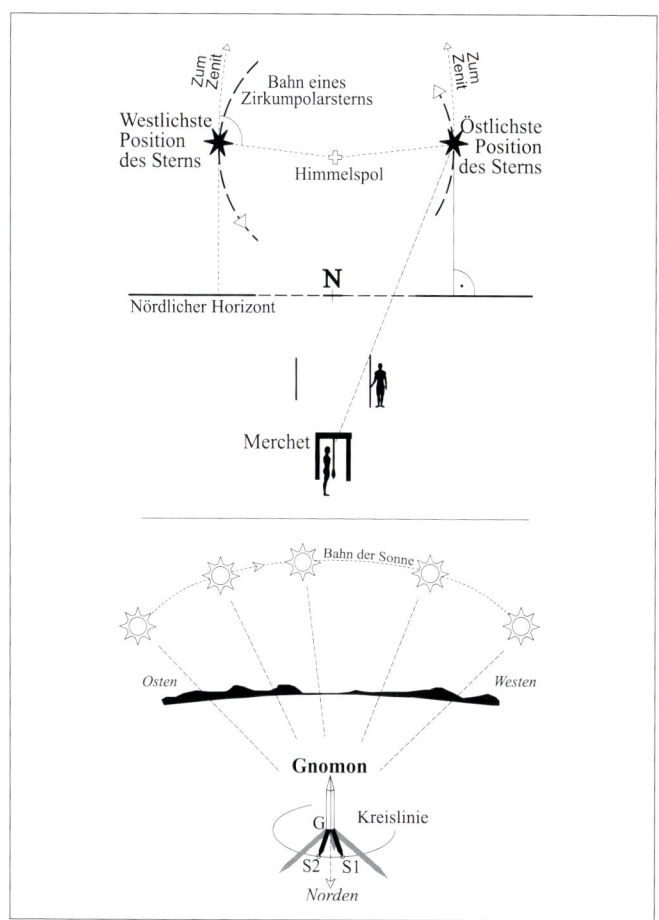

Abb. 26 Zwei Methoden zur Ermittlung der Nordrichtung im Pyramidenbau. Oben: Meßverfahren über die Beobachtung der Bewegung eines Zirkumpolarsterns. Bestimmung der westlichsten und östlichsten Position des Sterns auf seiner Bahn mittels Fluchtstangen, Lotschnüren und Visiergeräten (nach J. Dorner). Unten: Bestimmung der Winkelhalbierenden zwischen den Schnittpunkten (S1, S2) der Spitzen der im Laufe eines Tages wandernden Schatten eines Gnomons auf einer Kreislinie und dem Standort des Meßgerätes (G) (nach M. Isler).

Abb. 27 An der Unterkante dieses 1,50 m hohen Verkleidungssteines der 1. Steinlage an der Nordseite der Cheops-Pyramide erkennt man eine halbkreisförmige Vertiefung, die als Ansatzpunkt für einen stabilen Holzhebel diente, mit dem der schwere Block von der Seite an seine Position geschoben wurde.

der Arbeiter, die Reparatur der Werkzeuge und sonstige Arbeiten im Umfeld der Baustelle zu sorgen hatten. Eine größere Gruppe einfacher Arbeiter wurde dabei vermutlich per Königsbefehl aus der bäuerlichen Bevölkerung der näheren Umgebung für den täglichen Dienst rekrutiert. Zu diesem auf der Baustelle und in deren unmittelbarem Umfeld tätigen Arbeiterheer muß noch eine unbestimmte Anzahl von Personen gezählt werden, die in den Steinbrüchen der Provinzen, auf den Transportschiffen oder in den diversen landwirtschaftlichen und handwerklichen Produktionsstätten tätig waren. Im Hintergrund agierten eine ausgeprägte Bauorganisation, die alle Verwaltungsstrukturen des Landes beanspruchte, um ein derart großes Bauprojekt effizient durchführen zu können, und eine umfangreiche Bauaufsicht, die das Geschehen auf der Baustelle kontrollierte und überwachte.

Setzt man für die Cheops-Pyramide eine Gesamtbauzeit von 20 Jahren an und eine jährliche Arbeitszeit von 310 Tagen zu je 10 Stunden voraus und berücksichtigt, daß das reine Bauvolumen der Pyramide abzüglich des Felshügels, des Mörtelanteils, des Bauschutts und der strukturell entstandenen Hohlräume im Inneren des Baukörpers in der Größenordnung von gut 2 Mio. m^3 lag, dann würde in einer einfachen linearen Durchschnittsrechnung folgen, daß über 322 m^3 Steinmaterial pro Tag verbaut werden mußten. Daß derartige Kalkulationen nur erste Näherungen darstellen und die bauliche und transporttechnische Realität auf der Baustelle nur eingeschränkt wiedergeben, zeigen beispielsweise die bereits erwähnten Baudaten der Roten Pyramide. Um in den durch Bauarbeiterinschriften rekonstruierbaren maximal 9,5 Monaten den Pyramidenstumpf vom Fundament bis zur 12. Steinlage mit einem theoretischen Volumen von etwa 400 000 m^3 zu errichten, mußten an der Roten Pyramide (vorausgesetzt, daß sich an ihrer Basis keine bauvolumenreduzierende Felserhöhung befindet) allem Anschein nach täglich im Schnitt über 1400 m^3 an Steinblöcken gebrochen, transportiert und verlegt werden. Auch die Existenz des Felshügels unter der Cheops-Pyramide, der wohl bis zur 5. Steinlage einen hohen Prozentsatz des Volumens ausmacht, sowie der Umstand, daß besonders im unteren Bereich enorm große Steinblöcke (teilweise mit einem Volumen von über 3 m^3) verbaut wurden, verdeutlichen die Problematik bei der Verwendung und Ausdeutung linearer Abschätzungen von Bauleistungen.

Wie man die Cheops-Pyramide letztlich errichtet hat, ist bis heute eine offene Frage geblieben.[66] Obwohl die Rahmenbedingungen der großen Pyramidenbauprojekte wie das des Cheops heute bekannt sind und eine Vielzahl theoretischer Studien und Modellvorschläge erarbeitet wurden, fehlt noch immer eine Gesamtlösung des Problems im Sinne einer für die alten Ägypter praktikablen, aus den archäologischen Befunden ableitbaren und konstruktiv in sich widerspruchsfreien Methode des Materialtransports. Die bisherigen archäologischen Befunde auf den Pyramidenfeldern Ägyptens wie auch einige inschriftliche Überlieferungen deuten zumindest an, daß vor allem lineare Baurampen zur Errichtung kleinerer und mittelgroßer Pyramiden und privater Grabbauten im Einsatz gewesen waren. Eine solche zentrale Rampenkonstruktion kann aber aufgrund der infrastrukturellen Vorgaben auf dem Giza-Plateau die Errichtung der Cheops-Pyramide nur bis in eine Höhe von etwa 70 m erklären. Das Problem besteht letztlich also darin, schlüssig zu erklären, wie einerseits ein reibungsloser Transport der Steinblöcke bis in eine Höhe von 146 m bewerkstelligt werden und wie man andererseits an der Spitze der Pyramide eine stabile und sichere Arbeitsumgebung errichten konnte, um das tonnenschwere Pyramidion zu plazieren.

Mit dem bisherigen Kenntnisstand stellen sich derzeit zwei Lösungsansätze zur Diskussion: Entweder gab es eine nichtlineare Rampenkonstruktion, auf der der notwendige Materialtransport vollständig bis zur Pyramidenspitze vonstatten gehen konnte, oder die Ägypter setzten womöglich mehrere in Kombination miteinander funktionierende Rampenkonstruktionen und bislang nicht nachgewiesene Hebegeräte oder Zugvorrichtungen zum Bau der Cheops-Pyramide ein. Zu beiden Szenarien gibt es Modellvorschläge.

Aufgrund der topographischen Gegebenheiten und der Lage der Steinbrüche würde sich die westliche Flanke der Pyramide als stabilisierender und materialsparender «Stützpfeiler» einer sich dort anlehnenden Rampe anbieten. Vom südlich gelegenen Steinbruch hätte die Rampe eine Länge von ca. 500 m gehabt. Bei einer Rampensteigung von 9,1° hätte man den Pyramidenstumpf bis in eine Höhe von etwa 65 m errichten können. Damit wären über 82 % des theoretischen Volumens der Cheops-Pyramide verbaut gewesen. Möglicherweise hat man an der Basis zuerst auch eine gewisse Anzahl kleinerer, senkrecht auf den Baukörper zuführender Rampen eingesetzt, die man später ab-

Abb. 28 Von der unteren Granitverkleidung der Mykerinos-Pyramide sind an ihrer Nordseite noch bis zu sieben Steinlagen erhalten geblieben. Die Verkleidungssteine wurden dort nur im unmittelbaren Umfeld des Eingangs geglättet. Auf den Schuttwällen an der Südseite der Pyramide finden sich offenbar noch einige ordnungsgemäß bearbeitete Granitblöcke, die aus oberen Lagen herabgestürzt sind. Dieser Befund deutet an, daß der Glättungsvorgang der Verkleidung von oben nach unten stattgefunden hat. Hierfür wurden die vorderen Seitenflächen der Verkleidungssteine bei ihrer Verlegung bereits bis auf die mit dem Neigungswinkel korrespondierende Tiefe abgeschrägt, so daß die Arbeiter bei der späteren Glättung der Steinblöcke genau wußten, wieviel Material sie noch abzuarbeiten hatten.

gerissen hat und deren Baumaterial in der großen, die Westflanke tangierende Baurampe integriert wurde. Unter der Voraussetzung, daß man in der oberen Hälfte des Baukörpers die stringente Bauweise in durchgängigen Lagen aufgegeben und den Kernbau der Pyramide stufenförmig errichtet hatte, erklärt man sich die Vollendung der Pyramide unter Anwendung von einfachen Rampen und Stufenrampen sowie unter Verwendung von Hebewerkzeugen und flaschenzugartigen Geräten.[67]

Das andere in sich abgeschlossene Transportwegmodell, bei dem man durch den Transport der Steinblöcke auf Schlitten auf dem präparierten Bauweg ohne aufwendige Hebewerkzeuge auskommt, ist die spiralförmige Rampe. Hierbei geht man von einer befestigten, sich um 360° um den Pyramidenstumpf nach oben windenden Rampenkonstruktion aus, die aus Eigenlagen bestand, die an jede Pyramidenseite anlehnten[68] (Abb. 19). Die sog. «Spiralrampe», deren primärer Zugang am nördlichen Ende des Hauptsteinbruches (etwa 300–350 m von der Südseite der Pyramide entfernt) gelegen haben könnte, wuchs stetig mit dem Pyramidenstumpf in die Höhe und hüllte ihn bis auf die jeweilige Arbeitsplattform fast vollständig ein. Alle dieses Rampengebilde definierenden Parameter (Höhe, Länge der Teilabschnitte, Flankenneigung und Steigungswinkel) wurden dem größer werdenden Pyramidenstumpf in dem Maße angepaßt, daß die Schleppbahn auf der Rampenkonstruktion praktikable Bedingungen für den Transport der schwer beladenen Schlitten und ihre Zugmannschaften garantierte. Um den bis zur Pyramidenspitze insgesamt etwa 930 m langen Transportweg nicht übermäßig zu belasten, wäre es logistisch sinnvoll und konstruktionstechnisch möglich gewesen, an den Flanken der Spiralrampe weitere separate und in der Regel abwärtsorientierte Wege für Teile der Schleppmannschaften und die sonstigen auf dem Pyramidenstumpf tätigen Arbeiter einzurichten. Die errechneten Steigungswerte der Teilabschnitte eines Spiralrampenmodells für den Bau der Cheops-Pyramide bewegen sich zwischen 6° 36' an der Basis und sehr steilen 18° 39' auf den letzten 13,50 m an der Spitze der Pyramide.[69]

Im unmittelbaren Umfeld der Pyramide hätte diese Rampenkonstruktion eine Fläche von ca. 120 000 m² bedeckt; ihr Volumen läge ungefähr in der Größenordnung von 1,6 Mio. m³. Aufgrund der Position der nördlich und westlich liegenden Steinbruchgebiete wird eine derartige Rampenkonstruktion vermutlich noch bis zu einer gewissen Höhe mit einer, womöglich sogar zwei großen linearen Baurampen kombiniert worden sein. Eine Rampe wäre dabei direkt an der Südflanke von Osten nach Westen ansteigend konstruiert, die andere von Westen auf die Südseite zugeführt worden.

Mitte der 1990er Jahre wurden etwa 30 m südlich der Süd-West-Ecke der Cheops-Pyramide am sog. Friedhof G I S zwei parallel angeordnete und aus Kalksteinsplittern und Tafla (mergeliger Ton) bestehende Mauerstrukturen gefunden, die in Richtung des westlichen Bereiches der Südseite der Pyramide (nahe der Süd-West-Ecke) verlaufen. Die Mauerreste sind zwischen 6 und 7 m lang und ihre maximale Höhe beträgt ungefähr 0,60 m. Die Breite der Mauern liegt in der Größenordnung von 1,50 m. Der Zwischenraum der Mauern ist etwa 1,50 m groß und war einst mit Sand, Gips und Bauschutt gefüllt. Die Mauerstrukturen konnten auch südlich der asphaltierten Straße, die an der Südseite der Cheops-Pyramide vorbeiführt, nachgewiesen werden. Vermutungen zufolge hat man es hierbei mit den Überresten einer Transportrampe aus der Zeit des Cheops zu tun[70], die aus den Steinbrüchen kam und auf die Süd-West-Ecke der Großen Pyramide zulief. Allerdings ist diese Struktur zu klein und der auf der Rampe rekonstruierbare Transportweg zu schmal, um eine primäre Baurampe zur Errichtung der Cheops-Pyramide im Sinne der oben vorgestellten Spiralrampe darzustellen. Entweder

Abb. 29 Ähnlich wie an der Mykerinos-Pyramide kann man auch an der Basis der Königinnenpyramide G I-c östlich der Cheops-Pyramide die markanten keilförmigen Vertiefungen zwischen den ungeglätteten Verkleidungssteinen erkennen, die den Arbeitern als Richtmaß für den Glättungsprozeß dienten.

handelt es sich hierbei lediglich um einen Teil der Stützkonstruktion der östlichen Flanke einer großen spiralförmigen bzw. irgendeiner anderen monumentalen Baurampe, die beim Bau der Cheops-Pyramide eingesetzt wurde, oder man hat es mit einer kleinen Rampe zu tun, die mit der Mastaba G I S in Verbindung stand, die sich zwischen dem Fundort der Rampe und der Süd-West-Ecke der Cheops-Pyramide befindet. Von archäologischen Untersuchungen beispielsweise auf dem zur Roten Pyramide gehörigen «Lepsius-Friedhof» in Dahschur oder aus inschriftlichen Überlieferungen weiß man, daß Bau- und Transportrampen auch im privaten Bereich eingesetzt wurden – letztlich auch dafür, um die Bestattungen auf die Dächer der Mastabas bis zu den Grabschächten befördern zu können.

Eng mit der Rampenproblematik ist auch die Frage verbunden, wann die Außenseite der Pyramide geglättet wurde. Die Interpretationen der archäologischen Befunde geben leider noch kein eindeutiges Bild wieder und lassen zudem die Möglichkeit offen, daß es abhängig vom verwendeten Verkleidungsmaterial keine einheitliche Vorgehensweise gegeben haben könnte. So hatte man z. B. die unterschiedlichen Neigungswinkel der Seiten des restaurierten Pyramidions der Roten Pyramide wie auch die geringen Versatzspuren vieler im oberen Abschnitt der Chephren-Pyramide erhaltengebliebenen Verkleidungssteine als Hinweise für eine prinzipielle Bearbeitung der Verkleidungssteine während ihrer Verlegung gedeutet.[71] Auf der anderen Seite existiert aber mit der Verkleidung der kleinsten Königspyramide auf dem Giza-Plateau ein eindeutiger Befund dafür, daß der Glättungsprozeß einer Pyramide von oben nach unten verlief. Die Mykerinos-Pyramide weist noch mehrere Lagen ihrer Granitverkleidung auf, die nur im unmittelbaren Umfeld des Eingangs an der Nordseite und an der Übergangstelle zum Totentempel an der Ostseite geglättet wurde. Die Außenseiten der Verkleidungssteine wurden bei ihrer Verlegung roh belassen und nur an ihren Stoßkanten mit Abschrägungen versehen (Abb. 28. 29), die den Arbeitern später anzeigen sollten, wieviel Material der Verkleidung beim Glättungsprozeß noch abzuarbeiten war.[72] Auf den Schuttwällen der in weiten Bereichen noch nicht freigelegten Pyramide befinden sich noch einige offensichtlich ordnungsgemäß bearbeitete, aber versprengte Verkleidungssteine, die andeuten, daß die letzten Arbeiten an der Verkleidung dieses Grabmals bereits angelaufen waren, aber aufgrund des vorzeitigen Todes des Königs abgebrochen wurden. Ein vergleichbarer Befund liegt auch an der südlichen Königinnenpyramide (G I–c) der Cheops-Nekropole vor, an deren westlicher Basis ebenfalls eine ungeglättete Passage der Tura-Kalksteinverkleidung existiert, die die markanten Vorbearbeitungsspuren wie an der Mykerinos-Pyramide aufweist.

Die Vorteile bei der Glättung der Verkleidung von oben nach unten liegen auf der Hand.[73] An den während des Baus der Pyramide ungeglättet gebliebenen Außenseiten hätte das verwendete Rampensystem, insbesondere die vollständig mit dem Baukörper in Kontakt stehende Spiralrampe, einerseits ausreichend Halt gefunden, andererseits gewährleistete die Glättung der Verkleidungssteine von oben nach unten eine relativ genaue Kantenführung der Pyramide wie auch eine hinreichende Neigungskontrolle der Seitenflächen über größere Abschnitte hinweg. Letztlich wurden durch diese Vorgehensweise in Kombination mit der Verwendung einer Spiralrampe aufwendige und gefährliche Ausbesserungsarbeiten in großer Höhe vermieden, da eine akkurate Bearbeitung der Seitenflächen mit dem Abbau der Rampe Lage für Lage möglich gewesen wäre.

Vom Steinbruch zum Pyramidenstumpf

Um nun dezidierter der Frage nachzugehen, wie viele Arbeiter unmittelbar am Bau der Cheops-Pyramide beteiligt gewesen waren, macht es Sinn, sich einmal die Arbeitskapazitäten und -leistungen im Baugeschehen punktuell näher anzuschauen – z. B. während eines gewöhnlichen Arbeitstages bei der Errichtung einer Steinlage. Dabei orientierte sich die jeweilige Tagesleistung aufgrund der nichtlinearen Massenverteilung im pyramidalen Baukörper vor allem an der Auslastung der Rampe, auf der die Steine transportiert wurden, sowie auch an den logistischen Möglichkeiten auf den Arbeitsplattformen des Pyramidenstumpfes. Als Berechnungsbeispiele sollen hier die notwendigen Kapazitäten für die Errichtung zweier relativ nahe beieinanderliegender Steinlagen betrachtet werden. Da die durchschnittliche Höhe der Steinlagen der Cheops-Pyramide 0,69 m beträgt[74], wurde die gleichhohe 28. Steinlage für die Modellberechnung ausgewählt. Alternativ dazu wird in Klammern vergleichend ein zweites Berechnungsszenario für die 36. Steinlage vorgestellt.

Da beide Steinschichten vertikal nur knapp 6 m voneinander entfernt liegen, kann man hier einen Transportweg in Form einer gut 350 m langen Rampe ansetzen, die vom Steinbruch (im Süden des Baugrundes) bis zum südlichen Bereich der Westseite der jeweilig zu errichtenden Steinlage des Pyramidenstumpfes hinaufführt. Die Steigung der Rampe soll 6° 36' betragen und der daraufliegende Bauweg eine Breite in der Größenordnung von 25–30 m aufweisen.[75] Unter diesen Voraussetzungen können maximal 4 Schleppbahnen auf der Rampe in Betrieb gewesen sein: drei für Steintransporte in Richtung Pyramidenstumpf und die äußere Bahn für die abwärts laufenden Schlepper und ihre Schlitten. Außerdem wird hier vorausgesetzt, daß die Mannschaften auf speziell präparierten Transportwegen[76] ihre Steinlasten zogen, so daß der Reibungskoeffizient relativ gering gehalten werden konnte.

Die 28. Steinlage (36. Steinlage) befindet sich 23,93 m (29,82 m) oberhalb des Basisniveaus der Pyramide und umfaßt eine Fläche von etwa 37150 m² (ca. 33670 m²). Veranschlagt man die durchschnittlichen Abmaße der Steinblöcke, die auf dieser Ebene verbaut wurden, mit Länge x Breite x Höhe = 1,30 x 1 x 0,69 m (1,30 x 1 x 1 m)[77], so mußten auf dieser Lage ungefähr 28500 (25800) Steinquader verlegt werden.

Mit diesen Vorgaben und auf der Grundlage einer Reihe empirisch gewonnener Erfahrungswerte kann man näherungsweise berechnen[78], daß eine Zugmannschaft von 40 Mann – 30 Schlepper, vier Aufseher und Antreiber, zwei Bremser, zwei Schmierer, zwei Wasserträger – (52 Mann, davon 42 Schlepper) notwendig gewesen war, um einen 0,897 m³ (1,3 m³) umfassenden Steinblock mit einem Gewicht von etwa 2,64 t (3,65 t) zu ziehen. Hierbei wurde ein Gewicht des Schlittens inklusive der Zugseile von ca. 400 kg mitberücksichtigt.

Nimmt man weiter an, daß eine derartige Schleppmannschaft in zwei nebeneinander laufenden Kolonnen zu je 15 Mann (21 Mann) aufgeteilt war, dann kann man die Gesamtlänge eines Zuggespanns auf bis zu 29 m (38 m) abschätzen.[79] Die Zugbreite (inklusive des neben dem Schlitten mitlaufenden Versorgungs- und Hilfspersonals) liegt bei 4–5 m, wobei die beiden Kolonnen eventuell auch neben dem präparierten Schleppweg liefen. Die Züge können dabei versetzt auf den drei Schleppbahnen gelaufen sein.

Legt man zwischen den auf einer Schleppbahn laufenden Mannschaften eine Zugfolge von 4 (5) min. fest[80], dann könnten unter störungsfreien Voraussetzungen pro Tag bis zu 450 (360) Blöcke mit einem Bauvolumen von ca. 404 m³ (468 m³) über die Rampe bis zur 28. Steinlage (36. Lage) transportiert worden sein. Diese Werte erscheinen vor dem Hintergrund der bekannten Baudaten an der Roten Pyramide durchaus plausibel.[81]

Geht man davon aus, daß eine Schleppmannschaft im Mittel acht Steine pro Tag auf der Plattform abliefern konnte, dann waren 56 (45) Trupps, also insgesamt 2240 Mann (2340 Mann), für den Transport der Steine an einem Tag notwendig. Zu diesem Schlepperheer muß noch eine schätzungsweise 500 Mann starke Arbeitstruppe hinzugezählt werden, die für den Weiterbau und die Instandhaltung der Rampe zuständig war. Insgesamt bestand das «Rampen- und Transportpersonal» somit aus etwa 2740 (2840) Mann.

Schätzungsweise acht Mann wurden zum Nachbearbeiten und Verlegen eines Steinblocks benötigt. Hätte ein Verlegeteam pro Tag zehn (acht) Blöcke an ihre endgültige Position gebracht, so wären 360 Mann dafür notwendig gewesen. Zu den Verlegemannschaften müssen noch die Steinmetze, die die Verkleidungssteine auf ihre Außenglättung vorbereiteten, Wasserträger, Mörtelhersteller, die Werkzeugmacher und sonstigen benötigten Handwerker und Vermessungsspezialisten sowie letztlich das Aufsichts- und Verwaltungspersonal hinzugezählt werden. Insgesamt könnten auf der 28. bzw. 36. Steinlage demnach bis zu 1000 Arbeiter tätig gewesen sein.

Bleibt letztlich noch die Abschätzung offen, wie viele Arbeiter im Steinbruch gebraucht wurden, um die täglich veranschlagten 450 (360) Steinblöcke aus dem Felsverbund zu brechen. Die

Steinbrüche auf dem Giza-Plateau wurden Lage für Lage in offener Abbauweise ausgebeutet, in dem man die Blöcke durch Anlegen von Trenngräben, die so breit waren, daß darin ein Mensch arbeiten konnte, freilegte. Dabei drang man an allen Seiten des Blockes mit Werkzeugen wie Steinhämmern, Holzschlegeln und Kupfermeißeln so tief in das Gestein ein, bis man zur nächsten tonigen Zwischenschicht der Kalksteinlage gelangte. Anschließend brach man den Block mit Hilfe starker hölzerner oder gehärteter kupferner Hebel heraus, die in Ankerlöchern angesetzt wurden.

Nach Auswertung der Meißelspuren in den Steinbrüchen auf dem Giza-Plateau konnte ein Arbeiter mit Meißeln und Steinhämmern offenbar etwa 0,065 m³ Abraum pro Stunde in Form von Trenngräben produzieren.[82] Bei einem täglichen Arbeitseinsatz von insgesamt 5 Stunden (einen Zweischichtbetrieb im Steinbruch vorausgesetzt) betrug die individuelle Arbeitsleistung demnach 0,325 m³ an Abraummaterial. Um beispielsweise in einem unregelmäßig abgestuften Steinbruchfeld einen Steinblock der Größe 1,30 x 1 x 0,69 m (1,30 x 1 x 1 m) zu gewinnen, mußte man in der Regel an zwei Seiten des Werkstückes (für diesen Arbeitsvorgang konnten vier Arbeiter gleichzeitig eingesetzt werden) einen knapp 2,75 m langen Trenngraben erstellen, der eine Breite von schätzungsweise 45 cm aufweist. Insgesamt mußten zur Freilegung eines Blockes demnach 0,854 m³ (1,238 m³) Steinmaterial ausgehoben werden.[83]

Rechnet man diese Vorgabe auf das durchschnittliche Leistungsvermögen eines Arbeiters um, so wurden über 1182 (1371) Arbeiter benötigt, um das veranschlagte Tagessoll von 450 (360) Steinen zu erfüllen. Diese waren vermutlich nicht nur allein im Hauptsteinbruch südlich der Cheops-Pyramide tätig, sondern wurden auch auf die kleineren Abbaugebiete nördlich und westlich der Pyramide verteilt. Zu dieser Arbeitsgruppe müssen noch Lastenschlepper, die den Abraum entsorgten bzw. zur Weiterverwendung bereitstellten, die Belademannschaften, die die Steine freihebelten, auf Schlitten montierten und den Transportmannschaften zur Verfügung stellten, die Werkzeugmacher und sonstigen benötigten Handwerker, die Wasserträger und Laufboten sowie letztlich das Aufsichts- und Verwaltungspersonal hinzugezählt werden. Insgesamt kommt man somit auf ca. 1850 (2200) Arbeiter in den Steinbrüchen.

Zusammenfassend gelangt man zu dem Ergebnis, daß unter den hier gemachten Vorgaben insgesamt etwa 5590 (6040) Mann an einem Tag unmittelbar bei der Errichtung der 28. (36.) Steinlage mitgewirkt haben. Man kann davon ausgehen, daß das dahinterstehende Logistikpersonal (inklusive der Steinbrucharbeiter in Tura und der Schiffsmannschaften, die für den Transport der Verkleidungssteine verantwortlich waren) etwa im Verhältnis 1:2 anzusetzen ist, so daß man auf ungefähr 16770 (18120) Arbeiter kommt, die in dieser Bauphase mit der Errichtung der Cheops-Pyramide beschäftigt waren.

Das Kammersystem der Cheops-Pyramide

Die grundlegenden strukturellen Parameter, die die bauliche Konzeption der Kammersysteme königlicher Grabpyramiden im Alten Reich bestimmten, wurden bereits mit der Errichtung der ersten Stufenpyramide in Sakkara definiert. So sah jede Planung eine Grabkammer vor, die in der näheren Umgebung der Mittelachse und bis auf wenige Ausnahmen entweder unterhalb oder auf Höhe des Basisniveaus des Grabmals angelegt wurde. In Abhängigkeit von der Tiefe der Grablegung im Felsboden und den Abmessungen der Pyramide variierte dabei auch das Höhenniveau des Eingangs an der Nordseite des Grabbaus. Der Zugang zu den Grabräumen wurde bis auf wenige, baulich bedingte Aus-

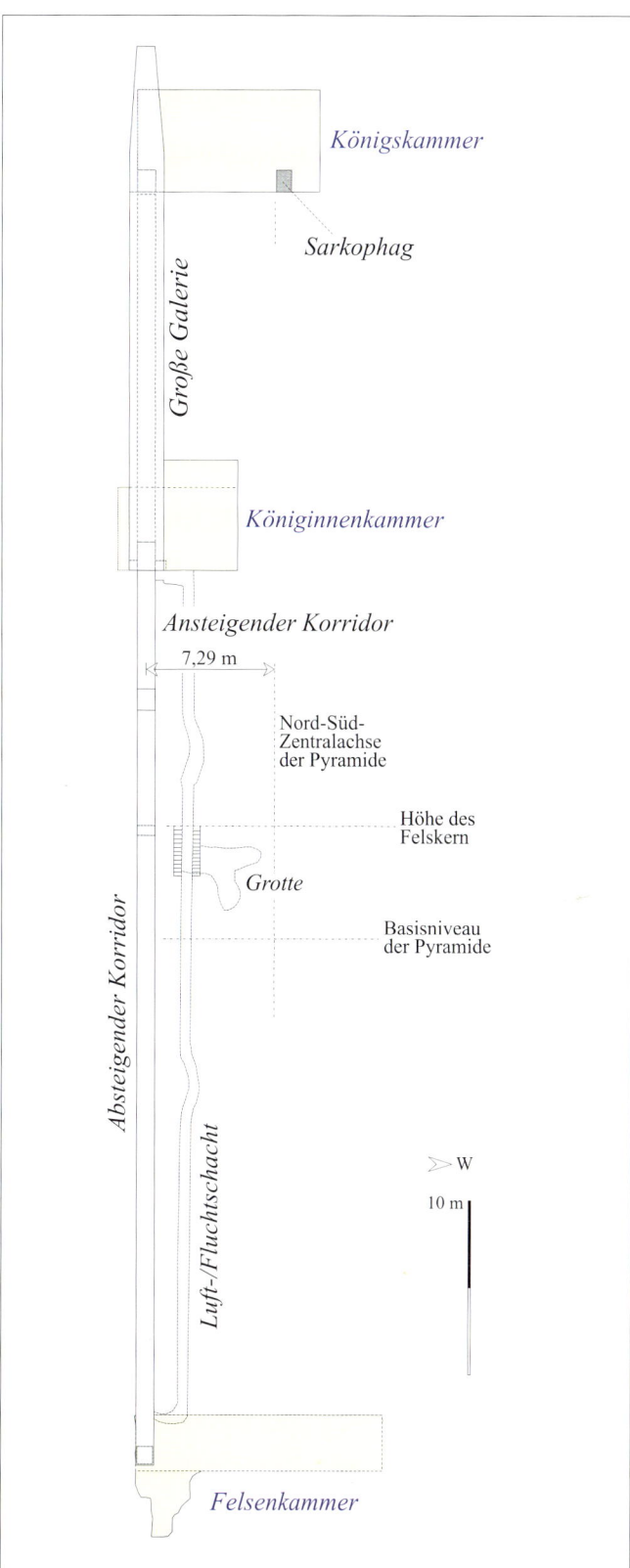

Abb. 30 Das Kammersystem der Cheops-Pyramide, von Norden aus gesehen (ohne Berücksichtigung der Schachtsysteme und der Entlastungskammern).

nahmen wie bei der Knick-Pyramide stets durch ein linear geführtes und in Nord-Süd-Richtung orientiertes Korridorsystem realisiert, das in der Regel aus absteigenden und horizontalen Gangpassagen aufgebaut ist. In einigen wenigen Fällen gab es aus bau- und sicherungstechnischen Notwendigkeiten auch Kom-

Abb. 31 Nach dem Verlust des Verkleidungsmantels ist der Strukturbereich des originalen Pyramideneingangs an der Nordflanke heute frei einsehbar. Der Zugang zur Cheops-Pyramide lag ursprünglich in einer Höhe von fast 17 m über dem Basisniveau auf Höhe der 19. Verkleidungslage.

binationen aus ab- und aufsteigenden Korridorabschnitten im Kammersystem.

Für die Positionierung der Grabkammer im Untergrund standen den Ägyptern zwei Konstruktionsmöglichkeiten zur Verfügung. Entweder hoben sie aus dem Felsboden einen senkrechten Schacht oder eine T-förmige Senke aus, worin man die Grabräume oder sogar das gesamte Kammersystem aufbauen konnte, oder man meißelte die Korridore und Kammern in Untertagebauweise in den Fels. Beide Vorgehensweisen hatten ihre Vor- und Nachteile. Umfangreiche Ausschachtungsarbeiten waren zeitintensiv, da sie einen enormen Arbeitsaufwand verlangten, und bildeten zudem strukturelle Schwachpunkte für die Statik der darüber errichteten Pyramidenmassive. Sie gewährleisteten aber einen relativ reibungsfreien Aufbau des Kammersystems. Das Ausmeißeln von langen, beengten Korridoren und unterirdischen Räumen im Fels hingegen war eine ungemein mühsame Aufgabe, die aber letztlich sicherstellte, daß das Kammersystem stabil in den Untergrund eingebettet wurde. Im Fall der Cheops-Pyramide entschloß man sich in der ersten Bauphase für die zweite Vorgehensweise, ging aber bei der Konstruktion des Kammersystems ganz neue Wege.[84]

Das Innenleben der Cheops-Pyramide besitzt eine Sonderstellung im königlichen Grabbauwesen, denn es hebt sich aufgrund seiner strukturellen Komplexität deutlich von denen anderer Königsgräber des Alten Reiches ab. Kein anderes Kammersystem wurde dermaßen hoch in das Kernmauerwerk ausgedehnt. In keiner anderen Pyramide jener Zeit findet sich eine derart ungewöhnliche räumliche Verteilung der Kammern und Korridore (Abb. 24. 30).

Die vertikale Ausdehnung des begehbaren Kammersystems der Cheops-Pyramide beträgt etwa 83 m. Das Innenleben der Pyramide erstreckt sich von der knapp 30 m tief im Felsuntergrund liegenden Felsenkammer bis hinauf zum oberen Ende der Großen Galerie, das gut 53 m über dem Basisniveau im Kernmauerwerk der Pyramide liegt. Unter Berücksichtigung der fünf über der Grabkammer befindlichen sog. Entlastungskammern vergrößert sich die vertikale Ausdehnung des Kammersystems sogar auf über 95 m. Die horizontale, nordsüdorientierte Ausdehnung liegt (vom Eingang der Pyramide aus bis zum Ende des Blindschachtes südlich der Felsenkammer gemessen) bei ca. 125 m. Die Korridore der Cheops-Pyramide haben insgesamt eine Länge von über 255 m.

Der absteigende Korridor

Der Eingang ins Kammersystem der Cheops-Pyramide lag ursprünglich in einer Höhe von 16,98 m über dem Bodenniveau an der Nordflanke des Grabmals. Er befand sich demnach auf dem Niveau der 19. Verkleidungslage. Die Mittelachse des Eingang ist um 7,29 m aus der Mitte der Pyramidennordseite nach Osten verschoben. Vielleicht resultierte diese Verschiebung aus dem Bedürfnis der Architekten heraus, den Standort des Sarkophages in der Grabkammer der Pyramide entlang der Nord-Süd-Zentralachse zu plazieren (s. S. 45).[85] Nach dem Verlust des Verkleidungsmantels liegt der heutige Eingangsbereich etwa 15,50 m über dem Basisniveau auf Höhe der 16. Steinlage des Kernmauerwerks (Abb. 31). Er wird durch vier, über 2 m hohe Steinquader weithin sichtbar markiert, die in zwei Lagen giebeldachartig angeordnet sind. Unter dieser Konstruktion befinden sich drei weitere Lagen großer Steinblöcke, die über dem Einstiegskorridor liegen. Aller Wahrscheinlichkeit nach erstreckt sich diese giebeldachartige Schutzkonstruktion auch entlang des absteigenden Korridors bis auf Höhe des Felskerns.[86]

Der absteigende Korridor besitzt einen Querschnitt von 1,09 x 1,20 m. Sein Neigungswinkel beträgt im Bereich des Kernmauerwerks 26° 26' 42''. Diese Werte liegen im Rahmen derartiger Korridorkonstruktionen im Pyramidenbau jener Zeit, die vorrangig gewisse Minimalanforderungen in Sachen Transport und Zugänglichkeit in Richtung der Grabkammer wie auch konstruktive Eigenschaften erfüllten, die mit der Blockierung des Kammersystems in Zusammenhang standen.

Nach ca. 34,30 m Wegstrecke trifft der Korridor auf den Felshügel, der an dieser Stelle knapp 3 m über dem Basisniveau ansteht (Abb. 34b). Genau dort, etwa 40 m von der Nordkante der Pyramide entfernt, begannen die Ausschachtungsarbeiten am unterirdischen Kammerbereich. Von dort aus meißelten erfahrene Arbeiter unter extrem schwierigen Arbeitsbedingungen den engen Grabkorridor über 71 m weit schräg nach unten, bis in eine Tiefe von knapp 30 m unterhalb des Basisniveaus der Pyramide.

Tab. 3 Übersicht über das Korridor- und Kammersystem der Cheops-Pyramide.

Elemente des Kammer- und Korridorsystems	Abmessungen [(L)änge: NS-Richtung, (B)reite: OW-Richtung, (H)öhe]	Moderner Meßwert	Altägyptische (Soll-)Maße [(E)llen (1 E = 52,35 cm), (H)andbreiten, (F)ingerbreiten, (S)eked]
Eingang	Höhe über Basisniveau Verkleidungslage Ostverschiebung (Mittellinie)	16,98 m 19. 7,29 m	32 E 3 H 14 E
Absteigender Korridor	B x H Länge im Kernmauerwerk Neigung im Kernmauerwerk Länge im Felsen Neigung im Felsen	1,09 x 1,20 m ~ 33,50 m 26° 26' 42'' ~ 71,80 m 26° 31' 23''	2 E 2 F x 2 E 2 H ~ 64 E S: 14 H ~ 137 E S: 14 H
Horizontaler Korridor vor der Felsenkammer	L x B x H Tiefe im Felsboden	8,91 x 0,85 x 0,95 m 29,88 m	3 E 3 H x 17½ F x 1 E 5 H 57 E 2 F
Nische vor der Felsenkammer	L x B x H (unvollendet)	~ 1,78 x 1,78-1,83 x ~ 1 m	3 E 2¾ H x ~ 3½ E x 2 E (?)
Felsenkammer	L x B x H (unvollendet)	8,36 x 14,08 x 3,10 m	16 E x 27 E x 6 E (geplant)
Schacht südlich der Felsenkammer	L x B x H (unvollendet)	16,41 x 0,75 x 0,78 m	? (> 31 E) x 1½ E x 1½ E
Luftschacht zwischen Großer Galerie und absteigendem Korridor	Länge x Querschnitt Neigungen	über 61 x 0,68–0,71 m 2. Abschnitt: 65° 4. Abschnitt: 45° 5. Abschnitt: 75°	 2. Abschnitt: S: 2¼ H 4. Abschnitt: S: 7 H 5. Abschnitt: S: ~ 2 H
Aufsteigender Korridor	Abstand vom Eingang L x B x H Neigung Größe der 3 Granitblöcke	27,40 m (Korridordecke) 37,80 x 1,05 x 0,97–1,20 m 26° 6' 40'' ~ 1,70 x 0,97–1,05 x 1,20 m	52 E 2 H 1½ F (?) 72 E x 2 E x 1 E 6 H - 2 E 2 H S: 14 H 1 F ~ 3 E 1¾ H x 1 E 6 H - 2 E x 2 E 2 H
Große Galerie (mit Kraggewölbe: 7stufig)	L x B x H Neigung	47,84 x 2,09 x 8,46–8,74 m 26° 17' 53''	~ 91 E 2¾ H x 4 E x ~ 16 E - 16 E 5 H S: 14 H ½ F
Horizontaler Korridor zur Königinnenkammer	L x B x H: A: In der Großen Galerie B: 1. Geschlossener Abschnitt C: 2. Geschlossener Abschnitt	 4,58 x 1,05 m 28,07 x 1,05 x 1,19 m 5,50 x 1,05 x 1,69 m	 8 E 5¼ H x 2 E 53 E 4¾ H x 2 E x ~ 2 E 2 H 10½ E x 2 E x ~ 3 E 1½ H
Königinnenkammer	Höhe über Basisniveau L x B x H Giebeldach Kragnische (H x B x Tiefe) Lage der Schachteingänge Länge der Schächte Querschnitt der Schächte Neigung der Schächte Blockierung der Schächte Höhenunterschied	21,19 m (ohne Bodenbelag) 5,23 x 5,76 x 6,26 m Höhe: 1,57 m, Neigung: 30,5° 4,69 x 1,57–0,51 x 1,04 m mittig Nord- und Südwand, 1,49 m über Bodenniveau, Nord-S.: ~ 64 m, Süd-S.: ~ 60 m 20,5 x 20,5 cm (im Mittel) Nord-S.: (39,12+/-2)°, Süd-S.: 39,61° (im Mittel) ~ 59,40(-60) m über 0-Niveau ~ 36,82 m (26.–74. Lage)	41 E 3 H (geplant) 10 x 11 x 12 E Höhe: 3 E, ~ S: 12 H 8 E 6¾ H x 3 E - 27 F x 2 E mittig Nord- und Südwand, 2 E 6 H m über Bodenniveau Nord-S.: ~ 122 E, Süd-S.: ~ 114 E 11 x 11 F Nord-S.: S: 8½ H (?) Süd-S.: S: 8½ H ~ 114 E ~ 70 E
Horizontaler Korridor zur Königskammer	L x B x H	6,85 x 1,03-1,05 x 1,11–1,15 m	13 E x 2 E x 2 E 1 H
Blockiersteinkammer	L x (max.) B x H Größe der Blockiersteine	2,96 x 1,65 x 3,77 m ca. 1,19 x 0,53 x 1,49 m	5 E 4½ H x 3 E 1 H x 7 E 1½ H ca. 2 E 2 H x 1 E x 2 E 6 H
Grabkammer	Höhe über Basisniveau L x B x H Sarkophag (L x B x H) Lage der Schachteingänge Länge der Schächte Querschnitt der Schächte Neigungen der Schächte Austrittpunkt der Schächte	43,06 m 5,24 x 10,49 x 5,84 m 2,28 x 0,98 x 1,05 m Nord- und Südwand; 2,37 m westlich der Ostwand, ca. 96 cm über Bodenniveau Nord-S.: 71,50 m, Süd-S.: 53,60 m 20,5 x 21,5 cm (im Mittel) Nord-S.: 32,6° (mittel), Süd-S.: 45° 101./102. Steinlage	82 E (geplant) 10 E x 20 E x 11 E 1 H 4 E 2½ H x 1 E 6 H x 2 E Nord- und Südwand; 4½ E westlich der Ostwand, gut 1 E 5¾ H über Bodenniveau Nord-S.: 136 E 4½ H, Süd-S.: 102 E 2¾ H 11 x 11½ F Nord-S.: S: 11 H, Süd-S.: S: 7 H 103.–104. Steinlage
Entlastungskammern	Anzahl Kammer 1-4: L x B x H Kammer 5: L x B x H (Giebel)	5 11,70–12,22 x 4,98–5,23 x 0,61–1,47 11,73–94 x 6,27 x 1,78–2,62 m	

Das Grabmal des Cheops

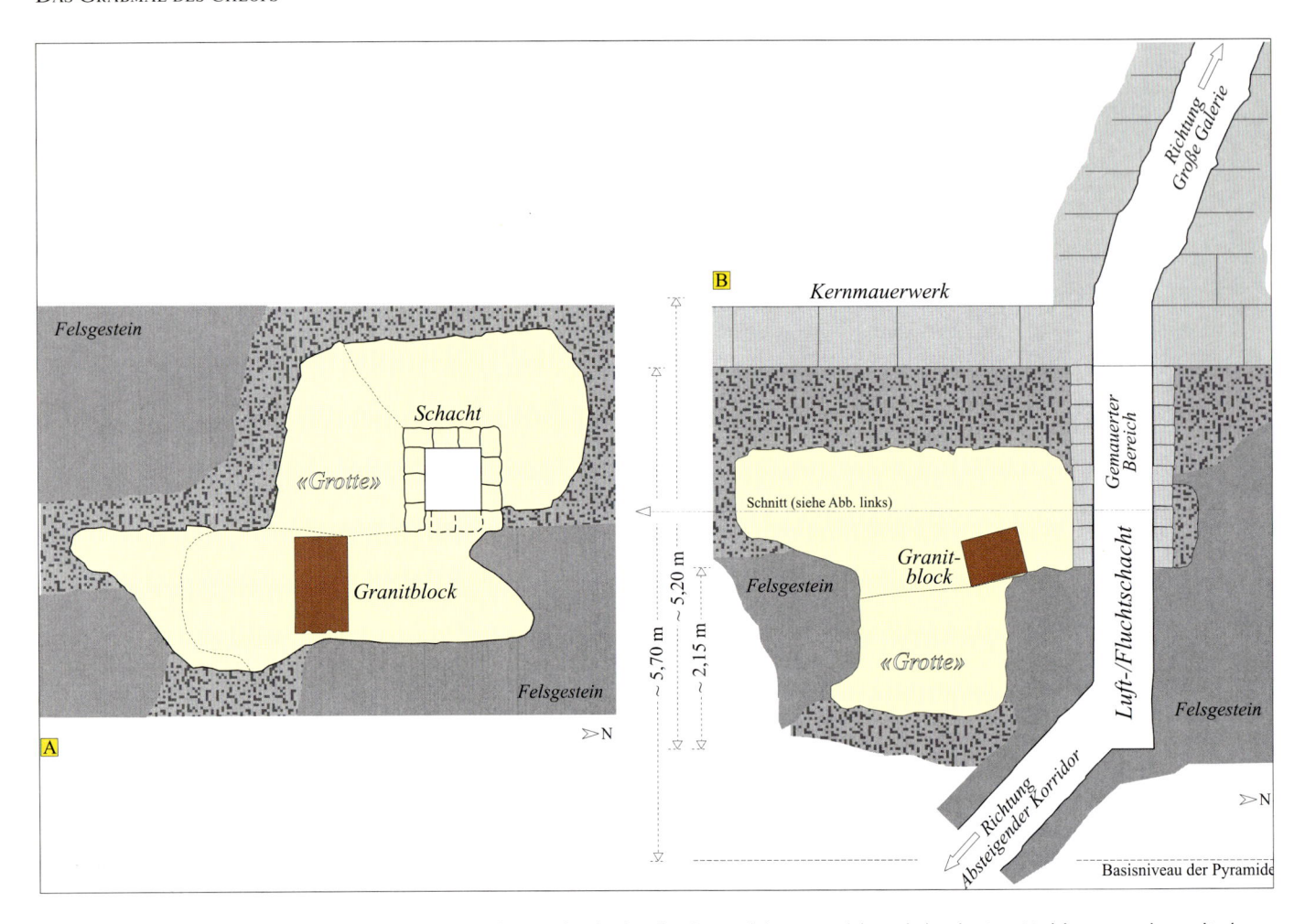

Abb. 32a Der senkrechte, gemauerte Abschnitt des «Luft-/Fluchtschachtes» führt im Felshügel durch eine Hohlraumstruktur, die heutzutage als «Grotte» bezeichnet wird. Rechts ein Nord-Süd-Schnitt (B), links ein Höhenschnitt durch den Hohlraum (A). In der «Grotte» liegt ein großes Bruchstück eines Granitsteinblocks, der wahrscheinlich einst zu einem der drei Blöcke gehörte, mit denen die Grabkammer verschlossen wurde.

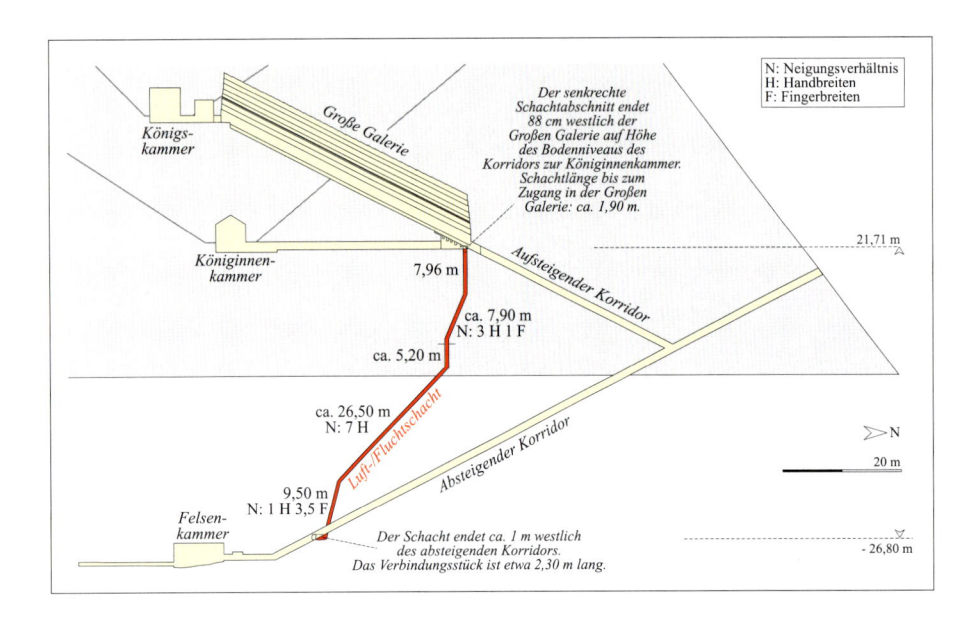

Abb. 32b Der Verlauf des «Luft-/Fluchtschachtes» zwischen der Großen Galerie und dem absteigenden Korridor im Überblick. Der Schacht wurde hier mit den Längenangaben und Neigungsverhältnissen («Seked von x Handbreiten») seiner einzelnen Abschnitte versehen.

Der Neigungswinkel des im Fels befindlichen Teils des Korridors liegt im Mittel bei 26° 31' 23'', ist also knapp 5' steiler als der gemauerte Abschnitt. Möglicherweise planten die Ägypter hier ursprünglich ein konstruktionstechnisch einfaches Gefälle der Form 1:2 (26° 33' 54'', Seked von 14 Handbreiten) im Korridor umzusetzen, das sie bereits beim Grabkorridor der Roten Pyramide, dem Vorläuferbau der Cheops-Pyramide, verwendet haben. Die bestehende Differenz von 2,52' läßt sich vermutlich aus den schwierigen Arbeits- und Vermessungsbedingungen im Korridor ableiten.[87]

Abb. 33a Die Nord-Ost-Ecke der Felsenkammer mit dem Zugang zur Kammer, der etwa 30 m unter dem Basisniveau der Pyramide liegt. Die Kammer blieb unvollendet. Auch der Boden ist nicht auf sein geplantes Niveau abgearbeitet worden.

Abb. 33b Die Arbeiten in der Felsenkammer wurden offenbar aus Sauerstoffmangel eingestellt; insbesondere der hier abgebildete westliche Bereich der Kammer wurde nicht zu einem rechteckigen Raum ausgearbeitet. Welche Funktion die Felsenkammer ursprünglich ausüben sollte, ist noch unklar.

An den absteigenden Korridor, der eine Gesamtlänge von 105,34 m besaß, schließt sich ein 8,91 m langes horizontales Gangstück an, dessen Querschnitt mit 0,85 x 0,95 m etwas kleiner ist als der des Korridors (Abb. 34b). Die Verengung diente offensichtlich dazu, Auflageflächen und Haltepunkte für den untersten der Steinblöcke zu bieten, mit denen der absteigende Korridor vollständig blockiert wurde. Auf dem zweiten Teilabschnitt des horizontalen Korridors, etwa 1,50 m vor der Felsenkammer, befindet sich auf der westlichen Seite eine kleine, offenbar nicht fertiggestellte Nische, deren Bedeutung bis heute unklar ist. Sie weist allerdings strukturelle Ähnlichkeiten mit den Nischen im horizontalen Korridorabschnitt der Meidum-Pyramide auf. Möglicherweise sollte hier eine Blockiervorrichtung installiert werden.

Etwa 98 m unterhalb des Eingangs trifft man an der rechten Wand des absteigenden Korridors auf den Zugang zu einem Schacht, der den Arbeitern unter Tage zur Belüftung diente (Abb. 34b). Dieser aus mehreren verschieden langen und unterschiedlich ausgerichteten Abschnitten aufgebaute, im Querschnitt zwischen 0,68 und 0,71 m breite Schacht verläuft bis auf wenige Unregelmäßigkeiten zwischen 1,20 m und 1,40 m westlich parallel zum absteigenden Korridor. Er nahm allem Anschein nach auf dem Felshügel (über den man die Cheops-Pyramide errichtet hat) seinen Anfang – offensichtlich 5,70 m über dem Basisniveau und ca. 78 m südlich der Nordkante der Pyramide. Innerhalb des Felskerns wurde der Schacht aus Stabilitätsgründen auf einer Länge von etwa 2,50 m mit mittelgroßen Steinblöcken gemauert, da er eine natürlich entstandene, mit Kies und Sand aufgefüllte Hohlraumstruktur durchquert, die man heute als «Grotte» bezeichnet (Abb. 32a). Für die Annahme, daß es sich dabei um die Überbleibsel einer alten Grabanlage handelt[88], konnten keine signifikanten Hinweise gefunden werden.[89] Wie man den Konstruktionszeichnungen dieses heute nur sehr schwer zugänglichen Bereichs entnehmen kann, geben eigentlich weder die Abmessungen des freigelegten Hohlraumes und des gemauerten Schachtes noch die allgemeine strukturelle Beschaffenheit der «Grotte» wirklich Anlaß zu der Vermutung, dort könnte sich einst die Grabkammer einer Mastaba befunden haben.

Ausgehend von diesem senkrechten, ca. 5,20 m langen und größtenteils im Felshügel liegenden Abschnitt meißelte man den Luftschacht dann unter einem Winkel von 45° in südlicher Richtung etwa 26,50 m weit in die Tiefe, ehe sein Neigungswinkel auf 75° abgeändert wurde. Nach einer weiteren Wegstrecke von ca. 9,50 m und einem fast 2,30 m langen südöstlich orientierten horizontalen Verbindungsstück trifft der Schacht schließlich auf den absteigenden Korridor.

In entgegengesetzter Richtung – oberhalb des Felshügels – wurde der Schacht während der ersten Bauphase am Pyramidenstumpf in zwei unterschiedlich geneigten Abschnitten bis in eine Höhe von knapp 21,80 m im Kernmauerwerk weitergebaut, wo er westlich auf Höhe der Basis der Großen Galerie endet und somit eine Verbindung zwischen dem oberen und dem unteren Kammerbereich der Cheops-Pyramide herstellt (Abb. 32b, 35a). Seine Länge beträgt insgesamt über 61 m.

Die Felsenkammer

Am Ende des in den Felsuntergrund führenden Korridors befindet sich eine ostwestorientierte Kammer, die unvollendet geblieben ist. Die Ägypter hatten offenkundig enorme Probleme mit der Ausarbeitung dieser Felsenkammer. Ihr westlicher Bereich wurde nicht zu einem rechteckigen Raum aus dem Fels gemeißelt (Abb. 33b). Ähnlich wie in den Steinbrüchen erkennt man dort noch Arbeitsrinnen, von denen aus die Ägypter versuchten, das im Raum anstehende Felsgestein abzuschlagen. Schuld an den Problemen unter Tage war offensichtlich eine unzureichende Sauerstoffzufuhr für die Arbeiter, die mit der Ausarbeitung beauftragt waren. Auch der bereits beschriebene Luftschacht brachte anscheinend nicht den gewünschten Erfolg. Wie problematisch die Arbeiten tief im Felsplateau waren, deutet die Richtungsänderung im unteren Bereich des Luftkanals an. Ursprünglich sah der Bauplan vor, daß der Luftschacht nach etwa 43 m Wegstrecke auf das Ende des absteigenden Korridors stoßen sollte. Doch offensichtlich zwangen die auftretenden Sauerstoffprobleme die Ägypter dazu, den Konstruktionsplan des Belüftungsschachts zu modifizieren, so daß der Schacht den Korridor bereits ca. 8 m vor seinem ursprünglichen Verbindungspunkt erreichen konnte[90] (Abb. 32b).

Die Decke der Felsenkammer, die offensichtlich die arbeits-

und vermessungstechnische Basis für die Ausarbeitung der unterirdischen Kammer bildete, ist geglättet worden. Ihre oberen, westlichen Ecken markieren eindeutig die vorgesehenen Ausmaße der Kammer. In ostwestlicher Richtung mißt sie 14,08 m, in nordsüdlicher Richtung 8,36 m. Die Höhe der Felsenkammer beträgt vom Boden des Zugangskorridors aus gemessen 3,10 m. Da der unebene Untergrund im östlichen Bereich der Kammer aber bis zu 1,30 m tiefer als das Korridorniveau abgearbeitet wurde (Abb. 33a), war hier vermutlich einst ein Bodenpflaster unbekannter Höhe geplant gewesen.[91] Es ist nicht auszuschließen, daß die gesamte Felsenkammer – wie viele Privatgräber auf dem Westfriedhof – bis auf die Decke mit Tura-Kalksteinen ausgekleidet werden sollte.

Die ursprüngliche Funktion der Felsenkammer wird heute kontrovers diskutiert. Insgesamt betrachtet entspricht der grundlegende strukturelle Aufbau des unterirdischen Kammerbereichs der Cheops-Pyramide dem der königlichen Grabmäler des Alten Reiches, nach dem sich an den absteigenden Korridoren entweder auf einem ebenen oder erhöhten Niveau (wie etwa bei den Pyramiden des Snofru) die Grabräume anschließen. Demzufolge müßte man am Ende des Korridors eigentlich die Grabkammer selbst erwarten. Die Tatsache, daß kein normaler Steinsarkophag durch den engen horizontalen Abschnitt des Korridors in die Felsenkammer eingebracht werden konnte, widerlegt hierbei vorerst nicht deren mögliche Funktion als ursprünglich geplante Grabkammer. Auch in den Pyramiden des Snofru und der letzten bekannten Stufenpyramide der 3. Dynastie (Grabmal des Chaba bei Zawjet el-Aryan) gibt es keine Hinweise für die Aufstellung von Steinsarkophagen. Obwohl eine Blockiervorrichtung vor der Felsenkammer nicht explizit nachgewiesen werden konnte, kann auch das Fehlen einer solchen nicht als hinreichender Beleg gewertet werden, um diesem Raum die Aufgabenstellung einer

Abb. 34a Blick auf den aufgebrochenen unteren Bereich des aufsteigenden Korridors, in dem noch heute drei Granitsteinblöcke der ursprünglichen Gangblockierung festsitzen. Dieser etwa 37,80 m lange Korridor stellt eine Verbindung zwischen dem unteren, zumeist in den Fels gemeißelten und dem oberen, im Kernmauerwerk konstruierten Kammersystem her.

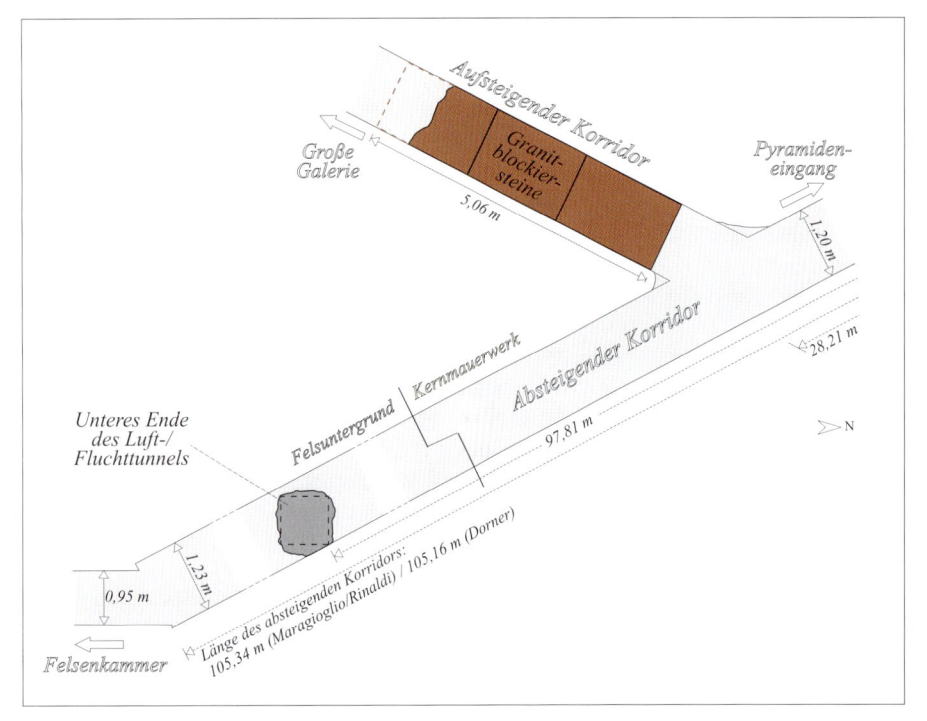

Abb. 34b Markante Stellen im absteigenden Korridor. Etwa 27,40 m unterhalb des ursprünglichen Pyramideneingangs zweigt der aufsteigende Korridor in Richtung der Großen Galerie ab. Die Granitsteinblockierung dieses Ganges ist noch immer vorhanden. Nach etwa 34,40 m trifft der absteigende Korridor auf den Felshügel, über den die Cheops-Pyramide errichtet wurde. Den «Luft-/Fluchtschacht» erreicht die Westwand des Korridors etwa 7,40 m vor seinem Übergang in den schmaleren, horizontalen Zugang zur Felsenkammer.

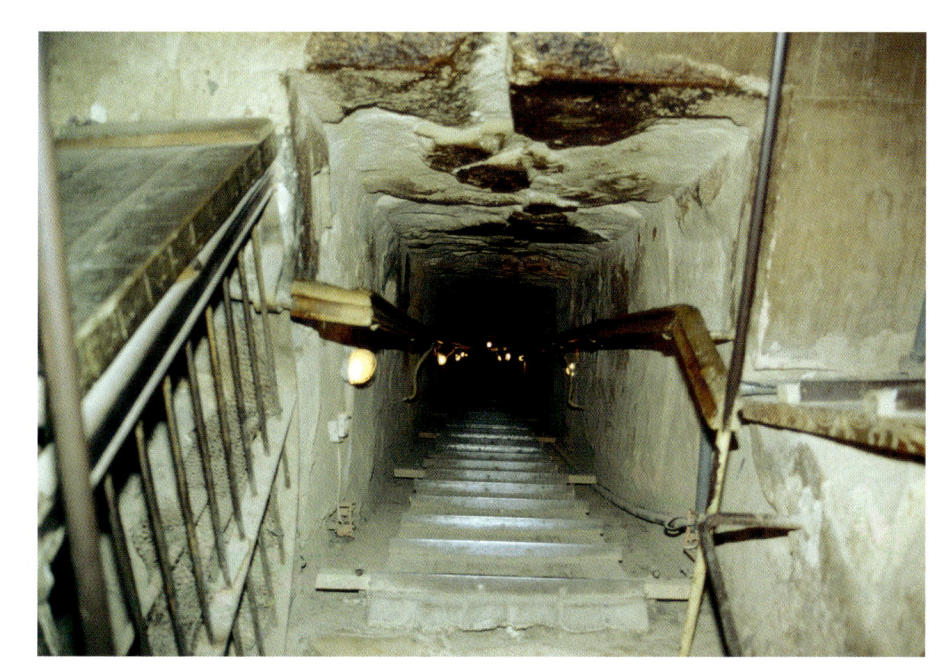

Abb. 35a Der Übergang vom aufsteigenden Korridor zur Großen Galerie. Links das heute vergitterte, obere Ende des Luft-/Fluchtschachtes, der die Große Galerie mit dem absteigenden Korridor verbindet.

Abb. 35b Blick die Große Galerie hinauf in Richtung Süden. Sie stellt die Erweiterung des aufsteigenden Korridors dar. In ihrem Mittelgang sind bis zur Bestattung des Königs offensichtlich die Steinblöcke gelagert worden, mit denen der aufsteigende Korridor blockiert wurde. Die Große Galerie wurde mit einem Kraggewölbe ausgestattet, das den auf diesem erweiterten Korridorabschnitt lastenden Druck ablenken sollte.

Grabkammer abzusprechen. Einerseits ist die Funktion der kleinen, offenbar ebenfalls unvollendet gebliebenen Nische vor der Kammer unbekannt, andererseits fehlen auch in den Kammersystemen der Snofru-Pyramiden (bis auf die Ausnahme des zweiten, ostwestausgerichteten Kammersystems der Knick-Pyramide) gesonderte Kammer- oder Korridorblockierungen. Dieser eigentümliche Befund läßt sich in diesen Grabbauten jedoch durch die gegenüber den Korridoren in erhöhten Positionen errichteten Grabkammern erklären, die deren Zugänglichkeit nach der Grablegung erschweren und als ausreichende Schutzmaßnahme angesehen wurden.

Im östlichen Teil der Felsenkammer befindet sich eine bis zu 11 m tiefe rechteckige Ausschachtung, die wohl teilweise auf spätzeitliche Grabräuber, größtenteils aber auf Ausgrabungen aus dem 19. Jh. zurückzuführen ist.[92] Von der Süd-Ost-Ecke der Kammer aus, gegenüber deren Zugangskorridor, führt ein grob behauener, annähernd quadratischer Stollen nach Süden. Auf den ersten 11 m verläuft er geradlinig, knickt dann auf einer Länge von 1,80 m leicht nach Westen ab, um dann wieder geradlinig in Richtung Süden zu führen. Nach einer Gesamtstrecke von 16,41 m endet er blind im Felsgestein. Seine Funktion ist bis heute unklar. Die gesamte Struktur erweckt auf den ersten Blick den Eindruck, als ob hier der Zugang zu einer weiteren Kammer ge-

schaffen werden sollte. Auf der anderen Seite existiert ein durchaus ähnlich gelagerter Befund in der Pyramide des Sechemchet. Dort beginnt an der Südseite der dort ebenfalls tief im Felsuntergrund liegenden Grabkammer ein blind endender Korridor, der offenbar die Funktion eines Magazins innehatte.

Der unfertige Charakter der Felsenkammer wie auch der ungewöhnlich komplexe, in der Geschichte des Pyramidenbaus einmalig gebliebene Aufbau des gesamten Innenlebens der Cheops-Pyramide mit seinen auf drei Ebenen konstruierten, aber nicht direkt in Zusammenhang stehenden Kammern führt zwangsläufig zu der Frage, ob die Ägypter vielleicht ursprünglich nur ein unterirdisches Kammersystem errichten wollten und nach dessen gescheiterter Ausführung die Baupläne derart ändern mußten, daß neue Grabräume im Kernmauerwerk der Pyramide notwendig wurden.[93] Diese Möglichkeit läßt sich nicht kategorisch ausschließen, denn auch alle bislang vorgebrachten Argumente, die eine einheitliche Planung und Ausführung des Kammersystems untermauern sollen, lassen sich bis zu einem gewissen Grad relativieren und haben somit letztlich keine endgültige Beweiskraft.[94] Hingegen gibt es für eine aufgrund der Lage der beiden im Kernmauerwerk aufgebauten Kammern (gelegentlich) in Fachkreisen vermutete zweite Planänderung im oberirdischen Baubereich keinerlei archäologische oder architektonische Anhaltspunkte.

Der aufsteigende Korridorbereich

Der Übergang vom unteren zum oberen, im Kernmauerwerk befindlichen Kammerbereich befindet sich in der Decke des absteigenden Korridors, etwa 27,40 m unterhalb des ursprünglichen Pyramideneingangs. Von dort aus baute man Steinlage für Steinlage einen fast 37,80 m langen und im Querschnitt 1,05 x 1,20 m großen Korridor (Abb. 23. 32b) unter einem gemessenen Winkel von 26° 6' 40''[95] bis in eine Höhe von etwa 21,70 m, wo er schließlich in die sog. Große Galerie mündet. Der Korridor ist heute nicht vollständig zugänglich, da in seinem unteren Ende, wo sich seine Breite bis auf 0,97 m verengt, noch immer drei, bis zu 1,70 m lange Granitblöcke befinden, die von der ursprünglichen Blockierung des Ganges übriggeblieben sind (Abb. 34a.b).

Diese Gangblockierung markiert auch das Ende eines Grabräubertunnels, über den das Kammersystem der Cheops-Pyramide heutzutage zugänglich ist. Er stammt wahrscheinlich aus der 1. Zwischenzeit (um 2100 v. Chr.), wurde in arabischer Zeit (um 820 n. Chr.) wiederentdeckt und zu den heute sichtbaren Ausmaßen erweitert (Abb. 116b.c).

Eine bauliche Besonderheit des aufsteigenden Korridors stellen vier «Gürtelsteine» dar. Dies sind senkrecht im Kernmauerwerk verbaute große Kalksteinblöcke, durch die hindurch der Gang konstruiert wurde. Ihre Funktion hängt offensichtlich mit der statischen Sicherung des Korridors zusammen. Durch die «Gürtelsteine» sollten die Schubkräfte der Gangkonstruktion auf den Übergangsbereich vom absteigenden zum ansteigenden Korridor stufenweise abgefangen werden.[96]

Die Große Galerie ist eine überdimensionale Erweiterung des ansteigenden Korridors (Abb. 23. 32b. 35a.b). Sie hat eine Gesamtlänge von 47,84 m und wurde unter einem Neigungswinkel von 26° 17' 53'', also gut 11' steiler als der aufsteigende Korridor, errichtet. Derzeit läßt sich nicht unmittelbar erkennen, warum alle ansteigenden Korridorabschnitte über unterschiedliche Neigungswinkel verfügen, wieso die Ägypter dort, wo sie den Korridor relativ einfach aus Steinblöcken aufbauen und seine Richtgrößen beherrschen konnten, kein einfaches Steigungsverhältnis wählten. Die sich hinter den Winkelwerten verbergenden komplizierten Neigungsverhältnisse erfüllten womöglich bestimmte Auflagen wie etwa die fest gewählten Positionen der oberen Kammern im Kernmauerwerk, die es bei der Planung einzuhalten galt.[97]

Im Gegensatz zum aufsteigenden Korridor ist die Große Galerie doppelt so breit und um ein Vielfaches höher. Sie besitzt ein Kraggewölbe, das so aufgebaut ist, daß sich ab der Höhe von 1,80 m die sieben darüberliegenden Steinlagen an den Wänden um etwa 8 cm nach innen verschieben. Am Ende erreicht die 46,12 m lange Decke des Gewölbes, dessen einzelne Steinbalken keine ebene Fläche bilden, sondern stufenförmig versetzt wurden, wieder die Breite des aufsteigenden Korridors. Die Höhe der Galerie variiert zwischen 8,48 m und 8,74 m.

Diese markante Deckenkonstruktion erfüllt eine stabilisierende Funktion. Das Kraggewölbe soll den Druck der darüberliegenden Steinmassen seitlich (d. h. nach Osten und Westen) von der Korridorkonstruktion weg ins Kernmauerwerk ablenken. Es hatte aber wohl auch die Aufgabe, der Großen Galerie eine gewisse räumliche Weite zu geben, die durch einen ihrer Funktion entsprechenden Platzbedarf notwendig wurde. Offensichtlich hatten die spezielle Lage und Ausrichtung des Kammersystems im Kernmauerwerk der Pyramide die architektonische und bautechnische Notwendigkeit eines Kraggewölbes mitbestimmt.

Hierbei sollte nicht unerwähnt bleiben, daß Kraggewölbe ein zeitlich eng begrenztes architektonisches Element im Pyramidenbau darstellen. Man begegnet ihnen außer in der Cheops-Pyramide nur noch in den Grab- und Vorkammern der drei Snofru-Pyramiden. Zudem sind Kraggewölbe noch aus einer Reihe von Privatgräbern der 4. Dynastie in den Nekropolen von Meidum und Dahschur bekannt.[98] Bei der technischen Entwicklung der Deckenkonstruktionen spielte insbesondere die Cheops-Pyramide eine besondere Rolle. Sie stellt das Bindeglied zwischen der baulichen Anwendung von Kraggewölben und Giebeldächern dar, welche im Laufe der 4. Dynastie zum beherrschenden Architekturelement in den Königsgräbern wurden. Nur in Cheops' Grabmal treten beide Konstruktionen nebeneinander auf.

Seitlich des 1,05 m breiten Mittelganges der Großen Galerie wurden 0,52 m breite wie hohe Banketten die Schräge hinauf errichtet (Abb. 35b. 36. 37). In den Banketten und unmittelbar darüber in den Seitenwänden befinden sich in regelmäßigen Abständen je 25 gegenüberliegende, im Durchschnitt 0,52 x 0,18 m große Vertiefungen[99] und etwa 0,67 x 0,20 m große Nischen (Abb. 36) – davon 23 Paare oberhalb des geschlossenen horizontalen Korridors zur Königinnenkammer. Sie dienten allem Anschein nach als Aufhängungen für Haltevorrichtungen in Form von hölzernen Querbalken, mit denen man während der Bauarbeiten jene im mittleren Gang gelagerten Steinblöcke in Position hielt, die letztlich den gesamten aufsteigenden Korridor blockierten.[100] Es ist aber auch nicht auszuschließen, daß insbesondere die Vertiefungen in den Banketten zusätzlich als Haltepunkte für die Aufbauten einer hölzernen Zwischendecke fungierten, die die Große Galerie oberhalb der Blockiersteine problemlos begehbar machte.[101] Vielleicht deuten die an den Seitenwänden, etwa in 4,22 m Höhe innerhalb der 3. Kragsteinlage erkennbare durchgehende Spuren auf diese Gerüstkonstruktion hin.

Der Abstand der Nischen zueinander liegt zwischen 1,40 und 1,50 m. Da die Länge der Granitblöcke jedoch etwa 1,70 m beträgt, nahmen sie im unteren Bereich des Mittelganges der Galerie offenbar Platz für zwei «Aufhängungsvorrichtungen» ein. Demzufolge hätte man noch bis zu 17 weitere Kalksteinblöcke in der Großen Galerie lagern können, mit denen der aufsteigende Korridor blockiert werden konnte. Diese sind jedoch mit der Zeit vollständig aus dem Korridor entfernt worden.

Fast automatisch stellt sich hier die Frage, wie die Blockierung des ansteigenden Korridors praktisch bewerkstelligt wurde. In Abhängigkeit von der Anzahl der verwendeten Blockiersteine wurden in der Vergangenheit zwei Szenarien diskutiert. Einerseits stellte man sich das schwierige und wohl auch gefährliche Manöver vor, daß die insgesamt etwa 17 t schweren Granitblöcke von zwei vor ihnen befindlichen, rückwärts gehenden Arbeitern durch langsames Herablassen und Abbremsen mit Hilfe von Holzkeilen im ansteigenden Korridor bewegt wurden.[102] Bedenkt man, daß der Korridor einst wohl fast auf seiner gesamten Länge blockiert worden war, erhöhte sich das Gewicht der in diesem Fall zu beherrschenden Steinmasse (drei Granitblöcke und vermutlich bis zu 17 Kalksteinblöcke) noch um ein Vielfaches. Sehr viel realistischer erscheint dagegen ein Verschlußszenario, das von der Großen Galerie aus gehandhabt wurde.[103] Durch das Herablassen jedes einzelnen Steines konnten Verkantungen am Eingang zum ansteigenden Korridor verhindert werden. Den Übergang vom Mittelgang der Großen Galerie, in dem die Steine lagerten, zum Korridor bildete allem Anschein nach eine etwa 17,5 cm starke, rampenartige Holzkonstruktion, deren Haltevorrichtungen man noch heute an den Wänden des offenen Abschnittes des horizontalen Verbindungsganges zur Königinnenkammer sehen kann. Nach vollendeter Blockierung hätten die vielleicht bis zu 8 Arbeiter dann den ursprünglichen Luftschacht, der die Große Galerie mit dem absteigenden Korridor verbindet, als Fluchttunnel verwenden können.[104] Möglicherweise war die Holzrampe, ausgestattet mit einer schmalen Öffnung an ihrem unteren Ende, die den Zugang zur Königinnenkammer gestattet, permanent in der Großen Galerie installiert. In diesem Fall hätte man auch die beiden Nischenpaare am Fuß der Großen Galerie als Halterungen für Blockiersteine und sonstige Aufbauten verwenden können.

Die Königinnenkammer

Die Große Galerie fungierte nicht nur als eine Art Lagerhalle für die Blockiersteine, sondern sie ist vor allem der zentrale Verteilerpunkt, von dem aus die oberen, im Pyramidenmassiv konstruierten Kammern zu erreichen sind.

Von der gut 5 m langen Basis der Galerie führt ein fast 33,60 m langer, horizontaler Korridor in die erste, im Kernmauerwerk er-

DAS GRABMAL DES CHEOPS

Abb. 36 An den Längswänden der Großen Galerie wurden in die Oberkanten der Banketten rechteckige Vertiefungen eingearbeitet, die sich in gleichgroßen Abständen paarweise gegenüberliegen. Oberhalb von 25 dieser Einschnitte wurden außerdem senkrecht stehende Nischen in die Wände gemeißelt (hier Blick auf die Westwand der Großen Galerie). Diese Aussparungen dienten vermutlich als Aufhängungen für die Haltevorrichtungen, die die im Mittelgang gelagerten Blockiersteine in Position hielten, sowie vielleicht auch als Haltepunkte für die Aufbauten eines hölzernen Gerüstes, mit dem eine Art Zwischendecke in die Große Galerie eingezogen werden konnte.

Abb. 37 Von der Basis der Großen Galerie aus führt ein fast 33,60 m langer Korridor zur Königinnenkammer. Links und rechts des offenen Gangabschnittes erkennt man Nischen in den Wänden, die offensichtlich einst als Haltevorrichtungen für eine rampenartige Holzkonstruktion dienten, über die die Blockiersteine aus dem Mittelgang der Galerie in den aufsteigenden Korridor befördert wurden.

richtete Kammer – die sog. Königinnenkammer (Abb. 24. 37).[105] Sein Querschnitt beträgt auf den ersten knapp 28,10 m Wegstrecke im Mittel 1,05 x 1,17 m, wobei der Boden in Richtung der Königinnenkammer um mehrere Zentimeter absinkt. Auf seinen letzten 5,50 m vertieft sich der Korridor um etwa 0,50 m. Dieses Bodenniveau wird auch in der Kammer beibehalten, in deren Nord-Ost-Ecke der Korridor mündet (Abb. 40a). Es wird vermutet, daß hier einst ein Bodenbelag (vielleicht aus Granit) verlegt war, der von Grabräubern herausgerissen worden ist.[106] Berechnungen zufolge wurde die Königinnenkammer 21,69 m oberhalb des Basisniveaus der Pyramide konstruiert.[107] Aufgrund des erkennbaren Anstiegs des Felshügels ist nicht davon auszugehen, daß ihre Position im Kernmassiv der Pyramide mit dessen maximaler Höhe korrespondiert. Die Errichtung der Königinnenkammer in dieser Höhe wird konstruktionstechnische Gründe gehabt haben, deren Erklärungen nur innerhalb des Gesamtkonzeptes des oberirdisch angelegten Kammerbereichs zu verstehen sind.

Die Königinnenkammer, die ihre Bezeichnung einer falschen Interpretation ihrer Funktion in arabischer Zeit verdankt, liegt genau in der Ost-West-Zentralachse des Grabmals und weist einen rechtwinkligen, leicht ostwestorientierten Grundriß mit einer Grundfläche von 5,76 x 5,23 m auf (Abb. 38). Sie besitzt ein Giebeldach – eine Deckenkonstruktion, die in der Cheops-Pyramide erstmalig in der Geschichte des königlichen Pyramidenbaus errichtet wurde und von da an zum architektonischen Standardprogramm der Königsgräber gehörte. Es beginnt 4,69 m oberhalb des Fußbodens, weist einen Neigungswinkel von 30,5° auf und reicht bis in eine Höhe von 6,26 m.

An der Ostseite der Kammer befindet sich eine um 1,04 m in die Wand vertiefte, an der Basis 1,57 m breite und bis auf Höhe des Deckenansatzes gehende Nische, deren Seitenwände wie ein Kraggewölbe aufgebaut sind (Abb. 39). Ausgerüstet mit 4 Kragstufen verjüngt sie sich nach oben bis auf eine Breite von 51 cm.

37

Daten zur Königinnenkammer:
Kammerhöhe (über Basisniveau): 21,19 m
Zugang: Nord-Ost-Ecke
Länge (OW): 5,76 m
Breite (NS): 5,23 m
Höhe: 6,29 m (Giebel)
Kragnische (Ostwand)
Ausgangspunkt zweier Schächte

Nördlicher Schacht

Südlicher Schacht

Verbindungskorridor

Kragnische
0,51-1,57 x 1,04 x 4,69 m
(B x T x H)

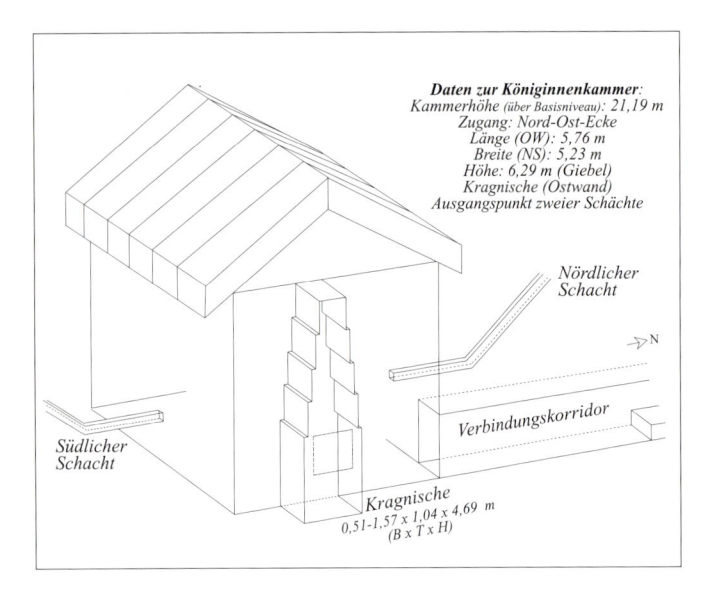

Abb. 38 Die Königinnenkammer im Überblick. Sie war der erste Raum in einer ägyptischen Pyramide, der mit einer Decke in Form eines Satteldaches ausgestattet wurde.

Welche Funktion die Nische einst besaß, ist bislang nicht geklärt. Auch gibt es keine Erklärung für ihre asymmetrische Ausrichtung an der Ostwand.

Oftmals wird die Nische als Standort einer Königsstatue angesehen, von der aber keinerlei Spuren in der Kammer gefunden werden konnten.[108] Ob die Ende des 19. Jhs. vor dem Eingang der Cheops-Pyramide gefundenen Dioritfragmente von einer solchen Statue stammen, ist nur eine vage Spekulation, die sich nicht beweisen läßt, da die Fragmente offenbar keinerlei Konturen aufwiesen, die Rückschlüsse auf ihre einstige Funktion zuließen.[109] Genauso gut könnten die Bruchstücke auch von einem anderen Kultgegenstand aus der Pyramide oder aus ihrer nahen Umgebung stammen. Immerhin gibt es auch aus keiner anderen Pyramide jener Zeit einen Hinweis auf die Aufstellung einer Königsstatue.

Auf Höhe der zweiten Steinlage der Kammer und in fast gleichem Abstand zu den Seitenwänden der Nische führt ein etwa 15,30 m langer, auf den ersten 7,05 m Wegstrecke 1,08 m bzw. 1,13 m breiter und ca. 0,84 m hoher Schacht nach Osten. Aufgrund seiner Symmetrie in Aufbau und Geradlinigkeit auf den ersten 7 m ist davon auszugehen, daß dieser Schacht schon während des Baus der Cheops-Pyramide errichtet wurde und demnach eine ganz bestimmte Funktion innerhalb der Königinnenkammer innehatte. Erst auf dem zweiten Teilabschnitt nimmt der Tunnel eine rohe Gestalt an, die auf die Tätigkeiten von Grabräubern zurückzuführen ist. Vielleicht hatte man hinter der Nische ein kleines Magazin eingerichtet, in das man Grabbeigaben deponierte. Es wurde möglicherweise mit einem Steinblock verschlossen, dessen symmetrische Lage zu den Wänden der Nische spätere Grabräuber ermutigte, hier tätig zu werden und den Schacht nach Osten hin – auf der Suche nach weiteren Hohlräumen – zu erweitern.[110]

Neben der Nische existiert in der Königinnenkammer noch eine zweite architektonische Besonderheit. In der Mitte der Nord- und Südwand liegen sich etwa 1,50 m über dem heutigen Kammerboden zwei im Querschnitt knapp 21 x 21 cm große Öffnungen zweier Schächte gegenüber, die nach Norden und Süden orientiert durch das Kernmauerwerk der Pyramide verlaufen (Abb. 38. 40a.).[111] Die Schächte führten hierbei ursprünglich nicht direkt bis in die Kammer, sondern begannen erst etwa 8 cm tiefer innerhalb der jeweiligen Steinblöcke, aus denen die Kammerwände aufgebaut wurden (Abb. 40b). Von der Kammer aus waren die Schächte somit nicht erkennbar. Sie wurden erst im Jahre 1872 entdeckt und aufgebrochen.

Die Sarkophagkammer

Vom oberen Ende der Großen Galerie aus gelangt man über einen 6,85 m langen und im mittleren Querschnitt 1,05 x 1,11 m breiten Korridor (Abb. 41) zur eigentlichen Grabkammer der

Abb. 39 An der Ostwand der Königinnenkammer befindet sich eine 4,69 m hohe und um über 1 m vertiefte Nische, deren Seitenwände wie ein Kraggewölbe aufgebaut sind. Die Funktion der Nische ist unklar und wird oftmals mit dem Standort einer verlorengegangenen Statue des Königs in Zusammenhang gebracht. Inmitten der Nische, auf Höhe der zweiten Blocklage befindet sich der Eingang in einen Tunnel, der sich 15,30 m weit nach Osten ins Mauerwerk erstreckt. Aufgrund seiner anfänglichen Symmetrie könnte sein vorderer Bereich bereits während des Baus der Pyramide errichtet worden sein und eine ganz bestimmte Funktion innerhalb der Königinnenkammer innegehabt haben. Erst der zweite, roh behauene Teilabschnitt des Tunnels ist auf Aktivitäten von Grabräubern zurückzuführen, die hier wohl Hohlräume vermuteten.

Abb. 40a Die Nord-Ost-Ecke der Königinnenkammer mit dem Kammerzugang. Rechts an der Ostwand sieht man die Kragnische, links am Bildrand die Öffnung eines kleinen Schachtes, der nach einer kurzen horizontalen Wegstrecke in nördlicher Richtung ansteigend im Kernmauerwerk verläuft.

Abb. 40b Die etwa 1,50 m über dem heutigen Kammerboden liegende Öffnung des nördlichen Schachtes in der Königinnenkammer. Gut zu erkennen ist die etwa 8 cm starke Blockpartie, die nicht abgearbeitet wurde, so daß der Schacht nicht bis in die Kammer führte. Die Schächte der Königinnenkammer wurden von W. Dixon im Jahre 1872 entdeckt und aufgebrochen.

Cheops-Pyramide. Wie das ungleichmäßige Gefälle des Bodens des Korridors in Richtung Grabkammer andeutet, wurden die Arbeiten in diesem Bereich nicht ganz so sorgfältig durchgeführt. Der Zugangskorridor zur Sarkophagkammer wird nach 1,23 m durch eine 2,96 m lange und 3,77 m hohe, bis auf die Nordseite aus Granitsteinblöcken aufgebaute Vorkammer unterbrochen (Abb. 42. 45a). In ihr sorgten einst drei gut 2,5 t schwere Granitblöcke für die primäre Versiegelung des Zugangs in die Grabkammer. An der Ost- und Westwand erkennt man senkrechte, 55 cm breite Rinnen, in denen die drei Granitblöcke vertikal bewegt werden konnten. Während der Bauzeit hingen die Steine über eine Seilvorrichtung hochgezogen und vermutlich zusätzlich durch Holz- und Steinpfeiler, die an den Seitenwänden angebracht waren, gestützt in einer erhöhten Position, um den mühelosen Durchgang zur Grabkammer bis zur Begräbniszeremonie zu gewährleisten. Um die Granitblöcke zu bewegen, wurden sie an ihren Kopfenden viermal durchbohrt, so daß Seile hindurchgeführt werden konnten. Gezogen wurden diese über drei waagerecht in den Seitenwänden fixierte Rundhölzer, deren seitliche Aufhängungen noch erkennbar sind. Die vier kleinen, halbkreisförmigen Rillen an der hinteren, südlichen Wand der Blockierkammer sollten offenbar das Verklemmen der Seile zwischen Wand und Blockierstein verhindern. Einige Fragmente

der drei Blockiersteine wurden noch im Kammersystem gefunden.[112] Beispielsweise befindet sich in der «Grotte», jene Hohlraumstruktur, die im Felshügel liegt und durch den Luftschacht zwischen Großer Galerie und absteigendem Korridor zu erreichen ist (Abb. 32a), ein Granitblock, der Spuren zweier Bohrungen aufweist. Andere Teile wurden im absteigenden Korridor ge-

Abb. 41 Am oberen Ende der Großen Galerie: Blick in den Zugangskorridor zur Grabkammer der Cheops-Pyramide. Im Schacht erkennt man die Blockiersteinkammer, in der einst drei Granitblöcke für die eigentliche Versiegelung der Grabkammer positioniert wurden. Rechts davor der verschlossene Eingang zum sog. Caviglia-Tunnel, der sich einige Meter weit westlich ins Kernmauerwerk erstreckt. Auf dem ersten Deckblock des Korridors steht der Name von L. D. Covington (eine «Besucherinschrift»), der Anfang des 20. Jhs. auf dem Giza-Plateau archäologisch tätig war.

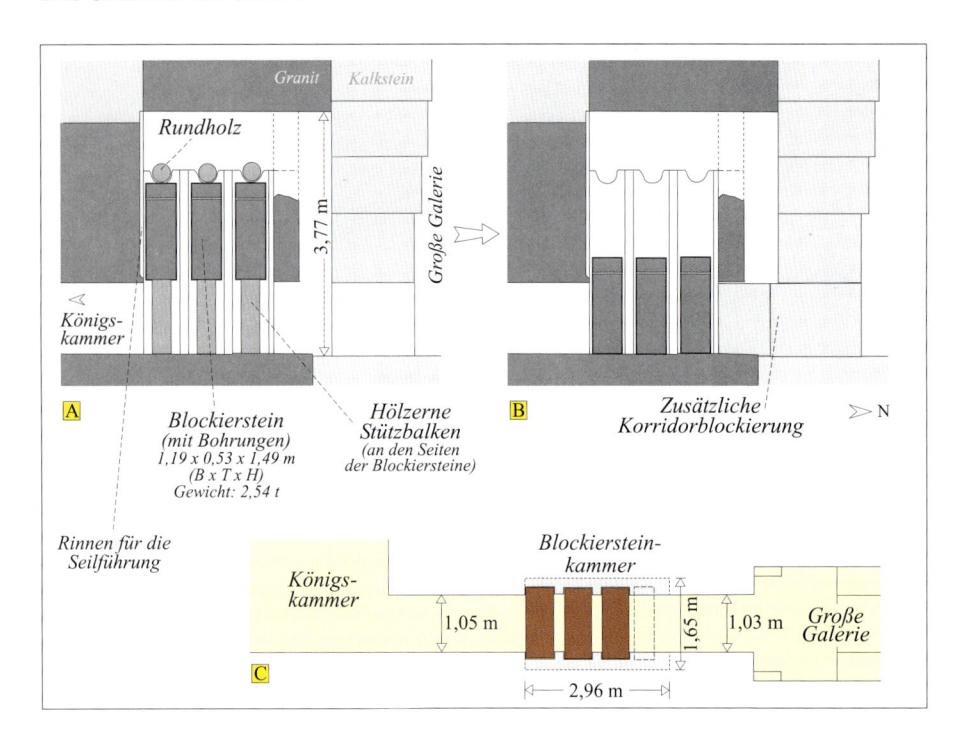

Abb. 42 Die primäre Blockierung der Grabkammer wurde im Zugangskorridor durch drei Granitsteinblöcke realisiert, die in einer kleinen Vorkammer in Führungsrinnen bewegt wurden (B, C). Während der Bauzeit wurden die Granitblöcke durch eine Seilzugvorrichtung und wohl zusätzlich gestützt durch Holz- oder Steinbalken in einer erhöhten Position gehalten (A), so daß der Zugang in die Grabkammer passierbar war.

funden. Heute liegt ein großes Bruchstück eines Granitblocks am originalen Eingang der Pyramide. Es weist drei Bohrlöcher auf und allem Anschein nach gehörte es zu einem der drei Blockiersteine, die die Grabkammer versiegelten.

Um vom originalen Eingang der Pyramide bis in die Grabkammer zu gelangen, mußte man einst eine Strecke von über 119 m durch die Korridore zurücklegen. Man betritt die Sarkophagkammer, die heute allgemein hin als «Königskammer» bezeichnet wird, an ihrer Nord-Ost-Ecke (Abb. 43. 44a). Die Königskammer wurde vollständig aus Granitsteinblöcken aufgebaut. Es hat den Anschein, als ob sich Cheops' Bauleiter bei der Konzeption der primären Grabkammer an der Stufenpyramide des Djoser orientiert haben. Auch dort wurde der Leichnam des Königs in einer, jedoch sehr kleinen, vollständig aus Granitsteinblöcken aufgebauten Grabkammer beigesetzt, die dort allerdings von oben durch eine runde Öffnung zugänglich gemacht wurde.

Die ostwestorientierte Königskammer besitzt eine Grundfläche von 10,49 x 5,24 m. Als einzige Grabkammer eines königlichen Grabes innerhalb der 4. bis 6. Dynastie weist sie eine flache Decke auf (Abb. 44b). Diese setzt sich aus neun über 6 m langen Granitbalken zusammen, die in Nord-Süd-Richtung in einer Höhe von 5,84 m auf den Wänden verlegt wurden. Daß man die Königskammer mit einem Flachdach und nicht mit einem Giebeldach wie in der Königinnenkammer oder gar mit einem Kraggewölbe wie in den Grabbauten des Snofru versah, resultiert aus der räumlich kompakten Bauweise des Kammersystems auf dieser Ebene. Sie verlangte bautechnisch eine separate, statisch relevante Dachkonstruktion weit oberhalb der Kammer. Die Ägypter konnten diese Kammer z. B. nicht mit einem aus zwei Lagen aufgebauten Giebeldach ausrüsten, da die äußeren Enden der nordöstlichen, die Kammerwände überspannenden Sparrenbalken wie auch deren Auflageblöcke die Aufbauten der Blockiersteinkammer tangiert oder sogar überlagert hätten. So wären die auf das Giebelbach einwirkenden und über die Enden der Sparrenbalken umgelenkten Kräfte direkt auf diesen Bereich wie auch auf die nahegelegene Südwand der Großen Galerie umgelenkt worden.[113] Eine derart punktuelle Krafteinwirkung auf das primäre Verschlußsystem der Pyramide war nicht erwünscht und wurde für die Stabilität des oberen Kammerbereichs als großes Risiko eingestuft. Da man aber offensichtlich nicht daran dachte, durch eine Verlängerung des Zugangskorridors die Grabkammer weiter nach Süden zu verlagern, blieb nur die Möglichkeit übrig, die Königskammer mit einer flachen Decke zu versehen und die wohl ursprünglich geplante Giebeldachkonstruktion so weit nach oben zu verlagern, bis sie ihre kräfteumlenkende Funktion in einem Bereich erfüllen konnte, der keine Auswirkungen auf das Kammersystem hatte. Mit dieser Vorgabe errichteten die Ägypter fünf kleine, übereinanderliegende und hermetisch abgeschlossene Hohlräume – die sog. Entlastungskammern (Abb. 45a). Die unterste Kammer wurde nach dem britischen Diplomaten Nathaniel Davison benannt, der sie 1765 durch einen kleinen Verbindungstunnel am oberen Ende der Ostwand der Großen Galerie erreichte. Der Zugang stammt vermutlich aus pharaonischer Zeit, womöglich sogar aus der Bauzeit des Grabmals selbst. Die vier anderen Hohlräume wurden erst 1837

Abb. 43 Der Eingang in die Grabkammer der Cheops-Pyramide an der Nord-Ost-Ecke der Kammer. Links die Öffnung eines kleinen Schachtes, der in Richtung Norden verläuft.

DAS GRABMAL DES CHEOPS

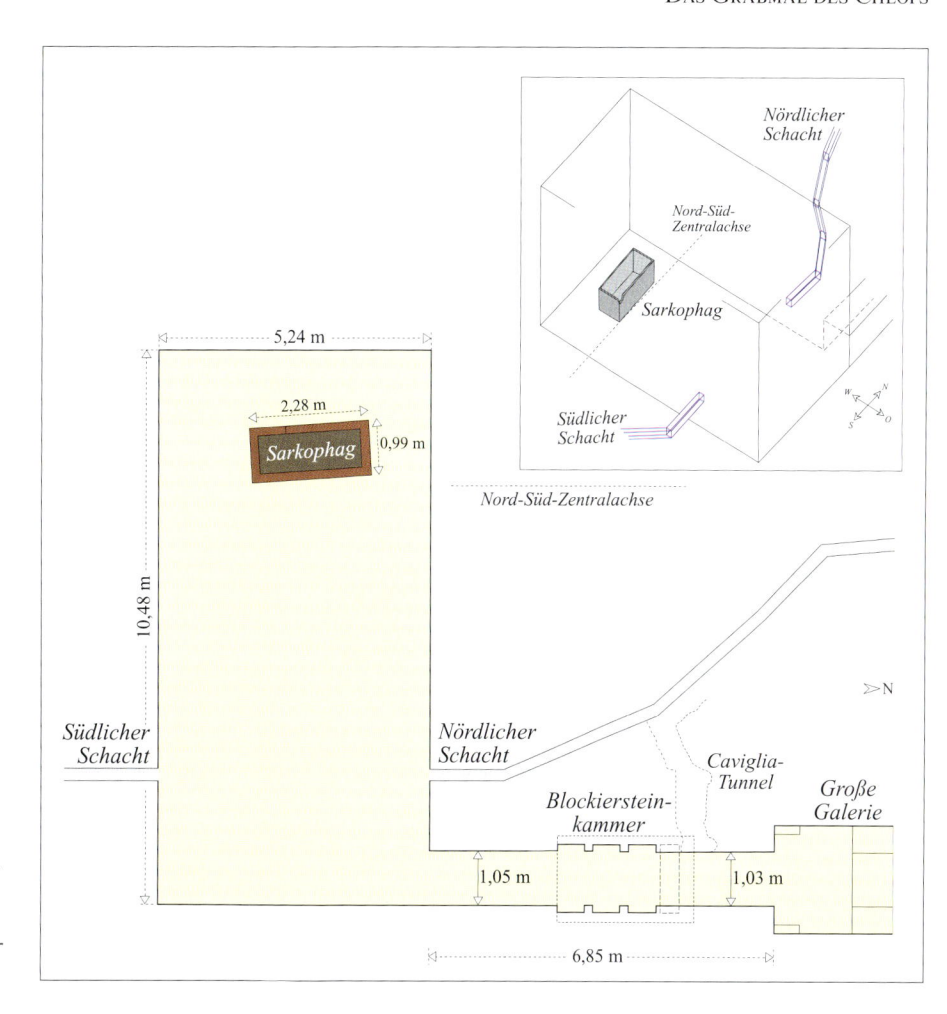

Abb. 44a   Die Grabkammer der Cheops-Pyramide im Überblick.

Abb. 44b   Die Grabkammer der Cheops-Pyramide ist vollständig aus glatt polierten Granitblöcken aufgebaut worden. Nahe der Westwand steht eine aus einem einzigen Granitblock gefertigte Sarkophagwanne. Der Deckel des Sarkophags, der vermutlich schon bei einer frühen Beraubung der Pyramide zerbrach, ist wahrscheinlich im 16. Jh. verlorengegangen. Die Königskammer ist mit einer flachen Decke ausgestattet worden, da ein Giebeldach oder ein Kraggewölbe offensichtlich aus statischen Gründen nicht installiert werden konnte.

durch Howard Vyse und John S. Perring entdeckt, die an der Nordseite mit Hammer und Meißel sowie unter Einsatz von Schießpulver einen Schacht bis in die oberste Kammer brachen. Die neuen Kammern wurden nach dem Herzog von Wellington, Admiral Nelson, Lady Ann Arbuthnot sowie Generalkonsul Oberst Patrick Campbell benannt. Die gesamte Grabkammerkonstruktion mit ihren fünf darüberliegenden Hohlräumen besitzt eine Höhe von über 21 m.

An den Wänden der vier oberen Entlastungskammern haben sich eine Vielzahl von Bauarbeiterinschriften und Markierungszeichen erhalten[114] – alles authentische Zeugnisse, die einen kleinen Eindruck von den Anforderungen bei den Bautätigkeiten in diesem Bereich der Cheops-Pyramide vermitteln. Lediglich in der Davison-Kammer wurden bislang keine Spuren von Graffiti entdeckt. Diese waren dort sicherlich auch vorhanden, werden aber aufgrund der langen Zugänglichkeit der Kammer mit der Zeit verlorengegangen sein. Unter den in roter Farbe festgehaltenen inschriftlichen Zeugnissen aus der Bauzeit der Cheops-Pyramide stechen vor allem die vielen Nennungen von drei

König (Dynastie, Begräbnisstätte)	Sarkophagmaterial	Bemerkungen zum Sarkophag
Djoser (3., Sakkara-Nord)	Granit	Grabkammer hatte die Funktion eines Sarkophages
Sechemchet (3., Sakkara-Nord)	Alabaster	Frontverschluß
Chaba (3., Zawjet el-Aryan)	?	keine Spuren vorhanden
Snofru (4., Dahschur-Nord)	?	keine Spuren vorhanden
Cheops (4., Giza)	Granit	stand vermutlich entlang der Nord-Süd-Zentralachse, der Sarkophagdeckel ist verlorengegangen
Djedefre (4., Abu Roasch)	?	keine Spuren vorhanden, war wohl im Boden eingelassen
Chephren (4., Giza)	Granit	ist im Boden eingelassen
Baka (4., Zawjet el-Aryan)	Granit	ovaler, im Boden eingelassener Sarkophag
Mykerinos (4., Giza)	Basalt	mit Nischen dekoriert, Hohlkehlabschluß, verlorengegangen
Schepseskaf (4., Sakkara-Süd)	Basalt (?)	nur noch in Fragmenten vorhanden
Userkaf (5., Sakkara-Nord)	Basalt	nur Reste vorhanden, war leicht im Boden eingelassen
Sahure (5., Abusir)	Basalt (?)	womöglich Fragmente gefunden
Neferirkare (5., Abusir)	?	keine Spuren vorhanden
Neferefre (5., Abusir)	Granit	Stücke des Sarkophages wurden gefunden
Niuserre (5., Abusir)	?	keine Spuren gefunden
Djedkare Asosi (5., Sakkara-Süd)	Basalt	Fragmente vorhanden
Unas (5., Sakkara-Nord)	Grauwacke	vollständig erhalten
Teti (6., Sakkara-Nord)	Grauwacke	zwei Inschriftenzeilen im Innenraum
Pepi I. (6., Sakkara-Süd)	Grauwacke	stark zerstört, im oberen Bereich der Ostseite des Sarkophags befindet sich eine Hieroglypheninschrift mit der Titulatur des Königs, «Ersatzsarkophag» (?)
Merenre I. (6., Sakkara-Süd)	Grauwacke	nahe der Oberkante der Sarkophagwanne verläuft auf allen vier Seiten eine Hieroglypheninschrift mit der Titulatur des Königs, ebenso an der Ost- und Westseite des Sarkophagdeckels
Pepi II. (6., Sakkara-Süd)	Granit	im oberen Bereich der Ostseite des Sarkophags gibt es eine Hieroglypheninschrift mit der Titulatur des Königs

Tab. 4   Übersicht über königliche Sarkophage aus dem Alten Reich.

Arbeitermannschaften hervor, die für den Transport der Steinblöcke verantwortlich waren.

Die Positionen, an denen diese Graffiti gefunden wurden, deuten darauf hin, daß die Arbeitstrupps ihre Aktivitäten auf bestimmte Bereiche der Entlastungskammern ausgerichtet hatten. So sind die Mannschaften «Die Höflinge des Chufu» und «Horus Medjedu ist rein» bislang nur in der südlichen Hälfte der Kammern bezeugt, während die Nennung der Mannschaft «Die Weiße Krone des Chnum-Chufu ist mächtig» ausnahmslos in der nördlichen Hälfte auftaucht.[115] Offensichtlich spiegelt diese Aufteilung einen Teil des Logistikkonzeptes zum Bau des oberen Kammerbereichs wider, wonach die Transportmannschaften die schweren Steinblöcke gezielt zu bestimmten Abschnitten des Bauplatzes im Umfeld der «Entlastungskammern» gebracht haben, wo man sie dann verbaut hat. Neben den Verweisen auf die Arbeitermannschaften, die hier tätig waren und deren Art und Weise der Nennung die Bauherrenzuordnung der Großen Pyramide von Giza eindeutig belegt, vermitteln auch die zahlreichen Konstruktionslinien einen kleinen Einblick in die damalige Vermessungstechnik.[116] Drei Beispiele sollen dies verdeutlichen.

1.) Die Mitte der aus Kalksteinen aufgebauten Ostwand der Wellington-Kammer wurde offensichtlich durch eine etwa 1 m lange vertikale Konstruktionslinie markiert, die über zwei Steinblöcke hinweg verläuft. Links oben (nördlich) an der Linie ist heute die Zahl 3 in Form von Zählstrichen zu erkennen. Da der Abstand der Markierungslinie zur Nordwand der Kammer aber 2,61 m, also fast genau 5 Ellen, beträgt, wird vermutlich an dieser Stelle ursprünglich als Maßangabe auch eine 5 gestanden haben.

2.) Im westlichen Bereich der Nordwand der Lady Arbuthnot-Kammer liegt über einer teilweise von einem unförmigen Granitblock verdeckten, stellenweise schon abgeriebenen Kartusche des Königs, die zur Bezeichnung der Arbeitermannschaft «Die Weiße Krone des Chnum-Chufu ist mächtig» gehört, eine senkrechte Linie, an deren oberen Ende sich eine nach Westen orientierte Richtungsmarkierung und die Entfernungsangabe «III» befinden. Diese weist auf den Ellen-Abstand zu einer noch weiter westlich liegenden Markierungslinie hin, die senkrecht über die Nordwand verläuft (Abb. 45b). Bei dieser Linie handelt es sich um die vertikale Verlängerung der gut 11 m tiefer liegenden Westwand der Grabkammer. Die gleiche Situation findet man im westlichen Bereich der Südwand der Entlastungskammer vor. Auch

DAS GRABMAL DES CHEOPS

Abb. 45a Nord-Süd-Schnitt durch die Grabkammer der Cheops-Pyramide und ihre Umgebung. Oberhalb der Grabkammer befinden sich fünf kleine Hohlräume, die benötigt wurden, um die Deckenkonstruktion der Kammer in einen für die Blockiersteinkammer und die Große Galerie statisch unbedenklichen Bereich zu verlegen.

Abb. 45b Die Bauarbeiterinschriften und -markierungen auf der Nord-, Süd- und Westwand der Lady Arbuthnot-Kammer. Hier finden sich z. B. Namen zweier Arbeitermannschaften, die mit dem Transport der Steinblöcke beauftragt waren. Im westlichen Bereich der Südwand wurde offensichtlich die Nord-Süd-Zentralachse der Pyramide markiert. Die Bedeutung einer an der Nord- und Südwand vorhandenen horizontalen Linie ist unklar – interessanterweise korrespondiert ihre Höhe über dem Basisniveau etwa mit den Höhen der Endpunkte der im Kernmauerwerk endenden Schächte der Königinnenkammer.

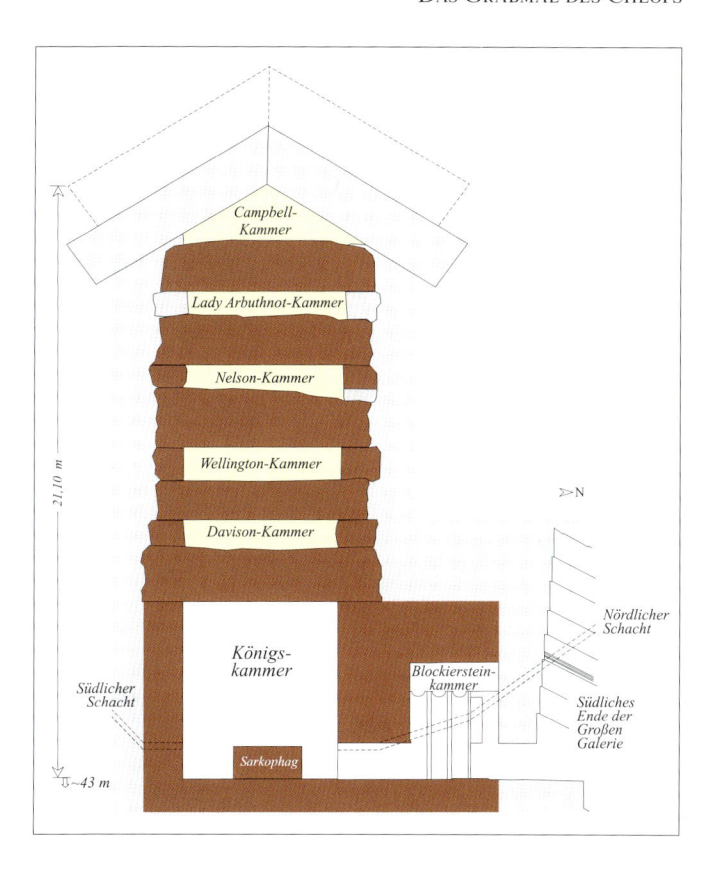

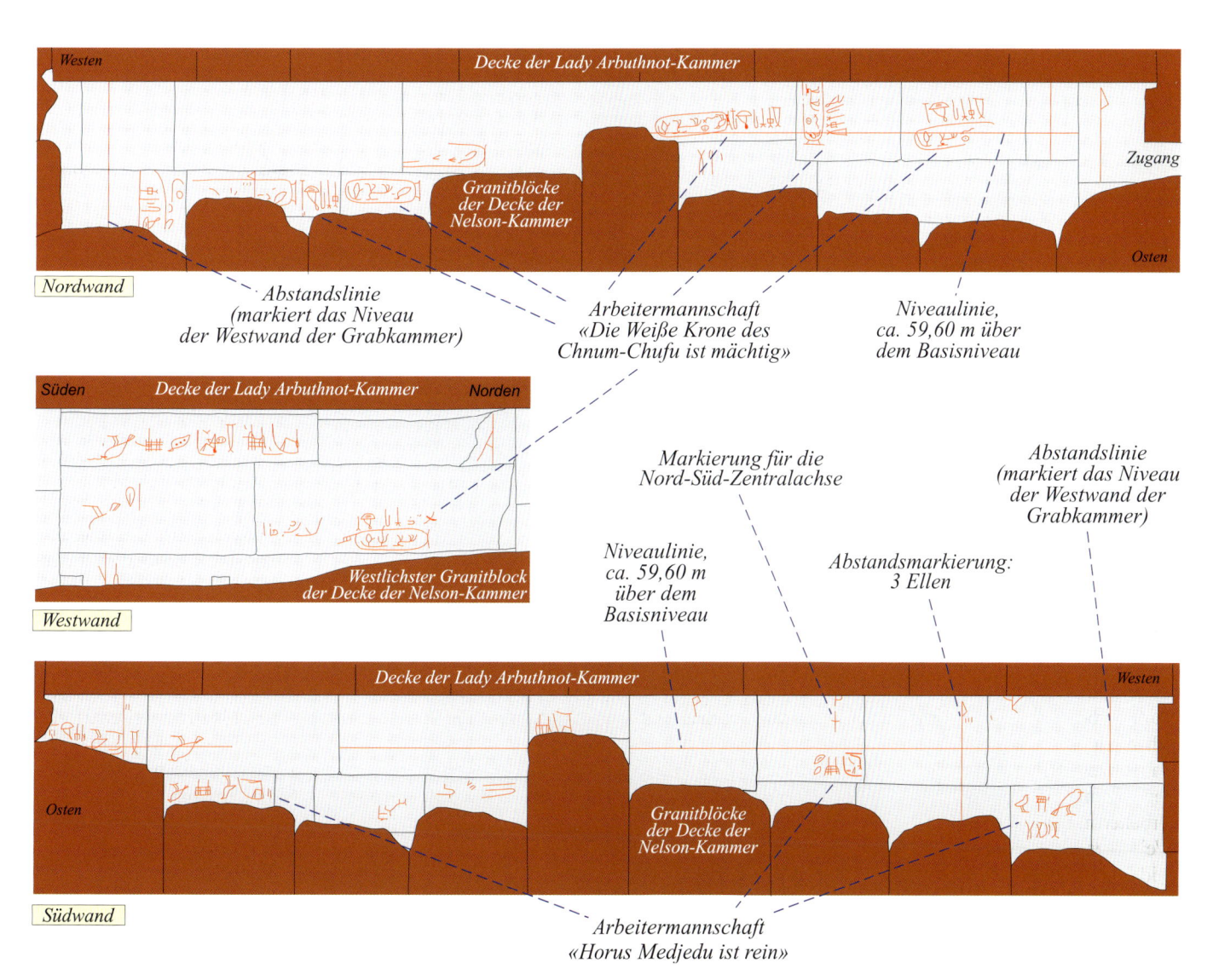

Campbell-Kammer
Lady Arbuthnot-Kammer
Nelson-Kammer
Wellington-Kammer
Davison-Kammer

21,10 m

Königskammer
Südlicher Schacht
Blockiersteinkammer
Sarkophag
~43 m

N
Nördlicher Schacht
Südliches Ende der Großen Galerie

Nordwand

Westen — Decke der Lady Arbuthnot-Kammer — Zugang — Osten
Granitblöcke der Decke der Nelson-Kammer

- *Abstandslinie (markiert das Niveau der Westwand der Grabkammer)*
- *Arbeitermannschaft «Die Weiße Krone des Chnum-Chufu ist mächtig»*
- *Niveaulinie, ca. 59,60 m über dem Basisniveau*

Westwand

Süden — Decke der Lady Arbuthnot-Kammer — Norden
Westlichster Granitblock der Decke der Nelson-Kammer

Niveaulinie, ca. 59,60 m über dem Basisniveau
Markierung für die Nord-Süd-Zentralachse
Abstandsmarkierung: 3 Ellen
Abstandslinie (markiert das Niveau der Westwand der Grabkammer)

Südwand

Osten — Decke der Lady Arbuthnot-Kammer — Westen
Granitblöcke der Decke der Nelson-Kammer

Arbeitermannschaft «Horus Medjedu ist rein»

dort wurde die Westwand der Grabkammer durch eine Niveaulinie fixiert und im Abstand von 3 Ellen östlich davon eine Meßlinie angebracht.

3.) Eine weitere sehr interessante Markierungszeichnung in Form eines Kreuzes befindet sich ebenfalls im westlichen Bereich der Südwand der Lady Arbuthnot-Kammer. Sie liegt 2,93 m östlich von der Linie entfernt, die die Lage der Westwand der Grabkammer markiert (Abb. 45b). Somit zeigt sie offensichtlich die Nord-Süd-Zentralachse der Pyramide an, an der innerhalb der Grabkammer wohl auch der Sarkophag ausgerichtet wurde.

Im westlichen Bereich der Königskammer steht eine Granitwanne, in der einst die sterblichen Überreste des Cheops lagen (Abb. 44b. 46). Der dazugehörige Deckel existiert nicht mehr. Die Sarkophagwanne besteht aus einem einzigen Granitblock, der durch Sägen, Ausbohren und Polieren seine Form erhalten hat. An ihrer Außenseite erkennt man noch Bearbeitungsspuren, die offensichtlich vom Einsatz einer Kupfersäge herrühren und andeuten, daß die Polierarbeiten am Sarkophag noch nicht ganz abgeschlossen waren. Schätzungen zufolge könnte diese Säge, die unter Beimengung von Quarzsand als Schleifmittel von zwei bis drei Arbeitern verwendet wurde, etwa 2,7 m lang und 5 mm dick gewesen sein.[117]

Wie Spuren im Innenraum der Sarkophagwanne unzweifelhaft belegen, wurde sie mit kupfernen Röhrenbohrern ausgehöhlt, deren Bohrzylinder vermutlich einen Durchmesser von 11 cm und eine Wandstärke von 5 mm besessen haben. Insgesamt mußten 1,18 m³ Granit mit einem Gewicht von fast 3,2 t beseitigt werden. Der Innenraum wurde lagenweise mit vermutlich jeweils 62 Bohrungen pro Schicht (44 an den Rändern des Innenraums und 18 im Zentrum, Abb. 47) und durch Abschlagen der stehengebliebenen Zwischenräume ausgehöhlt. Bei vermutlich fünf oder sechs Lagen waren somit maximal 372 Bohrungen notwendig, die jeweils von drei Handwerkern ausgeführt werden konnten.[118] Der Zeitraum für das Sägen und Ausbohren des Cheops-Sarkophags wird heutzutage auf vier bis zehn Monate geschätzt.[119] Mit der anschließenden Glättung der Innenseiten und der Ausarbeitung des Sarkophagdeckels kann die Gesamtherstellung des Sarkophages insgesamt bis zu zwölf Monate Arbeitszeit in Anspruch genommen haben.

Die äußeren Maße der Granitwanne (2,28 x 0,99 x 1,05 m) zei-

Abb. 46 Der Granitsarkophag des Cheops in der Grabkammer der Großen Pyramide von Giza. Blick von Norden.

gen, daß der Sarkophag nicht durch die Korridore transportiert werden konnte, sondern bereits bei der Errichtung der Grabkammer dort aufgestellt wurde. Vermutlich stand er einst exakt auf der Nord-Süd-Zentralachse der Pyramide, aus dessen Position heraus ihn frühe Grabräuber leicht verschoben haben.[120] Dieser Standort gewährleistete, daß westlich des Sarkophags ausreichend Platz für den Aufbau eines stabilen Gerüstes vorhanden war. Mit ihm konnte der Sarkophagdeckel, der über 1,2 t gewogen hat, bis zur Bestattung des Königs in einer erhöhten Position gehalten werden. An der westlichen Oberkante der Sarkophagwanne befinden sich drei kleine Bohrlöcher, die vermutlich einst zylinderförmige Stifte enthielten, mit denen der Deckel, nachdem man ihn entlang einer keilförmigen Nut über den Innenraum schob, fixiert und der Sarkophag verriegelt wurde. Einen ähnlichen Befund weist auch der Granitsarkophag des späteren Königs Chephren auf, wobei dieser in das Bodenpflaster eingelassen wurde, was das Verschließen durch den Deckel ungemein vereinfachte und keine dafür aufwendige Holzkonstruktion erforderlich machte.

Über die genaue Art und Weise der Mumifizierung eines Königs zur Zeit der 4. Dynastie wie auch über die Frage, in welcher Lage und mit welcher Ausstattung Cheops in seinem Sarkophag bestattet worden war, gibt es heute zwar indirekte Anhaltspunkte, aber keine archäologischen Befunde aus jener Epoche, die zum direkten Vergleich herangezogen werden können. Nach Bewertung aller bisherigen Funde von Mumienresten in den Pyramiden des Alten Reiches kann man wohl davon ausgehen, daß es sich dabei fast ausnahmslos um sekundäre Bestattungen aus späterer Zeit (vermutlich aus der ramessidischen, saitischen und ptolemäischen Epoche) handelt.[121] Die sterblichen Überreste der frühen Pyramidenkönige sind mit den Beraubungen ihrer Grabanlagen, die sehr wahrscheinlich bereits in der 1. Zwischenzeit begonnen haben, letztendlich verlorengegangen.

Durch die Bestattungen von Personen aus der königlichen Familie wie auch einflußreicher Beamter der frühen 4. Dynastie weiß man, daß dem Leichnam z. B. die inneren Organe wie die Lunge, der Magen, die Leber und die Gedärme entnommen wurden. Nach ihrer Reinigung, Trocknung und Konservierung wurden sie sorgsam mit Leinentuch zu einem Paket verschnürt und entweder direkt in unterteilte, mit einer schwachen Natronlösung ausgestatteten Eingeweidekästen deponiert oder aber vorab in gesonderte, extra für sie angefertigte Krüge (sog. Kanopengefäße) gesteckt, die dann ihren Platz in einem kleinen Eingeweideschrein fanden. Der Kanopenkasten des Cheops wurde vermutlich ähnlich wie in der Chephren-Pyramide südöstlich des Sarkophages aufgestellt und war sehr wahrscheinlich ebenfalls aus Rosengranit. Reste dieses Eingeweidebehälters sind in der Pyramide aber nicht entdeckt worden bzw. Granitsplitter, die im Kammersystem in keinem erkennbaren Kontext aufgefunden wurden, konnten diesem Grabgegenstand nicht mehr zugeordnet werden.

Über die weiteren Details bei der Mumifizierung des Cheops kann man nur spekulieren. Die Mumifizierungstechnik hat sich zu Beginn der 4. Dynastie noch im Anfangsstadium befunden.[122] Die mühevolle Herrichtung einer Leiche, die ihr die äußere Gestalt eines Lebenden wie auch einen möglichst hohen Konservierungsgrad geben sollte, war zunächst nur auf die Könige und die Mitglieder der königlichen Familie beschränkt gewesen, wurde aber im Lauf des Alten Reiches auch recht bald von den hohen Beamten und Würdenträgern des Hofes übernommen. Man kann also davon ausgehen, daß den sterblichen Überresten des Cheops die aufwendigste Behandlung zuteil wurde, die damals möglich gewesen ist.

Da bereits in der 4. Dynastie (wenn auch nur bei einem geringen Prozentanteil) Privatpersonen bei der Mumifizierung das

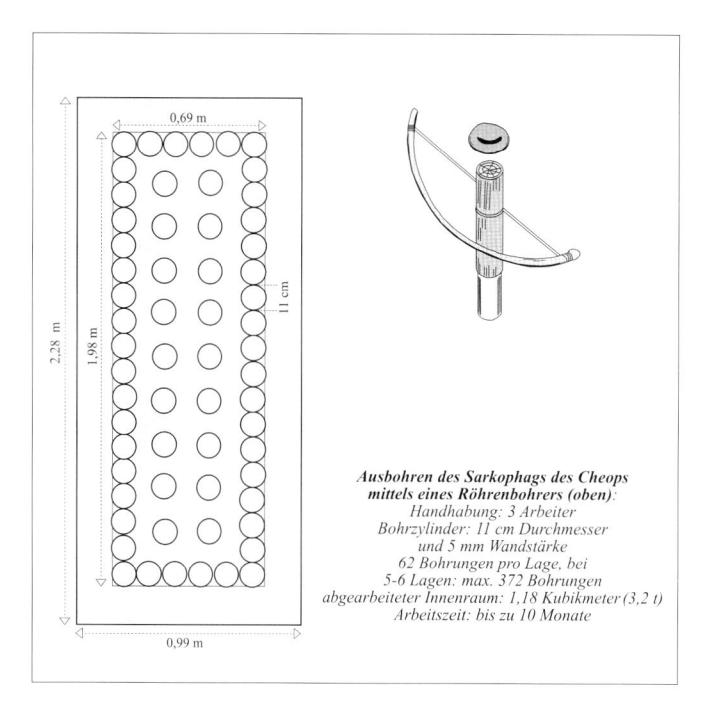

Ausbohren des Sarkophags des Cheops mittels eines Röhrenbohrers (oben):
Handhabung: 3 Arbeiter
Bohrzylinder: 11 cm Durchmesser und 5 mm Wandstärke
62 Bohrungen pro Lage, bei 5-6 Lagen: max. 372 Bohrungen
abgearbeiteter Innenraum: 1,18 Kubikmeter (3,2 t)
Arbeitszeit: bis zu 10 Monate

Abb. 47   Schema des Ausbohrens (mittels eines Röhrenbohrers) des Innenraums des Sarkophages des Cheops nach D. A. Stocks.

Gehirn entnommen wurde[123], kann man vermuten, daß auch diese Quelle des nach dem Tod schnell einsetzenden Verwesungsprozesses aus dem königlichen Leichnam entfernt worden war. Bei den privaten Balsamierungen hat man das Gehirn einfach nur entsorgt, weil ihm keine besondere Bedeutung zugemessen wurde. Ob das auch mit Cheops' Gehirn geschah, ist völlig offen. Da es ein Teil des nach dem Tode vergöttlichten Königs gewesen war, wird man es sicherlich nicht einfach unbedacht weggeworfen haben. Cheops' Herz hingegen verblieb mit ziemlicher Sicherheit in dessen Körper, da es von den Ägyptern als Sitz der menschlichen Seele angesehen wurde.

Um dem Körper das Wasser zu entziehen, verwendete man entweder eine Natronlösung oder wie in späterer Zeit üblich bereits festes Natronsalz, das in die entleerten Körperhöhlen in Bauch- und Brustgegend in Form kleiner Säckchen eingefüllt und um den gesamten Torso herum aufgeschichtet wurde. Der Dehydrierungsprozeß kann mehrere Wochen gedauert haben. Anschließend gaben die Balsamierer dem Leichnam durch Ausstopfen der eingefallenen Körperpartien und durch gezieltes Einölen der Haut ansatzweise seine körperliche Form und Elastizität wieder, ehe man ihn aufwendig in Leinentuch einwickelte und damit sozusagen versiegelte. Aus speziellen Substanzen gewonnene Salböle hatten eine antibakterielle wie auch parfümierende Wirkung, weshalb dem rituellen Salben des Leichnams eine besondere Bedeutung zugekommen sein dürfte. Ob in den Mumienbinden irgendwelche Gegenstände wie Amulette eingearbeitet wurden, die neben den mannigfaltigen heiligen Sprüchen, die während des Balsamierungsrituals gesprochen wurden, Cheops' Körper einen zusätzlichen magischen Schutz geben sollten, ist aufgrund der unzureichenden Befunde aus jener Epoche völlig unklar. Falls derartige Utensilien bereits zur Grabausstattung eines Königs der 4. Dynastie gehört haben, waren sie sicherlich auch begehrte Objekte für Grabräuber, die die königlichen Leichname regelrecht zerfledderten und damit ihrem endgültigen Verlust Vorschub leisteten.

Nach Auswertung aller indirekten Hinweise spricht heute vie-

König (Dynastie, Begräbnisstätte)	aufgefundene Mumienreste in der Grabkammer
Djoser (3., Sakkara-Nord)	mumifizierter linker Fuß, rechter Oberschenkelknochen, Brustbein, die erste linke Rippe, ein rechtes Rippenfragment, Beckenknochen, einige Wirbel, vergoldeter Schädel
Sechemchet (3., Sakkara-Nord)	keine
Chaba (3., Zawjet el-Aryan)	keine
Snofru (4., Dahschur-Nord)	Schädelknochen, Teil des Beckens, drei Wirbelkörper, eine Fingerspitze, Teil eines Fußes mit Leinenwicklung, Fragmente zweier Rippen
Cheops (4., Giza)	nach arabischen Quellen («Hitat») wurden um 820 n. Chr. im Sarkophag die Reste einer Bestattung (in einer Version sogar eine vollständig erhaltene Mumie) gefunden
Djedefre (4., Abu Roasch)	keine
Chephren (4., Giza)	Knochen von einem Rind
Baka (4., Zawjet el-Aryan)	Reste von Bitumen
Mykerinos (4., Giza)	Teile eines menschlichen Skeletts (in ein Tuch aus Wolle gehüllt)
Schepseskaf (4., Sakkara-Süd)	keine
Userkaf (5., Sakkara-Nord)	keine
Sahure (5., Abusir)	keine
Neferirkare (5., Abusir)	keine
Neferefre (5., Abusir)	Teile einer Mumie
Niuserre (5., Abusir)	keine
Menkauhor (5., Dahschur-Nord)	keine
Djedkare Asosi (5., Sakkara-Süd)	Überreste einer männlichen Mumie
Unas (5., Sakkara-Nord)	Teile eines Unterarms sowie Fragmente des Schädels
Teti (6., Sakkara-Nord)	Überreste eines Arms und einer Schulter
Pepi I. (6., Sakkara-Süd)	Fragmente einer Mumie, Reste von Binden und feinem Leinen
Merenre I. (6., Sakkara-Süd)	vollständig erhaltene Mumie
Pepi II. (6., Sakkara-Süd)	keine

Tab. 5 Übersicht über die in den Königsgräbern des Alten Reiches aufgefundenen Mumienreste. Fast alle Funde stammen offensichtlich von sekundären Bestattungen. Daten u. a. nach R. Germer und M. Verner.

les dafür, daß die Mumie des Königs, die man in gestreckter Haltung auf dem Rücken liegend in einem Ebenholzsarg in die Pyramide gebracht hatte, mitsamt seines Transportbehältnisses mit dem Kopf nach Norden und dem Gesicht nach oben in den Steinsarkophag eingebettet wurde.[124] Diese «Nordorientierung» der Leiche im Sarkophag ähnelte der damals üblichen Vorgehensweise im privaten Grabkult des Alten Reiches. Hierbei wurde der Leichnam in der Regel auf der linken Seite liegend in den Sarg gebettet[125], so daß der Verstorbene nach Osten «schauen» konnte, wo sich Opferstelle und Scheintür befunden haben.

Bei Teti, dem 1. König der 6. Dynastie, der im Norden von Sakkara bestattet wurde, befindet sich an der Ost- und Westseite des Innenraumes des Basaltsarkophags je eine horizontale sowie an dessen Südseite eine senkrechte Inschriftenzeile. Die Leserichtung der horizontalen Zeilen verläuft von Norden nach Süden, so daß sie vom im Sarkophag mit dem Kopf nach Norden liegenden König «gelesen» werden konnten. Wie man beispielsweise am Sarkophag Amenemhets III. in dessen ersten, aus statischen Gründen aufgegebenen Königsgrab in Dahschur erkennen kann, wurde eine derartige Ausrichtung einer königlichen Mumie auch im Mittleren Reich favorisiert. Der Granitsarkophag, der an seiner Basis wie eine verkleinerte Kopie der Einfriedungsmauer des Djoser-Komplexes gearbeitet wurde, weist am nördlichen Ende seiner Ostseite ein Augenpaar auf, das wohl symbolisch darstellen sollte, wie der verstorbene König in Richtung der aufgehenden Sonne blickte. Aus den Pyramidentexten geht hervor, daß die Ägypter den alltäglichen, sich immer wiederholenden, horizontübergreifenden Lauf der Sonne am Himmel als eine Art Barkenfahrt des Sonnengottes Re auf dem «zyklischen Fluß des Lebens» interpretierten, wobei der Sonnenaufgang dabei als Sinnbild der (Wieder-)Geburt, der Sonnenuntergang und die Nachtfahrt als Alterungs- und Regenerationsprozeß des Sonnengottes interpretiert wurden.

Ähnlich wie in der Königinnenkammer liegen sich auch an der Nord- und Südwand der Grabkammer des Cheops (ca. 0,96 m über dem Bodenniveau, etwa 2,48 m von der Ostwand der Kammer entfernt) die Eingänge zweier kleiner Schächte gegenüber, die in nördlicher und südlicher Richtung durch das Kernmauerwerk verlaufen. Der Zugang des nördlichen Schachtes besitzt einen Querschnitt von 21 x 14 cm (Abb. 43. 48). Die Breite des stark zerstörten südlichen Schachtes liegt bei 18 cm, seine Höhe beträgt 14 cm (Abb. 49).[126]

Die Schachtsysteme der Cheops-Pyramide

Die systematische wissenschaftliche Erforschung der Schächte, die von den beiden oberen, im Kernmauerwerk der Pyramide errichteten Kammern ausgehen, begann erst vor gut einem Jahrzehnt.[127] Nachdem das Deutsche Archäologische Institut in Kairo 1992 Reinigungs- und Vermessungsarbeiten in den beiden, von der Grabkammer aus bis zu den Außenseiten der Pyramide verlaufenden Schächten durchgeführt und dort ein Ventilationssystem installiert hatte, widmete man sich ein Jahr später mittels eines kleinen kabelgesteuerten Roboters der Erforschung der beiden Schächte der Königinnenkammer. Sie weisen im Vergleich zu den Kanälen der Königskammer einen markanten Unterschied auf.

Die zuerst konstruierten Schächte der Königinnenkammer wurden nicht direkt bis zur Kammer ausgeführt, sondern beginnen wie bereits erwähnt innerhalb der Kammerwände. Außerdem führen sie nicht zur Außenseite, sondern enden etwa auf dem gleichen Höhenniveau inmitten des Kernmauerwerks der Pyramide. Die Schächte werden hierbei durch einzelne, mit jeweils zwei länglichen «Oberflächenstrukturen» versehene Kalksteinblöcke vollständig blockiert.

Während der südliche Schacht der Königinnenkammer 1993 auf seiner gesamten befahrbaren Länge von fast 60 m erkundet werden konnte[128], stieß man im nördlichen Schacht nach einer Wegstrecke von nur etwa 18,50 m auf ein für das Roboterfahrzeug unüberwindbares Hindernis. Dort, wo der Schacht um etwa 45° nach Westen abknickt, um dem Strukturbereich der Großen Galerie auszuweichen (Abb. 50), hatte sich eine meterlange Eisenstange verkeilt. Als Bestandteil eines zusammenschraubbaren Eisengestänges war sie während einer früheren «Erkundungsmission» (offensichtlich zum Zweck der Längenbestimmung) in den Kanal eingeführt, aber nicht mehr vollständig aus ihm entfernt worden. Erst im Jahre 2002 wurden die Untersuchungen in den beiden Schächten der Königinnenkammer durch die ägyptische Altertümerverwaltung fortgeführt. Dabei gelang es mittels eines neukonstruierten Roboterfahrzeugs den Endbereich des südlichen Schachtes näher zu erforschen sowie das Hindernis im nördlichen Schacht zu überwinden und ihn auf einer Länge von etwa 64 m zu befahren.[129] Nach den drei bislang durchgeführten Forschungsmissionen hat man heute ein relativ detailliertes Bild vom Verlauf und vom Aufbau der Schächte, wenngleich ihre ursprüngliche Funktion noch immer nicht eindeutig geklärt werden konnte.

Abb. 48 Der Eingang des nördlichen Schachtes der Königskammer. Man erkennt hier den Aufbau der in Granit ausgeführten Schachtabschnitte, die sich aus drei Steinblöcken zusammensetzen.

Der Verlauf der Schächte

Je nach ihrer generellen Ausrichtung nach Norden oder Süden setzen sich die Schächte aus mehreren unterschiedlich orientierten Abschnitten zusammen. Die Schächte, die südlich der Kammern verlaufen, weisen anfangs eine kurze horizontale Wegstrecke innerhalb der jeweiligen Kammerwände auf, ehe sie mit unterschiedlichen Neigungswinkeln in Richtung Außenseite der

Abb. 49 Der südliche Schacht der Grabkammer wurde zu einem unbekannten Zeitpunkt aufgebrochen. Heute befindet sich an der zerstörten Schachtmündung ein Ventilator, der zusammen mit einem zweiten im nördlichen Schacht installierten Gerät die Luftfeuchtigkeit und Innentemperatur in der Kammer auf die jeweiligen Außenwerte reduzieren soll.

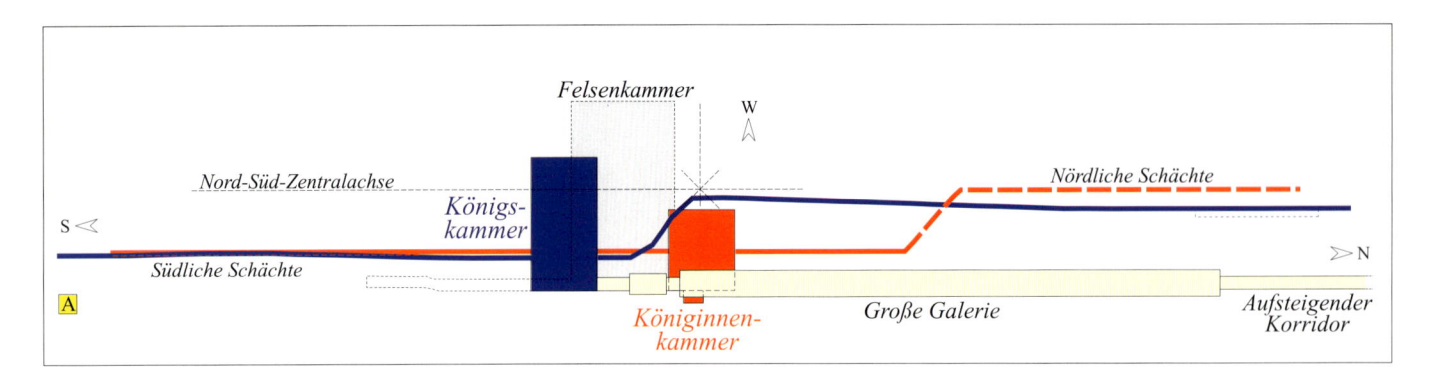

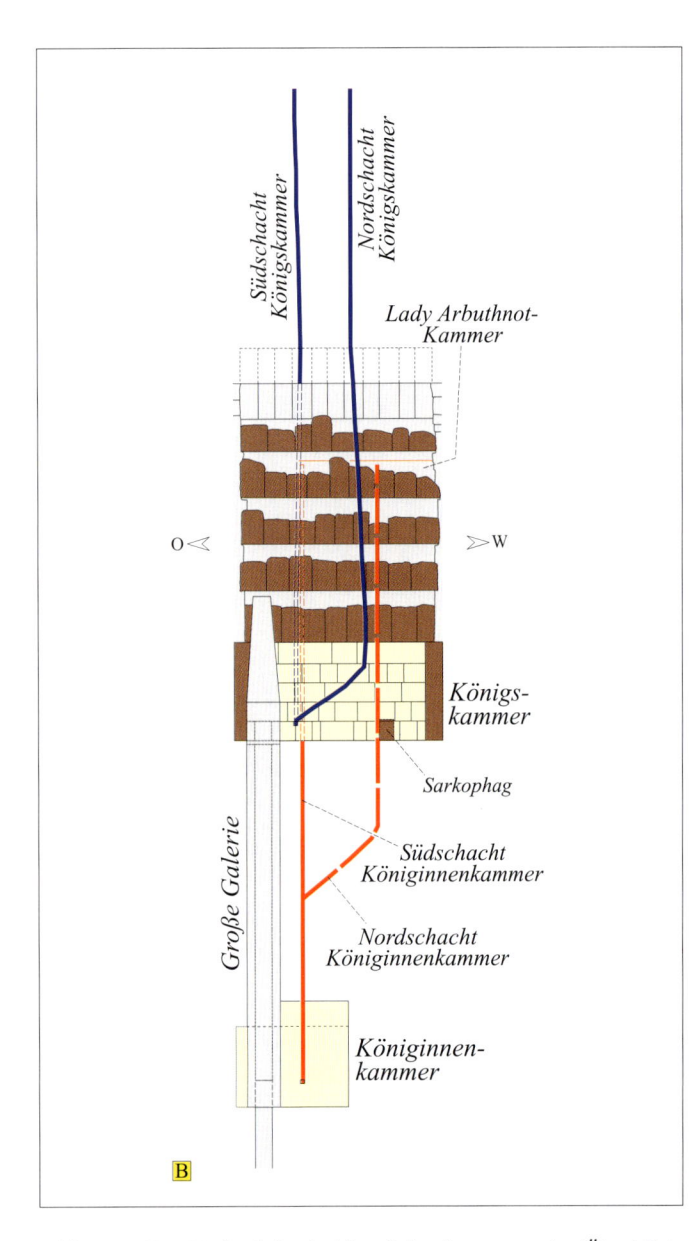

Abb. 50 Der Verlauf der beiden Schachtsysteme im Überblick: oben eine Draufsicht (A), unten von Norden aus gesehen (B). Der mittlere und obere Verlauf des nördlichen Schachtes der Königinnenkammer ist noch mit Unsicherheiten behaftet. Die Schächte der Königinnenkammer (rot) enden auf Höhe der 4. Entlastungskammer im Kernmauerwerk. Die Schächte der Königskammer (blau) verlaufen bis zur Außenseite der Pyramide. Die nördlichen Schächte sind nach ihren Richtungswechseln wieder auf bestimmte Fluchtlinien (nördlicher Schacht der Königinnenkammer wohl auf die Nord-Süd-Zentralachse und der Nordschacht der Grabkammer auf die Westwand der Königinnenkammer) ausgerichtet worden.

Pyramide ansteigen. Die Streckenführung der nördlich orientierten Schächte ist hingegen komplizierter, da sie bei einem strikt nach Norden ausgerichteten Verlauf mit dem breit angelegten Konstruktionsbereich der Großen Galerie kollidieren würden. So müssen beide Nordschächte auf ihren Wegstrecken zwei Richtungsänderungen vollführen, um die Große Galerie westlich zu umgehen. Sie setzen sich demzufolge aus drei bzw. vier Abschnitten zusammen: aus horizontalen und ansteigenden, bis auf kleinere Abweichungen linear geführten Wegstrecken sowie auch jeweils aus einem mittleren Teilstück, das nach Nordwesten verläuft (Abb. 50).

Die Konstruktionsweise der einzelnen Abschnitte der Schächte ist dabei abhängig von ihrer Position und von ihrer Materialbeschaffenheit. Die beiden horizontalen, innerhalb der granitenen Kammerverkleidung der Königskammer liegenden Wegstrecken der oberen Schächte (2,63 m im nördlichen bzw. 1,72 m im südlichen Schacht) wurden aus jeweils drei Granitblöcken konstruiert. Hierbei hatte man die oberen Kanten von zwei nebeneinanderliegenden Granitquadern derart abgearbeitet, daß sich nach dem Zusammenschieben der Blöcke eine rechteckige Schachtrinne formte, auf die ein weiterer Granitblock gelegt wurde (Abb. 48). Im aufsteigenden Bereich aller Schächte wurden für deren Aufbau ausschließlich Kalksteinblöcke verwendet, die teilweise über 3 m lang sind. Hier sah das Konstruktionsprinzip bis auf zwei Ausnahmen vor, daß auf einer Steinunterlage ein Steinquader gesetzt wurde, in dessen Unterseite man zuvor eine im Durchschnitt etwa 20,5 cm breite und zwischen 20,5 und 21,5 cm hohe Rinne (Wände und Decke des Schachtes) gemeißelt hatte.[130] Die umgekehrte Konstruktionsweise wurde auf der horizontalen Wegstrecke in den Wänden der Königinnenkammer (1,93 m im nördlichen bzw. 1,96 m im südlichen Schacht) und innerhalb der ersten Blocklage der ansteigenden Schachtabschnitte angewendet.

Die mittleren Neigungswinkel der Schächte der Königskammer liegen bei 45° (Südschacht) bzw. 32° 36' 8'' (Nordschacht).[131] Im direkten Umfeld der Grabkammer weisen die Schächte jedoch teilweise erhebliche Variationen in ihren Steigungen auf. Die unterschiedlichen Neigungswinkel im südlichen Schacht sind vermutlich auf Setzungen der einzelnen Steinblöcke, aus denen man den Schacht konstruiert hat, zurückzuführen, die ihrerseits durch das Absinken der gesamten Granitkammerkonstruktion im umgebenden weicheren Kalkstein-Kernmauerwerk hervorgerufen wurden. Im nördlichen Schacht kommt zu den Setzungsschäden noch der Umstand hinzu, daß er bereits am Anfang des Steigungsbereiches jenseits der Granitverkleidung der Grabkammer nach Westen abknickt, um der Großen Galerie auszuweichen.

Der südliche Schacht der Königskammer tritt nach dem Verlust des Verkleidungsmantels heute nach einer Wegstrecke von etwa 50 m auf der 101. Steinlage ins Freie. Der nördliche Schacht erreicht die Außenseite nach ca. 68,80 m auf Höhe der 102. Steinlage. Rekonstruktionen zufolge sollen ihre ursprünglichen Längen ungefähr 53,60 m (Südschacht) bzw. 71,50 m (Nordschacht) betragen haben.[132] Ihre einstigen Austrittspunkte lagen somit offenbar auf Höhe der 103. bzw. 104. Verkleidungslage. Während die Eintritts- und Austrittsöffnungen des südlichen Schachtes trotz schwacher, bislang nicht erklärbarer Abweichungen innerhalb seines mittleren Streckenverlaufes nach Westen letztlich genau auf einer Nord-Süd-Achse liegen, verläuft der nördliche Schacht der Königskammer auf einer über 30 m langen geraden Wegstrecke westlich der Großen Galerie mit einer leichten, aber stetigen Ostorientierung. Erst dann wurde er offensichtlich auf die Westwand der Königinnenkammer ausgerichtet (Abb. 50), ehe er die Außenseite der Pyramide gegenüber seinem Zugang in der Grabkammer um 3,63 m nach Westen verschoben erreicht.

Der Neigungswinkel des südlichen Schachtes der Königinnenkammer liegt bei 39° 36' 28''. Nach Auswertung aller derzeit zur Verfügung stehenden Daten befindet sich der Verschlußstein am Ende dieses Schachtes ungefähr 59,40 m über dem Basisniveau der Pyramide. Demnach wurde der Kanal etwa auf der Höhe der 74. Steinlage und ungefähr 16 m von der heutigen Außenseite der Pyramide entfernt blockiert.

Über den Verlauf des nördlichen Schachtes der Königinnenkammer wurden bislang nur wenige Daten veröffentlicht. Sein bereits 1993 ermittelter Neigungswinkel auf dem ersten ansteigenden Abschnitt vor der Biegung nach Westen beträgt 39° 7' 28'' (bei einer Ungenauigkeit von 2°).[133] Nach der Biegung führt der Schacht offenbar etwa 8 m ansteigend nach Nordwesten[134], ehe er dann bis zu seiner Blockierung wieder in nördlicher Richtung verläuft. Allem Anschein nach wurde der ca. 37,50 m lange, geradlinig ansteigende Abschnitt westlich der Großen Galerie an der Nord-Süd-Zentralachse der Pyramide ausgerichtet (Abb. 50). Aufgrund der Länge des Schachtes von etwa 64 m und des Verlaufes der einzelnen Teilabschnitte liegt der Verschlußstein dieses Schachtes etwa auf dem gleichen Höhenniveau wie sein südliches Pendant.

Horizontal betrachtet befinden sich die Endpunkte der Schächte auf Höhe der vierten über der Königskammer befindlichen Entlastungskammer (Lady Arbuthnot-Kammer). Die Schächte der Königinnenkammer sind demnach zu einem Zeitpunkt blockiert worden, als die konstruktiven Arbeiten am Kammersystem beendet wurden. Interessanterweise existiert an der Nord- und Südwand dieser Entlastungskammer eine horizontale Markierung – eine Höhenlinie, die etwa 59,60 m über dem Basisniveau liegt und damit auf den ersten Blick mit den Höhen der Schachtblockierungen korrespondiert (Abb. 45b). Soweit der Literatur zu entnehmen ist, existiert in keiner anderen Entlastungskammer eine derartige Markierungslinie. Ganz offensichtlich muß sie eine wichtige Bedeutung gehabt haben, die vermutlich etwas mit dem Messen und Fluchten in Nord-Süd-Richtung zu tun hatte. Es ist derzeit allerdings nicht zu erkennen, ob sich die Höhenlinie auf eine bautechnische Situation in der kleinen Kammer selbst bezog (zumal die Linie in der Mitte der Südwand durch einen hoch anstehenden Granitbalken unterbrochen wird) oder ob sie als eine Art Fluchtlinie auf bestimmte Richtpunkte auf der Arbeitsplattform des Pyramidenstumpfes Bezug nahm. Wenn man diese Korrelation nicht als zufällig abtun möchte, muß man sich der Frage stellen, ob zwischen der Markierungslinie und den Endpunkten der beiden Schächte der Königinnenkammer ein konstruktiver Zusammenhang besteht.

Von den Umlenkungen um den baulichen Bereich der Großen Galerie herum sowie von kleinen konstruktionstechnisch bedingten Verschiebungen der nördlichen Schächte (vor allem im Bereich der Grabkammer, aber auch auf deren geraden Wegstrecken) einmal abgesehen, lassen sich die bisher bekannten mittleren Neigungswinkel der Schächte auf einfach zu handhabende altägyptische Steigungsverhältnisse zurückführen.[135] Dies macht deutlich, daß sie in Ausrichtung und Lage in erster Linie konstruktiven, auf Symmetrie aufbauenden Vorgaben folgen. Offensichtlich haben bei ihrer Planung und Ausführung keine extern anvisierten Richtgrößen wie etwa bestimmte Sterne am Himmel eine Rolle gespielt.

Es ist heute anhand des archäologischen Befundes nicht mehr rekonstruierbar, ob die Schächte der Königskammer auch wirklich geradlinig auf die ursprünglichen Außenseiten der Pyramide getroffen sind. Setzt man voraus, daß ihre Anfangsbereiche in Kammernähe nur deshalb horizontal verlaufen, weil die Schachtaushebungen dort in waagerecht liegenden Steinblöcken der Kammerwände gemeißelt wurden, dann wäre es durchaus denkbar, daß sie im Bereich der äußeren, waagerecht verlegten Verkleidungsschicht, die heutzutage fehlt, ebenfalls horizontal verliefen.[136]

In diesem Zusammenhang stellt sich auch die Frage, ob die Ein- und Ausgänge der Schächte der Königskammer einst verschlossen worden waren – z. B. mit kleinen, paßgenauen Granitblöcken in den Kammerwänden.[137] Es lassen sich am noch intakten nördlichen Schachteingang jedoch keine markanten Beschädigungen erkennen, die auf eine gewaltsame Entfernung eines Verschlußsteins hindeuten. Auf der anderen Seite erscheint jedoch die Annahme plausibel, daß die Schächte an der Außenseite der Pyramide innerhalb des Verkleidungsmantels hermetisch abgeschlossen waren, um das Eindringen von Regenwasser oder von Flugsand während der Sandstürme in die Grabkammer zu verhindern.

Abb. 51 Nach der gewaltsamen Öffnung des nördlichen Schachtes der Königinnenkammer im Jahre 1872 wurden dort mehrere Gegenstände gefunden. Darunter die hier links abgebildete, im Durchmesser 6,9 cm große und fast 540 g schwere Kugel aus Dolerit und ein schwalbenschwanzförmiger, 4,4 cm langer und 5,1 cm breiter Gegenstand aus Kupfer (rechts im Bild), der vielleicht Teil eines Meßgerätes gewesen ist. Beide Stücke befinden sich heute im Britischen Museum in London.

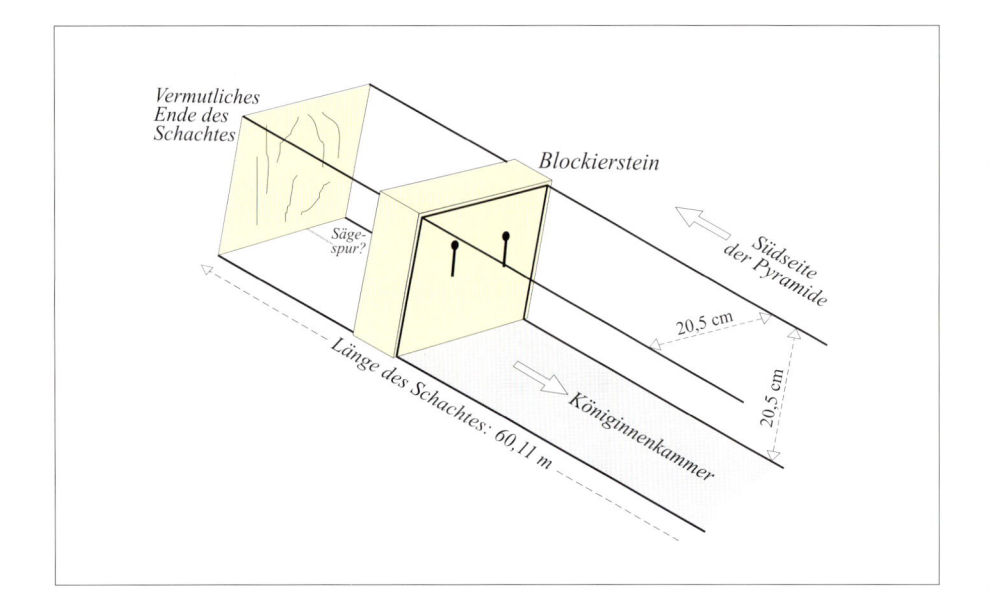

Abb. 52a Schematische Darstellung der Situation am Ende des südlichen Schachtes der Königinnenkammer. Der Schacht wird durch einen akkurat bearbeiteten Kalksteinblock verschlossen, auf dessen Oberfläche zwei stiftartige Objekte «fixiert» wurden (siehe auch Abb. 52b). Hinter dem ca. 6 cm dicken Blockierstein befindet sich ein etwa 21 cm tiefer Hohlraum, der wahrscheinlich das definitive Ende des Schachtes markiert. Der Steinblock am Ende des Hohlraumes weist eine Reihe von kleinen Rissen auf – vielleicht ein Hinweis, daß er unter Druck steht und bereits zum Kernmauerwerk der Pyramide gehört.

Die Fundobjekte aus dem nördlichen Schacht der Königinnenkammer

Im Zuge der Entdeckung und gewaltsamen Öffnung des nördlichen Schachtes kamen 1872 drei Gegenstände ans Tageslicht: eine im Durchmesser 6,9 cm große und fast 540 g schwere Steinkugel aus Dolerit[138], ein 4,4 cm langer und 5,1 cm breiter, schwalbenschwanzförmiger Gegenstand aus Kupfer (Abb. 51) sowie eine 12,7 cm lange, im Querschnitt zwischen 1 und 1,2 cm dicke zedernartige Holzleiste.[139] Es kann sich bei diesen Gegenständen nicht um Grabbeigaben handeln, da sie bereits während der Bauzeit in den Schacht gelangt sein müssen. Nach ersten Untersuchungen gerieten diese Objekte lange Zeit in Vergessenheit. Seit 1994 werden aber zwei von ihnen, die Steinkugel und der kupferne Gegenstand, im Britischen Museum in London ausgestellt. Von der Holzleiste fehlte dagegen bis zum Jahre 2001 jede Spur.

Mittlerweile verdichten sich aber die Vermutungen, daß sich das Holzfragment in den Magazinbeständen des Marischal Museums der Universität von Aberdeen befinden könnte.[140]

Im Jahre 1993 wurden noch zwei weitere Objekte im nördlichen Schacht der Königinnenkammer entdeckt. Unterhalb der Stelle, wo der Schacht nach Westen abknickt, fand man eine über 1 m lange und im Querschnitt etwa 1,2 x 1,2 cm dicke, anscheinend aus Holz bestehende Leiste und ein bislang nicht genau identifizierbares, vermutlich metallisches Objekt. Offensichtlich gehört das bereits 1872 geborgene hölzerne Fragment zu dieser Leiste und auch die Metallobjekte scheinen formmäßig in einem gewissen Zusammenhang zu stehen. Es wäre gut möglich, daß diese Gegenstände Teile eines altägyptischen Meßgeräts sind, mit dem man beispielsweise Sonnenstände ermitteln konnte oder das bei Vermessungsaufgaben wie dem Anvisieren größerer Strecken zur Anwendung kam. Dafür würde auch der Umstand sprechen,

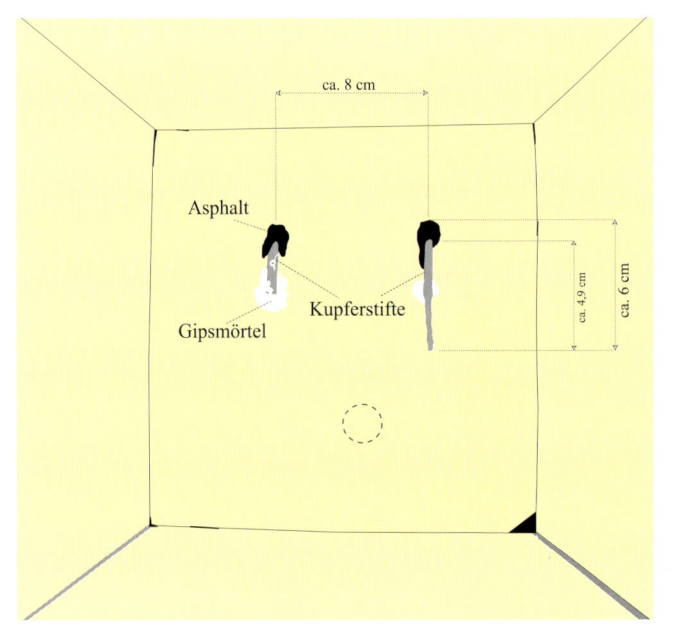

Abb. 52b Die Analyse der «Oberflächenstrukturen» auf dem Blockierstein im Südschacht der Königinnenkammer (hier die Situation vor 2002) deutet darauf hin, daß hier kleine kupferne «Stifte», die man von der anderen Seite des Blockes durch Bohrlöcher hindurchgesteckt hatte, umgebogen, «fixiert» und «befestigt» wurden. Der gestrichelte Kreis markiert die Stelle, an der im Spätsommer 2002 ein kleines Loch in den Steinblock gebohrt wurde, um den dahinterliegenden Bereich mit einer Miniaturkamera untersuchen zu können. Offensichtlich ist während dieser Forschungsmission der rechte Kupferstift beschädigt – d. h. etwa mittig abgebrochen – worden.

*Abb. 53   Auch an dem 2002 neu entdeckten Verschluß-
stein am Ende des nördlichen Schachtes der Königinnenkammer befinden sich zwei stiftartige Objekte auf dessen
Oberfläche. Dort sind die Bohrlöcher durch das Fehlen
einer Füllmasse besser zu erkennen. Vielleicht bilden die
stiftartigen Objekte die Endstücke eines zusammenhängenden «drahtähnlichen» Gebildes, das die Funktion eines Handgriffes hatte, mit dem der jeweilige Steinblock
transportiert und im Schacht justiert werden konnte.*

daß an den Seiten des vermutlich in Aberdeen befindlichen Holzstückes parallele Linien existieren sollen, die vielleicht Markierungen darstellen könnten.

Wie das zerbrochene Gerät einst in den Schacht gelangt sein könnte, ist unklar. Aufgrund der Fundlage erscheint es plausibel, daß das Instrument während der Errichtung des Schachtes auf Höhe der Großen Galerie dort zurückgelassen wurde – vielleicht, weil es seine Funktion nicht mehr erfüllen konnte. Die Vorgeschichte der Doleritkugel, die vermutlich als Polierstein oder Hammer fungierte, ist ebenso unklar. Sie könnte gezielt am unteren Ende des Schachtes plaziert worden oder aber auch zufällig im Schacht verlorenengegangen oder einfach hineingeworfen worden sein.

Die Verschlußsteine

Als man 1993 am Ende des südlichen Schachtes der Königinnenkammer einen Verschlußstein entdeckte (Abb. 52a.b), betrat man archäologisches Neuland. So einmalig wie die Schächte der Cheops-Pyramide in der langen Geschichte des ägyptischen Pyramidenbaus geblieben sind, so außergewöhnlich präsentierte sich die Schachtblockierung mit ihren eigenartigen Oberflächenstrukturen – zwei längliche Gebilde, die senkrecht parallel zu den Seitenwänden angebracht sind – damals den Wissenschaftlern. Durch die videounterstützte Untersuchung des Blockiersteins wie auch durch seine brachiale Durchbohrung konnten die Forscher detaillierte Informationen über seinen Aufbau gewinnen, die in einem gewissen Rahmen auch Rückschlüsse auf seine Handhabung erlauben.

Der akkurat bearbeitete, wahrscheinlich aus Tura-Kalkstein bestehende Verschlußstein im Südschacht ist etwas breiter und vielleicht auch höher als der Schacht selbst. Seine rechte untere Ecke ist beschädigt; vermutlich hervorgerufen durch eine Verkantung beim «Einsetzen» des Steinblocks in den Schacht. Die Dicke des Verschlußsteins beträgt nach neuesten Erkenntnissen ungefähr 6 cm[141]; sein Gewicht liegt demnach bei über 6,6 kg. Die beiden auf seiner Oberfläche befindlichen, auf den ersten Blick zapfenartig aussehenden Gebilde liegen ca. 8 cm weit auseinander (Abb. 52b). Das linke Objekt wurde bei der ersten Forschungsmission im Jahre 1993 beschädigt vorgefunden. Es ist etwa in der Mitte abgebrochen; das fehlende Stück wurde knapp 2 m vor dem Blockierstein am rechten Rand des Schachtes lokalisiert. Das rechte Objekt war dagegen 1993 noch intakt und wies eine Länge von ca. 6 cm und eine Breite von bis zu 1 cm auf. Offensichtlich infolge der im Jahre 2002 durchgeführten Untersuchungen wurde es mittlerweile aber ebenfalls beschädigt und fast mittig in zwei Teile gebrochen. Über den Verbleib der beiden abgebrochenen Fragmente ist bislang nichts bekannt geworden. Vermutlich wurden sie aber bereits aus dem Schacht entfernt und einem Labor zwecks einer wissenschaftlichen Analyse zugeführt.

Nahaufnahmen der Gebilde an der Oberfläche des südlichen Blockiersteins offenbaren differenzierbare, aber zusammenhängende Strukturen, die darauf hindeuten, daß man es hier mit kleinen stiftartigen, wahrscheinlich aus Kupfer bestehenden Objekten zu tun hat. Sie sind vermutlich (dem Prinzip von Ohrsteckern nicht unähnlich) von der anderen Seite durch Bohrlöcher im Verschlußstein hindurchgesteckt, dann umgebogen, am Bohrloch mit einer bitumenartigen Masse fixiert und schließlich in ihrem Mittelbereich durch Gipsmörtel am Stein befestigt worden (Abb. 52b).[142] Das im Schacht lokalisierte abgebrochene Stück weist ebenfalls eine stabförmige, leicht konisch verlaufende Form auf, die die Interpretation der Objekte auf dem Blockierstein untermauert.

Die optische Analyse der bislang veröffentlichten Aufnahmen des 2002 entdeckten Blockiersteins im nördlichen Schacht erhärtet den Gesamteindruck (Abb. 53). Offensichtlich durch das Fehlen von Bitumenspuren sind dort die kreisrunden Bohrlöcher, durch die die Stifte hindurchgesteckt wurden, besser zu erkennen als am südlichen Pendant. Sollten weitere Untersuchungen diese Interpretation bestätigen, würde dies für eine funktionelle Bedeutung der Verschlußsteine sprechen. Vielleicht sind die stiftartigen Objekte auf den Blockiersteinen auf deren Rückseiten miteinander verbunden und bilden womöglich so etwas wie Handgriffe, mit denen die Steine transportiert und in den Schächten justiert werden konnten.

Obwohl man den südlichen Blockierstein im Jahre 2002 durchbohrt und seinen rückwärtigen Bereich mit einer Miniaturkamera untersucht hat, konnten noch keine weiteren Erkenntnisse über den wahren Charakter des Steins gewonnen werden. Hinter der Schachtblockierung wurde ein etwa 21 cm tiefer (allem Anschein nach leerer) Hohlraum entdeckt[143], der offenkundig die Verlängerung des Schachtes darstellt. Wie bereits vor dem Verschlußstein scheint sich auch am Boden des kleinen Hohlraumes eine Sägespur zu befinden. Die südliche Begrenzung des Hohlraumes bildet ein anscheinend unpolierter und strukturell nicht mit dem Blockierstein selbst zu vergleichender einzelner Steinblock, der einige kleine Risse aufweist. Da man den Bereich an der Außenseite der Pyramide, wo der Austrittspunkt des Südschachtes theoretisch liegen müßte (ungefähr auf Höhe der 90. Steinlage, knapp 70 m über dem Basisniveau), 1993 mehrfach erfolglos untersucht hat, kann man wohl davon ausgehen, daß man hier das definitive Ende des Schachtes erreicht hat und man dahinter bereits auf das massive Kernmauerwerk trifft. Es kann aber auch nicht ausgeschlossen werden, daß sich in diesem

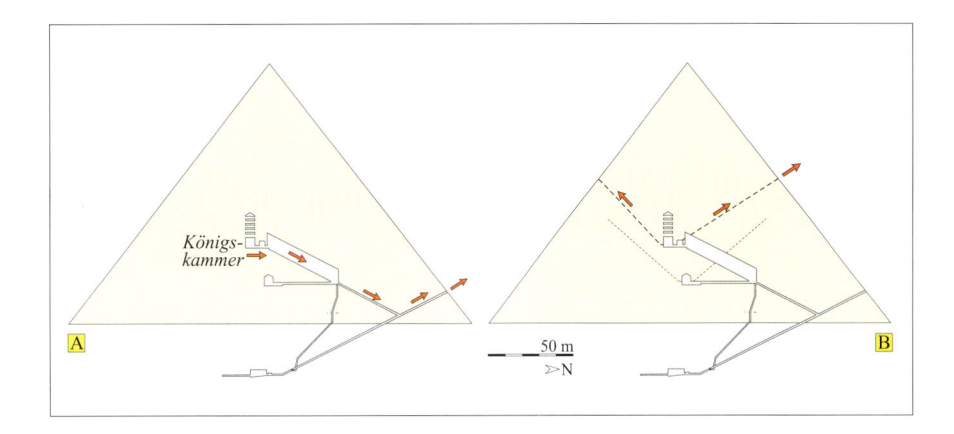

Abb. 54 Die Grundlage für die religiöse Deutung der Schachtsysteme in der Cheops-Pyramide bildet die Annahme, daß die Seele (wie auch der Ka) des toten Königs nicht abwärts orientiert durch das Korridorsystem der Cheops-Pyramide wandern sollte (A), um sich von den hohen Positionen der oberen Kammern aus zur himmlischen Jenseitssphäre bewegen zu können. Deshalb habe man das Konzept der nach Norden und Süden ausgerichteten Schächte entwickelt, durch die der tote König ohne Umwege direkt zum Himmel aufsteigen konnte (B).

Bereich noch ein weiterer kleiner, bautechnisch begründeter Hohlraum befindet. Obwohl eine vergleichende Untersuchung am Blockierstein des nördlichen Schachtes der Königinnenkammer wie auch an dessen theoretischer Austrittsstelle an der Nordflanke der Pyramide noch aussteht, ist anzunehmen, daß man auch dort auf eine ähnliche Hohlraumstruktur treffen wird, hinter der der Schacht letztlich im Kernmauerwerk endet.

Abschließend soll hier noch auf einen anderen Befund hingewiesen werden. Etwa 6 m vor dem heutigen oberen Austrittspunkt des südlichen Schachtes der Königskammer existiert auf einer Länge von ca. 34 cm eine Anordnung von mehreren, 1,5 cm tiefen Nischen in den Wänden, die in Zusammenhang mit der Blockierung im Südschacht der Königinnenkammer gesehen werden können.[144] Interessanterweise enden bei der Nischenanordnung die beiden Steinblöcke, aus denen der Schacht in diesem Abschnitt konstruiert wurde. Dies kann wohl als ein indirekter Hinweis auf ein geplantes Ende des Schachtes gewertet werden. Ob eine ähnliche Nischenanordnung auch im nördlichen Schacht der Königskammer existiert, ist unklar, da der entsprechende Schachtabschnitt auf diesem Höhenniveau zerstört wurde. Vermutlich in arabischer Zeit haben Grabräuber das obere Ende dieses Schachtes auf einer Länge von über 11 m derart erweitert, daß eine Person hineinkriechen konnte. Aufgrund der vorliegenden Befunde kann man derzeit nicht ausschließen, daß die Ägypter planten, auch das obere Schachtsystem vor Erreichen der Außenseite zu blockieren und zu überbauen, aber vielleicht letztlich auf seine Funktionalität angewiesen waren und es zumindest noch für eine gewisse Zeit lang in Betrieb hielten.

Wege für die Seele des Königs …

Obwohl durch die bisherigen Untersuchungen eine Fülle von Daten gewonnen werden konnte, ist die Frage nach der eigentlichen Funktion der Schächte dennoch unbeantwortet geblieben. In der Ägyptologie ist heutzutage die Vermutung weit verbreitet, daß die Kanäle im Kontext der damaligen Jenseitsvorstellungen eine religiös motivierte Aufgabe innehatten. Durch diese Schächte sollte es der Seele des toten Königs auch von den extrem hohen Positionen der Kammern im Pyramidenmassiv ermöglicht werden, ohne unerwünschte, abwärts orientierte Umwege durch das Kammersystem direkt zum Firmament und damit zur himmlischen Götter- und Jenseitswelt aufzusteigen (Abb. 54).[145] Diese Hypothese basiert auf den Inhalten der sog. Pyramidentexte, die etwa 200 Jahre nach der Regierungszeit des Cheops erstmalig in der Pyramide des Unas (5. Dynastie) auftauchen und dann zur Standarddekoration der Grabräume in den königlichen Grabmälern des späten Alten Reiches wurden. Aus ihnen geht hervor, daß in der Vorstellungswelt der Ägypter dieser Zeit die erstebenswerte Existenzebene der verstorbenen Könige vorrangig am Firmament gesehen wurde. Hierbei wurde das Schicksal der verklärten Könige nach ihrem Aufstieg ins Reich des Sonnengottes, wo man sie am Tageshimmel in den ewigen Kreislauf der Sonne integrierte, auch mit der Existenz ganz bestimmter Sterne am nördlichen wie auch am südlichen Nachthimmel verknüpft.[146]

Auch wenn eine derartige Funktionsbestimmung der kleinen Kanäle auf den ersten Blick nachvollziehbar erscheinen mag, stellt sich das Konzept der «Seelenschächte» in seinem derzeitigen Argumentationsstatus nicht widerspruchsfrei dar – es wirft bei näherer Betrachtung mehr Fragen auf als es imstande ist, zu beantworten.[147] Allzu starre, ausschließlich von religiösen Vorstellungen geprägte Erklärungsversuche bergen hier die Gefahr in sich, bei der Gesamtbewertung der Schachtsysteme eine Reihe von baulichen und architektonischen Befunden im Kammersystem nicht in ihrem vollen Bedeutungsspektrum zu berücksichtigen – also nicht alle Optionen für eine mögliche bautechnisch/logistische Funktionsweise der Schächte auszuschöpfen. Dazu einige Bemerkungen.

Das grundlegende Argument der «Seelenschacht»-Hypothese – der für den toten König unbedingt erforderliche direkte Himmelsaufstieg – wird in den unmittelbar vor der Regentschaft des Cheops errichteten Grabbauten des Snofru relativiert.[148] In allen Pyramiden von Cheops' Vater wurden die Grabkammern gegenüber dem unteren Ende der Grabkorridore erhöht (zwischen 4,20 m und 7,80 m) errichtet (Abb. 55), so daß Snofrus Seele offensichtlich stets gezwungen war, sich im Kammersystem zuerst ein Stück hinunter zu bewegen, ehe sie über den Korridor zum Nordhimmel aufsteigen konnte. Der vertikale Abstand zwischen den Grabkammern der Roten Pyramide, der Meidum-Pyramide sowie dem ersten, unteren Kammersystem der Knick-Pyramide und den Übergängen zu den Grabkorridoren ist zwar nicht so extrem wie bei der Cheops-Pyramide, dennoch sind diese architektonischen Befunde relevant bei der Bewertung einer rein religiösen Interpretation der Schächte als «Seelenwege» zum Himmel. Die erhöhte Lage der Grabkammern in den Pyramiden des Snofru selbst basierte dabei wohl weniger auf jenseitsorientierten Glaubensvorstellungen, sondern vielmehr auf sicherheitstechnischen Überlegungen. Denn in den oben genannten Kammersystemen existieren keine expliziten Blockiervorrichtungen wie man sie aus der Cheops-Pyramide oder späteren Königsgräbern kennt. Vermutlich glaubten die Ägypter zu dieser Zeit, durch die Konstruktion hoher Zugänge zu den Grabkammern sowie durch die massive Blockierung der absteigenden Korridore ausreichend Schutz für die sterblichen Überreste des Königs und seiner Grabbeigaben getroffen zu haben.

Besonders schwierig läßt sich diese Vorstellung vom direkten nachtodlichen Aufstieg des Königs im Fall der baulich modifizierten Knick-Pyramide erklären. Die bisherigen Forschungsergebnisse deuten an, daß es beim Bau dieser Pyramide mehrere Planänderungen gab, um ihrer Instabilität entgegenzuwirken und sie als Königsgrab zu retten. Dazu gehörte insbesondere auch die Errichtung eines zweiten eigenständigen, oberirdisch angelegten Kammersystems, das nicht die damals übliche Nord-Süd-Ausrichtung aufweist, sondern mit einem Eingang hoch in der Westwand der Pyramide in Ost-West-Richtung konstruiert wurde. Dieser aus einer baulichen Zwangssituation heraus entstandene Ausnahmefall in der Geschichte des Pyramidenbaus des Alten Reiches steht aber im Widerspruch zu der für die «Seelenkorridore» zugrundegelegten Maxime, konstruktiv einen direkten aufwärts orientierten Weg von der Grabkammer aus zum Nord- bzw. Südhimmel herzustellen. Und selbst für den Fall (setzt man einmal voraus, die Knick-Pyramide wäre letztlich als Grabmal gerettet und der König ordnungsgemäß in der oberen Grabkammer bestattet worden), man hätte vielleicht in Kauf genommen, daß Snofrus Seele ihren Weg zuerst über den Verbindungskorridor der beiden Kammersysteme und dann durch den unteren Kammerbereich wieder in Richtung des nördlichen Firmaments fand, verlangte auch dieses Szenario einen Abstieg der Seele von der etwa 3 m über dem Basisniveau liegenden Grabkammer bis hinunter zum etwa 23 m tief im Felsuntergrund liegenden Ende des Grabkorridors (Abb. 55). Offensichtlich spielte ein derartiger Umweg zu Beginn der Jenseitsreise des Snofru, dessen Himmelsaufstieg sicherlich der gleichen oder zumindest sehr ähnlichen religiösen Vorstellung wie der seines Sohnes unterworfen war, keine ausschlaggebende Rolle.

Ein weiteres Problem verbirgt sich hinter der Frage, wieso die Schächte der Grabkammer letztlich bis an die Pyramidenaußenseite führen, die beiden Kanäle der Königinnenkammer aber nach allen bisherigen Erkenntnissen ungefähr 15 m vorher im Kernmauerwerk enden. Eine religiöse Deutung dieses Befundes fällt schwer, eine praktische Erklärung – wie man noch sehen wird – dagegen weniger. In diesem Zusammenhang muß man auch der Frage nachgehen, welche Funktion insbesondere die südlich orientierten Schächte innegehabt haben.

Zu letzterem Punkt ist z. B. die Vermutung geäußert worden, daß die zusätzliche Orientierung der Schächte auf den Südhimmel etwas mit dem universalen Anspruch des Cheops als Inkarnation des Sonnengottes zu tun gehabt hatte.[149] Vor dem Hintergrund der Pyramidentexte könnte man sich nun in der Tat vorstellen, daß beispielsweise der nördliche Schacht der Königskammer auf die «Unvergänglichen Sterne» (Zirkumpolarsterne und auf- und untergehende, aber jede Nacht sichtbare Fixsterne, die von den Ägyptern als Ausdruck des ewigen Lebens gesehen wurden) weisen sollte, während man den südlichen Kanal auf die «Unermüdlichen Sternen», die Dekanen und Planeten, ausgerichtet hat. Da aber beide Bereiche des Himmels eine Rolle im Jenseitsverständnis der Könige gespielt haben, muß man erklären, wieso die Errichtung der Südkanäle eine einmalige Angelegenheit geblieben ist – präziser, weshalb in den späteren Pyramiden neben den nordorientierten Grabkorridoren die in der Cheops-Pyramide so ausgeprägte südliche Ausrichtungskomponente der Schächte nicht mehr berücksichtigt worden ist.

Wie bereits angedeutet stellen innerhalb der «Seelenschacht»-Hypothese vor allem die Schächte der Königinnenkammer ein Problem dar. Für die Erklärung ihrer Existenz wurden u. a. funktionale Vergleiche zwischen der Königinnenkammer und den Vorkammern der Pyramiden der späten 5. und 6. Dynastie mit den dort auftretenden, durch jenseitsorientierte Vorstellungen geprägten Pyramidentexte herangezogen.[150] Es ist zwar durchaus vorstellbar, daß grundsätzliche, in diese Texte eingearbeitete Informationen und Gedankenkonstrukte bis in die Zeit der 4. Dynastie zurückdatierbar sind. Man sollte aber ihrer argumentativen Auslegung und prinzipiellen Anwendbarkeit auf architektonische Befunde der Grabbauten der 4. Dynastie solange kritisch gegenüberstehen, bis man sie auch aus zeitgenössischen Quellen der Cheops-Ära erschließen kann und sie damit ihren diesbezüglich anachronistischen Charakter verlieren. Bislang gibt es aber noch keinen direkten, zwingenden Zusammenhang zwischen dem Vorhandensein der Schächte in der Cheops-Pyramide und den Inhalten der Pyramidentexte, die sich mit der Existenz der verstorbenen Könige in der himmlischen Götterwelt beschäftigen.[151] In diesem Kontext sind auch Vergleiche einzelner architektonischer oder dekorativer Elemente in Gräbern, die mehrere Jahrhunderte weit auseinanderliegen, nur bedingt nachvollziehbar. Die funktionale Bedeutung einer Grabkammer oder das Vorhandensein einer dekorativen, symbolhaften Raumausstattung (wie etwa eines Sternenhimmels an der Decke einer Vorkammer) in einer Pyramide aus dem späten Alten Reich lassen keine wirklichen Rückschlüsse auf die Bedeutung der Königinnenkammer zu. Hierbei sollte man stets berücksichtigen, daß sich die Gestaltung der Kammersysteme der Königsgräber zur Zeit der 4. und frühen 5. Dynastie einerseits noch in einer formativen Phase befunden hat und sie andererseits baulichen Abhängigkeiten unterworfen war. Auch hier ignoriert eine anachro-

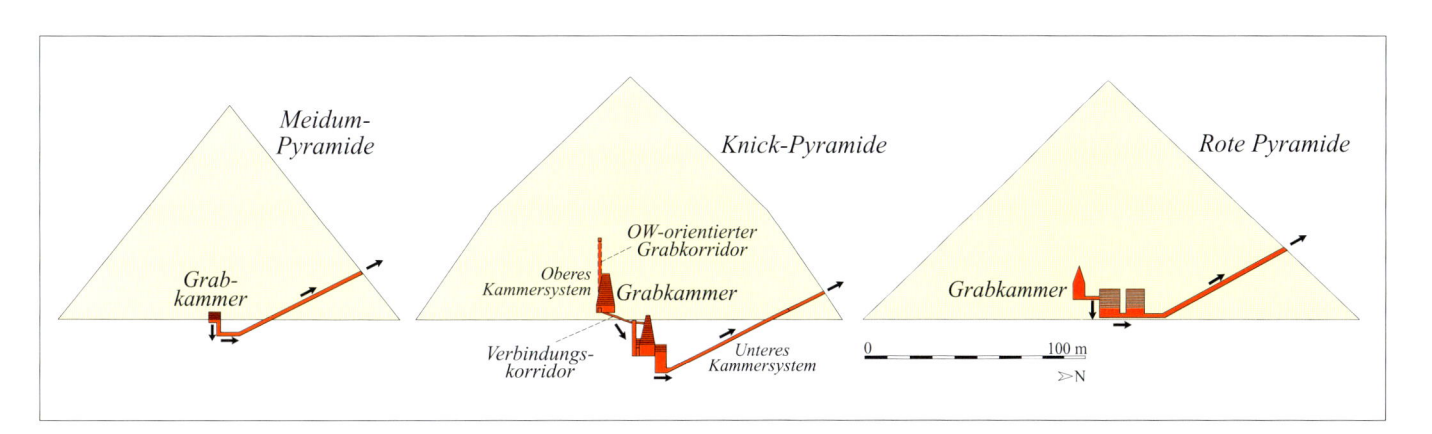

Abb. 55   Alle drei Nord-Süd-ausgerichteten Kammersysteme der Pyramiden des Snofru sind so angelegt, daß sich die Seele des toten Königs zuerst eine gewisse Wegstrecke abwärts bewegen müßte, ehe sie zum Nordhimmel aufsteigen könnte – im Widerspruch zur Maxime der «Seelenschacht»-Hypothese, wonach der verklärte König keinen abwärts orientierten Weg einschlagen durfte. Bislang wurden in den Grabbauten des Snofru keine Hinweise auf die (auch nur ansatzweise) Konstruktion von «Seelenschächten» gefunden.

nistisch gerichtete Projektion bestimmter Befunde in den Pyramiden der späten 5. und 6. Dynastie auf räumliche Gegebenheiten innerhalb der Cheops-Pyramide letztlich grundlegende Entwicklungen bautechnischer und konstruktiver Art, die innerhalb der 4. Dynastie vorgeherrscht haben.

Auch der Versuch, die Schächte der Königinnenkammer mit dem «Ka» des Königs in Verbindung zu bringen[152] (während man die von der Königskammer ausgehenden Kanäle als Korridore für Cheops' «Seele», den «Ba»[153], interpretiert), erscheint nicht überzeugend. Allgemein hin wird der Ka als eine Art «normativer» Doppelgänger oder Schutzgeist auf einer spirituellen Daseinsebene verstanden, der das «Selbst» des Verstorbenen darstellte – der also zur Kategorie der persönlichen «sozialen Sphäre» gehörte, die den Status, die Ehre und die Würde des Königs repräsentierte.[154] Der Ka wurde zusammen mit dem Individuum geboren und verband den Toten einerseits mit seinen Ahnen, andererseits aber auch generationsübergreifend mit seinen Söhnen. Offenbar wurde der Ka aber dabei als ein vom Leichnam isoliertes Prinzip aufgefaßt, das letztlich eine primär stationäre Funktion im Grab innehatte, auf das der Totenkult ausgerichtet war. Vor diesem Hintergrund wird man wohl eher annehmen dürfen, daß der Ka des Königs mit dem Statuenprogramm im Totentempel in Verbindung gebracht wurde und daher keiner architektonischen, für den Kult nicht erreichbaren Schachtstrukturen in der Pyramide selbst bedurfte.

Ergänzend sollte man sich hier auch vergegenwärtigen, daß die Schächte im Bereich der Königinnenkammer nicht als symbolische Durchgänge im Sinne einer Scheintür gekennzeichnet waren. Wie man noch heute am nördlichen, nur teilweise aufgebrochenen Schachteingang erkennen kann, wurde die entsprechende Stelle an der Wand nicht durch irgendwelche Markierungen oder Bearbeitungen hervorgehoben, worin auch ein Grund zu sehen ist, daß die beiden Schächte der Königinnenkammer erst vor gut 130 Jahren entdeckt werden konnten. Sie waren zuvor für den Betrachter innerhalb der Kammer nicht zu lokalisieren – und dies steht wohl im krassen Widerspruch zu einer religiösen Funktionalität, die im Kult stets durch eine gewisse «Bildhaftigkeit» zum Ausdruck gebracht wurde. Dann können aber die Verschlußsteine am Ende der kleinen Schächte auch nicht so etwas wie «verriegelte Scheintüren» symbolisieren[155], die vom verklärten König magisch zu öffnen waren, um seinen Aufstieg zum nördlichen und südlichen Himmel fortzusetzen, da für ihn nicht einmal der Weg aus der Königinnenkammer heraus in Richtung dieser Objekte irgendwie vorgezeichnet war.

Zum Abschluß dieser Ausführungen drängt sich die grundsätzliche Frage auf, inwieweit religiöse Vorstellungen tatsächlich die Formgebung der Kammersysteme beeinflußt haben – oder ob nicht eher gewisse bauliche Notwendigkeiten und praktische Erwägungen ihre Gestaltung primär lenkten. Oftmals wird das Erscheinungsbild der Kammersysteme der Pyramiden der 4. Dynastie heute vorschnell als Ausdruck bestimmter Jenseitsvorstellungen gedeutet und somit vielleicht teilweise mißverstanden. Auch wenn eine Wechselwirkung beider Aspekte nicht ausgeschlossen werden kann und sicherlich auf so mancher Ebene der architektonischen Vielfalt innerhalb der altägyptischen Baudenkmäler in jener Zeit vorhanden war (wie vielleicht bei der Nord-Süd-Ausrichtung der Kammersysteme der Pyramiden), sollte man sich stets vor Augen halten, daß die pyramidalen Königsgräber unabhängig von ihrem religiös überprägten Symbolcharakter ursächlich und primär dem Schutz und der dauerhaften Beständigkeit der sterblichen Überreste der Könige dienen sollten. Unter dieser Prämisse sind die Architekten immer wieder ans Werk gegangen und haben aufwendige Sicherheitsmechanismen entwickelt. Dabei determinierte die Zielsetzung, die Grabräume unterirdisch oder manchmal im Kernmauerwerk, aber stets in der Nähe des Zentrums der Grundfläche bzw. des Baukörpers zu positionieren, fast automatisch auch das Vorhandensein unterschiedlich ausgerichteter Korridorpassagen und damit letztlich das grundsätzliche Erscheinungsbild, das die Kammersysteme der Pyramiden heute zeigen. Ganz offensichtlich stand den altägyptischen Baumeistern bei der Konstruktion der Kammersysteme nur eine begrenzte Anzahl von Optionen zur Verfügung, um die Grabkammern über die Korridore erreichbar zu machen.

… oder Luftschächte für die Arbeiter im Kammersystem

Als Alternative zu einer religiösen Deutung der Kanäle wird heute auch über die Möglichkeit diskutiert, daß die Schächte eine praktische Aufgabe während der Bauzeit innehatten. Aufgrund der vorhandenen Befunde und einer Reihe plausibler Detailbetrachtungen deutet derzeit vieles darauf hin, daß sie als Belüftungskanäle für die im Kammersystem tätigen Arbeiter errichtet bzw. im speziellen Fall der Königinnenkammer geplant und bis zu einem gewissen Zeitpunkt ausgeführt, aber letztlich nicht gebraucht und aufgegeben wurden.[156]

Die Interpretation der Cheops-Schächte als Luftkanäle basiert u. a. auf den Erfahrungen britischer Forscher, die im Jahre 1837 während ihrer Arbeiten in der Cheops-Pyramide miterleben konnten, wie es nach einer provisorisch durchgeführten Säuberung der oberen Schächte zu einer merklichen Frischluftzufuhr in der Grabkammer kam.[157] Sicherlich waren sich die alten Ägypter der vorherrschenden Luftströmung aus Norden bewußt, die sie im vorliegenden Fall geschickt für ihre Zwecke einsetzen konnten.[158] Der prinzipielle Gebrauch von Belüftungskanälen im monumentalen Grabbau besaß zur Zeit der 4. Dynastie schon eine gewisse Tradition. So existiert z. B. beim unvollendeten Grabbau des Sechemchet, einem Stufenpyramidenprojekt der 3. Dynastie, das etwa 200 m südwestlich des Djoser-Komplexes liegt, ein im Querschnitt 3 x 3 m breiter, senkrechter Schacht, der der Luftzufuhr während der Ausschachtung der Magazine gedient hatte.[159] Auch der zentrale Grabschacht der Djoser-Pyramide und der senkrechte Schacht, der von der zweiten Stufe der Stufenpyramide des Chaba auf deren Grabkorridor trifft, werden beim Bau dieser Grabmäler sicherlich eine Zeit lang eine derartige Versorgungsfunktion innegehabt haben.

Vor dem Hintergrund der negativen Erfahrungen bei der Ausarbeitung der 30 m im Untergrund liegenden Felsenkammer werden die Ägypter die Planung und Ausführung von zusätzlichen Belüftungskanälen für die oberen Kammern der Cheops-Pyramide als notwendig erachtet haben. Denn die große vertikale Ausdehnung des oberen Kammerbereichs gewährleistete konstruktionsbedingt nur einen geringen Luftaustausch zwischen den oberen Kammern und der Außenumgebung der Pyramide. Man hätte hierbei insbesondere die Lüftungsschächte der Königinnenkammer vorsorglich (weshalb sie auch nicht bis in die Kammer ausgeführt wurden) für den Fall konstruiert, daß es nach der Überbauung des Kammersystems dort zu einem die Arbeiten behindernden Sauerstoffmangel gekommen wäre.[160] Mit der Fertigstellung des Strukturbereichs der Grabkammer übernahmen dann aber deren Schächte die Belüftung des oberen Kammerbereichs. Auf der Ebene gut 11 m oberhalb der Königinnenkammer wurden die Schächte der Königinnenkammer schließlich blockiert und überbaut, da man sie offenbar doch nicht benötigte.

Berechnungen zufolge rufen die beiden Schächte der Königskammer eine natürliche Luftströmung hervor, die der Kammer in einer Stunde 90 m³ Luft zuführt.[161] Während der Errichtung der Pyramide variierte der Wirkungsgrad der Luftzirkulation mit der

Höhe des Pyramidenstumpfes, auf dem die beiden Schächte endeten, und in Abhängigkeit des nichtlinearen Verlaufs der nördlichen Kanäle. Fast wie eine spätere Bestätigung ihrer ursprünglichen Funktion installierte man in den beiden Schächten der Königskammer 1993 erstmalig Ventilatoren, die die Temperatur und die Luftfeuchtigkeit in der Grabkammer auf die Werte der Außenumgebung reduzieren sollen.

Auch einige bauliche Eigenarten der Schachtsysteme lassen sich im Kontext ihrer Deutung als Lüftungskanäle besser erklären als vor dem Hintergrund einer religiös geprägten Motivation.

Die Ausgangspunkte der Schächte der Königinnenkammer liegen sich mittig an der Nord- und Südwand genau gegenüber, was sicherlich optimale Voraussetzungen für eine geplante Belüftung der Kammer mit sich brachte. Hierbei mußte man aufgrund der geringen Westausdehnung der Kammer jedoch das bautechnische Problem in Kauf nehmen, den nördlichen Schacht westlich um die Große Galerie herumzuführen. Im Gegensatz dazu verläuft der südliche Schacht jenseits der Kammerverkleidung geradlinig ansteigend unter einem konstanten Neigungswinkel durch das Kernmauerwerk. Etwas anders sieht die Situation bei den beiden Schächten der Grabkammer aus. Die Schachteingänge liegen an der Nord- und Südwand etwa 2,48 m von der Ostwand entfernt und somit fast genau mittig in der Osthälfte der Kammer. Bautechnisch betrachtet wäre es für die Ägypter einfacher gewesen, die Schächte auf Höhe des Sarkophags – und damit etwa mittig in der Westhälfte der Grabkammer – zu errichten. In diesem Fall hätte man sie beide geradlinig ansteigend im Kernmauerwerk auf die Außenseite der Pyramide zuführen und sich somit die aufwendige Umlenkung des nördlichen Schachtes ersparen können. Auch für einen direkten Himmelsaufstieg der Seele des Königs wäre es sinnvoller gewesen, man hätte die Schächte auf Höhe oder in unmittelbarer Nähe des Sarkophags errichtet. Doch man konstruierte sie offensichtlich ganz bewußt so, daß ihre Zugänge im vorderen Bereich der Kammer lagen. Ein plausibler Grund hierfür könnte sein, daß durch eine Konstruktion der Schächte im westlichen Bereich der Grabkammer keine ungestörte Luftzirkulation ermöglicht worden wäre. Immerhin kann man davon ausgehen, daß im direkten Umfeld des Sarkophags eine aufwendige, ausladende Holzkonstruktion vorhanden war, mit der der Sarkophagdeckel während der Bauzeit in Position gehalten und bei der Bestattung des Königs letztlich auf die Sarkophagwanne geschoben werden konnte. Vor diesem Hintergrund hätten die Mündungen von Lüftungskanälen genau dort Sinn gemacht, wo man heute die Schachtöffnungen vorfindet – nämlich im östlichen, freien Bereich der Grabkammer.

Es sollte auch nicht unerwähnt bleiben, daß Belüftungsschächte, die die Grabkammer und damit den oberen Kammerbereich mit einer gewissen Menge frischer Luft versorgen konnten, nicht nur während der Bauzeit eine sinnvolle logistische Einrichtung gewesen wären, sondern auch noch während der Verschließung der Korridore nach der Bestattung des Königs. Möglicherweise erfolgte das Absenken der drei Granitfallsteine vor der Grabkammer erst nachdem man den aufsteigenden Korridor mit den Steinblöcken verschlossen hatte, die in der Großen Galerie lagerten. So wurden die Arbeiter, die dort mit der Versiegelung des oberen Kammerbereichs beschäftigt waren, nicht vollständig von der Luftzufuhr abgeschnitten.[162] Zusätzlich muß hier noch berücksichtigt werden, daß die Arbeiten in der Großen Galerie vielleicht nicht nur auf die Blockierung des aufsteigenden Korridors beschränkt gewesen waren, sondern unter Umständen auch das nachfolgende Verschließen der Nischen oberhalb der Banketten mit einer Kalksteinfüllung umfaßten.[163]

Die unmittelbar nach Cheops folgenden Grabbauprojekte kamen augenscheinlich ohne kompliziert angelegte Luftschächte aus. Ein Umstand, der sich leicht aus den bautechnischen Gegebenheiten der einzelnen Projekte erklären läßt. Zwar entschloß man sich bei den Grabmälern von Djedefre und Baka wieder eine Grabkammer ca. 30 m tief im Felsboden anzulegen, doch dabei konstruktionstechnisch ganz anders als bei Cheops vorzugehen. Man meißelte keine Kammern und schmalen Korridore in Untertagebauweise in den Felsboden, sondern hob im Zentrum der Pyramidenbasis einen großen T-förmigen Schacht aus, in den man die Grabkammer, die Blockiervorrichtung und den Zugangskorridor problemlos aufbauen konnte, ehe man mit der eigentlichen Errichtung der Pyramide begann. Beim zeitlich dazwischenliegenden Pyramidenprojekt des Chephren wurde die Grabkammer auf Höhe des Plateauniveaus am Ende eines aus absteigenden und horizontalen Abschnitten aufgebauten Grabkorridors errichtet. Die kleinen rechteckigen Vertiefungen an der Nord- und Südwand dieser Grabkammer werden hierbei aus konstruktionstechnischen Gründen nicht als aufgegebene Luft- oder «Seelen»schächte interpretiert, sondern als Haltepunkte für eine hölzerne Zwischenwand gedeutet, mit der die Grabkammer in zwei Bereiche unterteilt werden konnte.[164] Erst als man das Kammersystem der Mykerinos-Pyramide mit ihrer etwa 16 m tief liegenden Grabkammer wieder aus dem Felsuntergrund meißelte, könnte ein Belüftungssystem erneut notwendig geworden sein und der Transportschacht, der oberhalb des Grabkorridors bis auf Höhe der ersten Steinlage des Kernmauerwerks verläuft, als Belüftungskanal gedient haben.

DER PYRAMIDENKOMPLEX DES CHEOPS

Kultbauten für die Ewigkeit

Die königlichen Pyramiden waren nicht nur für die Ewigkeit konzipierte Grabmäler, die vermutlich einen dieser Architekturform sekundär aufgeprägten religiös-kultischen Symbolcharakter besaßen, sondern auch die Ausrichtungspunkte umfangreicher Kultanlagen, die über die Begräbniszeremonie hinaus als Orte des Totenopfer- und Verehrungskultes der dort bestatteten Könige dienten. Zusammen mit dem Königsgrab bildeten diese baulich aufeinander abgestimmten und miteinander zusammenhängenden Kultanlagen in sich abgeschlossene Komplexe, die sich morphologisch definieren und in eine Entwicklung einbetten lassen. Die Pyramidenanlagen und ihre angeschlossenen Siedlungen, in denen die Priester, Handwerker und sonstigen Dienstleister wohnten, die den Totenkult am Königsgrab aufrechterhielten, stellten auch wichtige ökonomische Institutionen dar, der eine große Wirtschaftskraft zugeordnet war.

Mit Beginn der 4. Dynastie bildete sich die architektonische Gesamtstruktur der königlichen Pyramidenkomplexe heraus, die im Lauf der 4. und 5. Dynastie zwar hinsichtlich der Lage und Ausrichtung der Kultbauten gewissen Variationen unterworfen war, deren grundsätzliche Merkmale aber meist unverändert geblieben sind. Eine königliche Pyramidenanlage setzte sich dabei primär aus vier Elementen zusammen: ein Taltempel, der östlich der Nekropole am Rand des Niltals lag; ein Totentempel, der in der Regel an der Ostseite der Pyramide errichtet wurde; ein beide Tempelanlagen verbindender Aufweg und natürlich das Grabmal selbst. Des weiteren befindet sich unmittelbar südlich des Grabmals noch ein Architekturelement, das ebenfalls zum integralen Bestandteil der Pyramidenkomplexe gezählt wird – eine Kultpyramide. Im weiteren Sinne können zumindest für die Mitte der 4. Dynastie auch die Bootsbestattungen zum Inventar einer Pyramidenanlage gehören (Abb. 56).

Die Ausführungen lassen bereits erkennen, daß die Pyramidenanlagen aufgrund der örtlichen Gegebenheiten auf den westlich des Niltals gelegenen Nekropolen eine ostwestorientierte Ausrichtung aufwiesen, die zusätzlich durch logistische und topographische Sachzwänge ausgeprägt wurde. Im Gegensatz dazu werden religiöse Vorstellungen und kultische Bedürfnisse keine oder gegebenenfalls nur sekundäre Einflüsse auf die prinzipielle Gestaltung und Ausrichtung der königlichen Grabkomplexe gehabt haben.[165]

Zwischen Taltempel und Pyramide

Die archäologischen Befunde am Taltempel und am Aufweg der Cheops-Pyramide sind äußerst spärlich und lassen einigen Raum für Spekulationen.

Im März 1990 entdeckte man bei Bauarbeiten unmittelbar westlich der modernen Mansuriyah Street in der Ortschaft Nazlet el-Samman – etwa 750 m nordöstlich der Cheops-Pyramide – mehrere Meter unterhalb des heutigen Bodenniveaus zufällig Reste eines Pflasters aus schwarzgrünen Basaltblöcken, das offensichtlich zum Taltempel gehört hat.[166] Die Ausmaße des Tempels konnten allerdings nicht eindeutig bestimmt werden, ebensowenig wie seine ursprüngliche bauliche Gestaltung.[167] Ebenfalls völlig offen ist die Frage nach der Dekoration der Räumlichkeiten im Taltempel. Die unzureichende Befundlage der Taltempel aus der 1. Hälfte der 4. Dynastie läßt nur sehr eingeschränkte Ver-

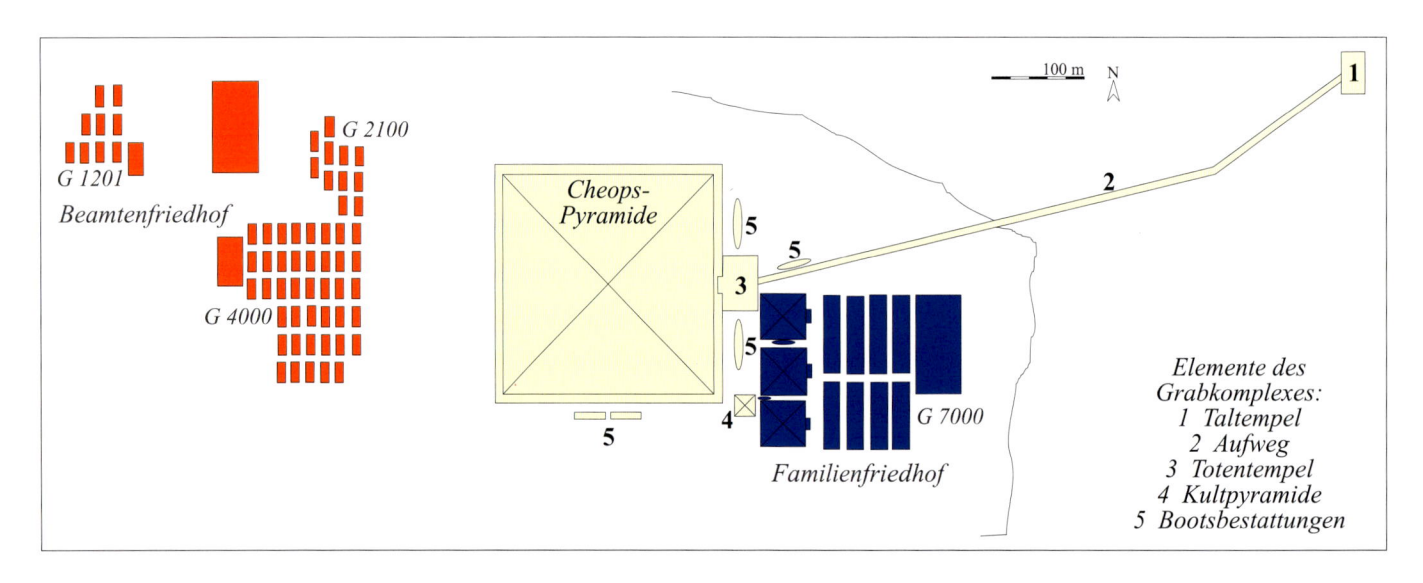

Abb. 56   Schematische Darstellung des Grabkomplexes des Cheops mit den angeschlossenen Privatnekropolen.

gleiche zu. Allgemein hin nimmt man an, daß einige der im Pyramidenkomplex Amenemhets I. bei Lischt verbauten Kalksteinblöcke, die Reliefs und Inschriften mit dem Namen des Cheops tragen (Abb. 57), aus dem Taltempel dessen Pyramidenanlage stammen.[168] Es wurde aber auch in Betracht gezogen, daß diese Steinblöcke nicht aus der memphitischen Königsnekropole, sondern zu einer Tempelanlage des Cheops gehörten, die in der Umgebung des Faijum gestanden hatte.[169]

Ähnlich wie in den undekorierten Räumen der Taltempel von Chephren (Abb. 58) und Mykerinos werden vermutlich auch im Taltempel des Cheops eine Reihe von Statuen des Königs gestanden haben, wie man sie heute von dessen königlichen Nachfolgern im Ägyptischen Museum in Kairo bewundern kann.

Über die primäre Kultfunktion des Taltempels innerhalb des königlichen Grabkomplexes gibt es unterschiedliche Auffassungen. Seine Räumlichkeiten wurden z. B. mit den Reinigungs- und Mumifizierungshandlungen am königlichen Leichnam in Verbindung gebracht.[170] Allerdings läßt sich aus den erhaltenen Dekorationselementen der Taltempel bislang kein Zusammenhang zu bestimmten Riten herleiten, die mit der Behandlung der sterblichen Überreste eines Königs in Beziehung stehen.[171] Die Darstellungen auf den Tempelreliefs beinhalten weltliche Szenen der Abwehr von Feinden und des Opferbringens, aber auch das Geleiten des toten Königs durch die Götter und andere Motive, die ihn im Umgang mit bestimmten Gottheiten zeigen.[172] Hierbei spielte in den Taltempeln des Giza-Plateaus offenbar vor allem die Göttin Hathor eine besondere Rolle. Sie ist beispielsweise zusammen mit der Göttin Bastet inschriftlich an den Eingangsbereichen des Taltempels des Chephren belegt.[173] Und auch bei den vier 1908 im Taltempel des Mykerinos gefundenen Statuengruppen wurde jeweils der König zusammen mit Hathor und einer weiblichen Gaugottheit modelliert. Möglicherweise erfuhren beide Göttinnen in den Taltempeln von Giza einen gemeinsamen Kult mit dem toten König.[174] Dagegen bedurfte es im Taltempel offenbar keiner Darstellung der Bestattungsfeierlichkeiten – vermutlich, weil diese Handlung ein einmaliger Vorgang war und nicht in Stein verewigt wiederholt werden sollte.[175]

Die Positionen des Taltempels und der Pyramide wie auch die Topographie des dazwischenliegenden Geländes bestimmten maßgeblich den Verlauf des Aufweges. Die bisherigen Untersuchungsergebnisse in Nazlet el-Samman machen deutlich, daß sich der Aufweg – ein Bauwerk, das laut Herodot «ebenso gewaltig scheint wie der Bau der Pyramide selbst»[176] – aus zwei Abschnitten zusammensetzte. Vom Taltempel aus verlief er zuerst etwa 150 m weit in südwestlicher Richtung, knickte dann um 32° nach Westen ab[177] und führte von dort aus geradlinig auf das ca. 40 m höherliegende Giza-Plateau hinauf, um schließlich in der Mitte der Ostseite des Totentempels zu enden. Hierbei traf der Aufweg nicht rechtwinklig auf den Pyramidentempel, sondern um etwa 14° aus der Ost-West-Achse der Pyramide nach Norden verschoben (Abb. 56. 63b). Die asymmetrische Ausrichtung des Aufweges könnte dabei auf die Bodenverhältnisse auf dem Giza-Plateau zurückzuführen sein.[178] Es wird aber auch nicht ausgeschlossen, daß der Aufweg in einer ersten Planungsphase streng

Abb. 57 Umzeichnungen zweier Kalksteinfragmente mit Reliefdarstellungen, die vermutlich aus dem Taltempel des Cheops stammen und verbaut in der Pyramide Amenemhets I. (12. Dynastie) in Lischt gefunden wurden. Links ist die Personifikation einer Totenstiftung des Königs (A) zu sehen. Das Bruchstück (22 x 27 cm) stammt von einer Domänenprozession, die das Bringen diverser Opfergaben darstellte und vermutlich an der Wand einer linken Raumhälfte (Orientierung des Reliefs in Richtung Totentempel) angebracht wurde. Rechts drei fragmentarisch erhalten gebliebene Spalten einer längeren Inschrift (B, 37 x 32 cm groß). Möglicherweise stand z. B. in der rechten Kolumne der Name des Pyramidenkomplexes des Königs: «... im [Horizont des] Cheops ...». Beide Fragmente befinden sich heute im Metropolitan Museum of Art in New York.

Abb. 58 In der T-förmigen Pfeilerhalle des Taltempels des Chephren – der am besten erhaltene seiner Art aus dem Alten Reich. Aufgrund der Granitauskleidung blieb die Halle undekoriert, wurde aber mit einer Vielzahl von Königsstatuen ausgestattet. Vermutlich wird auch der (wohl vollständig aus Kalksteinblöcken aufgebaute) Taltempel des Cheops, von dem bislang nur Fundamentreste zum Vorschein kamen, über ein ähnliches Raumelement verfügt haben.

Abb. 59a Die Reste des Aufweges der Cheops-Pyramide an der östlichen Abbruchkante des Giza-Plateaus. Im Hintergrund das Dorf Nazlet el-Samman, unter dem nicht nur der Taltempel, sondern auch die Pyramidenstadt des Cheops liegt. Der Aufweg hatte zwischen dem Taltempel und dem Totentempel eine Höhendifferenz von etwa 40 m zu überbrücken.

Abb. 59b Blick von Süden auf eine Unterführung, die etwa 210 m östlich der Cheops-Pyramide liegt. Als der heute dort völlig verschwundene Aufweg noch existierte, gewährleistete sie, daß das Areal nördlich des Grabkomplexes zugänglich war.

ostwestorientiert und damit parallel zum östlichen Friedhof G 7000 verlaufen sollte.[179]

Die Gesamtlänge des Aufweges wird in der Literatur leider nicht einheitlich wiedergegeben; sie dürfte aber in einer Größenordnung von 700 m gelegen haben. Der vermutlich überdachte Verbindungskorridor zwischen den beiden Tempelanlagen des Grabkomplexes thronte hierbei auf einem stark geböschten, aus unregelmäßig geformten Steinblöcken in Lagen aufgebauten und sorgsam verkleideten Unterbau, dessen Überreste man am östlichen Plateaurand noch gut erkennen kann (Abb. 59a). Höchstwahrscheinlich fungierte der an der Basis wohl über 18 m breite Unterbau des Aufweges[180] während der Bauarbeiten an der Pyramide auch als Transportrampe, auf der z. B. Teile des Baumaterials für die Errichtung des Totentempels befördert wurden. Erst nach Fertigstellung der Pyramide und der östlichen Kultbauten wurde auf ihm der eigentliche Aufweg errichtet. Ähnlich wie die etwa 10,50 m breite Unterführung, die sich etwa 210 m östlich der

Cheops-Pyramide auf Höhe der Mastaba G 7410/20 befindet (Abb. 59b), wird es vermutlich auch im Talbereich ein oder zwei tunnelartige Gänge unter dem Aufweg gegeben haben, die die Zugänglichkeit der Gebiete nördlich und südlich des Pyramidenkomplexes garantierten.

Auf dem Plateau ist von der baulichen Substanz des Aufweges so gut wie nichts erhalten geblieben. Seine Fundamente könnten östlich des Totentempels eine Breite von ca. 9 m gehabt haben. Vermutungen zufolge war der Aufweg demnach etwa 17 Ellen (8,90 m) breit gewesen, wobei der innere Korridor mit einer Breite von 4 Ellen (2,10 m) veranschlagt wird.[181] Bei Grabungen im westlichen Bereich des Aufweges nahe des Totentempels wurden eine Reihe von Fragmenten von Steinblöcken gefunden, die mit Reliefs und Inschriften versehen sind. Auf ihnen ist z. B. der König mit der unterägyptischen Krone oder in einem Hebsed-Gewand auf einem Thron sitzend dargestellt (Abb. 60). Auch der Name seiner Pyramidenanlage ist auf einem Bruchstück zu erkennen.[182] Diese Steinfragmente werden oftmals der Wanddekoration des Aufweges zugeordnet[183], sie können ihren Ursprung aber auch im Totentempel gehabt haben.[184]

Im Zentrum des Totenkults

Ähnlich wie bei Aufweg und Taltempel ist auch der archäologische Befund beim Totentempel des Cheops, der sich wie zur damaligen Zeit im königlichen Grabkult üblich östlich des Grabmals befunden hat, nur sehr spärlich. Das Heiligtum ist fast vollständig ein Opfer des Steinraubes geworden. Nur das Basaltpflaster hat sich auf einer Fläche von ungefähr 400 m^2 erhalten (Abb. 61a.b, 63b). Außerdem fand man Reste von Granitpfeilern sowie einige Fragmente von Statuen und von mit Inschriften und Reliefs versehenen Kalksteinblöcken (Abb. 62).[185] Vielleicht gehörte einst auch eine heute im Museum von Liverpool befindliche, knapp 23 cm hohe Alabastervase zum Kultinventar des Totentempels. Auf ihr ist der Horusname (eingeschrieben in einer von einem Horusfalken bekrönten Palastfassade) eingraviert.[186]

Die Basaltsteinblöcke des Bodenpflasters des Totentempels kamen entweder aus einem Steinbruch unweit des etwa 8 km nördlich gelegenen Abu Roasch oder aus dem Abbaugebiet vom Gebel Qatrani, ca. 20 km nördlich des Faijum-Sees.[187] Womöglich wurde Basalt auch in der Gegend um Abu-Zabal, östlich von Heliopolis am Ostufer des Nils gelegen, abgebaut und im königlichen Grabbau der frühen 4. Dynastie verwendet.[188] Die einzelnen Basaltblöcke sind von unregelmäßiger Gestalt und weisen recht unterschiedliche Größen auf. Ihre Unterseiten wurden weder geglättet noch direkt auf dem Felsuntergrund verlegt, sondern auf ein ihren unbearbeiteten Auflageflächen angepaßtes Fundament aus Kalksteinen gebettet.[189]

Einige Befunde vor Ort wie beispielsweise Versatzspuren im Felsuntergrund ermöglichen eine Teilrekonstruktion des Totentempels, die aber im westlichen Bereich des Heiligtums nicht eindeutig ist (Abb. 63a.b). Der ehemalige Zugang vom Aufweg in den etwa 52,40 m breiten, 40,30 m langen und ca. 6,50 m östlich der Pyramidenkante liegenden Totentempel wird noch heute durch eine massive Basaltschwelle markiert. Von dort aus gelangte man in einen offenen Hof, der von 26 Granitpfeilern umrahmt war, die eine an der Nord-, Ost- und Südseite überdachte, gut 2 m breite Kolonnade bildeten. Ein Fragment dieser Pfeiler befindet sich noch heute *in situ* an der Süd-Ost-Ecke des Hofes. Die Wände des Hofes waren reliefiert, wie unabhängig von den Befunden am oberen Aufweg auch einige im Tempelbereich gefundene Steinfragmente zeigen.[190] Mittig und in die stufenförmige, sich verjüngende westliche Hoffront eingepaßt, schlossen sich noch zwei weitere Reihen von je acht bzw. vier Granitpfeilern an, die einen Übergang zu den inneren Kulträumen des Tempels bildeten.

Es existieren heute keine verläßlichen archäologischen Hinweise, die auf die Gestaltung der Räume westlich des Hofes hindeuten. Zusätzlich erschwert wird der Befund durch die Existenz eines im Querschnitt ungefähr 4 x 5,30 m breiten, im Verlauf unregelmäßig gestalteten Schachtes einer unvollendet gebliebenen Grabanlage aus der Saitenzeit. Er bohrt sich an der Stelle des Hauptkultraumes des Totentempels über 13 m tief in den Felsboden. Bislang wurden mehrere, sich teilweise widersprechende Rekonstruktionsversuche für den westlichen Bereich des Totentempels vorgelegt, der ursprünglich auf einer Breite von etwa 19,50 m ungefähr 4 m weit in den Pyramidenumgang hineinragte. Ein Vorschlag geht beispielsweise davon aus, daß sich dort drei Räume befunden haben sollen (Abb. 63a): eine Totenopferkapelle, an die sich nördlich und südlich je ein Opfermagazin oder eine Sakristei anschlossen. Innerhalb dieses Rekonstruktionsversuches werden nordwestlich und südwestlich des Pfeilerhofes noch je eine Kapelle für Statuen des Königs vermutet.[191] Einer anderen Rekonstruktion zufolge erreichte man über die verjüngte westliche Hoffront nur einen Kultraum – einen großen, querliegenden Totenopferraum (Abb. 63b).[192]

Die Frage, ob sich in der Totenopferkapelle einst eine Scheintür befunden hat, muß nach dem derzeitigen Kenntnisstand verneint werden.[193] Bislang existieren weder in der Architektur noch in den

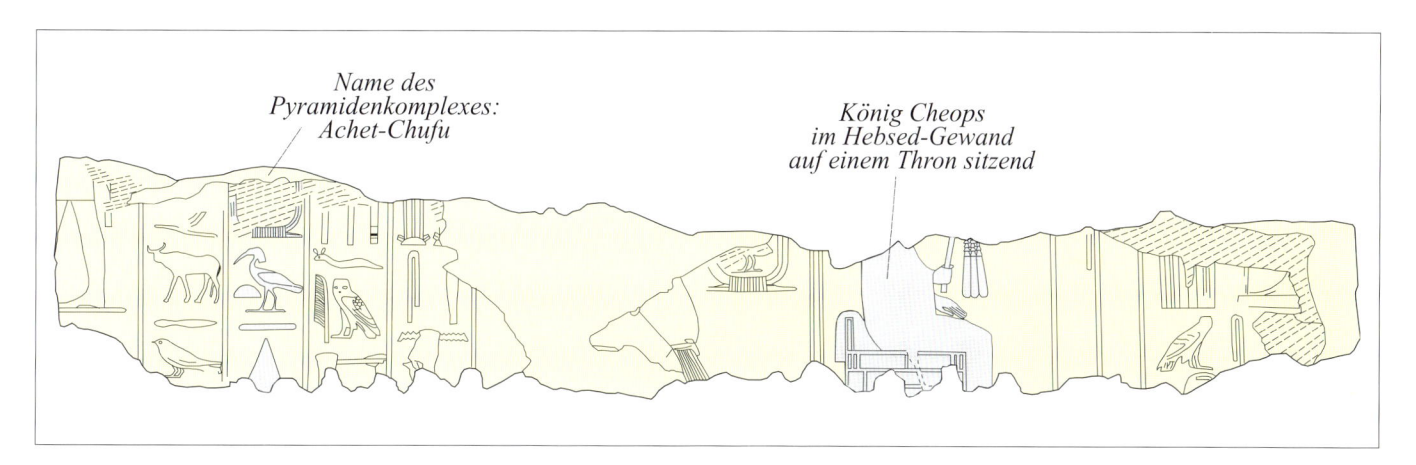

Abb. 60 Umzeichnung eines Reliefbruchstückes aus Kalkstein, das bei Ausgrabungen am oberen Ende des Aufweges gefunden wurde und vielleicht zum Dekorationsprogramm des Totentempels gehörte. Auf ihm ist z. B. der Name der Pyramidenanlage des Cheops zu lesen.

Abb. 61a   Die Überreste des Totentempels östlich der Cheops-Pyramide. Nur das Basaltpflaster auf einer Fläche von etwa 400 m², Reste von Granitpfeilern sowie einige Fragmente von Statuen und von mit Inschriften und Reliefs versehenen Kalksteinblöcken haben sich erhalten. Rechts im Hintergrund erkennt man eine Bootsgrube.

Abb. 61b   Die Unterseiten der Basaltsteinblöcke des Totentempels wurden nicht geglättet, sondern in ein entsprechend präpariertes Kalksteinfundament «eingebettet». Eine Reihe von Basaltblöcken weisen noch Bearbeitungsspuren in Form von Sägeschnitten auf.

Abb. 62   Vervollständigung eines Statuenbruchstückes des Königs Cheops, das in unmittelbarer Nähe seines Totentempels gefunden wurde. Das Fragment befindet sich heute im Brooklyn Museum in New York.

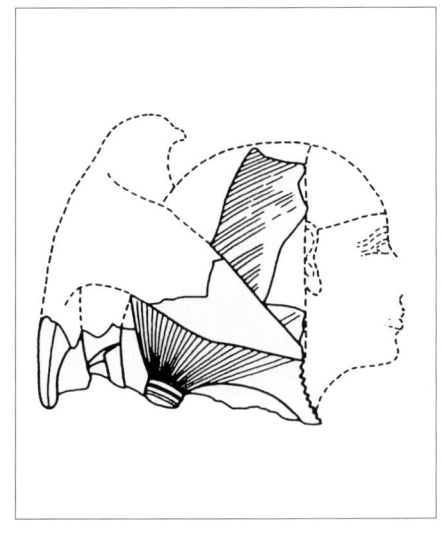

DER PYRAMIDENKOMPLEX DES CHEOPS

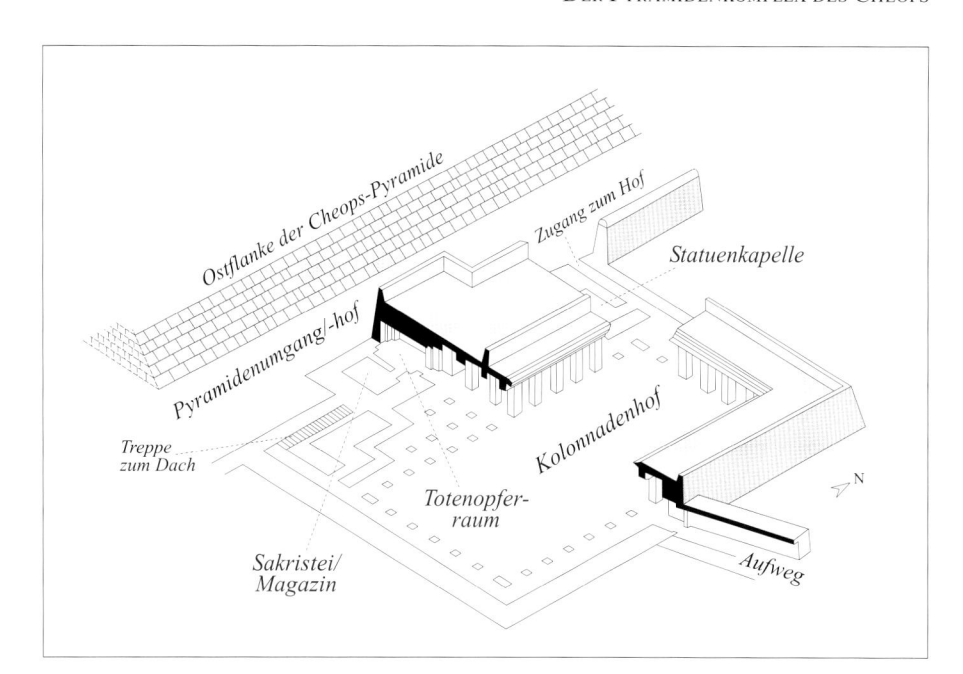

Abb. 63a Isometrische Darstellung einer Rekonstruktion des Totentempels des Cheops mit drei Kulträumen im westlichen Bereich nach R. Stadelmann.

archäologischen Befunden oder in den Inschriften eindeutige Hinweise auf die Existenz von Scheintüren in den königlichen Totentempeln der 1. Hälfte der 4. Dynastie. Außerdem wird auch die generelle Notwendigkeit der Aufstellung einer Scheintür im Pyramidentempel in Zweifel gezogen.[194] Scheintüren waren Architekturelemente aus dem privaten Grabkult, die es den Verstorbenen erlaubten, imaginär aus ihren Grabhäusern herauszutreten (Abb. 64). Da sich die Vorstellungen über die nachtodliche Existenzebene eines Königs aber eindeutig dahingehend von denen eines normalen Ägypters unterschieden, daß er als Unsterb-

licher zum himmlischen Jenseitsreich aufstieg, während seine Untertanen «wohnend» in ihren Gräbern weiterexistierten, hatte er es gar nicht nötig, durch eine Scheintür in «Erscheinung» zu treten. Außerdem war er in Form eines umfangreichen Statuen- und Bildprogramms im Tempel allgegenwärtig. Im Gegensatz zu den Mastabas, in denen die Scheintüren integrale Bestandteile der direkt am Grabbau befindlichen Kulträume sind, bilden die Cheops-Pyramide und ihr Totentempel separate, durch den Pyramidenhof voneinander getrennte Bauwerke. Der tote König hätte somit nicht durch eine Scheintür aus der Pyramide heraus-

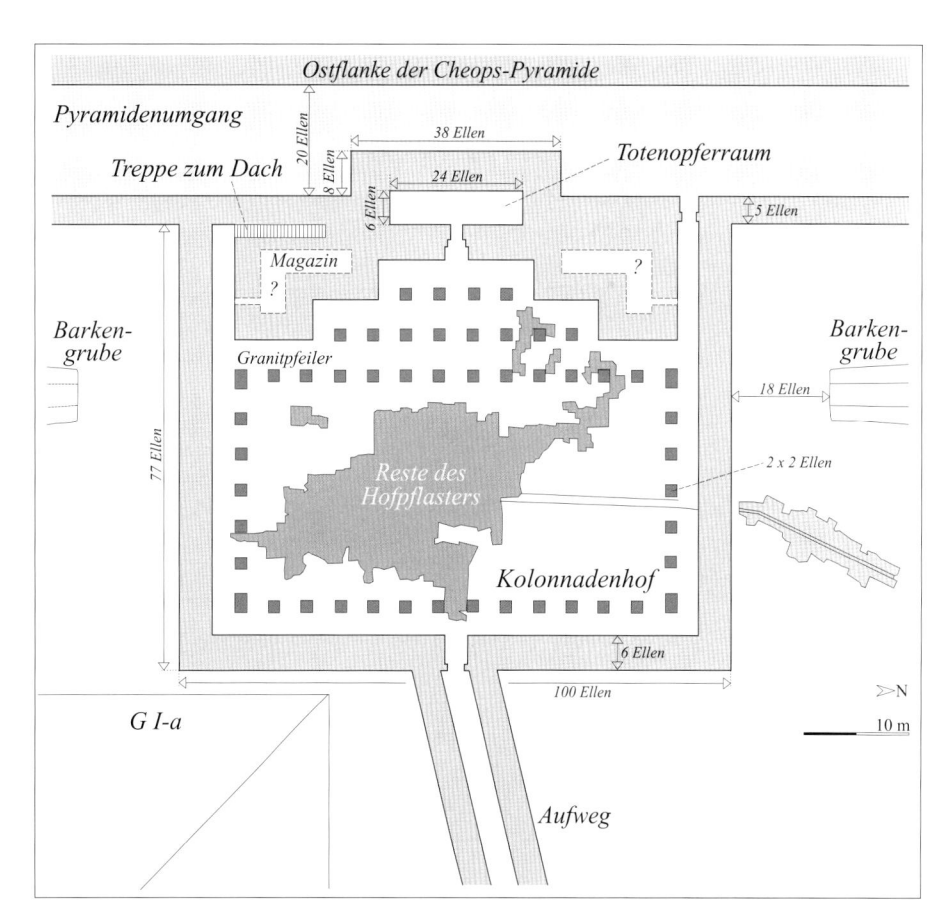

Abb. 63b Rekonstruktion des Totentempels des Cheops mit einem querliegenden Totenopferraum nach J.-P. Lauer. Die Reste des Basaltpflasters des offenen Hofes sind mit eingezeichnet.

61

Abb. 64 Die Überreste der Scheintür der Iabtet an der Grabanlage G 4650, die unter Cheops im Kernfriedhof G 4000 westlich des königlichen Grabmals errichtet wurde. Die Scheintür wurde vermutlich zu Beginn der 5. Dynastie durch den Totenpriester Kai gestiftet. Links im Bild die Reste einer weiteren Scheintür, die zu einer kleinen Grabanlage gehört, die an der Südwand der Mastaba der Iabtet angebaut wurde.

treten können, um das Totenopfer zu empfangen. Auch die ab der 5. Dynastie in den königlichen Totentempeln auftretenden vermeintlichen «Scheintüren» entsprachen in Aufbau und Funktion nicht den einfachen Scheintüren in den Privatgräbern. Sie symbolisierten offenbar keine Tür im eigentlichen Sinn, sondern waren die zweidimensionale Darstellung einer Fassade eines bestimmten königlichen Bauwerks oder Göttertempels oder gar eines Schreins.[195]

Allgemein betrachtet läßt der Totentempel des Cheops eine Unterteilung in zwei Bereiche erkennen: in einen Totenopferbereich im westlichen Abschnitt des Tempels und in einen Verehrungsbereich, der den offenen Hof umfaßte.[196] Aus der Analyse der spärlich erhaltenen Reliefreste und durch Vergleiche mit anderen Pyramidentempeln kann man davon ausgehen, daß die Dekorationsprogramme im «Verehrungsbereich» des Totentempels von Cheops vermutlich Themen wie die königliche Amtsausführung durch kultische Handlungen und Rituale sowie Motive der Erhaltung, Verherrlichung und Göttlichkeit der königlichen Macht durch die Darstellung der Stärke und Überlegenheit gegenüber den Fremdvölkern und der Natur behandelten – insgesamt also Aspekte, die die Grundlagen des irdischen Königtums nach innen wie auch nach außen repräsentierten. Im «Totenopferbereich» bezogen sich die Darstellungen dagegen ausschließlich auf die «Absicherung der körperlichen Fortexistenz» des toten Königs durch das tägliche Totenopfer sowie auf die Anerkennung des Königs in der Götterwelt.[197] Der Totentempel wurde wohl als jenseitige, palastartige Residenz des vergöttlichten Königs verstanden, in dem er durch das umfangreiche Statuen- und Bildprogramm gegenwärtig war. So wurde der Totentempel zu einem Göttertempel, in dem der tote König anläßlich bestimmter Götterfeste auch andere Gottheiten wie Hathor oder Sokar in Form einer Barkenprozession empfing.[198]

Heute markiert eine Schwelle aus Rosengranit die Stelle, wo sich einst eine Tür befand, die den einzigen Zugang vom Totentempel in den hofartigen Pyramidenumgang bildete. Sie war über einen etwa 1,40 m breiten Korridor von der Nordseite des Kolonnadenhofes aus zu erreichen. Der Pyramidenumgang selbst besaß eine Breite von über 10 m. Er war sorgsam mit Kalksteinplatten ausgelegt worden und wurde durch eine über 6 m hohe Umfassungsmauer[199] lückenlos umschlossen, die an der Westseite des Totentempels ihren Anfang nahm. Bislang gibt es in den Rekonstruktionsversuchen keine Hinweise darauf, daß es einen zweiten Eingang in den Totentempel gegeben hat. Möglicherweise existierte aber ähnlich wie im Totentempel des Chephren auch an der Süd-West-Ecke des Cheops-Tempels ein weiterer Zugang für die dort diensthabenden Priester. Dieser könnte zu dem Korridor geführt haben, von dem man einerseits in den Pfeilerhof und andererseits vielleicht auf das Dach des Gebäudes gelangen konnte. Falls es einen zweiten Eingang nicht gegeben haben sollte, hätten die für den Totenkult im Tempel zuständigen Priester wohl nur über den Aufweg den inneren Bereich des Pyramidenkomplexes erreichen können.

Die Inbetriebnahme des Totentempels erfolgte natürlich erst mit dem Tod des Königs, wenngleich es gut möglich ist, daß bestimmte Statuen außerhalb des Totenopferbereichs des Heiligtums schon zu Lebzeiten des Cheops kultisch verehrt wurden.[200]

Die Kultpyramide

Erst im Jahre 1992 wurde der letzte noch fehlende integrale Bestandteil der Cheops-Nekropole entdeckt: die Kultpyramide. Derartige Nebenpyramiden gehörten spätestens seit dem Grabbau-

Kultpyramide	Lage	Basislänge [m]	Neigungswinkel [° ']	Höhe [m]
Snofru: Meidum-Pyramide	Südseite, westlicher Bereich	~ 26,25	Stufenpyramide	~ 15,70
Snofru: Knick-Pyramide	Mitte der Südseite	52,80	43° 30'	25
Cheops (G I-d)	südöstlich der Pyramide	21,75	51° 50,6'	13,84
Djedefre	südwestlich der Pyramide	~ 26 (?)	?	?
Chephren (G II-a)	Mitte der Südseite	20,90	58° 08'	~ 14,20
Mykerinos (G III-a)	südöstlich der Pyramide	43,80	52° 15'	28,40

Tab. 6 Liste der königlichen Kultpyramiden der 4. Dynastie.

DER PYRAMIDENKOMPLEX DES CHEOPS

Abb. 65a Im Jahre 1992 entdeckte man südöstlich der Cheops-Pyramide die Überreste der Kultpyramide des Cheops. Die kleine Pyramide ist bis auf die untersten Steinlagen abgetragen worden. Rechts unten liegt der westliche Teil einer Bootsgrube, die wohl zur Königinnenpyramide G I-b gehörte.

projekt in Meidum zum Standardprogramm königlicher Grabbezirke. Sie wurden stets in unmittelbarer Nähe südlich der Königspyramide plaziert, was ihnen im Fachjargon auch den Namen «Südgräber» eingebracht hat. Für die 4. Dynastie läßt sich aber keine eindeutig festgelegte Position dieser Pyramiden erkennen (Tab. 6). In jener Zeit wurden sie oftmals außerhalb der Umfassungsmauer des königlichen Grabareals errichtet. Erst mit Beginn der 5. Dynastie sind derartige Nebenpyramiden fest in den inneren Bezirk des Grabkomplexes integriert worden. Offenbar besaßen die kleinen Nebenpyramiden eine wichtige Kultfunktion, die sie aber bislang noch nicht eindeutig preisgegeben haben.

Die bescheidenen Überreste von Cheops' Kultpyramide liegen etwa 25,50 m südöstlich der Süd-Ost-Ecke der Hauptpyramide (Abb. 56. 65a.b). Die Entfernung zu den Westseiten der beiden Königinnenpyramiden G I-b und G I-c beträgt etwa 7 m.[201] Fast das komplette Kernmauerwerk der Kultpyramide ist abgetragen worden. Nur wenige Reste der Verkleidungsblöcke aus Tura-Kalkstein wurden gefunden, von denen aber beispielsweise an der Ostseite noch einige an ihren originalen Positionen lagen. Die

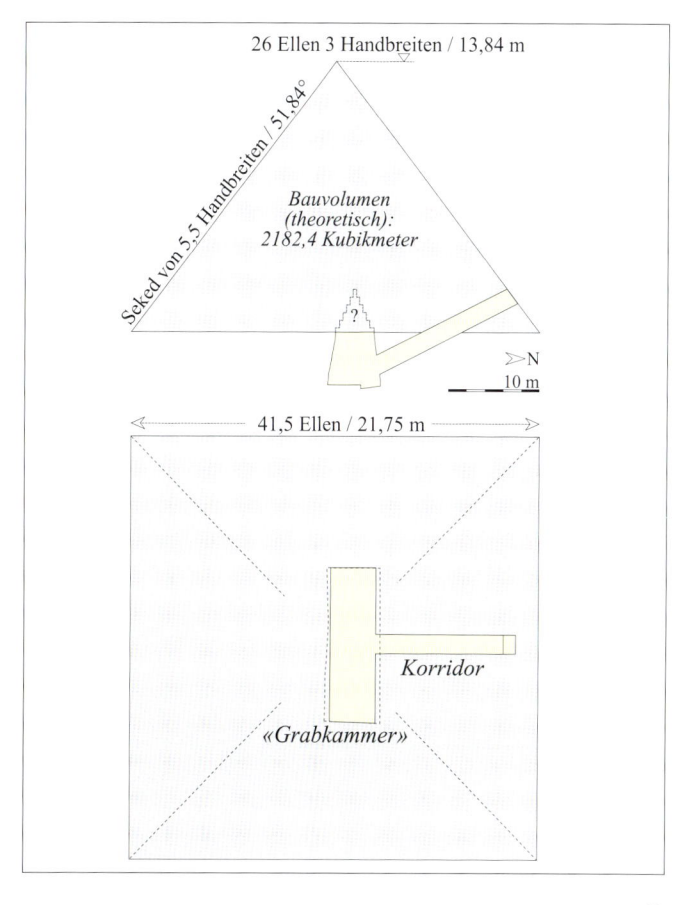

Abb. 65b Die Kultpyramide des Cheops. Oben ein Nord-Süd-Schnitt, unten ein Grundriß der Pyramide.

Abb. 66 Blick auf das T-förmige Kammersystem der Kultpyramide des Cheops von Osten. Die Längswände der unverkleideten Kammer neigen sich um etwa 10° nach innen. Aufgrund des hohen Zerstörungsgrades der Pyramide gibt es über die Deckenkonstruktion der Kammer keinerlei Hinweise.

Seitenlänge der Pyramide konnte aufgrund des relativ gut erhaltenen Fundamentpflasters an deren Ostseite auf 21,75 m bestimmt werden. Mit einem vermutlichen Neigungswinkel von 51,84°, den auch das Königsgrab selbst besaß, erreichte die Kultpyramide einst eine Höhe von gut 13,80 m. Demnach wurde die Kultpyramide etwa im Maßstab 1:10,6 zum Königsgrab errichtet. Ihr Bauvolumen berechnet sich auf über 2182 m³.

Das Kammersystem besitzt einen T-förmigen Grundriß – ein architektonisches Charakteristikum, das die Kultpyramiden ab der Zeit des Cheops auszeichnete und sie eindeutig von den Grabmälern der königlichen Gemahlinnen unterscheidet (Abb. 66). Der Eingang lag wie üblich an der Nordseite der Pyramide, ca. 1,50 m über dem Basisniveau. Von dort aus führte ein 1,05 m breiter und über 8 m langer Korridor mit einem Neigungswinkel

Abb. 67 Das Pyramidion der Kultpyramide des Cheops. Es besteht aus Tura-Kalkstein und ist nach dem Abschlußstein der Roten Pyramide das zweitälteste erhaltene seiner Art. Im Hintergrund die Königinnenpyramide G I-c.

zwischen 25° und 28° bis in eine Tiefe von 2,30 m und mündete mittig in der Nordwand der «Grabkammer», 0,55 m oberhalb des Bodens. Heute fehlt der nördliche, im Kernmauerwerk konstruierte Teil des absteigenden Korridors auf einer horizontalen Länge von 3,75 m.

Die ostwestorientierte Kammer ist 7,92 m lang. Ihre Breite beträgt an der Basis etwa 3 m. Ihre Längswände stehen interessanterweise nicht senkrecht, sondern neigen sich um etwa 10° nach innen. Über die Deckenkonstruktion der Kammer gibt es keine Erkenntnisse. Entweder wurde im Kernmauerwerk ein Giebeldach oder ein Kraggewölbe konstruiert. Wie Größe und Form, aber auch die Befunde vor Ort andeuten, war die Kammer nicht verkleidet worden – ebenfalls ein Merkmal, das Kultpyramiden in der Mitte der 4. Dynastie auszeichnete. Allem Anschein nach wurden ihre Wände auch nicht geglättet. Lediglich einige Mörtelspuren am Boden lassen vermuten, daß in der Kammer ein Bodenbelag aus Kalksteinplatten verlegt worden war. Unterhalb des Kammereingangs befindet sich eine 1 m breite, nach Süden bis in eine Tiefe von 0,25 m leicht abfallende Vertiefung im Boden, die mit der Blockierung der Pyramide in Zusammenhang gebracht wird. Da keine Spuren auf eine explizite Blockiervorrichtung hindeuten, ist der absteigende Korridor wahrscheinlich vollständig mit Steinblöcken aufgefüllt worden.

In der Kammer wurden keinerlei Hinweise auf eine Grabausstattung gefunden. Zwei 10 cm tiefe Pfostenlöcher, die sich im Abstand von 1,45 m jeweils an der Nord- und Südwand im westlichen Abschnitt der Kammer befinden, deuten jedoch darauf hin, daß dieser Bereich durch irgendeine Konstruktion vom übrigen Raum separiert worden war – wahrscheinlich um einen dort deponierten Kultgegenstand abzudecken.

Der wohl wichtigste Befund bei der Freilegung der Kultpyramide war die Entdeckung des stark beschädigten Pyramidions (Abb. 67). Nach dem Abschlußstein der Roten Pyramide ist das Pyramidion der Kultpyramide des Cheops das zweitälteste seiner Art, das in Ägypten gefunden wurde. Es besteht aus Tura-Kalkstein und weist an seiner Unterseite eine konvexe Form auf: Die vier durch die Diagonalen voneinander getrennten Dreiecksflächen der Unterseite steigen zum Mittelpunkt der Fläche um 7,3° an. Die Auflagefläche der unter dem Pyramidion liegenden Steinlage wird derart bearbeitet worden sein, um das Pyramidion paßgenau aufnehmen zu können.[202]

Es gibt eine Reihe von Erklärungsversuchen, welchem Zweck die Kultpyramiden einst gedient haben könnten. Oftmals werden sie mit rituellen Bestattungen steinerner Statuen des Königs in Verbindung gebracht.[203] Archäologische Befunde aus anderen Grabkomplexen scheinen dies indirekt zu bestätigen. Beispielsweise führt 4,55 m westlich der nur noch in Fragmenten vorhandenen Kultpyramide des Chephren ein 0,80 m breiter Korridor unter die Pyramidenbasis und endet in einer kleinen Nische. Dort entdeckte man in einer Holzkiste ein zerlegtes Holzgerüst, das von seiner Größe und Form her für den Transport einer Statue auf einem Schlitten ausgelegt war.[204] Unmittelbar vor dem Eingang der Kultpyramide der Knick-Pyramide in Dahschur befindet sich ein 1,50 x 2,20 m breiter und fast 3 m tiefer Schacht, der nach innen geböscht und vollständig ausgemauert ist. Möglicherweise handelt es sich auch hierbei um eine Art «Depot», in dem irgendwelche Geräte «rituell bestattet» wurden, die beim königlichen Begräbnis in Zusammenhang mit der Kultpyramide zur Anwendung gekommen waren.[205] Wie die Überreste des Stelenheiligtums an der Ostseite dieser Nebenpyramide belegen, fand dort zudem ein Kult statt. Allerdings wurden bislang an keiner anderen Kultpyramide externe Opferstätten nachgewiesen. Möglicherweise stand die nach der Aufgabe der Knick-Pyramide als Königsgrab funktionslos gewordene Kultpyramide in Zusammenhang mit dem Sedfest, einem Jubiläumsfest, das ein König in

Abb. 68 Blick von Osten in die rechteckige Bootsgrube unmittelbar südlich der Cheops-Pyramide, in der 1954 eine in Einzelteile zerlegte Barke des Königs gefunden wurde. Gut zu erkennen sind die Auflageflächen an der Nord- und Südwand, auf denen die großen Abdecksteinblöcke saßen, die die Grube einst hermetisch versiegelten. Seit 1982 wird das restaurierte und wieder vollständig zusammengesetzte Boot über der Grube in einem Museum ausgestellt.

der Regel 30 Jahre nach seiner Thronbesteigung zum ersten Mal feierte und danach alle 3 Jahre wiederholte.[206] Im Rahmen dieses Festes wurde wohl auch eine Königsstatue bestattet, um mit ihr symbolisch die verbrauchte Lebenskraft des Königs zu begraben.[207]

Die Boote des Cheops

An der Ost- und Südseite der Cheops-Pyramide wurden insgesamt fünf Bootsgruben in den Fels gemeißelt (Abb. 56. Tab. 7). Die Versenkung von Barken in unmittelbarer Umgebung der Pyramide gehörte vermutlich zu einer der letzten protokollarischen Maßnahmen während des Begräbnisses des Cheops. Diese Tradition läßt sich archäologisch sogar bis in die 1. Dynastie zurückverfolgen. In jener Zeit sind Bootsbestattungen auf den Friedhöfen von Abydos und Sakkara sowohl bei königlicher wie auch privater Grabarchitektur anzutreffen. Die archäologische Fundsituation von der 2. bis zum Beginn der 4. Dynastie ist dagegen ziemlich spärlich. Beispielsweise konnten bislang weder im Grabkomplex des Djoser noch an den Pyramidenanlagen des Snofru Bootsbestattungen gefunden werden. Mit Cheops wurde diese Sitte wohl wieder neu belebt. Allerdings war sie in der 4. Dynastie offenbar nur den Königen und einigen ausgewählten Gemahlinnen vorbehalten. Ab der 5. Dynastie lassen sich Bootsbestattungen dann auch wieder bei Grabanlagen hochrangiger Privatpersonen wie etwa bei Ptahschepses auf dem Pyramidenfeld von Abusir nachweisen.

Die Barken an der Südseite der Cheops-Pyramide

Nach einer mehrjährigen Reinigungsaktion im südlichen Umfeld der Cheops-Pyramide entdeckten Mitarbeiter des ägyptischen Antikendienstes im Jahre 1954 unter einer dicken Lehmschicht

Lage der Bootsgruben zur Pyramide	Abstand zur Pyramide [m]	Größe der Grube L x B x T [m]	Befunde in der Grube
Parallel zur Südseite, östlich ihrer verlängerten NS-Achse	17,10	31,20 x 2,60 x 5,35	Funktionstüchtige, aus 1224 Einzelteilen wieder zusammengesetzte Barke, die heute in einem Bootsmuseum oberhalb der Grube ausgestellt wird
Parallel zur Südseite, westlich ihrer verlängerten NS-Achse	17,10	vermutlich wie bei der östlichen Grube	Die Bootsgrube ist noch verschlossen und beherbergt eine zerlegte Barke
Parallel zur Ostseite, nördlich des Totentempels	23,60	54,11 x 7 x ca. 6	Schulterfragment einer Granitstatue des Königs; Bruchstück eines beschrifteten Kalksteinblocks mit der Bezeichnung «Achet»; Keramikscherbe eines roten Gefäßes
Parallel zur Ostseite, südlich des Totentempels	24,60	53,18 x 7 x ca. 6	keine
Östlich des Totentempels, nördlich des Aufweges	ca. 45	42,58 x 4,25 x 7,60	Kopf einer Löwenstatue; mit Gold beschlagene Holzfragmente und ein Seil (?)

Tab. 7 Übersicht der fünf Bootsgruben an der Cheops-Pyramide.

Abb. 69 Heute stehen eine Reihe von Abdecksteinen der 1954 geöffneten Bootsgrube östlich vor dem Bootsmuseum. Auf ihnen wurden zahlreiche Graffiti der Bauarbeiter entdeckt – darunter Namen von Transportmannschaften und mehrfach der Name von Cheops' Thronfolger Djedefre, der für die Bestattung seines Vaters verantwortlich war. Rechts im Hintergrund die Pyramide des Chephren.

zwei Reihen großer, quer zur Pyramidenkante angeordneter Steinquader, die zwei rechteckige, grabenartige Gruben im Felsuntergrund hermetisch abdeckten. Sie befinden sich mit einer Entfernung von 17,10 m zur Südseite des Grabmals außerhalb der Umfassungsmauer und wurden nach streng symmetrischen, auf das Königsgrab bezogenen Konstruktionsvorgaben errichtet (Abb. 56. 68).

Bei der Öffnung und Freilegung der östlichen Grube stellte man fest, daß die 41 Abdecksteine unterschiedliche Abmessungen aufweisen (Abb. 69).[208] Sie wurden quer zur Grube auf aus dem Fels ausgearbeitete Vorsprünge an der Nord- und Südwand der Ausschachtung gelegt. Ihre Stoßfugen wurden mit feinem Kalkmörtel versiegelt. Die Länge der Steinblöcke beträgt im Mittel etwa 4,50 m, ihre Breite 0,85 m und ihre Höhe 1,80 m. Ihr Gewicht liegt zwischen 15 und 20 t. Die Grube selbst ist 31,15 m lang und 5,35 m tief. Die aus dem Felsgestein gemeißelten Auflagekanten für die Abdecksteine liegen 3,45 m über dem Boden der Grube und weisen eine Breite von bis zu 0,90 m auf.

Auf den Abdecksteinblöcken wurden zahlreiche Graffiti der Bauarbeiter entdeckt.[209] Darunter waren Namen von Arbeitermannschaften, die für den Transport der Steinblöcke verantwortlich waren, insgesamt 18 Namenszüge von Cheops' Thronfolger Djedefre und ein Datum des «11. Mals der Zählung». Da die Datumsangabe nicht in Zusammenhang mit einer Nennung des Djedefre auftritt, bezieht sie sich offenbar auf den Zeitpunkt der Registrierung des Steinblocks im Steinbruch zur Zeit des Cheops. Da mittlerweile ein Beleg für ein «Jahr nach dem 13. Mal der Zählung» für die Regierungszeit des Cheops vorliegt, wären die Abdecksteine demnach einige Jahre lang zwischengelagert worden, ehe man sie im Zuge der Bestattung des Cheops über der Bootsgrube verlegte. Die meisten anderen Graffiti wurden von Djedefres Arbeitern dagegen anscheinend erst bei der Verschließung der Grube angebracht.[210] Daß sich die bereits erwähnte Datumsangabe hingegen auf Djedefre bezieht, ist recht unwahrscheinlich. Bei einer regelmäßigen, zweijährigen Zählweise würde das einer Regierungslänge von mindestens 21 oder 22 Jahren entsprechen, die im Widerspruch zu der heute vermuteten Dauer von nur gut acht Jahren steht. Außerdem verlangt diese Alternative eine Erklärung für die späte Deponierung und Verschließung der südlichen Boote, die dann sicherlich nicht mehr im Kontext des Begräbnisses des Cheops zu suchen wären.

Im Inneren der Grube befand sich eine in 1224 Einzelteile zerlegte Barke, die größtenteils aus libanesischem Zedernholz gefertigt wurde. Ihre Bestandteile – darunter eine Kabine, fünf Ruderpaare, zwei Steuerruder und eine Landungsbrücke – wurden in 13 Lagen aufgeschichtet. Die Bergung des Bootes dauerte fast zwei Jahre. Die anschließende Restauration der Einzelteile sowie der endgültige Zusammenbau der Barke erforderten über zehn Jahre Arbeit. Dabei zeigte sich, daß die Bootsteile nur von «Seilen und Reihen verzapfter Querstreben»[211] zusammengehalten wurden, also ohne Verwendung von Nägeln miteinander verbunden waren. Einige wenige Metallteile wurden lediglich für die Befestigung des Schlosses der Kajütentür verwendet.

Die Form der Barke mit ihrem erhöhten Bug und Heck in Form von Papyrusstengeln scheint dem Bootstyp aus Papyrusschilf nachempfunden zu sein (Abb. 70). Die Gesamtlänge des Bootes beträgt 42,32 m[212], seine maximale Breite 5,66 m. Die Wasserverdrängung der Barke wird auf 50 t, ihr theoretisches Ladegewicht auf 150 t geschätzt.[213] Seit 1982 befindet sich das restaurierte Boot in einem eigens errichteten Museum, das sich über der Grube erhebt, in der es gefunden wurde (Abb. 71).

Abnutzungsspuren deuten darauf hin, daß dieses Schiff zur Zeit des Cheops als königliches Ruderboot in Benutzung gewesen war. Man schließt nicht aus, daß mit ihm ein Teil der Grabausstattung transportiert wurde.[214] Einen ähnlichen Befund kennt man aus dem Pyramidenkomplex Sesostris' III. aus der 12. Dynastie. Dort wurden an der Südmauer des Bezirks sechs gut erhaltene, etwa 20 m lange Lastschiffe aus Zedernholz entdeckt, die zusammen mit Holzschlitten in Ziegelgruben begraben waren und offensichtlich ebenfalls zum Transport der königlichen Grabausstattung gedient haben.[215] Wieso das Cheops-Boot zerlegt wurde, ist unklar. Einer Hypothese zufolge galten das Boot wie auch andere Gegenstände, die mit der Bestattung des Königs in Berührung gekommen waren, in jener Zeit als «machtgeladen» und mußten durch ihre Demontage «neutralisiert» werden.[216] Dazu würde indirekt auch der Befund passen, daß bislang aus der 4. Dynastie keine Bootsbestattungen bei Privatpersonen nachgewiesen werden konnten.[217]

Abb. 70   Die Barke des Cheops – ein königliches Ruderboot – weist eine Gesamtlänge von 42,32 m auf. Ihre maximale Breite beträgt 5,66 m. Abnutzungsspuren deuten darauf hin, daß das Boot in Benutzung gewesen war – vielleicht wurde mit ihm ein Teil der Grabausstattung transportiert.

Der Pyramidenkomplex des Cheops

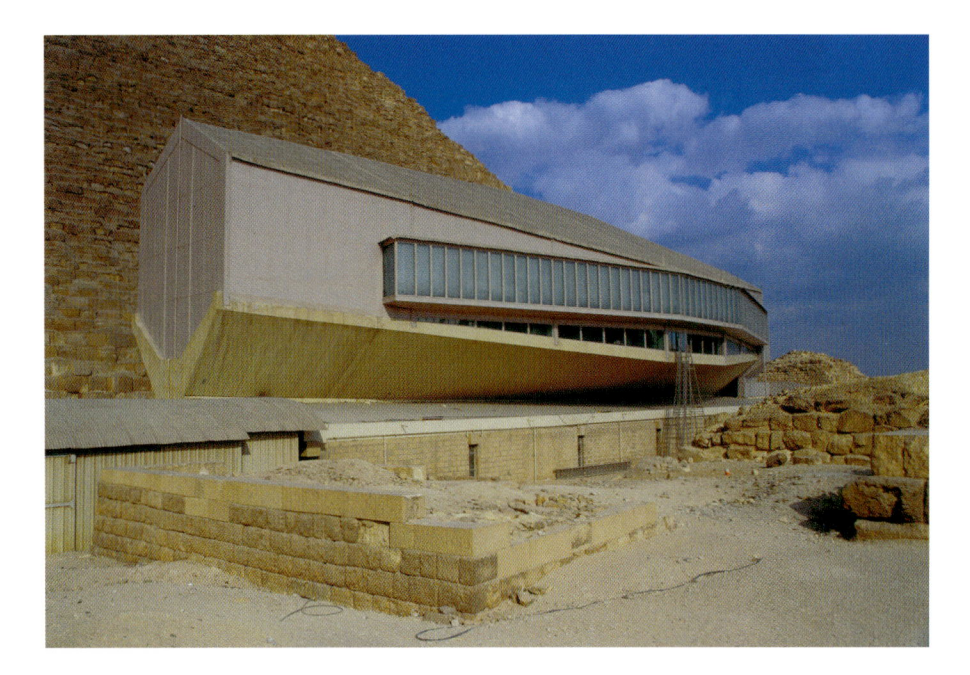

Abb. 71 Die Bergung des Bootes dauerte fast zwei Jahre, die anschließende Restauration nochmals über zehn Jahre. Seit 1982 wird das Königsboot in einem eigens dafür gebauten Museum über der Fundstelle ausgestellt. Eine zweite, westlich liegende Bootsgrube ist dagegen noch immer versiegelt und durch ein Wellblechgebäude von der Außenwelt abgeschirmt. Dort liegt ebenfalls ein in seine Einzelteile zerlegtes Boot, bei dem es sich wahrscheinlich um ein Segelschiff handelt.

Abb. 72 Blick von der Cheops-Pyramide über den nordöstlichen Bereich des Giza-Plateaus. Nördlich und südlich der Überreste des Basaltpflasters des Totentempels (untere Bildmitte) liegt jeweils eine über 50 m lange und bis zu 7 m breite Bootsgrube. Beide Gruben sind erheblich größer als die an der Südseite der Pyramide und liegen seit unbekannter Zeit offen dar. In der rechten Bildmitte die Königinnenpyramiden G I-a (links) und G I-b (rechts) und dahinter die nördliche Reihe der Mastabas der Nekropole G 7000. Links neben den Königinnenpyramiden liegt eine weitere Bootsgrube, die sich nördlich des dort einst verlaufenden Aufweges befindet.

Die westliche Bootsgrube ist noch immer versiegelt und wird durch ein Wellblechgebäude von der Außenwelt abgeschirmt. Im Herbst 1987 bohrte man ein Loch in einen der Abdeckblöcke und führte eine Miniatur-Videokamera ins Innere der Ausschachtung. Auch in dieser Grube befindet sich offenkundig ein in alle Einzelteile zerlegtes Boot, bei dem es sich wahrscheinlich nicht um ein Ruderboot, sondern allem Anschein nach um ein Segelschiff handelt.[218] Womöglich hatte es als «Schleppschiff» für die östlich liegende Barke gedient.[219] Es ist zu hoffen, daß auch das zweite Cheops-Boot in absehbarer Zukunft geborgen und restauriert wird, damit es keine irreparablen Schäden durch moderne Umwelteinflüsse zurückbehält.

Die östlichen Bootsgruben

Im Gegensatz zu den rechteckigen, mit zerlegten Schiffen gefüllten Gruben an der Südseite der Cheops-Pyramide liegen die zwei an deren Ostseite befindlichen bootsförmigen Gruben seit unbekannter Zeit offen dar (Abb. 56. 72). Auch sie wurden auf der Grundlage symmetrischer Vorgaben in das Ensemble der östlich des Grabmals konzipierten Kultbauten integriert. Sie befinden sich in einem Abstand von etwa 23,60 m (nördliche Grube) bzw. ca. 24,60 m (südliche Grube) fast parallel zur Ostkante der Pyramide und in etwa gleicher Entfernung nördlich und südlich des Totentempels.[220]

Die östlichen Bootsgruben sind erheblich größer als ihre Pendants an der Südseite der Pyramide. Die Grube südlich des Totentempels erreicht eine Länge von 53,18 m, die nördliche ist 54,11 m lang. Ihre maximalen Breiten liegen bei gut 7 m. Ihre Tiefen werden mit ca. 6 m angegeben.[221] Sie sind damit die größten bislang bekannten Bootsgruben innerhalb der Pyramidenbezirke Ägyptens – ein weiterer Superlativ in der Grabarchitektur unter Cheops.

Die Strukturen am Boden dieser Bootsgruben weisen darauf hin, daß ihre Innenseiten einst bis zu einer gewissen Höhe mit Steinblöcken aufgemauert worden sind.[222] Die dadurch entstandenen Innenräume wiesen wie bei den Gruben an der Südseite der Pyramide wieder eine rechteckige Form auf und konnten mit Kalksteinbalken überdeckt werden (Abb. 73a.b). Es wird hierbei nicht ausgeschlossen, daß die beiden verschlossenen Gruben noch durch eine Lage Geröll oder durch ein Steinpflaster überdeckt und somit unkenntlich gemacht wurden.[223] Man muß sich allerdings dabei die Frage stellen, wieso die Ägypter eine derart komplizierte Konstruktionsweise zur Deponierung womöglich wieder zerlegter Barken gewählt haben sollten. Es wäre sicherlich einfacher gewesen, auch die östlichen Bootsgruben ähnlich wie die an der Südseite der Pyramide einfach formgerecht aus dem Felsuntergrund zu meißeln. Ihre Ausmaße lassen aber auch die Vermutung zu, daß die Barken hier einst komplett in voller Größe aufgestellt wurden. Bislang sind jedoch weder von den Abdeckblöcken noch von den in den Gruben deponierten Barken irgendwelche Spuren entdeckt worden. In der nördlichen Bootsgrube wurden lediglich ein Schulterfragment einer Granitstatue des Königs und ein Bruchstück eines Kalksteinblockes mit einer Teilinschrift gefunden, das vermutlich aus dem Totentempel, eventuell aber auch vom Aufweg stammt. Der Begriff «Achet», «Horizont», ist auf dem Stein eindeutig lesbar und wird wahrscheinlich ursprünglich zur Bezeichnung des Grabkomplexes «Achet-Chufu», «Horizont des Cheops», gehört haben.[224]

Alle bisherigen Erklärungsversuche zum Phänomen der Bootsbestattungen basieren auf der Hypothese, daß die in den Felsgruben versenkten Boote je nach ihrer spezifischen Lage im Grabkomplex unterschiedliche Funktionen besaßen, die im praktischen, kultischen und symbolischen Umfeld zu suchen sind. Vor dem Hintergrund der am Ende der 5. Dynastie auftretenden Pyramidentexte wird den Booten an der Ostseite oftmals die Rolle von Sonnenbarken zugesprochen – eine für die Tages-, die andere für die Nachtfahrt des Sonnengottes bzw. des verklärten Königs.[225] Einer alternativen Erklärung zufolge sollen sowohl die Boote an der Ostseite wie auch diejenigen an der Südseite der Pyramide bei verschiedenen Wallfahrten zu heiligen Orten Ägyptens während der Begräbniszeremonie eingesetzt bzw. dem verklärten König mit ins Jenseits gegeben worden sein, damit er zu den vier Himmelsrichtungen fahren konnte.[226]

Die Bootsgrube am Aufweg

Die fünfte unter Cheops konzipierte Bootsgrube liegt nördlich parallel zum Aufweg, etwa 45 m von der Cheops-Pyramide entfernt (Abb. 56. 74. 76b). Eine derartige Position ist in den königlichen Grabkomplexen nichts einmaliges, wie die beiden Bootsgruben südlich des Aufweges der Unas-Pyramide in Sakkara belegen.

Die Bootsgrube unterscheidet sich durch ihren Aufbau und ihre Lage klar von den anderen Schiffsgruben. Über eine von

Abb. 73a Blick in die Bootsgrube südlich des Totentempels von Süden. Die Strukturen am Boden dieser Grube deuten an, daß ihre Innenseiten einst bis zu einer gewissen Höhe mit Steinblöcken aufgemauert worden sind. Die dadurch entstandenen Innenräume wiesen wieder eine rechteckige Form auf und konnten mit Kalksteinbalken überdeckt und die Bootsgrube somit verschlossen werden.

Westen kommende 21,70 m lange, 4,25 m breite und mit 18 Stufen ausgestattete Treppe gelangt man zu einer bootsförmigen Vertiefung im Felsuntergrund. Die Grube selbst ist 20,88 m lang und weist eine Tiefe von 7,60 m auf. Die Art der Zugänglichkeit

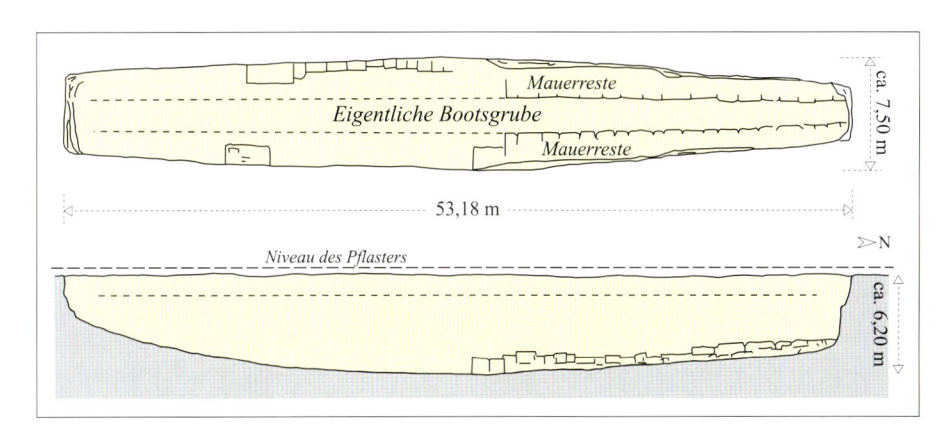

Abb. 73b Grundriß und Nord-Süd-Schnitt der Bootsgrube südlich des Totentempels.

Abb. 74 Die Bootsgrube nördlich des Aufweges der Cheops-Pyramide. Sie unterscheidet sich durch ihren Aufbau und ihre Lage von den anderen Schiffsgruben der Cheops-Nekropole. Über eine Treppe gelangt man zu einer bootsförmigen Vertiefung im Felsuntergrund. Man schließt nicht aus, daß hier einst eine «Kultbarke» oder das Boot deponiert wurde, auf dem man die Königsmumie zur Nekropole transportierte. Auch diese Grube wurde mit Kalksteinblöcken abgedeckt und – wie die Steinblöcke im Bereich der Treppe andeuten – ihr Zugang vermauert. Vielleicht wurde die Bootsgrube in der Spätzeit zu einer Grabanlage umfunktioniert.

der Grube deutet darauf hin, daß hier wohl ein vollständig intaktes, maximal 3,90 m breites Boot über die Treppe in die Grube transportiert wurde. Man hält es für möglich, daß dort einst eine Art «Kultbarke» deponiert war. Einer anderen Hypothese zufolge wurde auf dieser Barke die Königsmumie zur Nekropole transportiert.[227]

Ob der Fund vergoldeter Holzfragmente und eines Seils am Grund der Grube von der originalen Bestückung der Bootsgrube stammt, ist nicht klar, da derartige Gruben in späterer Zeit auch zu Grabanlagen umfunktioniert wurden und die Fundobjekte somit von sekundären Bestattungen stammen können.[228] So entdeckte man in der Grube ebenfalls einen aus späterer Zeit stammenden Löwenkopf aus Sandstein.[229]

Auch diese Grube wurde einst mit Kalksteinblöcken abgedeckt, wie Vorsprünge an den Seitenwänden andeuten, die offensichtlich als Auflageflächen für die Abdecksteine dienten. Reste von Steinblöcken auf der Treppe deuten darauf hin, daß der Zugang zur Barkengrube einst massiv vermauert worden war.

DIE PRIVATNEKROPOLEN IM GRABKOMPLEX DES CHEOPS

Im Schatten der Großen Pyramide

Östlich und westlich der Cheops-Pyramide wurden weiträumig konzipierte Privatnekropolen angelegt, die in Aufbau, Ausrichtung und Ausstattung ein Abbild der damaligen hierarchischen Gesellschaftsordnung darstellen (Abb. 15. 56. 75). Während auf dem nahe dem Königsgrab liegenden Ostfriedhof die näheren Verwandten des Cheops ihre letzte Ruhe fanden, wurden die Gräber auf dem weiter entfernten Westfriedhof an hohe Beamte der königlichen Baubehörde und einflußreiche Würdenträger des Hofes vergeben. Durch das vom König gewährte Privileg, ihre Grabanlagen im Umfeld der Großen Pyramide errichten zu dürfen, konnten die hohen Beamten offenkundig in die Vorstellungswelt des königlichen Jenseits miteinbezogen und dem verklärten Cheops auf ewig verfügbar und dienstbar gemacht werden. Im Gegenzug ließ der König dieser kleinen Schar privilegierter Personen durch seinen zentral über den königlichen Totentempel abgewickelten Verehrungskult die notwendigen Opfergaben für ihren Totenkult zukommen, so daß ihre Jenseitsexistenz im Prinzip auf ewig gesichert war.[230]

Insgesamt sind in der Regierungszeit des Cheops auf den beiden Friedhöfen 77 Grabanlagen gebaut worden. Ihre regelmäßige, auf symmetrische Vorgaben basierende Anordnung in einzelne Nekropolenbereiche sowie ihre grundsätzlich einheitliche Bauausführung deuten klar darauf hin, daß sie von der staatlichen Baubehörde konzipiert und errichtet wurden. Dabei hatte man insbesondere die Grabanlagen auf dem Westfriedhof den Grabeigentümern als Rohbauten ohne Verkleidung und Kultstätte übergeben und ihnen dann offensichtlich die weiteren Arbeiten selbst überlassen. Wann mit dem Bau der Kernmassive der Mastabas begonnen wurde, läßt sich aufgrund fehlender Baudaten nicht genau bestimmen. Lediglich an einigen Verkleidungssteinen der Mastabas haben sich Graffiti mit Baudaten erhalten, die zumindest die Fertigstellung dieser Grabanlagen zeitlich eingrenzen können. Sie deuten darauf hin, daß die Errichtung der Rohbauten auf dem Westfriedhof ungefähr im ersten Regierungsjahrzehnt des Cheops stattfand – oder zumindest in dieser Zeit mit ihr begonnen worden ist (Tab. 2). Die individuell abhängige Vollendung der Grabanlagen läßt sich zeitlich nur an ganz wenigen Beispielen sichtbar machen und weist beispielsweise im Fall der Mastaba G 4000 bis ins 20. Regierungsjahr des Königs.

Der Baubefund zeigt, daß nach Cheops' Tod nur gut die Hälfte der Grabanlagen auf dem Westfriedhof belegt bzw. vergeben worden sind.[231] Offenkundig standen neben der Vollendung des Pyramidenkomplexes vor allem die Arbeiten an den Gräbern der königlichen Familienmitglieder und an denen der Bauleiter im Vordergrund. Allem Anschein nach war es nur den wenigsten Personen der Baubehörde möglich, die notwendigen Kosten für eine wertvolle, aus Tura-Kalkstein bestehende Verkleidung oder eine aus Kalkstein gebaute Kultkapelle für ihre ihnen zugewiesenen Grabanlagen aufzubringen. Statt dessen begnügten sich die meisten mit Kultstellen, die aus Lehmziegeln errichtet und von außen weiß verputzt wurden, um somit eine optische Übereinstimmung mit dem Grabmassiv aus Kalkstein zu erzielen.

Die Vergabe der vielen nach Cheops' Regentschaft leerstehenden Grabanlagen und die Errichtung neuer Grabanlagen auf dem Westfriedhof werden erst wieder unter Chephren eingeleitet. Nach der Herrschaft des Djedefre, der die königlichen Bauaktivitäten und damit auch das Interesse hoher Beamter, im Umfeld ihres Königs bestattet zu werden, nach Abu Roasch verlagerte, wählte Chephren erneut das Giza-Plateau als Nekropole aus.

Abb. 75 Alte Luftaufnahme des Giza-Plateaus vor dem 1. Weltkrieg. Im Vordergrund das Mena House Hotel. Im Hintergrund v. l. n. r. die Pyramiden von Cheops, Chephren und Mykerinos. Westlich der Cheops-Pyramide die große Privatnekropole (sog. Westfriedhof), deren Kernfriedhöfe unter Cheops angelegt wurden.

Abb. 76a   Blick über den Ostfriedhof (Nekropole G 7000) von der Cheops-Pyramide aus. Östlich seines Grabmals ließ Cheops zwölf Grabanlagen für nahe Familienangehörige und unmittelbare Nachkommen errichten. Das Kerngebiet der Nekropole G 7000 setzt sich aus sechs nordsüdausgerichteten Gräberreihen zusammen: v. W. n. O. drei Königinnenpyramiden, acht große Grabanlagen für die Söhne des Cheops und deren Gemahlinnen, die sich in vier Reihen zu je zwei Mastabas gruppieren, und die große Grabanlage des Anchchaef als östliche Begrenzung.

Spätestens mit der Regentschaft des Mykerinos veränderte sich dann das Aussehen der unter Cheops konzipierten Privatnekropolen markant. Die strenge Symmetrie der ersten Bauplanung wurde aufgehoben und die Friedhöfe dehnten sich unaufhörlich weiter aus, bis letztlich ein fast unübersichtliches Wirrwarr an Gräbern rings um die Pyramiden von Giza entstanden war. So erstreckte sich der Westfriedhof am Ende des Alten Reiches einerseits bis weit in den westlichen Bereich des Giza-Plateaus, andererseits dehnte er sich aber auch bis dicht an die westliche Umfassungsmauer der Cheops-Pyramide aus und hatte damit seine Grundfläche seit seiner Entstehungszeit mehr als verdreifacht. In ähnlicher Weise hatte sich auch der Ostfriedhof verändert. Durch die Beschränkungen des Geländes im Norden und die Baustrukturen des königlichen Grabkomplexes im Westen hat er sich allerdings in erster Linie nach Süden ausgedehnt.

Der Familienfriedhof östlich der Cheops-Pyramide

Unmittelbar östlich seiner Grabpyramide ließ Cheops insgesamt zwölf Grabanlagen für nahe Angehörige und Nachkommen errichten. Die königliche Familiennekropole, die im Norden durch den Aufweg begrenzt wird, wurde in sechs nordsüdausgerichteten Gräberreihen angelegt. Sie hat in Fachkreisen die Bezeichnung G 7000 erhalten und umfaßt eine Fläche von etwa 210 x 160 m (Abb. 76a.b.c). Die räumliche Aufteilung der Grabanlagen entspricht offensichtlich primär dem verwandtschaftlichen Grad der dort Bestatteten zum König. Dem Königsgrab am nächsten liegen drei Königinnenpyramiden. Sie wurden parallel zum südlichen Bereich der Ostseite der Cheops-Pyramide von Norden nach Süden errichtet und haben in dieser Reihenfolge die Bezeichnungen G I-a, G I-b und G I-c erhalten. Durch die sog. Königinnenstraße getrennt liegen östlich davon acht große Grabanlagen für die Söhne des Cheops und deren Gemahlinnen. Sie gruppieren sich in vier Reihen zu je zwei Mastabas. Nach Osten wird die Nekropole G 7000 durch die große Grabanlage G 7510 des Anchchaef begrenzt. Anchchaef war entweder ein Sohn, Bruder oder Halbbruder des Königs.

Die Errichtung dieses Gräberfeldes basierte nicht auf einem einheitlichen Konzept, sondern war einer Planänderung unterworfen.[232] Die erste Bauphase sah die Errichtung der Mastaba des Anchchaef, der beiden Königinnenpyramiden G I-a und G I-b sowie zwölf kleiner Mastaba-Rohbauten (Abmaße im Durchschnitt 36,15 x 16,08 m; 69 x 30 Ellen) vor, die von Westen nach Osten schachbrettartig in vier, etwa 10 m entfernt voneinander liegenden Reihen zu je drei Grabanlagen angeordnet wurden (Abb. 77). Die zwölf Grabmassive besaßen jeweils nur einen Grabschacht (aber keine ausgearbeitete Grabkammer) in der Südhälfte des Tumulus und wiesen weder eine Außenverkleidung noch eine Kultstelle auf. Während der zweiten Bauetappe wurden die zwölf im Rohbau befindlichen Kernmassive zu großen Grabanlagen umgestaltet. Hierbei wurden jeweils die nördlichen und mittleren Tumuli einer Reihe miteinander verbunden und zu einer «Doppelmastaba» umgebaut (G 7110/20, G 7210/20, G 7310/20 und G 7410/20), in der man weitere Grabschachtanlagen anlegte. Die südlichen Mastabas jeder Reihe hingegen verlängerte man durch den Anbau eines kompakten Steinmassivs nach Süden hin und rüstete sie ebenfalls mit jeweils einer weiteren Bestattungsanlage im nördlichen Bereich der alten Tumuli aus. In kausalem Zusammenhang mit der Umgestaltung der Mastabareihen wurde vielleicht auch die dritte Königinnenpyramide G I-c errichtet.

Vermutlich aufgrund des ungünstigen, stark abfallenden Baugrundes in dieser Region besitzen die südlichen Grabanlagen (G 7130/40, G 7230/40, G 7330/40 und G 7430/40) ebenso wie die dritte, neu errichtete Königinnenpyramide G I-c geringere Ausmaße als ihre nördlichen Pendants.[233] Infolge dieser Umbauaktion wurden auch die alten Bestattungsanlagen verändert. Vermutlich aufgrund der neuen Gruppierung der Kultstätten an den vergrößerten Mastabas und der Notwendigkeit, die Sarkophagkammer in der Nähe der Hauptkultstätte im Oberbau zu plazieren, gab man in vielen Gräbern die ursprünglich konzipierten Schachtanlagen auf und errichtete neue Kammersysteme.

Ähnlich wie beim ersten Bauplan wurde auch in der letztendlichen Konzeption der Nekropole G 7000 auf die Einhaltung symmetrischer Vorgaben geachtet, so daß die Umwandlung der zwölf ursprünglichen Mastaba-Kernbauten zu acht großen Doppelgrabanlagen in vorgegebenen Grenzen erfolgte. So liegen die Südkanten der Königinnenpyramide G I-c und der südlichen Mastabas sowie die Nordkanten der entsprechenden nördlichen Grabanlagen auf festen Bezugslinien, die die Nekropole nach Süden und Norden hin begrenzen.[234]

Der Grund für die Umgestaltung der Nekropole lag offenkundig darin, im Laufe der Regierungszeit des Cheops zusätzliche Grabanlagen für weitere Mitglieder der Königsfamilie bereitzustellen. Hinzu kam vermutlich noch der Wunsch der dort Bestatteten, durch die monumentale Architektur der Grabanlagen als «Doppelmastabas» eine innere Zusammengehörigkeit sowie klare Abgrenzung und Unterscheidbarkeit gegenüber den Privatgräbern auf dem Westfriedhof zum Ausdruck zu bringen.[235]

Wann die einzelnen Bauphasen auf dem Ostfriedhof realisiert wurden, kann nicht genau bestimmt werden. Der Baubefund zeigt, daß ähnlich wie auf dem Westfriedhof ein Großteil der Gräber der Nekropole G 7000 trotz des Einflusses ihrer hochherrschaftlichen Eigentümer nicht vollendet worden ist.

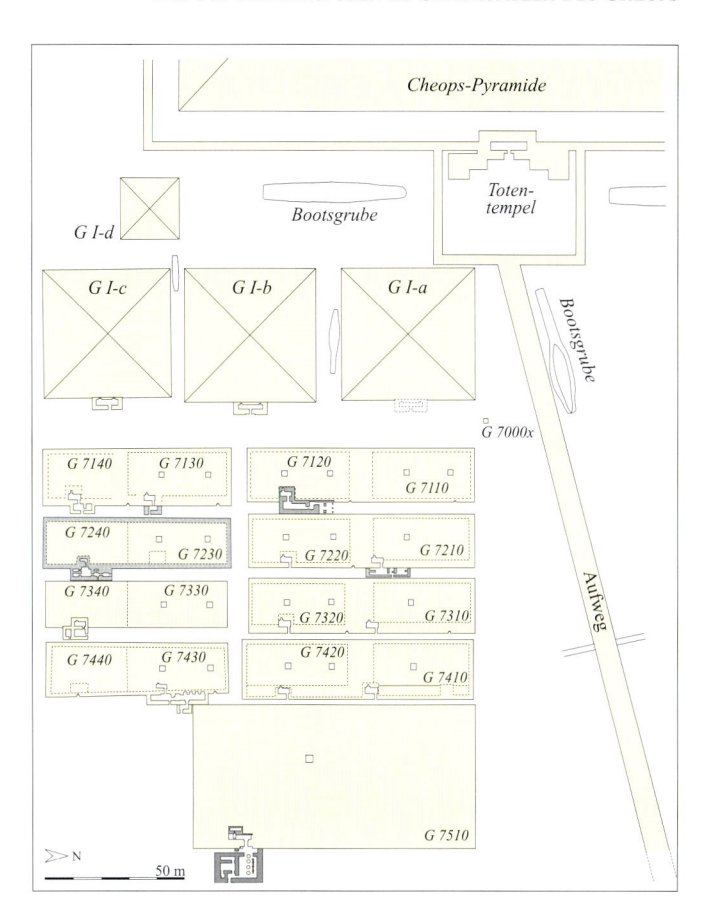

Abb. 76b Plan der Nekropole G 7000. Zu den Belegungen der Mastabas siehe Tab. 8.

Das Schachtgrab G 7000x und die Herkunft des Cheops

Im Jahre 1925 entdeckte man unweit der Nord-Ost-Ecke der nördlichen Königinnenpyramide G I-a einen 1,75 x 2,37 m breiten Schacht, der unter einer Pflasterung verborgen lag (Abb. 78a). Er war an seinem Anfangsbereich mit Steinblöcken verfüllt gewesen und führt 27,42 m tief in den Felsuntergrund (Abb. 78b). Als Zugang diente eine absteigende, zwölfstufige Treppe, die von

Abb. 76c Der Ostfriedhof in den 20er Jahren des 20. Jhs.

Grabmal	Grabinhaber (innen)	Grundfläche Länge x Breite [m]	Grabschächte (A: nördlicher, B: südlicher Schacht)		Bemerkungen
G 7110/ G 7120	Hetepheres (II.) (geplant) Kawab	83,00 x 19,37	A: unvollendet A: Kawab	B: unbelegt B: unvollendet	siehe Haupttext
G 7130/ G 7140	Chaefchufu I./Nefretkau	68,50 x 20,05	A: Nefretkau A: fehlt	B: Chaefchufu I. B: fehlt	die Vollendung und Belegung der Mastaba unter Chephren (oder später) wird nicht ausgeschlossen; Granitsarkophag in der Grabkammer des Chaefchufu; Bestattungsanlage der Nefretkau war unvollendet und leer
G 7210/ G 7220	? Djedefhor	83,20 x 19,35	A: fehlt A: Djedefhor	B: anonym B: unvollendet	unvollendeter Granitsarkophag in der Grabkammer des Djedefhor (Grabanlage blieb offensichtlich unvollendet); absichtliche Ausmeißelungen der Grabdekoration (1. Zwischenzeit ?), wohl zum Zweck einer späteren Bestattung
G 7230/ G 7240	? ?	68,70 x 18,35	A: anonym A: fehlt	B: anonym B: fehlt	die Verkleidung wie auch die Kultkapelle der Mastaba wurden mit Ziegeln errichtet; Schachtanlage G 7230 A und vermutlich auch G 7230 B blieben im Alten Reich unbenutzt; Schachtanlage G 7230 B wurde in der ptolemäischen Zeit belegt
G 7310/ G 7320	? Bauefre (?)	82,80 x 19,00	A: fehlt A: Bauefre (?)	B: anonym B: unvollendet	in der Grabkammer von G 7310 B stand ein Kalksteinsarkophag; in der Kammer von G 7320 A stand ein Granitsarkophag
G 7330/ G 7340	? ?	63,00 x 15,50 (unverkleidet)	A: anonym A: fehlt	B: anonym B: fehlt	die Grabanlage wurde offenbar nie fertiggestellt; Bestattungssystem G 7330 A blieb unvollendet; sekundäre Nutzung von G 7330 A in der Spätzeit möglich
G 7410/ G 7420	Meresanch II. Baefhor (?)	84,20 x 22,00	A: fehlt A: Baefhor (?)	B: Meresanch II. B: unvollendet	die Schachtanlage G 7420 A scheint unbenutzt geblieben zu sein; Granitsarkophag in der Anlage G 7410 B
G 7430/ G 7440	Chaefmin ?	68,20 x 18,30	A: Cheafmin A: fehlt	B: anonym B: fehlt	Verkleidung der Mastaba erfolgte vermutlich erst unter Chephren; Grabkammer von G 7430 B blieb unvollendet, Grabkammer von G 7430 A enthielt den Granitsarkophag des Chaefmin
G 7510	Anchchaef	ca. 100 x 52	nur ein leicht nach Westen verschobener Grabschacht in der südlichen Hälfte der Mastaba		Opferkapelle enthielt zwei Scheintüren

Tab. 8 Die unter Cheops konzipierten Mastabas der Nekropole G 7000 im Überblick. (Daten nach P. Jánosi)

Norden her auf den Schacht zuläuft und in etwa 3 m Tiefe in ihm mündet. Am Fuß der Anlage stieß man auf eine 5,22 x 2,67 x 1,95 m große, verschlossene Felsenkammer, die überraschenderweise Teile der Grabausstattung der Königin Hetepheres I., eine Gemahlin des Snofru und die Mutter des Cheops, enthielt. An der Ostwand stand ein leerer und unbeschrifteter Alabastersarkophag, der Spuren einer gewaltsamen Öffnung aufweist (Abb. 79a). In einer unvollendeten, aber vermauert vorgefundenen, bis zu 2,40 m tiefen Nische in der Westwand der Kammer fand man einen offensichtlich noch original versiegelten Kanopenkasten aus Alabaster (48,2 x 48,2 x 35 cm groß) (Abb. 79b), der die in einzelne Päckchen separierten und in einer Natronlösung befindlichen organischen Überreste einer Mumifizierung enthielt (Abb. 79c). Der Eingeweidekasten gilt als der älteste seiner Art und bildet offensichtlich zusammen mit dem Sarkophag eine Einheit. Zur umfangreichen Grabausstattung der Königin gehören neben einer großen Anzahl verschiedenster Keramikgefäße auch kostbare Möbel. Darunter sind eine mit Gold beschlagene kastenförmige Sänfte aus Holz, auf der in goldenen Hieroglyphen die Titulatur der Königin («Mutter des Königs von Ober- und Unterägypten», «Gefährtin des Horus», «Leiterin der Schlächter des Akazienhauses» und «leibliche Gottestochter») verewigt wurde, sowie ein hölzernes, teilweise mit Blattgold verziertes Bett und ein Armsessel. Ein Holzkasten mit Goldüberzug enthielt 20 aus gebogenen Silberstreifen gefertigte Armreifen, die mit Karneol, Lapislazuli und Türkisen besetzt sind. Außerdem fanden sich in der Felsenkammer zahlreiche Siegelfragmente, die den Namen des Cheops tragen und ihn als Auftraggeber der Deponierung der Grabbeigaben in G 7000x ausweisen. Heute befinden sich ausgewählte Stücke dieser Grabausstattung, die in ihrem Umfang und Erhaltungszustand einzigartig für das Alte Reich geblieben ist, im Ägyptischen Museum in Kairo.

Welche Funktion und Bedeutung die Schachtanlage G 7000x zur Zeit des Cheops (oder womöglich auch noch zu einem späteren Zeitpunkt) innegehabt hat, ist derzeit noch spekulativ und wird sich ohne neue aussagefähige Befunde oder eine gezielte Nachuntersuchung und Neubewertung des archäologischen Materials nicht mehr feststellen lassen.[236] Fest scheint dagegen zu stehen, daß man es hierbei nicht mit einer regulären Bestattung zu tun hat, der lediglich die Mumie abhanden gekommen ist. Einerseits fehlt der Oberbau und damit die für den Totenkult notwendige Opferstelle. Die Errichtung einer Mastaba wäre durch die unmittelbare Nähe zur Nebenpyramide G I-a kaum möglich gewesen. Andererseits waren der Sarkophag und der Kanopenkasten falsch in der Felsenkammer aufgestellt worden. Der Sarkophag stand an der Ostseite anstatt wie üblich an der Westseite und der Kanopenkasten hätte in jener Zeit südlich des Sarkophages plaziert werden müssen. Außerdem muß auch berücksichtigt werden, daß Königsmütter im Alten Reich in der Regel bei den Pyramidenkomplexen ihrer Gemahle bestattet wurden und nicht bei ihren Söhnen. Demzufolge hätte Hetepheres I. eigentlich eine Grabanlage auf dem Pyramidenfeld von Dahschur, der Begräbnisstätte des Snofru, besitzen müssen.[237]

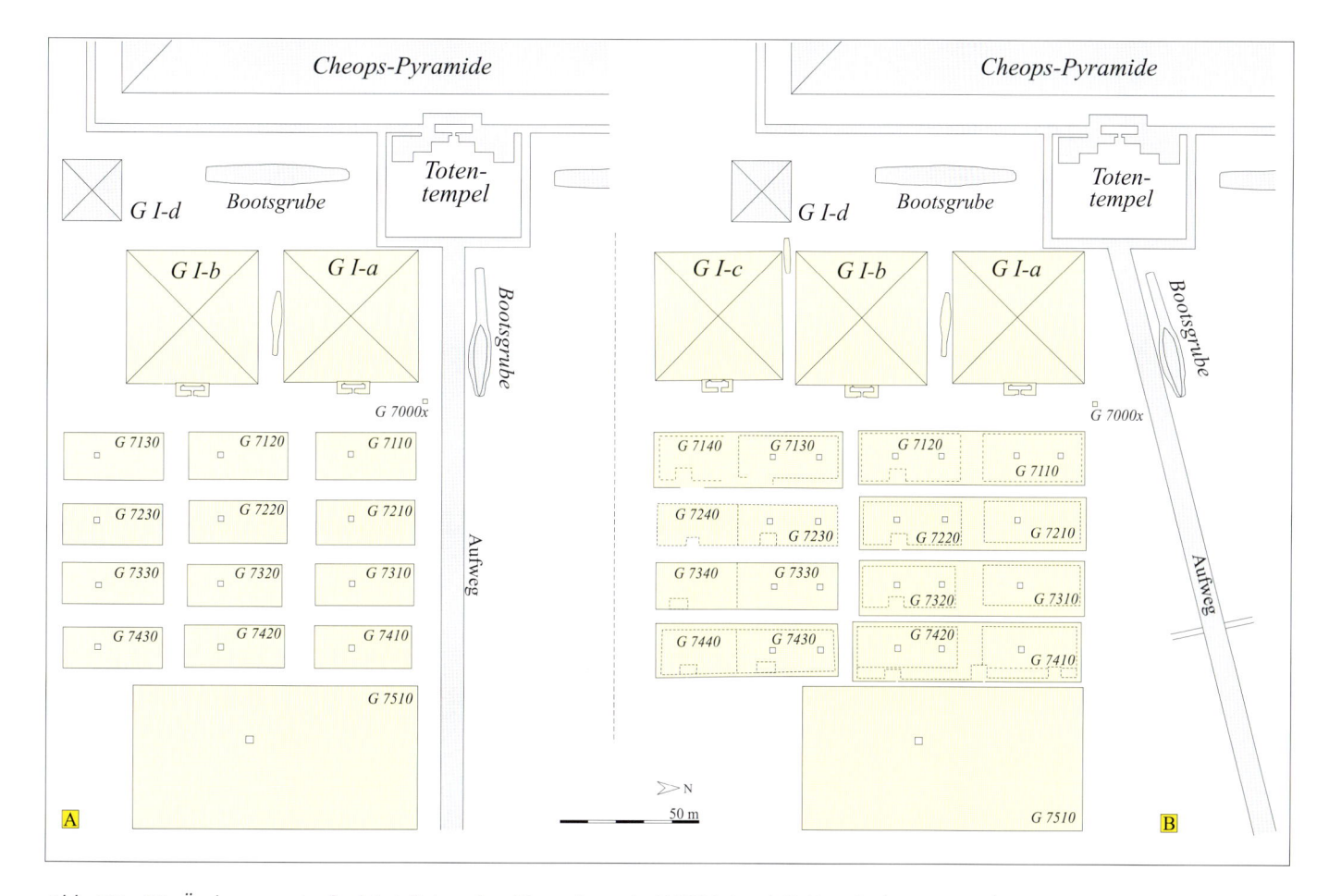

Abb. 77 Die Änderungen in der königlichen Familiennekropole G 7000 (nach P. Jánosi). A: erstes geplantes Konzept mit zwei Königinnenpyramiden (G I-a und G I-b) und 13 Mastabarohbauten. B: Umgestaltung der zwölf kleinen Mastabakernbauten zu vier Doppel- (rechts) und vier großen Zweischacht-Mastabas (links) und Errichtung einer weiteren Nebenpyramide (G I-c).

Abb. 78a Unweit der Nord-Ost-Ecke der Königinnenpyramide G I-a wurden 1925 der Grabschacht der Anlage G 7000x und ihr Treppenzugang entdeckt, die unter einer Pflasterung verborgen lagen im Vordergrund; der Schacht ist noch blockiert. Im Hintergrund erkennt man die Struktur G I-x, vermutlich eine bereits sehr früh aufgegebene Ausschachtung eines Kammersystems einer kleinen Nebenpyramide.

Abb. 78b Nord-Süd-Schnitt durch die Anlage G 7000x. Die Architektur der Schachtanlage (wie auch die Verwendung eines Alabastersarkophages) deutet an, daß man es hierbei wohl mit dem unterirdischen Teil einer alten Mastaba (vielleicht aus der 3. Dynastie) zu tun hat, die sich bereits auf dem Giza-Plateau befunden hat, bevor Cheops seinen Pyramidenkomplex dort errichten ließ.

Zu diesem merkwürdigen Befund gesellt sich noch der Umstand, daß Hetepheres I. nach bisherigem Kenntnisstand weder den Titel einer Königsgemahlin noch den einer Königstochter innehatte, sondern erstmalig den Titel «leibliche Gottestochter» führte. Die Bezeichnung «Gottestochter» wurde sowohl von Königstöchtern und entfernteren weiblichen Familienmitgliedern des Königshauses als auch von Königsmüttern getragen, die nachweislich nur «bürgerlicher» Herkunft waren.[238] Demzufolge kann man nicht ausschließen, daß die Thronfolge von Snofru auf Cheops im Sinne des traditionellen Erbfolgerechts nicht so einwandfrei verlief wie man es vermuten würde. Hetepheres I. galt vielleicht nicht als eine legitime königliche Gemahlin des Snofru, sondern war lediglich eine («bürgerliche») Hof- oder Haremsdame, so daß man in diesem Fall in Cheops nur ein mittelbar erbberechtigtes Mitglied der Königsfamilie sehen muß.[239] Diese familiäre Konstellation könnte den Hintergrund für die eigenartige Situation in der Schachtanlage G 7000x gebildet haben.

Nach der Thronübernahme könnte Cheops veranlaßt haben, die sterblichen Überreste seiner offensichtlich bereits verstorbenen Mutter von Dahschur nach Giza bringen und ihr ein Grabmal in unmittelbarer Nähe seiner Pyramide errichten zu lassen. Vor diesem Hintergrund drückt der Titel «leibliche Gottestochter» der Königsmutter für Cheops vermutlich einen erhöhten Bedarf an Legitimation aus, der dadurch eine Art «ideale Thronfolge» ideologisch zu manifestieren versuchte, um eine unanfechtbare, direkte Anbindung an die ununterbrochene Erbfolge des Königsamtes vorweisen zu können. Demzufolge wurde Hetepheres I. allem Anschein nach auch eine Pyramide im Grabkomplex des Cheops zugewiesen, die dem benötigten herrschaftsideologischen Status auch weithin sichtbaren Nachdruck verleihen sollte.[240]

Da die Architektur der Schachtanlage und die Verwendung eines Alabastersarkophages darauf hindeuten, daß man es hierbei mit dem unterirdischen Teil einer alten Mastaba aus der 3. Dynastie zu tun hat[241], liegt der Gedanke nahe, in G 7000x eine Art «(Zwischen-)Depot» zu erkennen, in dem die sterblichen Über-

Abb. 79a   Der Grabschacht von G 7000x führt über 27 m tief in den Felsuntergrund zu einer Kammer, die Teile der Grabausstattung der Königin Hetepheres I. (Gemahlin des Snofru und Mutter des Cheops) enthielt. Das Photo wurde kurz nach der Entdeckung der Schachtanlage gemacht und zeigt die Fundsituation. An der Ostwand fand man einen leeren, unbeschrifteten Alabastersarkophag (links im Bild), der Spuren einer gewaltsamen Öffnung aufweist. Er wurde aus der Felsenkammer geborgen und befindet sich heute im Ägyptischen Museum in Kairo.

Abb. 79b   In einer unvollendeten, vermauert vorgefundenen Nische in der Westwand der Kammer von G 7000x fanden die Ausgräber einen versiegelten Kanopenkasten aus Alabaster (Grabungsphoto aus dem Jahre 1927) – der älteste seiner Art. Der Eingeweideschrein befindet sich heute im Ägyptischen Museum in Kairo.

reste und die Grabausstattung der Mutter des Cheops während der Errichtung des Ostfriedhofes so lange zwischengelagert wurden, bis für sie eine adäquate Grabanlage fertiggestellt worden war. Die alte Mastaba gehörte demnach offenbar zu dem Gräberfeld, das sich bereits auf dem Giza-Plateau befunden hat, bevor Cheops seinen Pyramidenkomplex dort errichten ließ. Das Fehlen des Oberbaus ließe sich durch seine radikale Beseitigung während der Errichtung der Königinnenpyramide G I-a erklären, während der Grabschacht noch in den Bauplänen der Nekropole verzeichnet und zu einem bestimmten Zeitpunkt für eine sekundäre Nutzung reaktiviert wurde. Hierbei stellt sich allerdings die Frage, wie und vor allem wo der Totenkult während der Zeit der Zwischenlagerung der Königsmutter vollzogen wurde.

Eine der noch offenen Fragen in einem derartigen Szenario bezieht sich auf den versiegelten Eingeweidekasten, dessen Siegelabdruck bei seiner Auffindung nicht mehr lesbar war.[242] Zieht man die in Fachkreisen diskutierte Möglichkeit in Betracht, daß Hetepheres' Mumie, ausgerüstet mit einer komplett erneuerten Grabausstattung, in eine neue Grabanlage überführt wurde und ihre ursprünglichen Grabbeigaben in der Felsenkammer von Grab G 7000x zurückblieben[243], steht man vor dem Problem erklären zu müssen, warum ausgerechnet ein so wichtiges Utensil wie der Eingeweidekasten zurückgelassen worden sein soll. Es ist also durchaus fraglich, ob der Kasten überhaupt die Überreste der entfernten Organe von Hetepheres I. enthielt.[244] Wäre G 7000x als altes Schachtgrab aus der 3. Dynastie mit vorhandenem Alabastersarkophag und Eingeweidekasten unter Cheops usurpiert worden, um die sterblichen Überreste der Königin «zwischenzulagern», dann wäre es theoretisch möglich, daß der Eingeweidekasten die organischen Überreste der ursprünglichen Bestattung beinhaltete. Womöglich wurde er nur im Rahmen einer Revision von Cheops' Beamten mit einem Siegel versehen; vielleicht hat man aber auch das ursprüngliche, ältere Siegel unangetastet gelassen. Der wahre Eingeweidekasten der Hetepheres I. hingegen wäre dann mit der Mumie der Königin in ihr neues Grabmal transportiert und dort ordnungsgemäß bestattet worden. Diese Grabanlage könnte die nördliche Nebenpyramide G I-a gewesen sein.

Die Nebenpyramiden G I-a bis G I-c

Der Grabkult der Könige und ihrer hochrangigen Höflinge im Alten und Mittleren Reich wird markant durch die architektonischen wie auch größenmäßigen Unterschiede ihrer Grabanlagen dokumentiert. Gewöhnlicherweise war die Mastaba der Grabtyp der Mitglieder der Königsfamilie sowie der einflußreichen Beamten und Würdenträger des Hofes, während die teilweise ins Monumentale gesteigerte Grabform der Pyramide während dieser Epochen den Königen und erstmals ab der Regentschaft des

Abb. 79c   Blick in den Kanopenkasten, der in der Schachtanlage G 7000x gefunden wurde (Grabungsphoto aus dem Jahre 1927). Sein Innenleben ist in vier Fächer unterteilt, in denen noch einzelne Päckchen mit organischen Überresten einer Mumifizierung vorgefunden wurden.

Königsmutter	Dynastie	Königlicher Gemahl	Königlicher Königs/e ...	Mutter des/r der Königin	Begräbnisort ([Stufen-]Pyramide)	Grabanlage
Hetepheres I.	4.	Snofru		Cheops	Giza	G I-a (?)
Chaimerernebti I.	4.	Chephren		Mykerinos	Giza	G III-a oder G III-b (?)
Chentkaus I.	4.	Schepseskaf (?)		Userkaf/Neferirkare	Giza	LG 100 (stufenförmige Mastaba)
Neferhetepes	5.	Userkaf		Sahure	Sakkara-Nord	südlich der Pyramide des Userkaf
Chentkaus II.	5.	Neferirkare		Neferefre/Niuserre	Abusir	südlich der Pyramide Neferirkares
Seschseschet	6.	-		Teti	?	?
Iput I.	6.	Teti		Pepi I.	Sakkara-Süd	nördlich der Pyramide des Teti
Anchnespepi I.	6.	Pepi I.		Merenre I.	Sakkara-Süd	südwestlich der Pyramide Pepis I.
Anchnespepi II.	6.	Pepi I.		Pepi II.	Sakkara-Süd	südwestlich der Pyramide Pepis I.
Neith	6.	Pepi II.		Merenre II.	Sakkara-Süd	nördlich der Pyramide Pepis II.

Tab. 9 Königinnen der 4. bis 6. Dynastie, die nachweislich den Titel «Königsmutter» trugen (nach Roth) und die Zuordnung ihrer Grabanlagen. Die derzeit namentlich bekannten Königsmütter aus dem Alten Reich wurden in der Regel in unmittelbarer Nachbarschaft ihrer Ehemänner bestattet. Erkennbare Ausnahmen bildeten Hetepheres I. (Mutter des Cheops) und vermutlich auch Chaimerernebti I. (Mutter des Mykerinos). Es war offenbar kein Zufall, daß ausgerechnet mit Cheops die Sitte der Bestattung von ausgewählten Königinnen in Pyramiden ihren Anfang nahm. Vermutlich hatte Cheops durch die Zuweisung einer Pyramide in seinem Grabkomplex an seine Mutter, die ihm als «leibliche Gottesmutter» offenbar eine direkte Anbindung an die königlichen Ahnen gewährleistete, deren herrschaftsideologischen Status auch weithin sichtbaren Nachdruck verleihen wollen. Auch Mykerinos dürfte nach dem frühen Ableben seines Vorgängers Baka, der nur gut vier Jahre lang auf dem Thron saß, kein unmittelbar erbberechtigtes Mitglied der Königsfamilie gewesen sein und bedurfte somit einer Legitimation seiner Herrschaft durch seine Mutter, die wie Hetepheres I. auch den Titel einer «Gottestochter» trug.

Cheops auch den Königinnen vorbehalten blieb. Die Sitte, bestimmte Königinnen in kleinen Pyramiden in unmittelbarer Nähe des Königsgrabes beizusetzen, wurde zwar offensichtlich nicht konsequent angewendet, aber bis zum Ende des Mittleren Reiches beibehalten. So fand beispielsweise keine der fünf bislang bekannten Königinnen des Chephren ihre letzte Ruhe in einer Pyramide. Drei von ihnen wurden z. B. in Mastabas und Felsengräbern auf dem großen Zentralfriedhof östlich der Chephren-Pyramide beigesetzt.

Da nicht alle Königinnen in Pyramiden bestattet wurden, stellt sich die Frage, nach welchen Kriterien die Zuweisung einer Pyramide an eine Gemahlin des Königs stattfand. Obwohl das Wissen über die Stellung und Funktion einer Königin sowie über ihre Rangunterschiede zu anderen königlichen Gemahlinnen noch immer ziemlich lückenhaft ist, deutet eine Reihe von Befunden darauf hin, daß Königinnen, die einen Thronfolger geboren hatten und demnach den Titel «Mut nesut», «Königsmutter», trugen, in Pyramiden bestattet wurden.[245] Diesen Titel nahmen die Königinnen erst nach dem Regierungsantritt ihrer Söhne an. Wie der für die hier vermutete Zuordnung charakteristische Fall der Mutter Pepis I., Iput I., aus der 6. Dynastie zeigt, konnte dies auch postum geschehen. Ursprünglich wurde Iput I. als «einfacher» Königsgemahlin des Teti (1. König der 6. Dynastie, um 2330–2320 v. Chr.) eine Mastaba etwa 75 m nördlich der Grabanlage ihres Mannes in Sakkara zugewiesen. Erst nach der Thronbesteigung ihres anfänglich offenbar nicht als König vorgesehenen Sohnes

Mutter ...	... des Königs	Hypothetische Zuordnung einer Pyramide an die Königsmutter
Meritites (?)	Djedefre	G I-b östlich der Cheops-Pyramide
Henutsen (?)	Chephren	G I-c östlich der Cheops-Pyramide
Chentetenka (?)	Baka	südlich der Grabanlage Djedefres bei Abu Roasch
?	Schepseskaf	eine der Nebenpyramiden südlich der Mykerinos-Pyramide
?	Menkauhor	L 24 oder L 25 in Abusir
?	Djedkare	L 24, L 25 (beide Abusir) oder die Pyramide nordöstlich der Grabanlage des Djedkare bei Sakkara
Chentet .. (?)	Userkare	?
?	Unas	nordöstlich der Pyramide des Djedkare bei Sakkara

Tab. 10 Möglicher Zusammenhang zwischen vermeintlichen Königsmüttern, denen noch keine Grabstätte zugewiesen wurde, und den bislang nicht eindeutig zugeordneten Pyramiden in den königlichen Grabkomplexen.

Die Privatnekropolen im Grabkomplex des Cheops

Abb. 80a Die Ruinen der Königinnenpyramiden G I-a, G I-b und G I-c (von links nach rechts) östlich der Cheops-Pyramide. In der Bildmitte die Überreste des Basaltpflasters des Totentempels der Königsgrabstätte. Im Vordergrund Bruchstücke des oberen Bereiches der Umfassungsmauer der Cheops-Pyramide.

wurde ihre Grabanlage umgestaltet. Pepi I. ließ die Mastaba abreißen und durch einen kleinen Pyramidenkomplex mit Totentempel und Umfassungsmauer ersetzen.

Ähnliches trifft auch auf die Königsmutter und Gottestochter Chentkaus I. zu, die beim Übergang von der 4. zur 5. Dynastie eine maßgebliche Rolle spielte. Chentkaus' I. Grabanlage auf dem Giza-Plateau ist die mastabaähnliche und in der Grabarchitektur jener Zeit (zusammen mit der als riesige Mastaba konzipierten Grabanlage ihres vermeintlich königlichen Gemahls Schepseskaf in Sakkara-Süd) als Sonderfall geltende Anlage

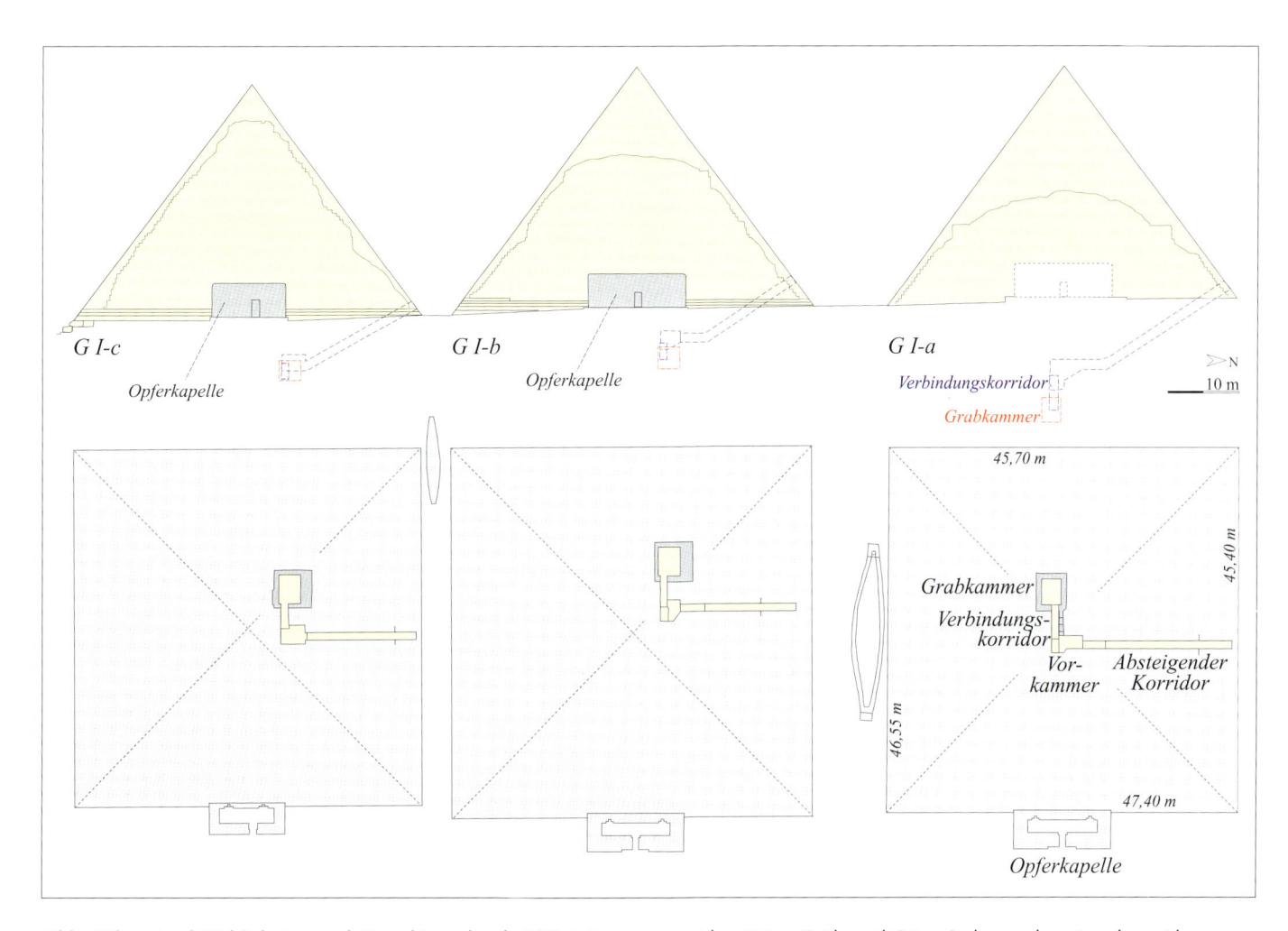

Abb. 80b Nord-Süd-Schnitte und Grundrisse der drei Königinnenpyramiden G I-a, G I-b und G I-c. Siehe zu den einzelnen Abmessungen der Kammersysteme die Tab. 12. Die Kammersysteme dieser Pyramiden sind seit einigen Jahren zugänglich.

79

Abb. 81 Die Nord-Ost-Ecke der Pyramide G I-c. Hier haben sich noch zwei bis drei Lagen des Verkleidungsmaterials aus Tura-Kalkstein erhalten. Die Nebenpyramide wurde nicht auf einem Kalksteinfundament errichtet, sondern in diesem Bereich direkt auf den Felsuntergrund gebaut.

Königinnenpyramide	G I-a	G I-b	G I-c
Seitenlänge (Durchschnitt) [m]	47,45	48,00	44,00
[Ellen]	90²/₃	91²/₃	84
Neigungswinkel	51° 50′	51° 50′	51° 40′
[Seked (geplant): Handbreiten]	5½	5½	5½
Höhe (theoretisch) [m]	30,20	30,50	29,10
[Ellen]	56²/₃	58¹/₃	55½
Bauvolumen (theoretisch) [m³]	22650	23447	18779

Tab. 11 Abmessungen der Königinnenpyramiden G I-a bis G I-c. Die gemittelten Seitenlängen basieren auf den Vermessungen von V. Maragioglio/C. Rinaldi.

LG 100. Die Grabanlage wurde offensichtlich während der Regentschaft ihres zweiten Sohnes Neferirkare in der 5. Dynastie umgebaut und erhielt eine eigentümliche stufenförmige Gestalt.

Letztlich sei noch auf den Fall der Königin Chentkaus II. in der Mitte der 5. Dynastie hingewiesen, an deren Grabbau ebenfalls abzulesen ist, welche Bedeutung dem Erbe dieser Königsmutter und Gottestochter von Seiten ihres zweiten Sohnes Niuserre entgegengebracht wurde. Wie sein Vater Neferirkare kam auch Niuserre nicht als designierter Thronfolger an die Macht, sondern konnte erst nach der Regentschaft seines Bruders Neferefre und eines weiteren ephemeren Königs Schepseskare den Thron besteigen. Vor diesem Hintergrund verlieh Niuserre seiner Herrschaftslegitimation dadurch Nachdruck, daß er der unter Neferirkare begonnenen Grabanlage seiner Mutter, die ursprünglich mit dessen Pyramidenkomplex verbunden war, in mehreren Bauphasen und Erweiterungen einen eigenständigen Charakter verlieh und sie durch eine aufwendige Dekoration und die Errichtung einer eigenen Kultpyramide noch näher an den Typus eines Königsgrabes heranführte.

In der 6. Dynastie hatte sich die Form der Pyramide für das Königinnengrab dann unabhängig vom Status ihrer Grabherrin durchgesetzt. So wurden in den Grabkomplexen der Könige Pepi I. und II. bislang insgesamt zehn Königinnenpyramiden freigelegt.

Die drei Königinnenpyramiden im Grabkomplex des Cheops liegen 56,20 m östlich der Großen Pyramide (Abb. 76b. 80a.b). Alle drei Anlagen wurden außerhalb des königlichen Grabbezirks in einer Reihe von Norden nach Süden errichtet. Ihre Position an der südlichen Ostseite der Königspyramide resultierte aus verschiedenen Beweggründen; z. B. existierten logistische Sachzwänge. Die Südseite und vermutlich auch die Westseite der Cheops-Pyramide mußten für die Baurampenkonstruktionen freigehalten werden. Die Nordseite schied offenbar aus Platzgründen aus. Da man die Pyramiden der Königinnen zudem als primären Bestandteil des Familienfriedhofes geplant hatte, der wahrscheinlich unter der zusätzlichen Prämisse konstruiert wurde, auch vom Niltal her weithin sichtbar zu sein, konnten sie nur an der Ostseite gebaut werden. So entstand nach Fertigstellung der gesamten Nekropole eine Art architektonisch umgesetzte Rangfolge der Grabanlagen der königlichen Familie. Von der Pyramidenstadt im Osten aus gesehen erhoben sich hinter den Prinzenmastabas die kleinen Pyramiden der Königinnen und dahinter das mächtige Monument des Gottkönigs, in dessen Schatten und nicht direkt wahrnehmbar weiter westlich die Grabanlagen der hohen Beamten und Würdenträger lagen, die zum erweiterten Jenseitsgefolge des Königs gerechnet wurden. Einer derartigen Ost-West-Abstufung der Grabanlagen der Familienangehörigen des Königs und seiner Höflinge begegnet man bereits in der alten aufgegebenen Nekropole des Snofru bei Meidum. Dort wurden die Familiengräber nordöstlich der Pyramide am Rand des Felsplateaus in einer langgezogenen Reihe errichtet, während im Westen mehrere Privatfriedhöfe in respektablem Abstand zum Königsgrab geplant worden waren.

Wie bereits erwähnt basierte die Errichtung der drei Königinnenpyramiden nicht auf einem einheitlichen Grundplan, sondern sie entstanden in zwei Bauetappen. Die Pyramiden G I-a

Abb. 82   Die Königinnenpyramide G I-c. Blick von Nordwesten.

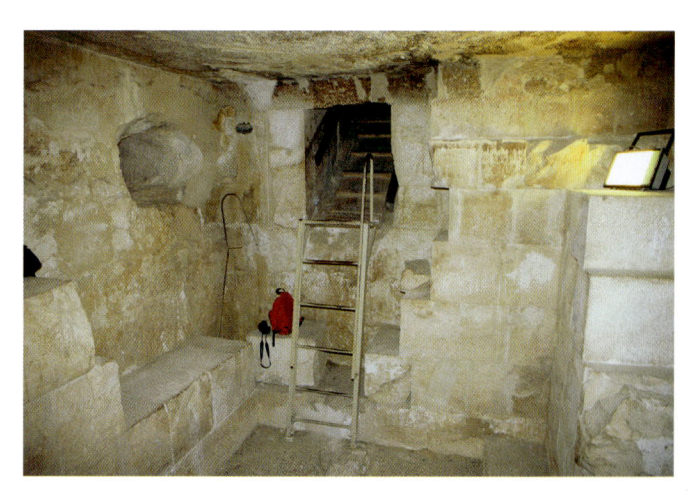

Abb. 83a Auf dem Weg in die Grabkammer der Königinnenpyramide G I-a. Der Eingang an der Nordseite lag ursprünglich in einer Höhe von 1 m. Von dort aus führt ein etwa 19,50 m langer absteigender Korridor (Abb. 83b) etwa 10 m unter das Basisniveau der Pyramide und erreicht eine Rangierkammer (Abb. 83c), die es ermöglichte, Baumaterial sowie letztlich auch die Grabausstattung über den nach Westen führenden, absteigenden Verbindungskorridor (Abb. 83d) in die Grabkammer (Abb. 83e, Blick von Südwesten auf den Eingang der Kammer) zu transportieren (siehe auch Abb. 80b).

Abb. 83b Absteigender Korridor der Königinnenpyramide G I-a.

Abb. 83c Die Vorkammer der Königinnenpyramide G I-a.

Abb. 83d Der Verbindungskorridor zur Grabkammer der Königinnenpyramide G I-a.

Abb. 83e Die Grabkammer der Königinnenpyramide G I-a mit Eingang.

und G I-b gehörten der ersten Bauphase an; die südliche Pyramide G I-c wurde offensichtlich erst zu einem nicht näher bestimmbaren späteren Zeitpunkt errichtet. Dies ist vermutlich in Zusammenhang mit der Umgestaltung des östlich liegenden Mastabafeldes geschehen, denn die Südkanten der vier erweiterten Grabanlagen G 7130/40 bis G 7530/40 liegen auf einer Fluchtlinie mit der Südkante der Pyramide G I-c. Es kann aber auch nicht ausgeschlossen werden, daß diese Pyramide nach der Ausgestaltung der Mastabas errichtet und damit erst nach der Regierungszeit des Cheops einer Königin zugewiesen wurde.[246]

Die Errichtung der drei kleinen Nebenpyramiden war vom meß- und bautechnischen Standpunkt aus betrachtet keine leichte Aufgabe, da das Gelände etwa 50 m südöstlich der Cheops-Pyramide beginnt, stetig nach Südosten abzufallen. Zudem war der Baugrund hügelig, so daß man sich entschloß, ihn nicht zu nivellieren, sondern wie bei der Hauptpyramide Felskerne gewissen Ausmaßes in die Kernmauerwerke der Königinnenpyramiden zu integrieren. An der Nord-West-Ecke der Pyramide G I-a steht der Fels beispielsweise noch etwa 1,60 m hoch an. Die bisherigen Meßergebnisse deuten darauf hin, daß im Gegensatz zur Cheops-Pyramide die Einbindung natürlicher Felserhöhungen in die Königinnenpyramiden zu größeren Schwankungen beim Einmessen der Basislängen und der rechten Winkel führte. Ob sich dies auf eine eher nachlässige Vorgehensweise der Ägypter oder auf unzureichende Vermessungen zurückführen läßt, muß noch näher untersucht werden.

Während die Pyramiden G I-a und G I-b ohne ein erkennbares Sockelfundament errichtet wurden (Abb. 81), mußte bei der südlichen Nebenpyramide G I-c erst eine ebene Grundfläche geschaffen werden. Das dort stark nach Süden abfallende Gelände machte es erforderlich, die Süd- und südliche Ostseite der Pyramide mit einem entsprechenden Fundament auszustatten, so daß das nördliche Höhenniveau der Pyramide erreicht werden konnte. Die besonderen Bauvorgaben an dieser Pyramide machten es zusätzlich notwendig, sie näher an die benachbarte Pyramide G I-b heranzurücken. Der Abstand zwischen beiden Bauwerken beträgt nur etwa 3,80 m. Im Gegensatz dazu liegen die Pyramiden G I-a und G I-b ca. 9,80 m weit auseinander. Auf den ungünstigen Baugrund ist vermutlich auch der Umstand zurückzuführen, daß die Basisfläche von G I-c etwas kleiner ausfällt als bei den beiden anderen Königinnenpyramiden. Sie wurde auch nicht in einer Linie mit den Ostkanten der anderen Bauwerke gefluchtet, sondern ca. 3,65 m nach Westen versetzt errichtet. Ihre Westkante liegt aber wieder ungefähr auf einer Linie mit denen der beiden anderen Pyramiden.

Die Basismaße der drei Königinnenpyramiden werden heute mit durchschnittlichen Werten von 47,45 m (G I-a), 48,00 m (G I-b) und 44,00 m (G I-c) angegeben.[247] Der Neigungswinkel der beiden nördlichen Pyramiden entspricht dem der Cheops-Pyramide; der der südlichen ist offenbar nur unwesentlich flacher. Daraus errechnen sich theoretische Höhen der Königinnengräber zwischen gut 29 m und 30,50 m. Demzufolge wurden die drei Nebenpyramiden etwa im Verhältnis 1:5 zur Hauptpyramide gebaut. Das theoretische Volumen der drei Pyramiden lag insgesamt bei fast 65 000 m³. Dies entspricht im Vergleich weniger als dem reinen Volumen (ohne Berücksichtigung des Felskerns) der 1,50 m hohen 1. Steinlage der Cheops-Pyramide.

Die Königinnenpyramiden weisen heute einen unterschiedlichen Grad an Zerstörung auf, der von Süden nach Norden zunimmt (Abb. 80a). Sie haben bis auf wenige Lagen an der Basis ihre Verkleidung aus Tura-Kalkstein und teilweise große Bereiche ihrer Kernmauerwerke verloren. Während die nördliche Pyramide G I-a ihre pyramidale Form fast vollständig eingebüßt hat und nur noch die untere Hälfte ihres Kernmauerwerks vorhanden ist, besitzt die südliche G I-c noch weitgehend ihre markante

Abb. 84a Blick von Nordwesten in die Grabkammer der Pyramide G I-b. Die Fußböden und Wände der Grabkammern der drei Königinnenpyramiden waren ursprünglich vollständig mit Kalksteinblöcken ausgekleidet.

Abb. 84b Blick von Westen in die Grabkammer der Pyramide G I-c.

Architektonische Komponenten der Königinnenpyramiden	G I-a	G I-b	G I-c
Höhe des Eingangs über der Basis [m]	ca. 1	ca. 3	0,95
Absteigender Korridor			
Länge x Breite x Höhe [m]	19,50 x 1,04 x 1,21	14,40 x 1 x 1,24	16,98 x 0.97 x 1,21
Neigungswinkel	33° 35′	33° 10′	27° 30′
Horizontaler Gangabschnitt			
Länge x Breite x Höhe [m]	3,20 x 1,03 x 1,20	3,34 x 1 x 1,25	0,22 x 0,97 x 1,35
Vorkammer/Rangierkammer			
Länge x Breite x Höhe [m]	4,25 x 1,78 x 2,94	3,01 x 2,78 x 2,40	3,34 x 2,64 x 2
Verbindungskorridor (zur Grabkammer)			
Länge x Breite x Höhe [m]	4,22 x 1,5-1,6 x 1,04	3,80 x 0,98 x 1,15	2,90 x 1,05 x 1,05
Neigungswinkel	34° 15′	29°	25°
Grabkammer (verkleidet)			
Länge x Breite x Höhe [m]	3,57 x 2,86 x 2,35	3,95 x 3,15 x 2,95	3,72 x 2,95 x 2,70

Tab. 12 Maßangaben der drei Königinnenpyramiden des Cheops nach P. Jánosi.

Gestalt (Abb. 76a. 82). Daß der Steinraub an den Pyramiden von Norden nach Süden vorgenommen wurde, hat vermutlich mehrere Ursachen. Einerseits wurden die Baustrukturen im unmittelbaren Umfeld des Aufweges offensichtlich zuerst abgerissen, da der Verbindungsweg zwischen Tal- und Totentempel wahrscheinlich als Abtransportrampe für die gebrochenen Steinmassen vom Plateau ins Niltal diente. Andererseits gewährte seit dem Neuen Reich ein an der Ostseite der südlichen Pyramide G I-c errichteter kleiner Isis-Tempel einen gewissen Schutz gegen die Ambitionen späterer Könige und Fremdherrscher, auch diese kleine Nebenpyramide als Steinbruch bzw. Materiallager für eigene Bauvorhaben zu mißbrauchen.

Der hohe Grad der Zerstörung erlaubt es aber auf der anderen Seite, Einblicke in die Bauweise der kleinen Nebenpyramiden zu bekommen. Wie sich der Pyramidenkern im Detail aufbaut, ist anhand der heutigen Befunde aber nicht definitiv zu bestimmen. Selbst die halb abgetragene Pyramide G I-a bleibt bislang eine präzise Antwort auf die Frage schuldig, ob ihr Steinkern in Schalen- oder in (lagenförmiger) Stufenbauweise errichtet wurde. Die bisherigen Erkenntnisse deuten eher auf die zweite Möglichkeit hin.[248] Dagegen kann man vor allem an den erhaltenen Verkleidungssteinen eine Reihe recht interessanter Beobachtungen zur Bearbeitungs- und Verlegetechnik der Steinblöcke machen. So existieren z. B. auf freiliegenden Verkleidungssteinen an der Ostseite der Pyramide G I-b sowie an der Westseite der Pyramide G I-c Säge- und Blockversatzspuren, die andeuten, daß die Stoßseiten aneinanderliegender Steinblöcke mit einer vermutlich kupfernen Steinsäge geglättet und die Blöcke von Norden nach Süden an ihre Positionen verlegt wurden.

Die Zuordnung der drei Königinnenpyramiden ist nach wie vor offen und Gegenstand wissenschaftlicher Diskussionen. Bislang existiert kein einziger zeitgenössischer Beleg, der klarstellt, wer in welcher Pyramide begraben wurde. Die heute allgemein hin akzeptierten Zuweisungen sind hypothetisch und basieren einerseits auf dem Versuch, die bekannten Königinnen aus der Ära des Cheops in Abhängigkeit ihrer möglichen Familienverhältnisse zu den Grabinhabern der benachbarten Mastabas G 7110/20 und G 7130/40 sinnvoll auf die Nebenpyramiden zu verteilen, sowie andererseits auf sehr viel später erscheinenden inschriftlichen Hinweisen, die die Pyramiden mit weiblichen Personen namentlich in Verbindung bringen.

Die Pyramide G I-a wurde in Forschungskreisen ursprünglich an eine Königin Meritites, mittlerweile jedoch aufgrund der Fundsituation und Interpretation der Schachtanlage G 7000x mehrheitlich Hetepheres I. zugeordnet. Die Kultkapelle der Pyramide ist vollständig zerstört und auch das Kammersystem offenbart keinen Hinweis auf die einstige Grabinhaberin.

Auch im Umfeld der Pyramide G I-b wurde nichts gefunden, was auf ihre Besitzerin hindeuten könnte. Aufgrund der inschriftlichen Erwähnung des Namens «Meritites» auf einem Relieffragment im östlich gelegenen Mastabagrab des Kawab (G 7110/20) und ausgehend von der bereits erwähnten Vorstellung, daß die Lage der beiden westlichen Prinzengräber in einem direkten verwandtschaftlichen Verhältnis zu den Besitzerinnen der Nebenpyramiden stehen könnte, wird die Pyramide G I-b heute dieser vermeintlichen Königin des Cheops zugeordnet.

Im Gegensatz zu den beiden anderen Königinnenpyramiden ist für G I-c ein Name überliefert worden – allerdings erst aus der Spätzeit Ägyptens. Eine Inschrift auf einer Stele, die in den Ruinen des bereits erwähnten, an der Ostseite von G I-c befindlichen Isis-Heiligtums gefunden wurde, erwähnt den Namen «Henutsen» als Königstochter in direktem Zusammenhang mit Cheops.[249] Anhand der nur spärlich vorhandenen zeitgenössischen Quellen läßt sich aber bislang weder die Existenz einer Königstochter noch die einer Gemahlin des Cheops mit diesem Namen nachweisen. Es ist aufgrund der Lage der Mastaba G 7130/40 der Vorschlag gemacht worden, in Henutsen einerseits die Mutter des Prinzen Chaefchufu wiederzuerkennen und andererseits Chaefchufu mit dem späteren König Chephren (altägyptisch: «Chaefre») zu identifizieren, der bei der Inthronisierung seinen Geburtsnamen änderte.[250] Würde es tatsächlich zutreffen, daß Henutsen die Mutter des Chephren war und in der Pyramide G I-c bestattet wurde, dann müßte die Zuweisung dieser Pyramide an diese Königsmutter eigentlich erst nach der fast ein Jahrzehnt lang andauernden Regentschaft des Djedefre stattgefunden haben. Dies würde aber bedeuten, daß man diese Pyramide (setzt man voraus, daß sie nicht usurpiert wurde) erst unter Chephren errichtet hatte, was den unterschiedlichen Baubefund dieser Pyramide im Vergleich zu den beiden anderen durchaus erklären könnte. Ob dies auch Konsequenzen für gewisse Bauaktivitäten an den vier südlichen Mastabas des Prinzenfriedhofs hatte, bleibt offen und ist derzeit nicht zu beantworten. Die spätzeitliche Nennung der Henutsen als Tochter des Cheops wird heute auch von einigen Experten als ein aus den Überlieferungen heraus entstandener Irrtum gewertet.[251]

Unter Cheops wurde für die in dessen Pyramidenkomplex bestatteten Königinnen erstmalig eine Verbindung zwischen königlicher Grabarchitektur und privatem Totenkult geschaffen. Direkt an den Ostseiten ihrer Pyramiden errichtete man Kapellen, in denen wie bei den Mastabas die Scheintüren in den Totenopferräumen die zentralen Kult- und Opferstellen darstellten. Dagegen entsprachen die Kammersysteme der Königinnenpyramiden im Prinzip dem strukturellen Vorbild des unterirdischen Kammerbereichs der Cheops-Pyramide. Ausgehend von den Eingängen an der Nordseite (Abb. 83a) führen absteigende Korridore (Abb. 83b) in den Felsuntergrund, die über Vor- bzw. Rangierkammern (Abb. 83c) dann nach einer 90° Wendung nach Westen über weitere absteigende Korridore (Abb. 83d) in die ostwestorientierten Grabkammern übergehen (Abb. 83e). Die Vorkammern in den Pyramiden G I-a und G I-b wurden wie die Korridore rampenartig auf der Schrägen gebaut, während bei G I-c die Vorkammer einen ebenen Fußboden aufweist. Die markante Richtungsänderung im Korridorverlauf nach Westen (Abb. 80b) definiert letztlich den Unterschied zwischen den Kammersystemen der Königinnen und dem der Cheops-Pyramide, das einen strikten linearen Nord-Süd-Korridorverlauf aufweist. Die Rangierkammern fungierten wie die Große Galerie in der Cheops-Pyramide als eine Art Gangerweiterung und ermöglichten es, den Sarkophag und die Verkleidungssteine in die Grabkammer zu transportieren. Um die großen Steinblöcke in den nach Westen orientierten absteigenden Gang zur Grabkammer einbringen zu können, wurden die Ostwände der Vorkammern in den drei Königinnenpyramiden in unterschiedlicher Form erweitert, um Platz zum Rangieren zu bekommen.

Die Fußböden und Wände der Grabkammern der Königinnenpyramiden waren ursprünglich alle mit Kalksteinen ausgekleidet gewesen (Abb. 83e. 84a.b). Auf das Anbringen einer Deckenverkleidung wurde dagegen offensichtlich bewußt verzichtet. Dies hätte erhebliche Probleme beim Transport der über 3 m langen Deckenbalken durch das Korridorsystem der Pyramiden mit sich gebracht.[252] Heutzutage sind große Bereiche der Kammerverkleidungen abgerissen und abtransportiert worden. Auch von den Sarkophagen und den Bestattungen wurden in den Kammern keinerlei Spuren mehr gefunden. Aufgrund der allgemeinen Befunde in den Königinnenpyramiden der 4. Dynastie kann man aber vermuten, daß zur Grundausstattung der Grabherrinnen der Pyramiden G I-a bis G I-c undekorierte und unbeschriftete rötliche Granitsarkophage sowie entsprechende Kanopenkästen gehört haben.

Erstmalig im Pyramidenzeitalter wurden unter Cheops auch Bootsbestattungen an zwei der drei Königinnenpyramiden durchgeführt (Abb. 76b). Eine Bootsgrube befindet sich südlich der

Abb. 85   Mittig an der Südseite der Pyramide G I-a liegt eine 22,70 m lange Bootsgrube, die offensichtlich zu dieser Königinnenpyramide gehört. Im Hintergrund der Eingangsbereich der Pyramide G I-b.

Pyramide G I-a. Sie ist 22,70 x 4,35 m groß und reicht 4,70 m tief in den Felsuntergrund (Abb. 85).[253] Die zweite, 16 m lange und bis zu 2 m breite Grube wurde erst Anfang der 1950er Jahre an der Süd-West-Ecke der Pyramide G I-b entdeckt und freigelegt (Abb. 72). In ihrem Inneren wurden noch Reste von Ziegelmauerwerk gefunden, die vermutlich von einer späteren Bestattung stammen. Die eigentümliche Lage der zweiten Grube erweckt den Eindruck, als ob sie während oder erst nach der Errichtung der Pyramide G I-c konstruiert wurde. So kann man nicht kategorisch ausschließen, daß sie womöglich einst zu der südlichsten Königinnenpyramide gehört hat und aufgrund des stark abfallenden Geländes südlich der Pyramide daher an deren Nord-West-Ecke errichtet wurde. Auf der anderen Seite könnte aber auch die Stellung der Grabinhaberin der Pyramide G I-b postum aufgewertet worden sein, was die Errichtung einer Bootsgrube notwendig machte. Wieso allerdings die Ausschachtung etwa 6 m weit über die Westkanten der beiden Pyramiden hinausragt, ist dabei völlig unklar. Ebenso ungeklärt ist, warum – falls die zweite Grube tatsächlich zu G I-b gehört haben sollte – die südlichste Königinnenpyramide über keine Bootsgrube verfügt. Wie dem auch sei. Während die Bootsgrube südlich der Pyramide G I-a von ihrer Lage und Größe her eindeutig zur 1. Bauphase des Ostfriedhofes gezählt werden muß, ist die zweite Bootsgrube offensichtlich erst zu einem späteren Zeitpunkt in das Ensemble der königlichen Privatnekropole aufgenommen worden.

Die Existenz von monumentalen Bootsgruben im Umfeld der Königinnengräber gehört zu den sehr seltenen archäologischen Befunden in den Pyramidenkomplexen des Alten Reiches. Neben den beiden Gruben auf dem Ostfeld der Cheops-Nekropole konnte bislang nur eine einzige weitere große Bootsgrube gefunden werden – bei der Grabanlage der Chentkaus I. Erwähnenswert ist hierbei aber noch die etwas nachlässige Bestattung von 16 Schiffsmodellen aus Holz (die vier unterschiedlichen Bootstypen angehören) in einer flachen, nur mit Erde abgedeckten Grube westlich der Kultpyramide der Königin Neith (nordwestlich des Grabbezirks Pepis II.).[254] Charakteristisch an diesen «Grabbeigaben» ist, daß nur jeweils eine Bootsbestattung an den Königinnenpyramiden entdeckt wurde.

Eine schlüssige Funktionsbestimmung der Bootsbestattungen an den Königinnenpyramiden, die stets in Ost-West-Richtung orientiert sind, ist aufgrund der äußerst spärlichen Fundsituation vorläufig nur schwer möglich.[255] Vielleicht spielten die Boote im Begräbniszug der Königinnen eine wichtige Rolle, die eine rituelle Bestattung erforderlich machte. Ihre Deponierung im Umfeld des Grabes könnte letztlich aber auch darauf hindeuten, daß sie für den jenseitigen Gebrauch zur Verfügung gestellt wurden. Im Gegensatz zu der Gestaltung der Totenkultanlagen, die mit der Vorstellung des «Wohnens» der Verstorbenen im Grabbau verhaftet war, könnte sich der nachtodliche Aufenthaltsort der Königinnen ebenfalls in der privilegierten himmlischen Jenseitssphäre der Könige befunden haben. Beide Erklärungsversuche müssen sich hierbei nicht gegenseitig ausschließen. Möglich, daß derartige Schiffe eine multifunktionale Aufgabe innehatten. Man kann zudem nicht ausschließen, daß auch eine außergewöhnliche Stellung der Königin innerhalb der Familiendynastie eine gewichtige Rolle bei der Vergabe einer Bootsbestattung gespielt hat. Über die Rolle von Hetepheres I. als vermeintliche Grabinhaberin der Pyramide G I-a wurde hier bereits ausführlich gesprochen, so daß ihre besondere Stellung während der Regierungszeit des Cheops nicht weiter betont werden muß. Gleiches trifft auch auf Chentkaus I. zu. Schwieriger ist die Bewertung der kleinen Bootsgrube zwischen den Pyramiden G I-b und G I-c, die i. a. den Müttern der Könige Djedefre und Chephren zugeordnet werden. Während Djedefre heute als regulärer Thronfolger des Cheops angesehen wird, scheint die Sachlage bei Chephren nicht so eindeutig zu sein. Immerhin folgte er innerhalb des offenbar ideologisch vorgeschriebenen Erbfolgerechts nicht als Sohn seines Vorgängers, sondern als dessen Bruder auf den Thron.[256] Womöglich mußte auch dieser König einem erhöhten Legitimationsbedarf u. a. dadurch Ausdruck verleihen, daß er seiner Mutter das Privileg einräumte, eine Bootsbestattung zu ihrem Grabkomplex hinzufügen zu dürfen.

Die Grabanlagen der Königinnen des Cheops waren nicht von einer eigenen Umfassungsmauer umgeben und besaßen auch noch keine Kultpyramiden. Derartige Nebenpyramiden gehörten erst ab der 5. Dynastie zum Ensemble der Grabanlagen der Königinnen. Die älteste Kultpyramide einer Königin findet sich auf dem Pyramidenfeld von Abusir und gehörte Chentkaus II. Die kleine, an der Basis nur 5,20 x 5,20 m breite und von einer eigenen Ziegelmauer umfaßte Anlage verfügte allerdings noch über kein Kammersystem. Sie besaß offenbar nur einen «symbolischen» Charakter, was sicherlich darauf zurückzuführen ist, daß die einst nur etwa 4,50 m hohe Kultpyramide erst nachträglich während der Erweiterungsphase des Totentempels unter Niuserre errichtet wurde.[257] Eine Kultpyramide spielte allem Anschein nach in jener Zeit bei der Bestattungszeremonie einer Königin keine Rolle. Die Kultpyramiden späterer Königinnen weisen dagegen unterirdische Anlagen auf, die offenbar zur Aufnahme bestimmter Gegenstände gedient haben.

Die Grabanlage des Kawab

Repräsentativ für die großen Mastabas auf dem Ostfriedhof soll hier die Grabanlage des Wesirs Kawab und seiner Frau Hetepheres (II.) (G 7110/20) vorgestellt werden, damit man einen Eindruck von diesen gigantischen Grabanlagen erhält, deren Innenleben der Öffentlichkeit heute nicht zugänglich sind.

Die Mastaba liegt etwa 19 m südlich der Königinnenpyramiden G I-a und G I-b an nördlicher Position in der ersten, westlichen Reihe des Prinzenfriedhofes (Abb. 76b. 86). Aufgrund der exponierten Lage der Mastaba nimmt man heute allgemein an, Kawab sei ein Sohn und designierter Thronfolger des Cheops gewesen, der aber bereits vor seinem Vater starb.[258] Es gibt jedoch weder einen zeitgenössischen Beleg dafür, daß Kawabs Mutter Meritites II., die auf einem Relieffragment in dessen Grab namentlich erwähnt wird, eine Hauptgemahlin des Cheops gewesen ist, noch existiert ein eindeutiger inschriftlicher Hinweis, daß Kawab als Nachfolger des Cheops vorgesehen war. Selbst sein Titel «ältester Königssohn» gibt seinen Rang innerhalb der Königsfamilie nicht zweifelsfrei wieder, da mehrere Söhne eines Herrschers diesen Titel tragen konnten. Es kann also derzeit auch nicht vollkommen ausgeschlossen werden, daß Kawab kein Sohn des Cheops gewesen ist. Vielleicht war er wie Anchchaef, der die größte Mastaba auf dem Ostfriedhof besaß (Abb. 76b), ein Bruder, Halbbruder, Neffe oder Cousin des Königs. Dies würde erklären, wieso er vermutlich aufgrund seines fortgeschrittenen Alters vor seiner Frau Hetepheres II. gestorben war und sie sich mit einem oder zwei Thronfolgern des Cheops (Djedefre und/oder Chephren) wiederverheiraten konnte. Außerdem ließe sich damit wohl auch der Umstand begründen, wieso in einer Familiendarstellung im ebenfalls auf dem Ostfriedhof befindlichen Felsengrab der Königin Meresanch III. einerseits die königliche Abkunft ihrer Mutter Hetepheres II. von Cheops hervorgehoben wurde, andererseits aber die des Vaters Kawab unbekannt geblieben ist.

Privatgräber vom Typ Mastaba zeichnen sich durch einen Oberbau mit einer Kultstelle und einer über einen Grabschacht erreichbaren unterirdischen Anlage zur Aufnahme der Bestattung aus. Die Mastaba des Kawab setzt sich aus den Kernbauten G 7110 und G 7120 zusammen, die mit massivem Mauerwerk verbunden wurden (Abb. 87a).²⁵⁹ Die so entstandene neue Kernstruktur besaß eine Ausdehnung von 81,50 x 17,25 m. Nach der Verkleidung des Rohbaus mit Tura-Kalksteinblöcken erreichte die Grabanlage letztlich eine Länge von 83 m und eine Breite von 19,37 m. Der Böschungswinkel der Außenseiten betrug 78°, die Höhe der Mastaba lag bei über 5,20 m. Somit beinhaltete das Bauwerk ein Volumen von über 7000 m³.

Die Grabanlage verfügt über vier Grabschächte, die in der Fachliteratur die Bezeichnung G 7110 A, G 7110 B, G 7120 A und G 7120 B tragen. Die B-Schächte gehören zu den beiden ursprünglichen Kernbauten und damit zur ersten Bauphase, während die A-Schächte erst im Lauf der Überbauung der alten Kernmassive und Errichtung der Doppelmastaba entstanden sind. Nur der Schacht G 7120 A wurde zu einem vollendeten und funktionstüchtigen Kammersystem erweitert und führt zu der Sarkophagkammer, in der Kawab bestattet wurde. Die Schächte G 7110 A und G 7120 B enden dagegen auf dem Plateauniveau bzw. etwa 5 m tief im Felsboden.

Der im Querschnitt 1,90 x 1,80 m breite Grabschacht G 7110 B führt bis in eine Tiefe von 5,45 m unterhalb des Basisniveaus und von dort aus über einen 2,10 m langen, 1,10 m breiten und 1,42 m hohen Korridor nach Süden in eine unterirdische, nach Westen orientierte Felsenkammer. Sie war ursprünglich als Grabkammer für Kawabs Frau Hetepheres (II.) vorgesehen, blieb aber unvollendet. Der nordwestliche Bereich der Kammer wurde nicht vollständig aus dem Fels gemeißelt. Spuren eines Sarkophages oder einer Bestattung ließen sich nicht nachweisen. Wie bereits erwähnt überlebte Hetepheres (II.) ihren Mann, verheiratete sich erneut mit einem späteren König und fand ihre letzte Ruhe an anderer, bis heute nicht eindeutig identifizierbarer Stelle. Es wird vermutet, daß man sie erst unter der Herrschaft des Königs Schepseskaf in der Mastaba G 7350 beisetzte, die nach der Regierungszeit des Cheops südlich der Mastaba G 7330/40 errichtet wurde.

Der Grabschacht G 7120 A (Abb. 87b) besitzt einen Querschnitt von 2,05 x 2 m und führt 10,40 m tief in den Felsuntergrund. Etwa 1 m oberhalb der Schachtsohle führt ein horizontaler Korridor nach Süden in die Grabkammer. An der Nordseite des Schachtes befindet sich eine 1,05 x 1,85 x 1,35 m große Nische, die man offensichtlich zum Rangieren des Sarkophags benötigt hatte, als er über den Grabschacht in die Felsenkammer eingebracht wurde. An der Ostseite des 2 x 1,35 x 1,57 m großen Durchgangs zur Sarkophagkammer endet ein im Querschnitt etwa 1 x 1 m großer Korridor, der an der Ostseite der Mastaba vom Plateauniveau absteigend in Richtung Südwesten bis ins Kammersystem verläuft. Er wurde vermutlich während der Begräbnisfeierlichkeiten benutzt. Bei dieser Variante der Begehbarkeit der Sarkophagkammer war es – wie bei Mastabas sonst üblich – nicht erforderlich, eine Rampe auf das Dach der Mastaba zu führen, um die Bestattung über den Grabschacht einbringen zu können.

Die Grabkammer öffnet sich nach Westen und besitzt einen annähernd quadratischen Grundriß mit einer Seitenlänge von 5 m und einer Höhe von 3,50 m. Sie weist zwei architektonische Besonderheiten auf: In der Südwand – in theoretischer Verlängerung des Zugangskorridors und auf Höhe des Bodenniveaus – befindet sich eine kleine, 0,70 x 0,70 x 0,60 m messende, leicht abfallende Nische, die zur Aufnahme des Kanopenkastens diente. An der Westwand existiert eine flache, horizontale Nische (2,40 x 1,20 x 0,75 m), in die allem Anschein nach der Sarkophagdeckel bis zum Begräbnis des Kawab teilweise hineingelegt wurde, während der hervorstehende Teil vermutlich mit Stützbalken stabilisiert worden war.

Der Sarkophag des Kawab, der sich heute im Ägyptischen Museum in Kairo befindet, wurde aus Granit gefertigt und stand wie üblich im westlichen Teil der Kammer (Abb. 87c). Er ist 2,25 m lang, 1 m breit und ohne den Deckel 0,90 m hoch. Der etwa 0,26 m hohe Deckel selbst hat an seiner Unterseite einen rechteckigen Vorsprung, der genau in den Innenraum des Sarkophages eingepaßt werden konnte. Zum Transport und Justieren waren an den Enden der Längsseiten Löcher in den Deckel gebohrt worden, durch die starke Seile geführt werden konnten. An der oberen Kante der Sarkophagwanne wurde an den Längsseiten und der Südseite jeweils eine horizontale Inschriftenzeile angebracht. Neben der Opferformel «Ein Opfer, das der König und Anubis gibt» wird Kawab als «leiblicher Königssohn» bzw. «ältester leiblicher Königssohn» bezeichnet.²⁶⁰

Interessanterweise wurde der Sarkophag bis auf Höhe der Inschriften im Boden versenkt. Eine derartige Positionierung des

Abb. 86 Blick von der Cheops-Pyramide auf den nordwestlichen Bereich der Nekropole G 7000. Im Vordergrund die Königinnenpyramide G I-a. Dahinter die Grabanlage des Kawab. Unweit der Nord-West-Ecke dieser Mastaba am nördlichen Ende der «Königinnenstraße» liegen der Schacht und die Zugangstreppe der Anlage G 7000x.

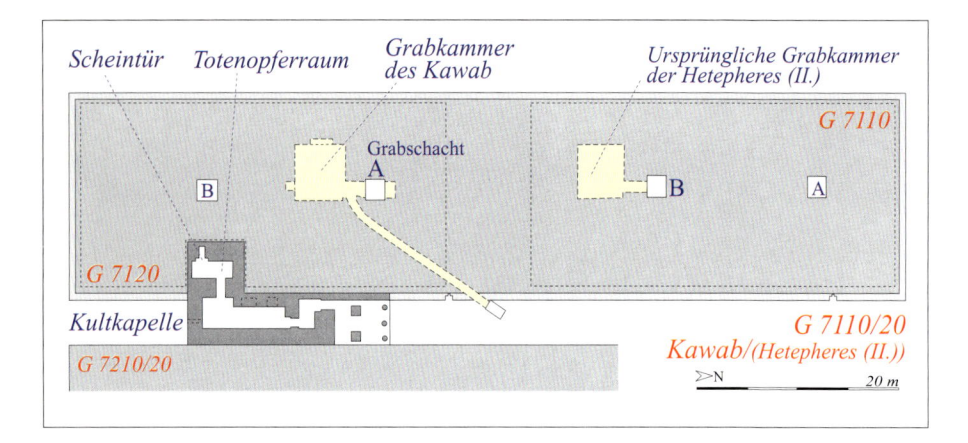

Abb. 87a Grundriß der Mastaba des Kawab (G 7110/20). Die Doppelmastaba verfügt über vier Grabschächte, von denen die B-Schächte zu den beiden ursprünglichen Kernbauten der ersten Bauphase gehörten, während die A-Schächte erst während der Umbauaktion entstanden sind. Nur der Schacht G 7120 A wurde zu einem funktionstüchtigen Kammersystem ausgebaut, in dessen Grabkammer Kawab bestattet wurde. Die Grabkammer von G 7110 B blieb unvollendet.

Sarkophags findet sich auch in den Grabbauten von Chephren und Baka sowie vermutlich auch bei Djedefre wieder. Dahinter verbarg sich offenbar ein rein praktischer Grund. Denn immerhin vereinfachte eine abgesenkte Sarkophagwanne das Einpassen des Deckels erheblich, so daß keine aufwendigen Holzkonstruktionen zum Heben des über 1,5 t schweren Deckels notwendig waren.

Nach dem Einbringen der Bestattung und letzten rituellen Handlungen wurde die Grabkammer mit Steinblöcken vermauert und der Durchgang zusätzlich mit einem mächtigen Blockier-

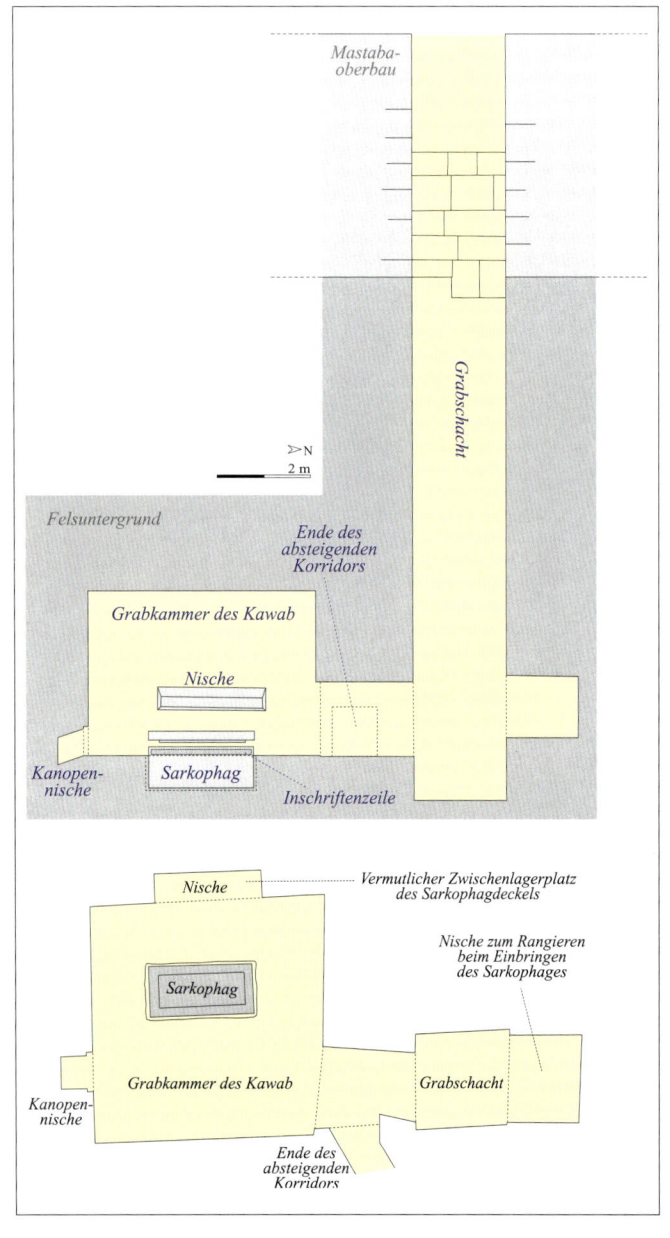

Abb. 87b Die Bestattungsanlage G 7120 A der Mastaba des Kawab (oben ein Nord-Süd-Schnitt durch das Kammersystem, unten ein Grundriß der unterirdischen Grabanlage). Der Grabschacht führt über 10 m tief in den Felsuntergrund. Etwa 1 m oberhalb der Schachtsohle führt ein horizontaler Korridor nach Süden in die Grabkammer. An dessen Ostwand endet ein Korridor, der an der Ostseite der Mastaba vom Plateauniveau absteigend in Richtung Südwesten bis ins Kammersystem verläuft (siehe Abb. 87a) und wahrscheinlich während der Begräbnisfeierlichkeiten benutzt wurde. Im westlichen Bereich der Grabkammer (ca. 5 x 5 x 3,50 m) wurde der Granitsarkophag des Kawab (heute im Ägyptischen Museum in Kairo) in den Boden eingelassen. In der Südwand der Kammer befindet sich eine kleine, leicht abfallende Nische, die zur Aufnahme des Kanopenkastens diente. An der Westwand existiert eine längliche, rechteckige Nische, in der man vermutlich (wohl unterstützt durch stabilisierende Holzbalken) den Sarkophagdeckel bis zur Bestattung zwischengelagert hat.

Abb. 87c Blick in die Grabkammer des Kawab von Nordosten (altes Grabungsphoto). Die Granitsarkophagwanne wurde bis zu den horizontalen Inschriftenzeilen an den oberen Kanten in den Boden eingelassen. Der Sarkophag befindet sich heute im Ägyptischen Museum von Kairo. Im Hintergrund die Nische an der Westwand.

Die Privatnekropolen im Grabkomplex des Cheops

stein versiegelt. Der von der Ostseite ins Grab führende Korridor wurde abschließend ebenfalls massiv mit Steinblöcken verschlossen.

Die primäre Totenkultstelle der Mastaba befand sich an der Ostseite, etwa 11 m von der Südkante des Grabmals entfernt (Abb. 88). Sie ist zwar heute weitgehend zerstört, aber die noch erkennbaren Grundstrukturen und erhaltenen Bauteile bieten genug Material für eine schlüssige Rekonstruktion der Kulträume. Die Opferkapelle setzte sich aus mehreren Räumen unterschiedlicher Kultfunktion zusammen. Sie umfaßte eine Fläche von etwa 100 m² und reichte bis über 5 m tief ins Mastabamassiv hinein. Der Eingang zur Kapelle lag im Norden. Über eine Portikus, bestehend aus drei Säulen im nördlichen sowie zwei massiven Pfeilern im südlichen Bereich, und einen kleinen Vorraum gelangte man in die Hauptkammer des der Mastaba vorgelagerten Kapellenbereichs. Sie fungierte als eine Vorkammer des eigentlichen Totenopferraumes, der vom südlichen Bereich der Westwand der Kammer aus zu erreichen war. Nördlich vor diesem Durchgang befanden sich an der Westwand zwei große Nischen, in denen offenbar verschiedenartige Statuen des Kawab gestanden haben. Ein kleines, schräg angelegtes Fenster in der Südwand der Kammer diente zur Beleuchtung.[261]

An der Westwand des Totenopferraums stand eine Scheintür, die heute aber bis auf wenige Fragmente zerstört ist. Diese türähnliche Nische, deren oberer Abschluß gewöhnlich die steinerne Nachbildung eines einen Vorhang tragenden Rundholzes bildete, stellte die ideale Verbindung zwischen den Lebenden und dem Verstorbenen dar, dessen Ka durch sie heraustreten konnte, um die Opfergaben entgegenzunehmen, die seine Existenz sichern sollten. Über der Tür wurde eine fensterartige Vertiefung angebracht, in der man den Verstorbenen vor einem Opfertisch sitzend abbildete. Das ganze Ensemble wurde durch eine zweite, mit Inschriften und Darstellungen versehene Türumrahmung vervollständigt.

Die Ausgestaltung der Kulträume der Mastaba war äußerst aufwendig. In der Kultkapelle des Kawab standen einige Statuen des Grabherrn, die ihn aufrecht stehend oder in der Sitzpose eines Schreibers darstellten. Als unmittelbarer Angehöriger des Königshauses genoß Kawab große Privilegien und hatte alle Möglichkeiten, seine Kultstelle individuell und reich auszustatten. Zahlreiche Relieffragmente vermitteln einen kleinen Eindruck der einstigen Dekoration der Kulträume. Darunter befindet sich ein Bruchstück, das den Namen «Meritites» trägt. In Anlehnung an eine Darstellung in der südlich benachbarten Mastaba G 7130/40 soll dieses Bruchstück zusammen mit anderen Relieffragmenten zu einer Szene gehört haben, die einerseits Kawab zusammen mit seiner Mutter zeigt und andererseits einen verwandtschaftlichen Bezug zu König Cheops herstellt.[262]

Die Kultkapelle der Hetepheres (II.) wurde vollkommen zerstört; eine sinnvolle Rekonstruktion ist daher nicht möglich. Sie lag an der Ostseite der Mastaba gegenüber dem Grabschacht G 7110 B, der in die ursprünglich für sie vorgesehene Grabkammer führt. Nur wenige Blöcke des Bodenbelages der Kapelle haben sich erhalten. Nur einige in unmittelbarer Nähe gefundene, aber kaum aussagefähige Relieffragmente deuten auf die ehemalige Kultstelle von Kawabs Frau hin. Erwähnenswert ist lediglich

Abb. 88   Im Vordergrund die Überreste des Totenopferraumes der Kultkapelle des Kawab. Im Hintergrund die Königinnenpyramide G I-c.

Mastaba G 7110/20	
Ursprüngliche Tumuli:	
G 7110: Länge x Breite	36,50 x 17,27 m
G 7120: Länge x Breite	36,50 x 17,50 m
Grundfläche (NS x OW):	
Rohbau	81,50 x 17,25 m
Verkleidet	83,00 x 19,37 m
Höhe	~ 5,20 m
Kapelle:	
Länge x Breite	20 m (NS) x max. 10 m (OW)
Räume	4
Statuen	3-4 (?)
Scheintür	vorhanden
Grabschächte:	4
G 7110 A	unvollendet
G 7110 B	nicht belegt [urspr. Hetepheres (II.)]
G 7120 A	Kawab
G 7120 B	unvollendet
Grabschacht Kawab:	
Länge x Breite x Tiefe	2,05 x 2 x 10,40 m
Grabkammer des Kawab:	
Länge x Breite x Höhe	5 x 5 x 3,50 m
Sarkophag des Kawab:	Granit, beschriftet
Länge x Breite x Höhe	2,25 x 1 x 1,16 m

Tab. 13   Grundlegendes zur Mastaba des Kawab.

ein Fragment, auf dem sich ein Königinnentitel erhalten hat. Eine kleine Nische in der Mastabawand deutet heute auf die einstige Lage der Totenopferkammer und die Position der Scheintür hin.

Der Beamtenfriedhof westlich der Cheops-Pyramide

Vermutlich erst in der 2. Hälfte der Regierungszeit des Cheops wurde damit begonnen, westlich der Cheops-Pyramide eine große Anzahl von Grabanlagen für hohe Beamte der Baubehörde und anderer administrativer Dienste zu errichten. Der sog. Westfriedhof begann ursprünglich etwa 150 m von der Pyramide entfernt. Er setzt sich in der Grundplanung aus drei unabhängigen Gräberfeldern, sog. Kernfriedhöfen, zusammen, deren zentrale Bezugspunkte die Mastabas G 4000, G 1201 und G 2100 bilden (Abb. 89a.b). Der relativ große Abstand zur damaligen Hauptbaustelle auf dem Giza-Plateau resultierte vermutlich aus Platzgründen, die wohl mit den Baurampen und der Plazierung von Arbeits-, Werk- und Lagerstätten westlich der Pyramide zu tun hatten.

Die Gräbergruppe G 4000 bildet den größten Kernfriedhof auf dem Westfeld. Sie besteht aus 42 Mastabas: der großen Grabanlage G 4000 und 41 Mastabas, die östlich davon ähnlich symmetrisch wie die Gräber des Ostfriedhofs in acht Reihen zu je drei, fünf oder sechs Mastabas gruppiert wurden. Unmittelbar nördlich der östlichen Reihen der Gruppe G 4000 liegt die Nekropole G 2100. Sie setzt sich aus elf Grabanlagen zusammen, die in vier nicht ganz symmetrischen Reihen zu je zwei oder drei Mastabas angeordnet wurden. Gut 50 m weiter westlich davon steht isoliert die größte Mastaba des Westfeldes. Die Anlage G 2000, deren Ausmaße denen der Mastaba des Anchchaef auf dem Ostfriedhof entsprechen, gehörte einer bislang unbekannt gebliebenen hohen Persönlichkeit am Hofe des Königs. Weitere ca. 80 m westlich von G 2000 liegt der dritte Kernfriedhof G 1200, der zehn Mastabas umfaßt. Insgesamt wurden unter Cheops auf dem Westfriedhof 64 Grabmassive mit je einer Bestattungsanlage auf einer Grundfläche von etwa 45000 m² errichtet. Wie bereits am Ostfriedhof erkennbar existierten auch bei der Anordnung der drei Gräbergruppen westlich der Cheops-Pyramide Bezuglinien, an denen sich die Planer des Beamtenfriedhofes offenbar orientierten. Diese Kernfriedhöfe waren die Ausgangspunkte für die weiteren Friedhofsbelegungen. Die Bauforschungen und Untersuchungen der Bestattungen haben dabei ergeben, daß die Errichtung und Belegung der Grabanlagen der Nekropolen G 4000 und G 2100 von Westen nach Osten, die der Gruppe G 1200 dagegen umgekehrt von Osten nach Westen verlief.[263]

Die Grabanlagen des Westfriedhofes wurden in mehreren großen Grabungskampagnen umfangreich und aufwendig erforscht und sind heute gut dokumentiert.[264] Die unterirdische Bestattungsanlage einer Mastaba dieser Nekropole besteht in der Regel aus einem Schacht ganz unterschiedlicher Tiefe, der in der nördlichen Hälfte der Mastaba liegt und an seiner Sohle in einen nach Süden verlaufenden, horizontalen Korridor übergeht. Dieser führt schließlich in eine Grabkammer, die sich bezogen auf die Ausrichtung der Zugangspassage nach Westen orientiert. Die Sarkophagkammer ist meist bis auf die Decke mit Tura-Kalkstein ausgekleidet worden und wurde – wie man in einigen Gräbern auf dem Kernfriedhof G 4000 nachgewiesen hat – mit roter Farbe bemalt, die vermutlich nach dem Vorbild der Grabkammer des Cheops den kostbaren Granitstein imitieren sollte. Gemäß der Jenseitsvorstellungen wurde an der Westwand der Kammer ein Kalksteinsarkophag plaziert, der jedoch im Gegensatz zu den Sarkophagen der königlichen Familie weder Dekorationen noch Inschriften aufwies. Den Kanopenkasten deponierte man in einer rechteckigen Nische in der Süd-Ost-Ecke der Grabkammer.

Für den lagenweisen Aufbau des leicht stufenförmigen Mastabaoberbaus (Abb. 90a.b) verwendete man Kalksteinblöcke verschiedener Größe, die teilweise aus dem großen Steinbruchgebiet südlich der Cheops-Pyramide, vor allem aber wohl aus einem nahen Abbaugebiet südwestlich des Westfriedhofs kamen. Vielleicht wurden in den Kernmassiven aber auch Teile des Rampenmaterials oder Abraum aus den Steinbrüchen mit verbaut. Bis zum Ende der Regentschaft des Cheops hatten nur die wenigsten Grabmassive eine Verkleidung erhalten. Der Baubefund läßt jedoch deutlich erkennen, daß grundsätzlich jede Grabanlage eine sorgsame Ummantelung aus Tura-Kalkstein bekommen und an der Ostfassade mit Scheintüren ausgestattet werden sollte.[265]

Eine Reihe von Grabanlagen wurde im Laufe der Regierungszeit des Cheops an Personen der Baubehörde vergeben, die während der Errichtung der königlichen Nekropole verstorben waren – noch bevor die Oberbauten der Mastabas ihre endgültige Form (Verkleidung) und geplante Kulteinrichtung (Steinkapelle mit Scheintür) erhalten hatten. Damit diese privilegierten Beamten ordnungsgemäß bestattet und der Gunst ihres obersten Dienstherrn gemäß am königlichen Totenopfer partizipieren konnten, mußten zwei Voraussetzungen erfüllt werden. Einerseits mußten die grundlegenden Arbeiten im unterirdischen Teil der Grabanlage abgeschlossen sein; also insbesondere ein Sarkophag aus Kalkstein in der Grabkammer bereitstehen, damit die Beisetzung vollzogen und das Grab verschlossen werden konnte. Andererseits mußte der unfertige Oberbau für den Totenkult funktionsfähig gemacht werden, d.h. eine provisorische, aber hinreichend ausgestattete Kultstelle am Mastabamassiv installiert werden. Zu diesem Zweck wurde in einer Nische im südlichen Bereich der Ostfassade des Rohbaus der Mastaba eine von den

Die Privatnekropolen im Grabkomplex des Cheops

Abb. 89a   Blick über den Westfriedhof von der Cheops-Pyramide aus. In der Bildmitte erkennt man den unter Cheops symmetrisch angelegten Kernfriedhof G 4000. Rechts (nördlich) dieser Nekropole liegt die große Mastaba G 2000. Davor (östlich) und dahinter (westlich) erstrecken sich in einiger Entfernung die Friedhöfe G 2100 und G 1200 (siehe zum Vergleich auch Abb. 89b).

Abb. 89b   Lage und Ausrichtung der unter Cheops errichteten Privatnekropole westlich der Cheops-Pyramide. Der Beamtenfriedhof begann ursprünglich etwa 150 m westlich der Pyramide und setzte sich in der Grundplanung aus den drei unabhängigen Gräberfeldern G 1200, G 2100 und G 4000 (mit insgesamt 63 Mastabas) und der «alleinstehenden» Mastaba G 2000 zusammen. Die regelmäßige Anordnung der einzelnen Nekropolenbereiche sowie ihre grundsätzlich einheitliche Bauausführung deuten darauf hin, daß sie von der staatlichen Baubehörde konzipiert und errichtet wurden. Die Grabanlagen wurden ausgewählten, hohen Mitgliedern der Bauverwaltung und einflußreichen Würdenträgern des Staates als Rohbauten ohne Verkleidung und Kultstätte übergeben; für die weiteren Arbeiten an den Mastabas waren die Grabeigentümer offensichtlich selbst verantwortlich.

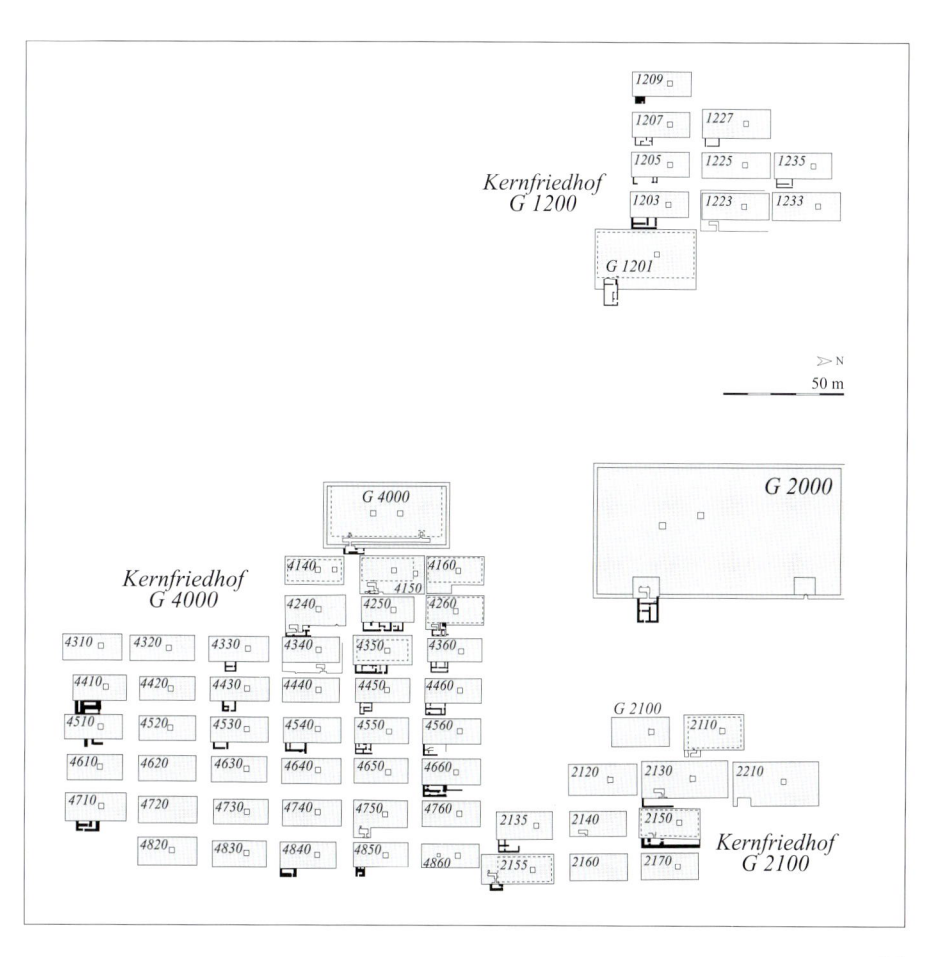

91

Abb. 90a Auf dem Kernfriedhof G 4000: Blick auf die Mastaba G 4440 von Nordosten. Der Grabinhaber ist unbekannt. Im Hintergrund die Pyramide des Chephren.

königlichen Handwerkern hergestellte Opferplatte angebracht (Abb. 91a.b). Auf diese Weise konnte die Belegung des Grabes namentlich gekennzeichnet und letztlich durch die Auszeichnung einer zentralen Stelle für das rituelle Totenopfer die prinzipielle Minimalanforderung für den Totenkult gewährleistet werden. Parallel dazu wurde vermutlich im Korridor zwischen dem Grabschacht und der Sarkophagkammer ein sog. Ersatzkopf aufgestellt, der ein Äquivalent zur Grabstatue darstellte. Von diesen Grabbeigaben haben sich etliche Exemplare erhalten, die sich heute in verschiedenen Museen der Welt befinden.

Die von Aufbau und Aussagekraft stets gleichen, aber in ihrer Ausarbeitung individuell gestalteten Opferplatten enthielten mit dem Namen und den Titeln des Grabbesitzers, mit seiner Darstellung vor dem Opfertisch und mit einer Opferliste fast alle zentralen Informationen einer Scheintür, die die jenseitige Existenz der Verstorbenen garantierten. Es fehlte eigentlich nur die architektonische Ausformung des Sinngehaltes der Scheintür als imaginäre Kommunikationsstelle mit dem Diesseits.

Als temporär geplantes Element des Grabes, auf das sich die Kulthandlungen für den Verstorbenen so lange konzentrieren sollten, bis der Grabbau vollendet war, errichtete man am Grabmassiv einen provisorischen Kultbau aus Lehmziegeln, der in der Regel mehrere Räume enthielt und dessen Außenseiten weiß verputzt waren. Wie die Baubefunde auf dem Westfriedhof zeigen, sind diese provisorischen Kultstellen bei einer Reihe von Gräbern später durch einen massiven Steinbau ersetzt und erweitert worden. Hierbei wurden die dort vorhandenen Opferplatten aus kultischen Gründen in ihren Nischen belassen (eine sekundäre Nutzung oder Zerstörung der mit den Namen des Grabbesitzers ausgestatteten Platten war ausgeschlossen). Im Zuge der Umbaumaßnahmen am Grabmassiv sind sie jedoch vermauert und letztlich durch Scheintüren ersetzt worden. Zahlreiche Reparaturen und Veränderungen an den noch vorhandenen Ziegelkapellen zeigen, daß es dem überwiegenden Teil der Nachkommen der unter Cheops in den Gräbern des Westfriedhofs Bestatteten offensichtlich nicht möglich gewesen war, die Grabanlagen in der geplanten Art und Weise fertigzustellen. So waren sie gezwungen, die ursprünglich als temporäre Kulteinrichtungen angelegten Ziegelbauten und Opferplatten beizubehalten und sie letztlich als endgültig zu akzeptieren.[266]

Wie die schwierige und mit etlichen Unsicherheiten behaftete Rekonstruktion der Belegungsgeschichte der 64 unter Cheops auf dem Westfriedhof entstandenen Grabanlagen andeutet, waren nach dem Ableben des Königs nur etwa 45 % der Grabanlagen vergeben bzw. belegt worden.[267] Anhand des archäologischen Fundmaterials läßt sich die Nutzung der drei Kernfriedhöfe bis in die Mitte der 5. Dynastie, also etwa 170 Jahre nach Cheops' Ableben, verfolgen. Einige Grabanlagen fanden merkwürdigerweise niemals Verwendung (Abb. 92).

Abb. 90b Auf dem Kernfriedhof G 4000: Die Mastaba G 4460 von Südosten. Der Grabinhaber ist unbekannt. Von der Kultkapelle sind nur noch Fundamentreste erhalten. Rechts daneben die kleine Mastaba des Kaputah, die zu einem späteren Zeitpunkt zwischen den Mastabas G 4460 und G 4560 errichtet wurde.

Die Mastaba G 2000

Ähnlich unklar wie sich die Fundsituation und Belegungsgeschichte des Schachtgrabes G 7000x auf dem Ostfriedhof darstellt, so wenig weiß man heute über den Besitzer der größten Grabanlage des Westfeldes. Die Mastaba G 2000[268] (Abb. 89b.

DIE PRIVATNEKROPOLEN IM GRABKOMPLEX DES CHEOPS

Abb. 91a Die Mastaba G 4360 des Merihetepef mit der Nische an der Ostseite der Grabanlage, in der einst eine Opfertafel eingemauert war.

93a.b) liegt auf den ersten Blick etwas isoliert und ohne sie unmittelbar umgebende Satellitengräber im nördlichen Bereich des Gräberfeldes. Trotz ihrer exponierten Lage und scheinbaren Unzugehörigkeit zu den drei Kernfriedhöfen basierte ihre Errichtung jedoch wieder auf jenem symmetrischen Grundmuster, das offensichtlich bei der Planung der Nekropolen vorgeherrscht hat. Ihre Südkante liegt ungefähr auf einer Linie mit der etwa 270 m entfernten Nordkante der Cheops-Pyramide. Die Anlage G 2000 begrenzt zusammen mit der Mastaba G 4000 einerseits die Kernnekropolen G 4000 und G 2100 nach Westen hin, andererseits wurden in den Grenzen ihrer Nord-Süd-Ausdehnung die Gräber der Nekropole G 1200 errichtet, deren dominante Grabanlage G 1201 sich offensichtlich an der Südkante der mächtigen Mastaba orientierte. So nahm die größte Grabanlage des Westfeldes eine Position in Bezug auf die drei Gräberfelder ein, die vordergründig den Eindruck erweckt, daß ihre Planung und Errichtung primär den Ausgangspunkt für die gesamte Nekropolenentwicklung auf dem Westfeld dargestellt haben könnte. Obwohl dieser Annahme vor allem der Baubefund zu widersprechen scheint (die Grabkammer blieb unvollendet und die Mastaba wurde nicht vollständig verkleidet), erfolgte die bauliche Entwicklung der benachbarten Kernfriedhöfe genau so, als befände sich die monumentale Anlage G 2000 im Zentrum dieser Expansion. Die freien Flächen zwischen G 2000 und den anderen Mastabas lassen sich vermutlich auf rein logistische Sachzwänge zurückführen. Immerhin benötigte man besonders im südlichen Umfeld von G 2000 ausreichend Platz zum Bau der Mastaba und möglicherweise befand sich in diesem Abschnitt das Zentrum der lokalen Baubehörde mit allen angeschlossenen Lager-, Werk- und Produktionsstätten, die für die Errichtung des Westfriedhofes verantwortlich war.

Die Mastaba weist zwei Grabschächte auf, die beide in der südlichen Hälfte des Steinmassivs liegen (Abb. 93b). Der südliche A-Schacht ist allerdings zu einem späteren Zeitpunkt angelegt worden und blieb unvollendet. Der Baubefund zeigt, daß G 2000 als Einschacht-Mastaba geplant und ausgeführt wurde. Der originale B-Schacht weicht wie bei der Mastaba des Anchchaef von der normalen Position bei einer derartigen Bestattungsanlage ab; er wurde weiter westlich im Grabmassiv errichtet. Er erreicht mit einer Länge von 39,10 m die größte Tiefe aller unter Cheops entstandenen Schachtanlagen auf dem Giza-Plateau. Insgesamt betrachtet führt das monumentale Grab fast so tief in den Felsuntergrund wie die Felsenkammer der Cheops-Pyramide. Vom Boden des Schachtes aus verläuft ein schräg abfallender Korridor in die unvollendet gebliebene Grabkammer, die eine Größe von 6,15 x 6,40 x 5,20 m aufweist (Abb. 94a). Die Kammer wurde nie verkleidet. Zusammen mit der Tatsache, daß

Abb. 91b Die Nische für die Aufnahme einer Opferplatte an der Ostwand der Mastaba G 4560.

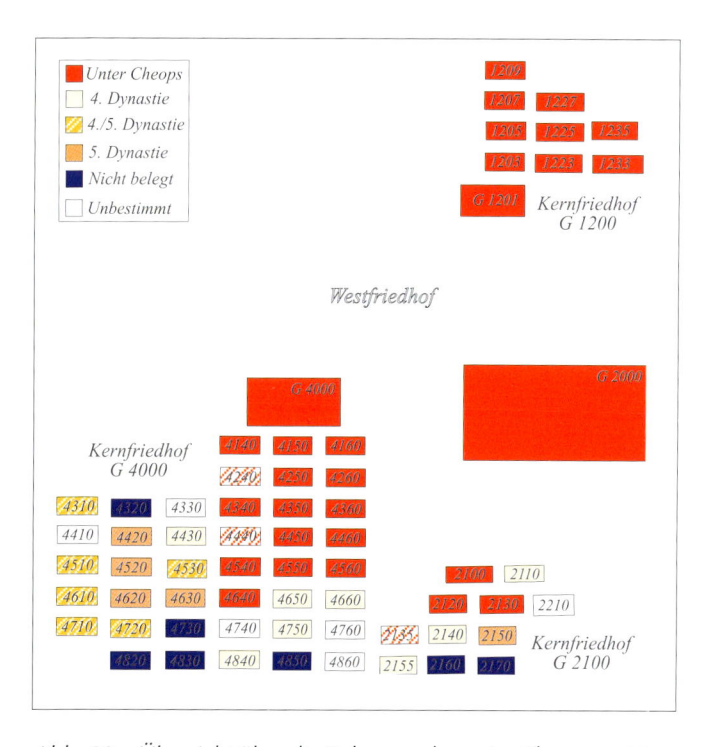

Abb. 92 Übersicht über die Belegung der unter Cheops entstandenen Grabanlagen des Westfriedhofes. Offenbar waren nach dem Ableben des Königs nur etwa 45 % der Mastabas vergeben bzw. belegt worden. Die Nutzung der Gräber der drei Kernfriedhöfe läßt sich bis in die Mitte der 5. Dynastie verfolgen. Einige Grabanlagen fanden jedoch niemals Verwendung. Siehe hierzu auch Tab. 14.

Grabmal	Grabinhaber(in)	Belegung der Grabanlage	Mastabaverkleidung	Opferplatte	Kapelle (Z,S)	Scheintüren	Tiefe des Grabschachtes im Fels [m]	Grabkammerverkleidung	Sarkophag	Kanopennische	Ersatzkopf
G 2000	?	Cheops	•	-	S	2	24,50	-	+	•	-
G 4000	Hemiunu	Cheops	•	-	S	2	15,40	•	•	•	-
G 4140	Meritites	Cheops	•	•	S	1?	10,63	•	+	-	2
G 4150	Iunu	Cheops	•	•	Z?, S	1?	7,00	•	•/+?	•	-
G 4160	?	Cheops	•	+	Z, S	1?	6,50	•	+	-	•
G 4240	Snofruseneb	Cheops (?)	•	?	S	1	11,40	-	•	•	2?
G 4250	?	Cheops	-	+	S?	-	7,50	•	-	•	-
G 4260	?	Cheops	•	+	Z,S	1?	6,50	•	•/+	-	•
G 4310	?	Ende 4./ Anf. 5. Dyn.	-	-	-	-	5,00	-	+	-	-
G 4330	?	?	-	-	Z	1	11,30	-	-	-	-
G 4340	?	Cheops	•	+	S	?	9,20	•	-	-	•
G 4350	?	Cheops	-	+	Z	-	8,00	•	-	•	-
G 4360	Merihetepef	Cheops	-	+	Z	-	8,00	•	•	•	•?
G 4410	?	?	-	-	S	2	11,90	-	•	-	-
G 4420	Tetu	Mitte der 5. Dyn.	-	-	Z?	-	4,95	-	-	-	-
G 4430	?	2. Hälfte der 4. Dyn.	-	-	Z	1	4,05	-	-	-	-
G 4440	?	Cheops (?)	•	-	Z, S?	?	9,40	•	•	•	•
G 4450	?	Cheops	-	+	Z	-	8,18	•	-	•	-
G 4460	?	Cheops	-	+	Z	-	8,00	•	-	-	-
G 4510	?	Ende 4./ Anf. 5. Dyn.	-	-	-	-	4,20	-	-	-	-
G 4520	Chufuanch	5. Dynastie	-	-	S	2	6,20	-	+	-	-
G 4530	?	Ende 4./ Anf. 5. Dyn.	-	-	S	-	9,43	-	-	-	-
G 4540	?	Cheops	-	-	Z	-	12,80	•	+	•	•
G 4550	?	Cheops	-	-	Z	-	8,00	•	-	-	-
G 4560	?	Cheops	-	+	Z	-	7,00	•	-	•	-
G 4610	?	Ende 4./ Anf. 5. Dyn.	-	-	-	-	5,15	-	-	-	-
G 4620	Kanefer	5. Dynastie	-	-	S	-	5,20	-	-	-	-
G 4630	Medunefer	Mitte der 5. Dyn.	-	-	Z	2	6,70	-	+	-	-
G 4640	?	Cheops	•	-	S	1	12,05	•	-	•	•
G 4650	Iabtet	2. Hälfte der 4. Dyn.	-	-	Z	-	9,00	-	•	•	•
G 4660	?	Chephren (?)	-	-	Z	1	7,00	•	•	•	-
G 4710	Setju	Ende 4./Anf. 5. Dyn.	•	-	S	1	8,00	-	•	•	-
G 4720	?	Ende 4./ Anf. 5. Dyn.	-	-	-	-	5,00	-	-	-	-
G 4740	?	?	-	-	Z?	-	9,81	-	+	-	-
G 4750	Achi	Chephren o. Mykerinos	•	-	S	1	10,00	-	•	-	-
G 4760	?	?	-	-	Z?	-	8,75	-	•/+	-	-
G 4840	Wenschet	2. Hälfte der 4. Dyn.	-	-	S	2	10,00	-	-	-	-
G 4860	?	?	-	•	-	-	7,30	-	-	•	-
G 2100	Fam. des Merib	Cheops	-	•	Z	-	7,80	•	•	•	-
G 2110	Nefer	Djedefre o. Chephren	•	-	S	2	11,05	•	•	-	•
G 2120	Seschat-sechentiu	Cheops	•	-	Z?, S	1	7,30	•	•	•	-
G 2130	Chent(ka)	Cheops	•	-	Z,S	2	7,00	•	•	•	-
G 2210	?	?	-	-	S?	-	7,85	?	+	-	-
G 2135	?	Cheops o. Djedefre	-	•	Z	-	7,00	•	•	-	-
G 2140	?	Ende der 4. Dyn.	-	-	S	1	2,90	-	-	-	-
G 2150	Kanefer	Anfang der 5. Dyn.	•	-	Z,S	2	8,50	-	•	-	-
G 2155	Kaninisut	Ende der 4. Dyn.	•	-	Z,S	2	12,00	•	•	-	-
G 1201	Wepemnefret	Cheops	•	-	Z	1	10,88	•	•	•	-
G 1203	Kanefer	Cheops	-	-	Z	-	5,45	•	•/+	•	•
G 1223	Kaemah	Cheops	•	-	Z,S	1?	6,20	•	•	•	-
G 1233	?	Cheops	-	-	-	-	12,86	•	•	-	-
G 1205	Chufunacht	Cheops	-	-	Z	-	11,90	•	-	-	•
G 1225	Nefretiabet	Cheops	•	-	Z,S	1	5,50	•	•	-	-
G 1235	Ini	Cheops	-	-	Z	-	11,90	•	•	-	-
G 1207	Nefret	Cheops	-	-	Z	-	9,90	•	-	•	-
G 1227	Sethihekenet	Cheops	-	•	Z	-	8,33	•	-	-	-
G 1209	?	Cheops	-	-	Z	-	10,32	•	-	•	-

Tab. 14   Die unter Cheops' entstandenen Mastabas auf dem Westfriedhof im Überblick (Daten nach P. Jánosi). Die Grabanlagen 4320, 4730, 4820, 4830, 4850, 2160 und 2170 wurden nicht belegt und blieben deshalb hier unberücksichtigt. (•/+) Sarkophag und Sarg vorhanden, (+) Platz für Opferplatte vorhanden / Sarg vorhanden (Sarkophag nicht vorhanden / zerstört), (Z) Ziegelkapelle, (S) Steinkapelle.

auch der Oberbau nicht vollständig verkleidet wurde, könnte man dies als ein Indiz dafür werten, daß man die Grabanlage erst relativ spät in der Regierungszeit des Cheops errichtet hat.

Bislang konnten keine Hinweise darauf gefunden werden, wer in G 2000 einst bestattet wurde. Die ungewöhnliche Größe der Grabanlage auf einer Grundfläche von etwa 105 x 52 m (100 x 50 Ellen), die nur in der Mastaba G 7150 des Anchchaef auf dem Ostfriedhof eine Entsprechung findet, deutet zumindest darauf hin, daß ihr anonymer Eigentümer eine bedeutende Persönlichkeit unter Cheops war und wahrscheinlich aus der königlichen Familie stammte. Dafür spricht wohl indirekt auch, daß neben G 2000 nur noch die Kultkapellen der Grabanlagen von Anchchaef und Hemiunu (beide Verwandte des Cheops) sowie die an den Königinnenpyramiden G I-b und G I-c über zwei Scheintüren verfügten. Die Architektur der Grabanlage G 2000 deutet durch die Lage des benutzten Grabschachtes darauf hin, daß der Grabbesitzer männlich gewesen war. In der Tat erwies sich ein in einem Holzsarg in der Grabkammer aufgefundenes Skelett aufgrund des anatomischen Befundes als die sterblichen Überreste eines Mannes hohen Alters (Abb. 94a.b). Möglicherweise war der Grabeigentümer der Mastaba G 2000 ein Bauleiter der Cheops-Pyramide. Allerdings kann man auch nicht ausschließen, daß man es hierbei mit einer sekundären, erst später durchgeführten Bestattung zu tun hat.

An der Ostseite der Mastaba wurden bei ihrer Errichtung zwei Vertiefungen im Kernbau ausgespart. Die nördliche Aussparung wurde zugemauert und an ihrer Fassade eine gewaltige Nebenscheintür aus Kalksteinblöcken errichtet. In der südlichen Vertiefung wurde eine L-förmige Kapelle aufgemauert, an deren Westwand man zwei Scheintüren installierte. Die Verwendung von zwei Scheintüren im Ensemble einer Kultstelle tritt neben der

Abb. 93a   Das Kerngebiet des Westfriedhofs zu Beginn des 20. Jhs. Die große Grabanlage G 2000 am rechten Bildrand gehörte zu den 29 Mastabas, die zu Lebzeiten des Cheops vergeben wurden. Gut zu erkennen ist die große Aussparung im südlichen Bereich der Ostseite der Mastaba, in der eine L-förmige Kapelle, ausgestattet mit zwei Scheintüren, errichtet wurde.

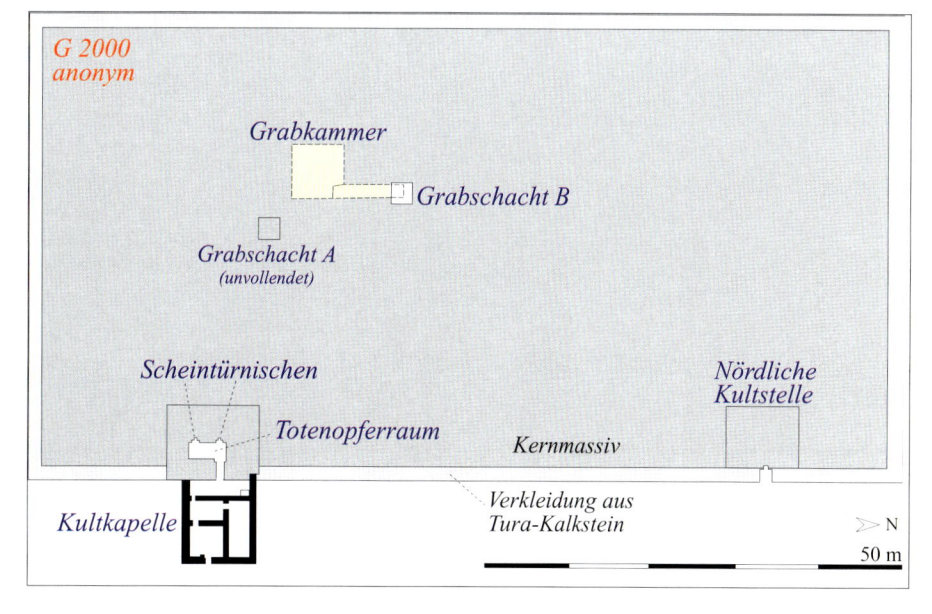

Abb. 93b   Die Mastaba G 2000 ist mit einer Grundfläche von etwa 105 x 52 m die größte Grabanlage auf dem Westfriedhof. Ihre Größe und exponierte Lage deuten darauf hin, daß ihr bislang anonym gebliebener Eigentümer eine bedeutende Persönlichkeit am Hofe des Cheops war und vermutlich aus der königlichen Familie stammte. Die Anlage wurde als Einschacht-Mastaba mit dem Grabschacht B geplant und ausgeführt. Der südliche A-Schacht ist zu einem späteren Zeitpunkt angelegt worden und blieb unvollendet.

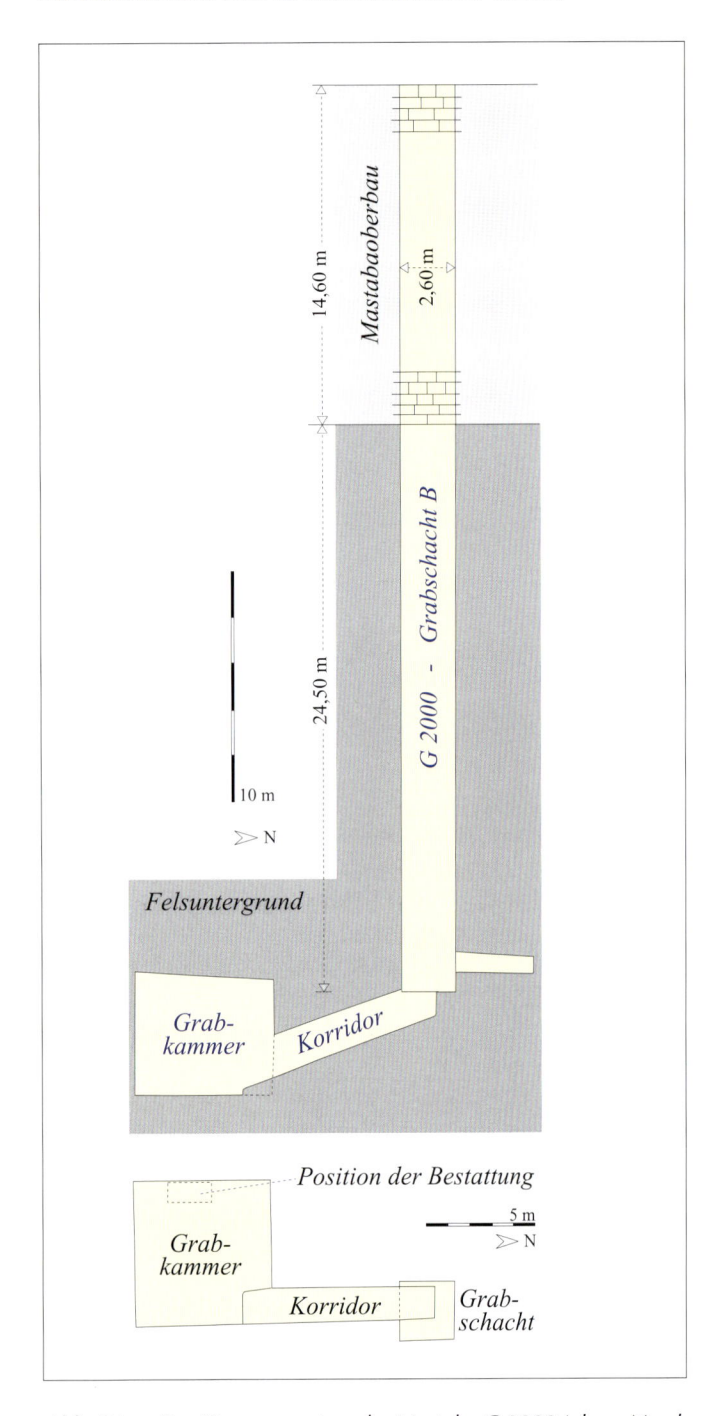

Abb. 94a Das Kammersystem der Mastaba G 2000 (oben: Nord-Süd-Schnitt; unten: Draufsicht). Der Grabschacht B hat insgesamt eine Länge von 39,10 m und reicht bis in eine Tiefe von 24,50 m. Die Grabkammer der Mastaba liegt gut 29 m unter dem Bodenniveau und blieb unvollendet.

Abb. 94b In der Grabkammer der Mastaba G 2000 fanden die Ausgräber in einem Holzsarg die sterblichen Überreste eines Mannes hohen Alters, der vielleicht ein Bauleiter der Cheops-Pyramide gewesen war.

Abb. 95 Die Überreste der Kultkapelle der Mastaba G 2000.

standardisierten L-förmigen Kapellenform unter Cheops erstmalig in Erscheinung und wird als Vorläufer der Kultanlagen der in der 2. Hälfte der 4. Dynastie in Mode kommenden Felsengräber angesehen.

Der nordsüdausgerichtete Opferraum der Kultstelle besaß eine Länge von 4,50 m und eine Breite von 1,75 m. Er war über einen 9,70 x 8,80 m großen und aus vier Räumen bestehenden Lehmziegelbau zu erreichen, der an das Mastabamassiv angebaut wurde (Abb. 95). Der Eingang in die Kultkapelle lag an der Ostseite. In der Umgebung der Kapelle ist damit begonnen worden, den Tumulus mit Kalksteinblöcken aus Tura oder Maasara zu verkleiden. Eine Arbeit, die jedoch nie beendet wurde.

Die Grabanlage des Hemiunu

Das «Kerngebiet» des Beamtenfriedhofes wird nach Westen hin durch die große Mastaba G 4000 begrenzt (Abb. 89b.c. 96a.b).[269] Die Grabanlage wurde in zwei zusammenhängenden Bauphasen errichtet. Das Kernmassiv der Mastaba, das mit einer Schachtanlage ausgerüstet war, besaß eine Grundfläche von 47,00 x 21,45 m und wurde ohne Innenräume und Scheintüren aus kleinen, gut behauenen Kalksteinblöcken aufgebaut. Während der zweiten Bauphase vergrößerte man den Kernbau asymmetrisch. An der östlichen Frontseite wurden Kulträume angelegt und in der südlichen Hälfte der Mastaba begann man mit den Ausschachtungen für eine zweite Bestattungsanlage (Abb. 97). In das erweiterte Massiv wurde ein Totenopferraum in Form eines schmalen, langgestreckten Korridors (36,90 x 1,56 m) eingebaut, der im Süden und Norden der Westwand zwei Scheintüren aufwies und dessen Zugang sich am Südende der Ostwand befand. Die größere Scheintür und damit die Hauptkultstelle lag entgegen der sonst üblichen Positionierung derartiger Opferplätze nicht im südlichen, sondern im nördlichen Bereich der Ostfassade, da die Bestattung des Grabbesitzers aufgrund des unfertigen Zustandes der südlichen Schachtanlage in der nördlichen Grabkammer durchgeführt werden mußte. Hinter den Scheintüren wurden gemäß ihrer Größe und Bedeutung unterschiedlich große Statuenkammern gebaut, die mehrere Meter tief in das Kernmauerwerk der Mastaba hineinreichen. Östlich vor dem Zugang zum Opferkorridor wurde schließlich noch ein aus zwei, in Ost-West-Richtung hintereinanderliegenden Räumen bestehender Ziegelbau (7,70 x 2,55 m) errichtet. Der Zugang in die Kultkapelle lag im Norden.

Daß insbesondere die Erweiterung der Mastaba Gegenstand eines von Anfang an geplanten Baukonzeptes gewesen war, verdeutlicht vor allem die Tatsache, daß die Südkante der fertiggestellten Mastaba genau auf einer Linie mit der Ost-West-Zentralachse der Cheops-Pyramide liegt. Nach Abschluß der Verkleidungsarbeiten erhob sich das Grabmal auf einer Fläche von 53,20 x 26,80 m (101 1/2 x 51 Ellen) bis in eine Höhe von 6,14 m (ca. 11 3/4 Ellen). Als Zweischacht-Mastaba besaß die Anlage G 4000 einen einmaligen Status innerhalb der Kernfriedhöfe des Westfeldes.

Als die Mastaba im Jahre 1912 freigelegt und wissenschaftlich untersucht wurde, entdeckte man in der Nische der nördlichen Scheintür eine von Grabräubern geschlagene Öffnung, die zur Statuenkammer führt. Darin fanden die Ausgräber eine lebensgroße Sitzstatue des Grabinhabers – das bislang einzige Exemplar seiner Art einer Privatperson aus der Zeit des Cheops (Abb. 98a.b). Die Statue zeigt einen sehr beleibten, mit einem Schurz bekleideten Mann mittleren Alters. Sie wurde beschädigt aufgefunden. Die rechte untere Armpartie war abgeschlagen und der Kopf vom Rumpf gewaltsam getrennt worden. Der stark beschädigte Kopf lag im Schutt der Kammer. Die Grabräuber hatten es allem Anschein nach auf die Goldeinfassung der eingelegten Augen aus Bergkristall abgesehen und deshalb die Gesichtspartie um die Augen herum vollkommen zertrümmert. Heute befindet sich die Statue restauriert in den Ausstellungsräumen des Roemer- und Pelizaeus-Museums in Hildesheim (Abb. 98b).

Anhand der Inschriften, die man in der Kultkapelle sowie an der Basis der Grabstatue fand, konnte man den Eigentümer der Mastaba identifizieren und Erkenntnisse über dessen gesellschaftliche Stellung gewinnen. In der Mastaba G 4000 wurde Hemiunu bestattet – eine, wie es die Größe seiner Grabanlage bereits andeutet, überaus einflußreiche Persönlichkeit am Hofe des Cheops. Hemiunu war offenbar ein Sohn des Bauleiters Nefermaat gewesen, der unter Snofru die Pyramide von Meidum errichtet und dort in der Mastaba 16 seine letzte Ruhe gefunden hat. Da Nefermaat ein älterer Bruder des Cheops war, gehörte Hemiunu als Neffe des Königs zum erweiterten Familienkreis. Sein Rangtitel «leiblicher Königssohn» wird diese Position entsprechend seiner sozialen Stellung am Hof gegenüber anderen Familienmitgliedern und Würdenträgern definiert haben. Hemiunus Titelliste ist lang und äußerst aufschlußreich.[270] Er war u. a. Wesir, also der staatliche Stellvertreter des Regenten, sowie «Siegelbewahrer des Königs von Unterägypten», d. h. oberster Leiter der Versorgung des königlichen Haushaltes. Als «Leiter aller göttlichen Ämter» war er zudem so etwas wie ein Kultusminister und der Titel «Vorsteher aller Bauarbeiten des Königs» gibt an, daß Hemiunu während seiner Amtstätigkeit die Oberaufsicht über alle Bauarbeiten an der Nekropole des Königs innehatte. Die in seiner Grabanlage verewigte Titelreihe zeigt, daß Hemiunu die höchsten Rangtitel trug und unter Cheops der einflußreichste Beamte im Staat gewesen war.

Nicht ganz so glanzvoll und reibungslos wie die Karriere des Hemiunu sich gestaltete, trat er offensichtlich seinen Weg ins Jenseits an. Als er starb, war zwar die nördliche Grabschachtanlage komplett fertiggestellt, die Arbeiten der später in Angriff genommenen und mittlerweile favorisierten zweiten Bestattungsanlage jedoch noch nicht abgeschlossen worden. Der südliche, im Querschnitt 2,20 x 2,20 m breite Grabschacht, der 15,20 m tief in den Felsuntergrund führt, wurde zwar zusammen mit einem etwa 30° steil abfallenden Zugangskorridor zur Grabkammer ordnungsgemäß fertiggestellt, die Ausarbeitung der Sarkophagkammer hatte aber gerade erst begonnen. Ihre Decke lag noch auf dem Niveau der Oberkante des Eingangs zur Kammer; die gegenüber dem Bodenniveau des Korridors vertiefte Kammer wies erst eine Höhe von 1,40 m auf. Die maximalen Grundmaße der Kammer betragen heute 4,30 x 4,10 m. Da die nördliche Kammer größer konzipiert wurde und vor allem die Süd- und Westwand der südlichen Grabkammer einen sehr ungleichförmigen Verlauf aufweisen, hatte diese offensichtlich ihre endgültige Ausdehnung noch nicht erreicht. In diesem Stadium der äußerst schwierigen und vor allem langwierigen Arbeiten unter Tage war an eine schnelle Vergrößerung der Kammer, das Einbringen einer Verkleidung und eines Sarkophages für eine Bestattung sowie die vermutlich geplante Umrüstung der dazugehörigen Kultstelle überhaupt nicht zu denken. So wurden Hemiunus sterbliche Überreste in der älteren, aber bezugsfertigen Bestattungsanlage im Norden der Mastaba beigesetzt (Abb. 99). Interessanterweise muß der südliche Schacht aber während der Begräbnisfeierlichkeiten oder im Laufe des Totenkultes noch eine gewisse Rolle gespielt haben, wie die vielen Beigaben belegen, die aus der unvollendeten Anlage geborgen werden konnten. Darauf deutet auch eine 1,15 x 1,20 x 1,07 m große Opfernische hin, die an der Südwand etwa auf halber Höhe im unterirdischen Bereich des Südschachtes liegt und in der Reste einer Opferbeigabe gefunden wurden. Demgegenüber war ihr Äquivalent in der nördlichen, in Benutzung gewesenen Bestattungsanlage merkwürdigerweise nicht fertiggestellt worden.[271]

Der Nordschacht der Mastaba G 4000 liegt 19,50 m von der Nordkante der Grabanlage entfernt. Er besitzt den gleichen Querschnitt und führt ebenso tief in den Untergrund wie sein südliches Pendant. Genauso wie in der südlichen Anlage erreicht man die nördliche Grabkammer über einen absteigenden Korridor. Der Zugang zum Korridor wurde einst durch eine über 3 m hohe und 1,80 m breite Kalksteinplatte verschlossen, deren zerbrochene Fragmente man noch im Grabschacht fand. Die Grabkammer ist in Nord-Süd-Richtung gut 5,30 m lang, 4,50 m breit und erreicht eine Höhe von 3,85 m. Boden und Seitenwände wurden äußerst sorgfältig mit hochwertigen Kalksteinen ausgelegt und verkleidet. Die Felsdecke wurde dagegen nur mittelmäßig geglättet, vorhandene Spalten aber zum Teil mit Mörtel aufgefüllt. In der Süd-Ost-Ecke der Kammer befindet sich eine im Querschnitt 0,68 x 0,58 m breite und 0,43 m tiefe Aussparung im Boden, in der der Kanopenkasten untergebracht wurde. Von dem Kalksteinsarkophag, der an der Westwand stand, wurden nur noch wenige Reste gefunden. Offenbar hatten ihn Grabräuber zertrümmert und die möglicherweise mit kostbaren Beigaben bestückte Mumie des Hemiunu geplündert. Teile von Leinenbinden wurden noch in der Grabkammer entdeckt; sie gelten aber offensichtlich heutzutage als verloren. Zu den weiteren Fundobjekten aus dem nördlichen Bestattungstrakt zählen Bruchstücke von Alabaster- und Keramikgefäßen, darunter z. B. Reste eines Mörtelkruges und einer Schüssel aus feinem rötlichen Ton. Im Vergleich zur unvollendeten südlichen Schachtanlage wurden im Bestattungstrakt weniger Beigaben gefunden. Vermutlich ist dieser archäologische Befund auf die verstärkten Aktivitäten von Grabräubern im Nordschacht zurückzuführen.

Im Gegensatz zu den meisten anderen Grabanlagen in den Privatnekropolen des Cheops lassen sich über die Bauzeit an der Mastaba G 4000 relevante Aussagen machen. Wie bereits erwähnt wurden auf vier in der Mastaba verbauten Steinblöcken – mit groben Pinseln in roter Farbe ausgeführte – Datums-

Abb. 96a Die Mastaba des Hemiunu (G 4000) von Südwesten. Hemiunu war Wesir unter Cheops sowie u. a. «Vorsteher aller Bauarbeiten des Königs». Damit hatte er auch die Oberaufsicht über alle Bauarbeiten innerhalb der Cheops-Nekropole. Seine Mastaba bildet die westliche Begrenzung der Nekropole G 4000.

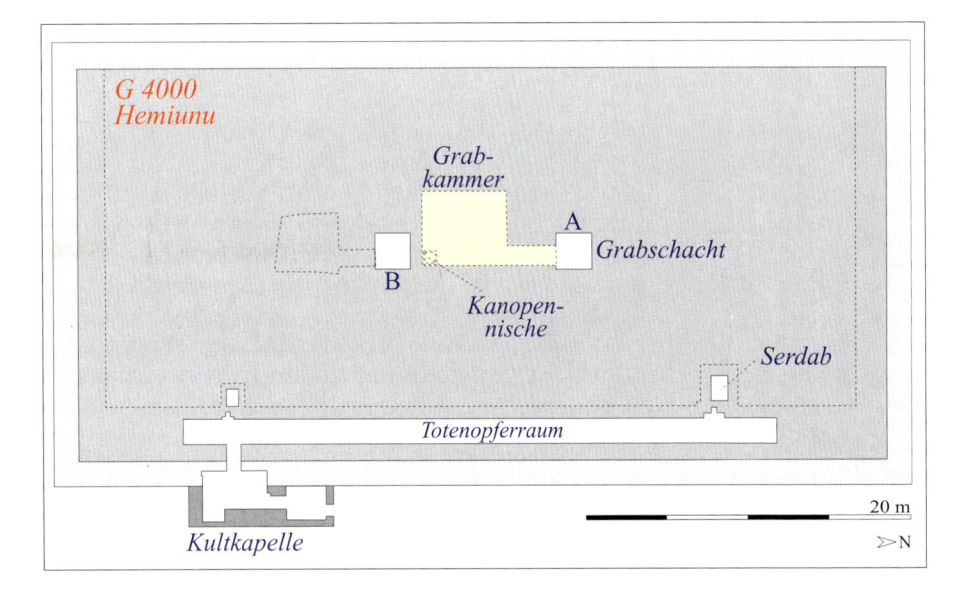

Abb. 96b Grundriß der Mastaba G 4000 des Hemiunu. Besondere Merkmale dieser Grabanlage sind das Vorhandensein zweier Bestattungsanlagen und ein Totenopferraum in Form eines schmalen, langgestreckten Korridors mit zwei Scheintüren im Süden und Norden der Westwand, von denen die nördliche die Hauptkultstelle war. Hinter den Scheintüren wurden unterschiedlich große Statuenkammern mehrere Meter tief in das Kernmauerwerk der Mastaba hineingebaut.

inschriften gefunden, die zumindest die Bauaktivitäten während der Erweiterung der Grabanlage in dem Zeitraum zwischen dem 8. und 10. Mal der Zählung unter Cheops (d. h. bei einer stringenten Zählung alle zwei Jahre in die Regierungsjahre 15–20) dokumentieren. Derartige Datumsvermerke dienten im Logistiksystem der Baustelle als Leistungsnachweise und wurden entweder am Tag des Brechens der Steine im Steinbruch oder während des Transports zur Baustelle, womöglich aber auch erst beim Verlegen im Baukörper selbst, angebracht. Durch diese Registrierungsmethode war es möglich, erstens die Steingewinnung in den Steinbrüchen genau zu kontrollieren und mit dem jeweiligen Tagessoll zu vergleichen, zweitens periodische Abrechnungen der einzelnen Transportabteilungen über das geförderte Material zu bekommen, drittens den notwendigen Bedarf an Steinblöcken am Bauplatz festzuhalten und mit dem Anforderungssoll zu überprüfen sowie viertens eine Leistungskontrolle über den Baufortschritt am Grabmal selbst zu erhalten. Nur durch ein gut organisiertes und auf Leistungskontrollen basierendes Verteilersystem war es den Ägyptern möglich, die Arbeiten und Bauzeiten an den Grabmälern innerhalb eines vorgegebenen Zeitplans zu überwachen bzw. zu optimieren. So konnten die gewonnenen Steinblöcke in der Regel direkt und ohne langwierige Verzögerungen vom Steinbruch zum jeweiligen Bauplatz abtransportiert und dort verbaut werden, um somit unerwünschte längere Lagerungszeiten im Umfeld der Steinbrüche wie auch am Bauplatz zu vermeiden.

Unabhängig von den geplanten Vorgaben wäre es aber auch durchaus denkbar, daß es insbesondere in der zweiten Phase der Errichtung der Cheops-Pyramide, als die benötigten Mengen an Steinmaterial immer geringer wurden, im erweiterten Umfeld der Baustelle ausgewählte Plätze gab, die als Steinlager dienten und aus denen sich die Nebenbaustellen in den Privatnekropolen bedienten. Hierauf deutet z. B. die Aufschrift auf einem der Abdecksteine der östlichen Bootsgrube an der Südseite der Cheops-Pyramide hin, zwischen dessen Beschriftung und Verlegung offensichtlich mindestens drei Jahre vergangen sind. Im Regelfall wird man aber davon ausgehen können, daß die Ägypter bemüht waren, den Weg und den Zeitraum des Transportes eines Steinblockes von seinem Ursprungsort bis zu seinem Bestimmungsort im Baukörper so kurz wie möglich zu halten. Unter dieser Prämisse kann man nun die an der Mastaba G 4000 aufgefundenen Datumsangaben[272] (Abb. 100a.b) näher untersuchen und ver-

Abb. 97 Blick auf die Überreste der Kultkapelle und den südlichen Bereich des Totenopferraumes zur Zeit der ersten Ausgrabungen an der Mastaba G 4000.

Abb. 98a Bei Grabungen an der Mastaba G 4000 des Hemiunu im Jahre 1912 entdeckte man in der Nische der nördlichen Scheintür eine von Grabräubern geschlagene Öffnung, die zur dortigen Statuenkammer (Serdab) führte. Darin fanden die Ausgräber eine lebensgroße, beschädigte Sitzstatue des Grabinhabers, bei der der Kopf gewaltsam vom Rumpf abgetrennt worden war.

suchen, Rückschlüsse über den zeitlichen Baufortschritt an diesem Grabmal zu erlangen.

Das früheste Datum wurde nördlich der Süd-West-Ecke der Mastaba zwischen dem ursprünglichen Kernmassiv und dem Verkleidungsmantel gefunden. Die Datierung «Jahr des 8. Mals, 3. Monat ‹Schemu›, Tag 20» verweist bei einer Zweijahreszählweise auf das 15. oder 16. Regierungsjahr des Cheops. Damit steht unter Berücksichtigung der eben genannten jeweiligen Möglichkeiten der Registrierung des Steinblockes auf dem Weg vom Steinbruch zur Baustelle der Mindestzeitpunkt fest, wann die Errichtung der Kultanlagen und die Verkleidungsarbeiten am Kernmassiv begonnen wurden.

Zwei weitere Datierungen stammen aus dem Bereich der Kulträume. Eine wurde in der Nähe der südlichen Kultkammer gefunden, die andere befand sich etwa 8 m südlich der nördlichen Scheintür auf der Rückseite eines Verkleidungssteins der untersten Reihe der Ostwand des Korridors. Beide verweisen auf das Jahr des 10. Mals der Zählung, jedoch auf unterschiedliche Jahreszeiten. Der zeitliche Abstand zwischen beiden Datierungen liegt in der Größenordnung von sechs Monaten. Einige Meter weiter nördlich des beschrifteten Blockes an der Nordscheintür mit dem Datum «Jahr des 10. Mals, 3. Monat ‹Achet›, Tag 10+x» wurde ein weiterer Steinblock in der Ostwand des Korridors gefunden, auf dem die Jahreszahl zwar verlorengegangen ist, die dazugehörigen Monats- und Tagesangaben sich aber fast vollständig erhalten haben. Diese Datierung lautet «4. Monat ‹Peret›, Tag 10+x» (Abb. 100b). Obwohl lediglich wenige Meter Abstand und damit vermeintlich nur ein kurzer Zeitraum zwischen der Verbauung beider Steinblöcke bestehen, deutet eine sinnvolle Rekonstruktion des unvollständigen zweiten Datums auf das 10. Mal der Zählung an, daß etwa fünf Monate zwischen den Zeitpunkten der Anbringung der Datumsaufschriften liegen. Dies kann nur bedeuten, daß (falls man die Datierungen während des Baus angebracht hat) die Arbeiten an dieser Stelle der Kulträume sehr langsam abliefen, vielleicht sogar für längere Zeit unterbrochen waren, bzw. man sich zu dieser Zeit auf die Errichtung der nördlichen Kultstelle konzentrierte oder aber (falls man die Beschriftungen im Steinbruch von Tura bzw. Maasara oder während

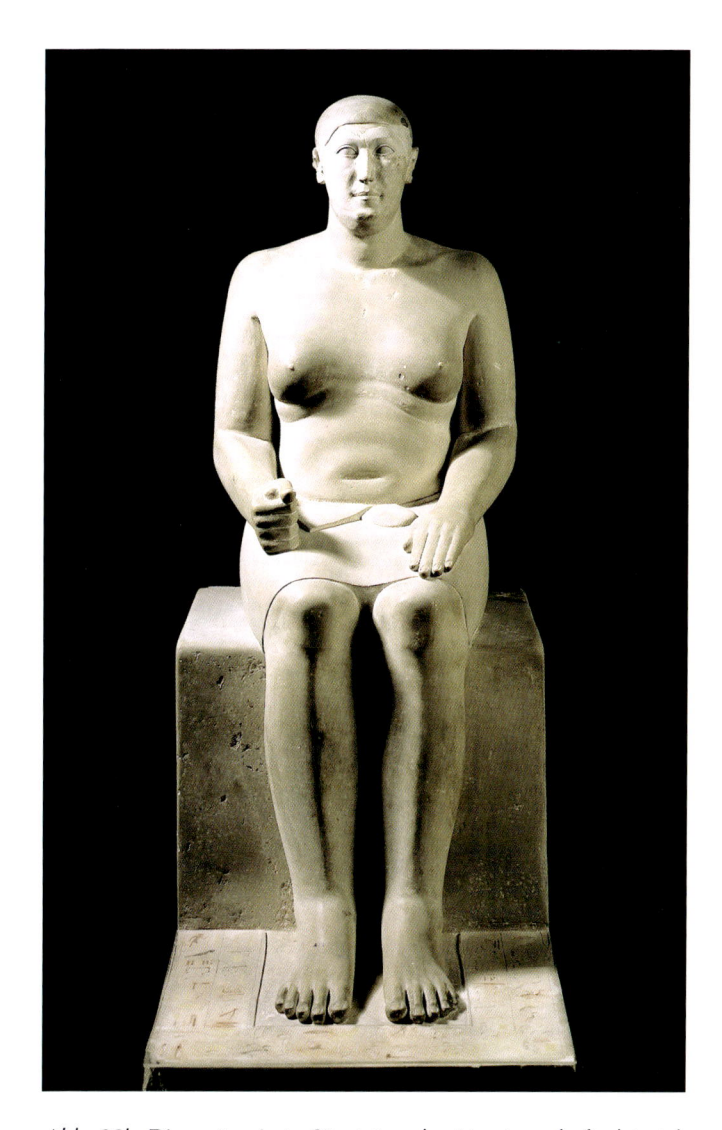

Abb. 98b Die restaurierte Sitzstatue des Hemiunu befindet sich heute im Roemer- und Pelizaeus-Museum in Hildesheim. Pelizaeus-Museum 1962.

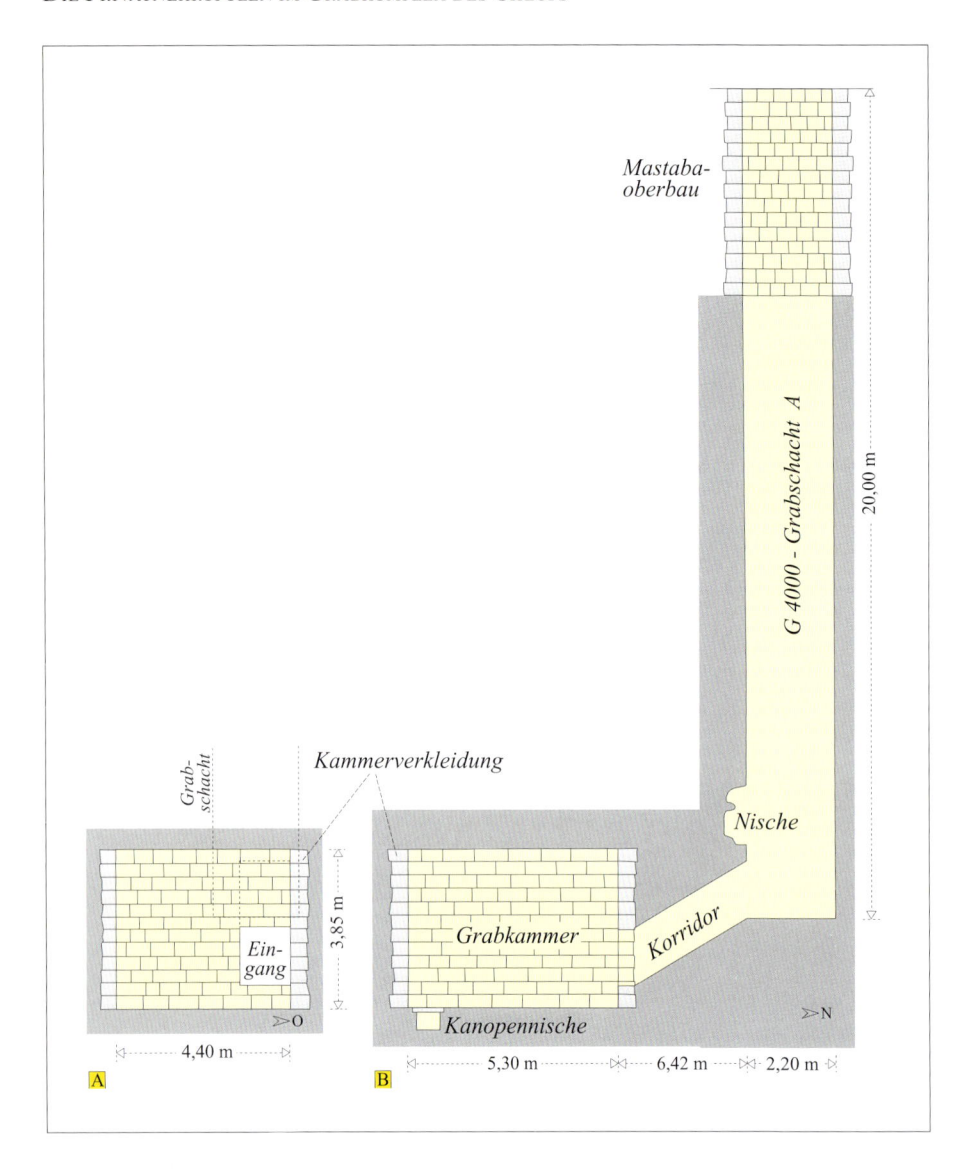

Abb. 99 Die Bestattungsanlage des Hemiunu. Rechts ein Nord-Süd-Schnitt durch das Kammersystem (B), links die Nordwand der Grabkammer mit ihrem Zugang (A). Der Boden und die Seitenwände der Grabkammer wurden sorgfältig mit hochwertigen Kalksteinen ausgelegt und verkleidet. In der Süd-Ost-Ecke der Kammer befindet sich eine Aussparung im Boden, in der der Kanopenkasten untergebracht war. Von dem Kalksteinsarkophag, der an der Westwand stand, wurden nur noch wenige Bruchstücke gefunden.

des Transportes nach Giza vorgenommen hatte), daß die Steinblöcke ein oder vielleicht sogar zwei Steinlager durchlaufen hatten und von dort aus nach Bedarf im Massiv der Mastaba verbaut wurden. Auf die letzte Variante deutet indirekt der Umstand hin, daß auf dem Steinblock mit der unvollständigen Datierung noch andere Bauarbeiteraufschriften existieren, darunter offensichtlich auch der Name des Grabeigentümers. Demzufolge ist eine gezielte Zuweisung des Steinblockes an die Adresse der Mastaba G 4000 des Hemiunu im Steinbruch, wahrscheinlicher jedoch in einem Zwischendepot vorgenommen worden, wo die Steinblöcke nach ihrer Bereitstellung auf die unterschiedlichen kleineren Baustellen auf dem Giza-Plateau verteilt wurden.

Abb. 100a.b Zwei Bauarbeitergraffiti, die auf Steinblöcken im Bereich der Kultstelle der Mastaba des Hemiunu gefunden wurden. Links kann man rechts unten im Bild lesen: «Jahr des 10. Mals, 1. Monat der Sommerzeit, Tag 10». Die Inschrift rechts enthält die unvollständige Jahresangabe «4. Monat der Winterzeit›, Tag 10+x». Durch den Vergleich mit einer Datumsangabe, die auf einem benachbarten Steinblock gefunden wurde, ist hier eine Ergänzung hinsichtlich des 10. Mals der Zählung möglich. Hier ist die Fundsituation wiedergegeben, bei der die Inschrift auf dem Kopf steht.

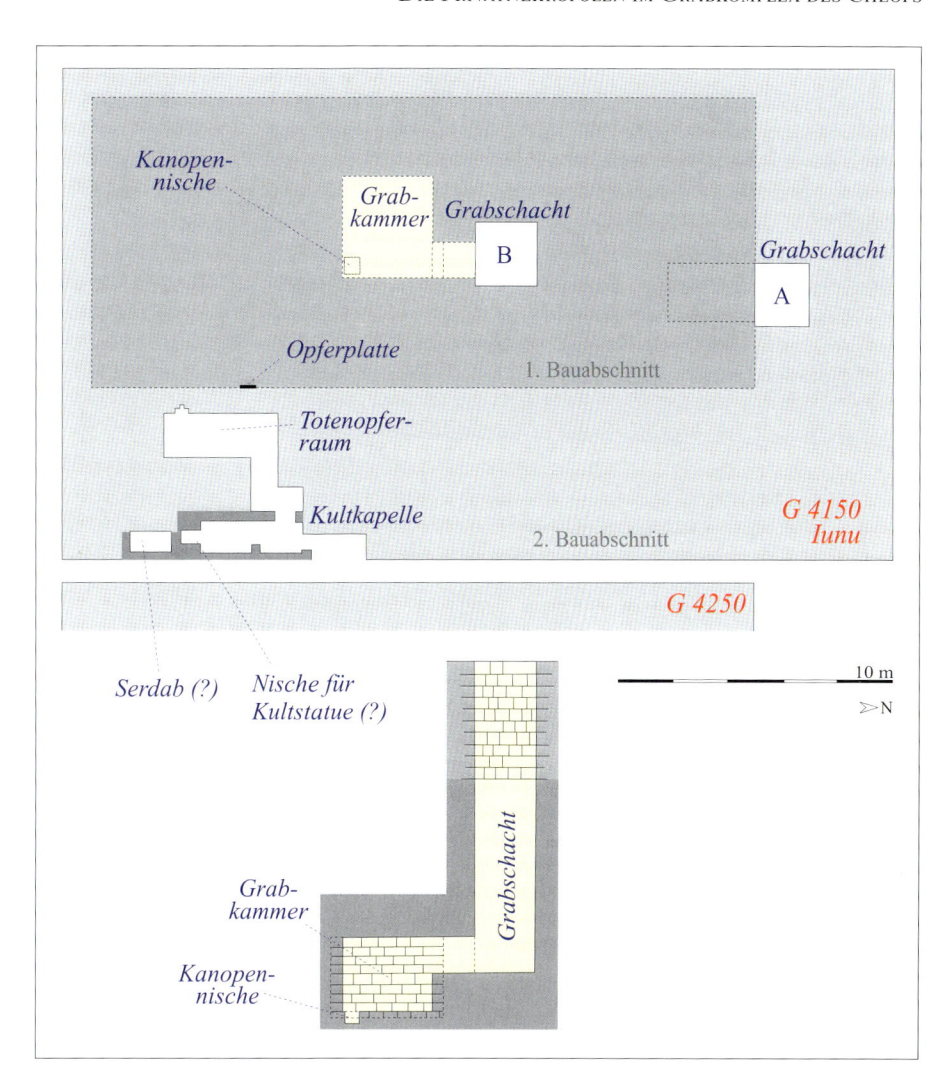

Abb. 101 Die Grabanlage G 4150 des Iunu. Oben der Grundriß der Mastaba, unten ein Nord-Süd-Schnitt durch das Kammersystem.

Die Mastaba des Iunu

Zu den ersten Grabanlagen auf dem Westfriedhof, die noch unter Cheops belegt wurden, gehört auch die Mastaba G 4150 (Abb. 89c. 101).[273] Sie liegt an der mittleren Position in der ersten Reihe östlich der Mastaba des Hemiunu. Wie die Inschriften im Grabbau belegen, wurde hier Iunu bestattet. Iunus Herkunft ist nicht bekannt. Aus seinen überlieferten Titeln geht aber hervor, daß er in der königlichen Baubehörde administrativ tätig war.

Die Mastaba G 4150 wurde ebenfalls in zwei Bauphasen errichtet. Ausgehend von einem 20,50 x 9,50 m (39 x 18 Ellen) großen, mit gut behauenen und in Lagen verlegten Steinblöcken aufgebauten Kernmassiv mit einer Bestattungsanlage wurde das Grab vor allem im Norden und Osten durch massives Mauerwerk erheblich erweitert, um in die südliche Ostfassade eine Kultstätte integrieren zu können. Die Mastaba wurde komplett mit einem Verkleidungsmantel aus Tura- oder Maasara-Kalkstein versehen. Nach Beendigung der Umbauaktion erhob sich die Mastaba auf einer Grundfläche von 28,10 x 16,75 m (53$\frac{1}{2}$ x 32 Ellen) bis in eine Höhe von 3,85 m (7$\frac{1}{3}$ Ellen). Die neuen Ausmaße der Grabanlage hatten zur Folge, daß die Zwischenräume zu den benachbarten Gräbern extrem schmal wurden. So betrug der Abstand zwischen der Kultkapelle und der Westwand der östlich gelegenen Mastaba G 4250 nur 75 cm. Gerade breit genug, um als enger Pfad den Durchgang in nordsüdlicher Richtung zu gewährleisten.

Im Zuge der Vergrößerung der Grabanlage wurden ähnlich wie bei der Mastaba des Hemiunu auch in G 4150 Ausschachtungen für eine zweite Begräbnisanlage begonnen. Der im Querschnitt gut 2 x 2 m breite Grabschacht liegt an der Nordkante des ersten Kernbaus bzw. mittig etwa 2,70 m von der Nordkante des erweiterten Bauwerks entfernt. Er führt einen guten Meter tiefer in den Felsuntergrund als die zuerst errichtete Schachtanlage im Süden, endet dann aber unmittelbar in einer Art Kammer, die wohl durch die Verbreiterung eines ursprünglich geplanten horizontalen Verbindungskorridors auf die Breite des Grabschachtes entstanden ist. Die ursprünglich geplante Sarkophagkammer sollte wahrscheinlich wie im südlichen Bestattungstrakt gegenüber dem Zugang tiefer angelegt werden, was aber letztlich nicht mehr zur Ausführung kam. Reste einer Vermauerung am Übergang zwischen Schacht und Kammer deuten darauf hin, daß hier eine Bestattung vorgenommen wurde – vermutlich für die Gemahlin des Iunu. Von der Grabausstattung fehlt heute jedoch jede Spur.

Iunu selbst wurde in der südlichen Schachtanlage bestattet. Der 2,10 x 2,10 m (4 x 4 Ellen) breite Grabschacht liegt 6,80 m südlich der Nordkante des ursprünglichen Kernbaus; die Grabkammer wurde im Rahmen der Erweiterung der Grabanlage somit in die südliche Hälfte positioniert. Der Schacht führt vom Dach der Mastaba bis in eine Tiefe von 7 m unterhalb des Basisniveaus und geht nach Süden in einen kurzen horizontalen Gang über. Dieser endet im nordöstlichen Bereich der Nordwand der Grabkammer. Das Bodenniveau der Kammer liegt 1,25 m tiefer als der Zugangskorridor, während ihre Decke auf einer Linie mit der des Ganges liegt. Die Kammer besitzt eine Nord-Süd-Ausdehnung

Abb. 102a Alte Grabungsaufnahme der Fundsituation der Opferplatte des Iunu an der Ostfassade seiner Mastaba G 4150. Die Platte (hier durch ein x gekennzeichnet) war massiv vermauert worden.

nige Reste gefunden worden, wie z. B. ein Bruchstück des Deckels mit Griff. In der Süd-Ost-Ecke des Kammerbodens fand man eine Vertiefung mit einer quadratischen Grundfläche von 0,58 x 0,58 m und einer Tiefe von 0,40 m, in der die Kanopen mit den Eingeweiden des Verstorbenen untergebracht waren. Abgedeckt war das Kanopenfach mit einer 6 cm dicken Kalksteinplatte, die an ihrer Unterseite zwei über die gesamte Breite gehende schmale Rillen aufweist, die der Verschiebung der Platte mit Hilfe von zwei dünnen Seilen dienten.

Analog zum Bau des Mastabamassivs ließen sich auch bei der archäologischen Untersuchung der heute stark zerstörten Kultstelle des Iunu zwei Entwicklungsphasen ablesen. Ursprünglich wurde am Südende der Ostfassade des originalen, unverkleideten Kerntumulus eine Ziegelkapelle errichtet, deren Zentrum eine Opferplatte darstellte, die in das Mauerwerk der Grabanlage eingesetzt wurde. Zu einem späteren Zeitpunkt sind die Opferplatte vermauert und das Ziegelbauwerk beseitigt worden. In das steinerne Mauerwerk der östlichen Erweiterung der Mastaba errichtete man eine Kapelle mit einer Scheintür und einen vermutlichen Statuenraum.

Von der Kultkapelle sind keine nennenswerten Reste erhalten geblieben – lediglich ihre Standspuren auf den Bodenplatten lassen ihre Rekonstruktion zu. Der Eingang in die Kapelle lag im Norden. Von dort aus gelangte man über zwei Räume in den L-förmigen Totenopferraum mit der Scheintür, die sich am Südende der Westwand befand. Die Arbeiten an der Kultkapelle konnten offensichtlich nicht vor dem Ableben des Grabeigentümers beendet werden. Die in Stein begonnenen Kulträume mußten letztlich mit Ziegeln fertiggestellt werden, um den Totenkult zu gewährleisten.

Während von der Scheintür keinerlei Spuren mehr vorhanden sind, hat die Opferplatte die Jahrtausende relativ unbeschadet überstanden (Abb. 102a.b).[274] Sie befindet sich heute im Roemer- und Pelizaeus-Museum in Hildesheim. Die Platte wurde aus Tura-Kalkstein hergestellt und ist 54 cm breit, 39 cm hoch und 9 cm dick. Sie ist in Form eines Bildes gearbeitet worden, in dessen bis zu 2,3 cm breiten Rahmen eine sog. Speisetischszene reliefiert wurde. Dargestellt ist der Grabherr, wie er auf einem Stuhl mit Beinen in Gestalt von Rinderfüßen vor einem gedeck-

von 3,10 m, eine Ost-West-Ausdehnung von 3,23 m und eine Höhe von 2,45 m. Die Wände und der Boden sind mit Kalksteinplatten ausgekleidet, deren Oberflächen sorgsam geglättet wurden. Farbspuren an den Wänden deuten an, daß die Kammer eine rot-schwarze Tönung erhalten hatte, die das Vorhandensein von Granit vortäuschen sollte. Von Iunus Sarkophag sind nur we-

Abb. 102b Die Opferplatte des Iunu (Tura-Kalkstein, B: 54 cm, H: 39 cm, T: 9,3 cm). Die Kalksteinplatte wurde im Jahr 1913 während der Freilegung der Kultkammer der Mastaba G 4150 vermauert vorgefunden und zeigt Iunu sitzend vor einem gedeckten Opfertisch. Oberhalb und unterhalb des Tisches werden Opfergaben für die jenseitige Versorgung des Grabherren aufgeführt. Rechts daneben schließt sich eine Gabenliste an, in der drei verschiedene Stoffsorten und im untersten Register sechs Getreidesorten (eingeschrieben in symbolisch dargestellten Speichern bzw. Scheunen) aufgeführt sind. Oberhalb der Darstellung erstreckt sich über die gesamte Platte eine Inschriftenzeile, die Namen und Titel des Grabeigentümers enthält. Die Opferplatte befindet sich heute im Roemer- und Pelizaeus-Museum in Hildesheim.

ten Opfertisch sitzt. Iunu trägt den für diese Art der Darstellung auf Opferplatten üblichen knöchellangen Mantel aus Pantherfell, eine kurze Löckchenperücke sowie einen kleinen Kinnbart. Der Opfertisch ist mit 14 Brothälften gedeckt, nach denen der Grabherr mit der rechten Hand zu greifen scheint. Oberhalb des Tisches erkennt man ein Stück eines Rinderoberschenkels und eine gebratene Gans auf Tellern liegend sowie einen Wasserkrug mit einem langen gebogenen Ausguß. Darüber steht in einem kleinen Register die Inschrift «Weihrauch, beste Öle, Feigen und Wein». Unterhalb des Tisches sind weitere Opfergaben dargestellt, die sich der Grabherr offenbar tausendfach wünscht. Es handelt sich um Gewänder, Salbgefäße, Brot, Bier, Ochsen oder Stiere und Antilopen. Rechts neben der Opfertischszene befindet sich eine Gabenliste, die in mehrere Register unterteilt ein Verzeichnis von Kleidern bzw. Stoffen und Getreidesorten darstellt.

Oberhalb der gesamten Opferszene zieht sich schließlich über die gesamte Platte eine Inschriftenzeile, die den Namen und drei Titel des Grabeigentümers nennt. Demnach war Iunu ein «Vorsteher der Phylen von Oberägypten» und «Größter der 10 von Oberägypten». Außerdem wurde er auf der Opferplatte als «Königssohn» verewigt – eine Bezeichnung, die hier aber nicht die direkte Abstammung vom Königshaus anzeigte, sondern nur als zugewiesener Ehrentitel zu verstehen ist, der Iunu die notwendige Macht geben sollte, in hoher administrativer Funktion seine Arbeit zu verrichten. Als «Größter der 10 von Oberägypten» war er Vorsteher der Scheunen- und Hausschatzverwaltung sowie als Leiter der Arbeiterabteilungen Oberägyptens für die Verwaltung und Koordination der staatlichen Arbeitseinsätze zwischen Memphis und Elephantine zuständig.

Die Mastaba des Wepemnefret

Etwa 80 m westlich der großen Mastaba G 2000 liegt die Grabanlage G 1201[275], die den zehn Gräber umfassenden Kernfriedhof G 1200 dominiert (Abb. 89b. 103a). Die Bauvorgänge an dieser Mastaba ähneln denen der bisher besprochenen Grabanlagen. Ausgehend von einem mit einem Bestattungssystem ausgestatteten Kernbau der Ausmaße 39,50 x 18,10 m, an dessen Ostfront wieder eine Opferplatte und eine Ziegelkapelle installiert wurden, erweiterte man den Bau nach Osten, um die Kulträume in Stein errichten zu können. Hierfür wurden wiederum das alte Ziegelbauwerk abgerissen und die Opferplatte vor Ort vermauert. Auch in diesem Fall konnte das Vorhaben nicht beendet werden, da der Grabbesitzer vorzeitig starb. Der Baubefund offenbart mehrere Bauphasen, bis die Kapelle ihre endgültige Form erhielt. Obwohl von ihr heute kaum noch Reste erhalten sind, wird sie aber über den üblichen L-förmigen Kultraum mit einer Scheintür an dessen Westwand und über einen Statuenraum verfügt haben. Die Verkleidungsarbeiten an der erweiterten, 41,80 x 23,80 m großen und etwa 5,20 m hohen Mastaba selbst wurden ebenfalls nicht ordnungsgemäß beendet. An allen vier Seiten blieb der Aufbau der Verkleidung aus Tura-Kalksteinblöcken über weite Bereiche aus.

Anhand der 66 cm breiten, 45,7 cm hohen und 7,6 cm tiefen feingearbeiteten Opferplatte aus Tura-Kalkstein (Abb. 104) konnte der Grabbesitzer von G 1201 identifiziert werden. Sein Name war Wepemnefret. Seinen Titeln «Meister der königlichen Schreiber» und «Meister des Schreibernumens» zufolge sowie durch Vergleiche mit Titelfolgen anderer hoher Beamter aus der 3. und 4. Dynastie wird Wepemnefret als Leiter des Konstruktionsbüros angesehen, der für die technische Leitung des Baus der Cheops-Pyramide verantwortlich gewesen war.[276] Indirekt wird dies wohl auch durch seinen Titel «Gottesdiener der Seschat» zum Ausdruck gebracht. Seschat war die Göttin der Schreiber

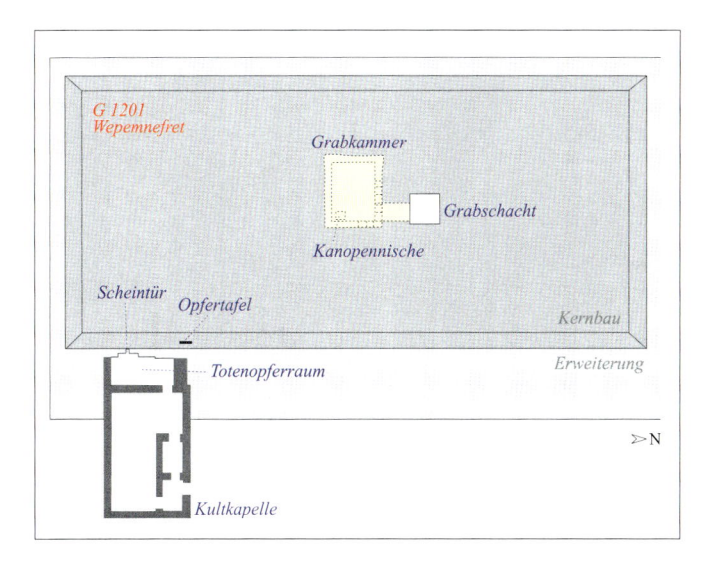

Abb. 103a Grundriß der Grabanlage G 1201 des Wepemnefret.

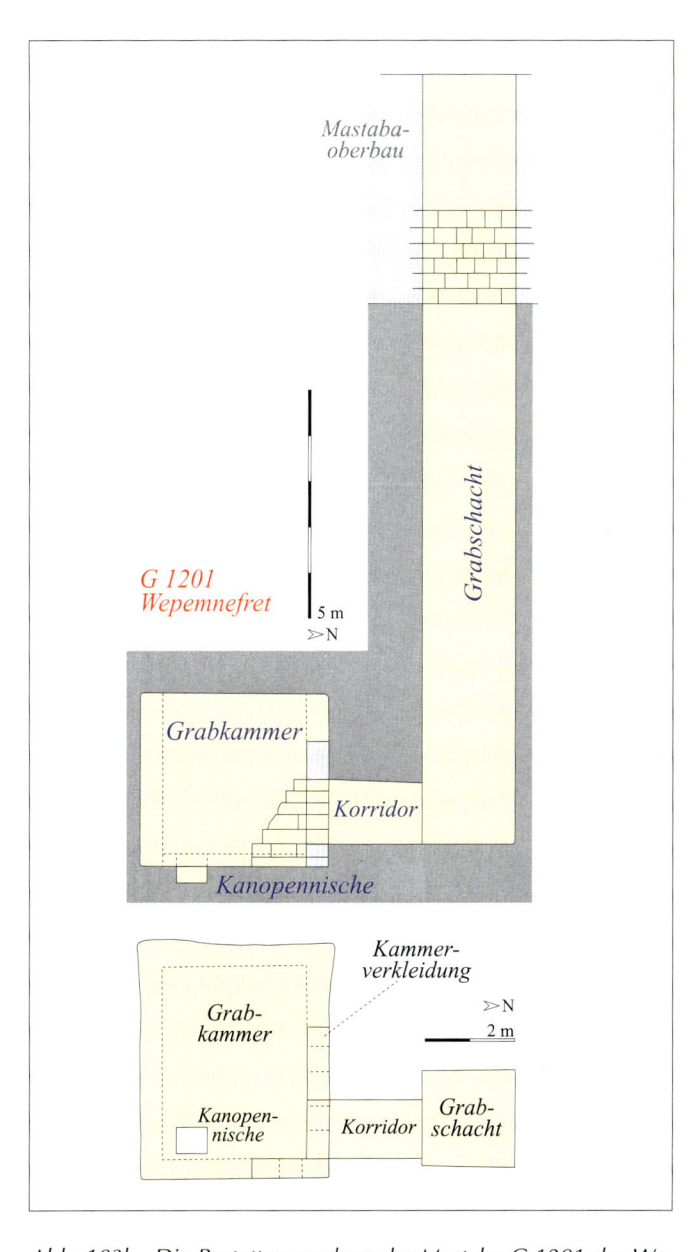

Abb. 103b Die Bestattungsanlage der Mastaba G 1201 des Wepemnefret. Nord-Süd-Schnitt (oben) und Grundriß (unten). Die Grabkammer war ursprünglich vollständig verkleidet. Fragmente des Kalksteinsarkophags und einige Gegenstände der Bestattung wie Alabaster- und Tongefäße wurden in der Grabanlage gefunden.

Abb. 104 Die Opferplatte des Wepemnefret (Tura-Kalkstein, B: 66 cm, H: 45,7 cm, T: 7,6 cm). Die feingearbeitete Platte aus Tura-Kalkstein weist den Grabinhaber u. a. als «Meister der königlichen Schreiber» aus. Wepemnefret wird deshalb als Vorsteher des Konstruktionsbüros angesehen, der für die technische Leitung des Baus der Cheops-Pyramide verantwortlich war.

und spielte bei den Gründungszeremonien von Pyramidenkomplexen und Göttertempeln eine wichtige Rolle, da nach ägyptischer Auffassung die königlichen Bautätigkeiten vom Plan bis zur Ausführung von den Göttern überwacht wurden. Aus altägyptischen Aufzeichnungen geht hervor, daß Seschat zusammen mit dem König beispielsweise durch das «Spannen des Strickes» die Abmessungen eines Tempelgebäudes auf dem Baugrund festlegte. In der Realität wurde diese Handlung nicht immer vom König selbst, mit Sicherheit aber von Priestern der Schreibergöttin und hohen Staatsbeamten durchgeführt. Im vorliegenden Fall kann man vermuten, daß Wepemnefret u. a. an der Einmessung der Grundfläche der Cheops-Pyramide und aller anderen Bauwerke in der Peripherie des Königsgrabes direkt beteiligt war. Aufgrund seiner zugewiesenen Machtbefugnis wurde dem Chefarchitekten der Cheops-Pyramide auch der Hofrangtitel eines «Königssohns» verliehen.

Obwohl man die Konturen dieser wichtigen Persönlichkeit der Baubehörde des Cheops klar erkennen kann, ist das Schicksal seiner sterblichen Überreste wie fast immer bei Bestattungen dieser Epoche völlig unsicher, da sie Grabräubern zum Opfer fielen. Wepemnefrets Grabkammer liegt etwa 11 m tief im Felsuntergrund und ist über einen im Querschnitt 2,10 x 2,10 m breiten Schacht und einen daran anschließenden kurzen horizontalen Korridor zu erreichen (Abb. 103b). Sie wurde vollständig verkleidet und besitzt die Maße 3,20 x 4,10 x 3,42 m. An der Süd-Ost-Ecke der Kammer befindet sich im Boden die übliche Vertiefung zur Aufnahme der Kanopen. Wie so oft wurde der Kalksteinsarkophag zerstört. Seine Fragmente lagen in der Grabanlage verstreut herum. Verschlossen wurde die Grabkammer durch eine innere Aufmauerung am Ende des horizontalen Zugangskorridors sowie durch eine massive Verschlußplatte am Ende des Schachtes. Während von der Mumie keinerlei Spuren mehr erhalten sind, wurden in der Grabkammer und im Schacht etliche Gegenstände wie etwa Alabaster- und Tongefäße und eine kleine kupferne «Modellbeilklinge» gefunden, die mit der Bestattung und der Verschließung der Kammer in Zusammenhang standen.

DAS GRABMAL DES CHEOPS IM WANDEL DER ZEIT

Im Bann eines architektonischen Weltwunders

Bereits am Tag nach dem Einbringen der Bestattung des Cheops in seine Pyramide begann ein aufwendiger Toten- und Verehrungskult auf dem Giza-Plateau, der fast vier Jahrhunderte lang bis zum Ende des Alten Reiches anhalten sollte. Ebenso wie die Errichtung des schützenden Grabbaus, in dem die für die Ewigkeit präparierte Mumie des Cheops und eine Reihe wichtiger Grabbeigaben aufbewahrt wurden, gehörten offenbar auch das tägliche rituelle Totenopfer und die ständigen Lobpreisungen zu den notwendigen Voraussetzungen für die ewige Existenz des nunmehr als Gott verherrlichten Königs. So wurde der Totentempel am Fuß der Pyramide zu einer Art Göttertempel, in dem man sich den toten König als Gott wohnend vorstellte. Er war auch mehrmals jährlich anläßlich bestimmter Götterfeste der Zielpunkt von Barkenprozessionen verschiedener Gottheiten wie Sokar, Re oder Hathor.

Die wirtschaftlichen Grundlagen für den Totenkult in der Nekropole waren durch dauerhafte Stiftungen vor allem in Form von landwirtschaftlichen Produktionsstätten gegeben, die Cheops teilweise noch zu Lebzeiten im ganzen Land einrichten ließ. Wie bereits erwähnt ist aus dem Alten Reich die Existenz von 60 königlichen Totenopferstiftungen inschriftlich bezeugt (Abb. 12. 57) – davon 25 aus der 4. und 35 aus der 5. Dynastie.[277] Aus der Zeit der 6. Dynastie liegt kein Beleg mehr für ein Stiftungsgut vor, so daß man davon ausgehen kann, daß der Totenkult des Cheops als wirtschaftliche Institution am Ende der 5. Dy-

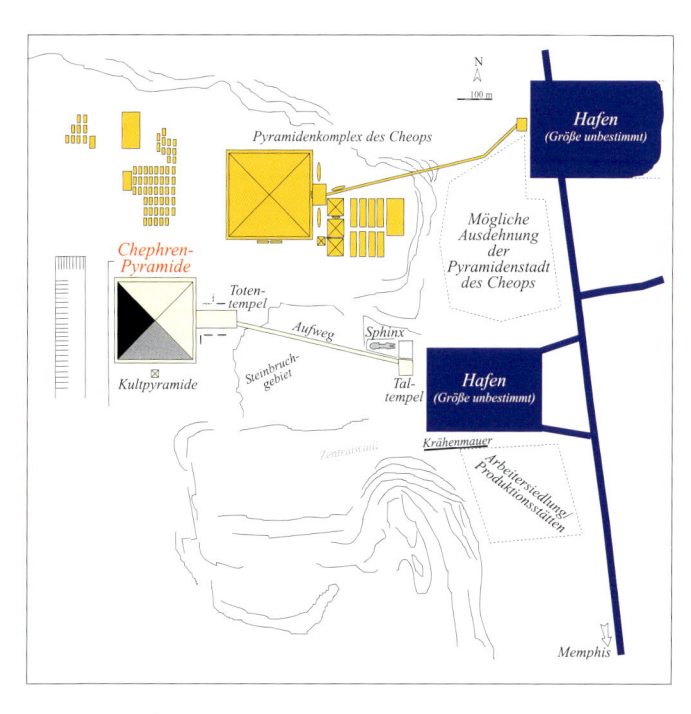

Abb. 106 Übersichtsplan der Pyramidenkomplexe von Cheops und Chephren mit Teilen der Infrastruktur, bevor Mykerinos seine Grabanlage auf dem Giza-Plateau errichten ließ.

nastie nicht mehr von Bedeutung war – möglicherweise weil die Totenpriester sich ihrer einst zugestandenen Privilegien nicht mehr erfreuen durften.

Die für den täglichen Kult im Totentempel notwendigen Opfergaben kamen nach ihrer symbolischen Darbringung in Form eines «Umlaufopfers» den Totenpriestern zugute, die mit der Pflege und Versorgung des Vermächtnisses des verstorbenen Königs beauftragt waren. Sie rekrutierten sich zu Beginn der 4. Dynastie aus der königlichen Familie oder aus der höheren Beamtenschicht. Im Lauf des Alten Reiches war es dann auch Beamten mittleren Ranges möglich, diese Tätigkeit in den königlichen Grabkomplexen auszuführen. Im Fall des Cheops konnten bis heute insgesamt 72 Totenpriester namentlich oder anhand ihrer

Abb. 105 Auf dem mit Inschriften reich dekorierten Architrav in der Vorkammer der Grabanlage des Priesters Kar aus der 6. Dynastie ließ der Grabherr für die Nachwelt festhalten, daß er «Aufseher der Pyramidenstädte von Cheops und Mykerinos» sowie «Priester der Chephren-Pyramide» und «Gärtner der Pyramide Pepis I.» war. Im Hintergrund Statuen des Verstorbenen und seiner Familie. Das Felsgrab des Kar liegt unmittelbar nördlich der Mastaba des Kawab auf dem Ostfriedhof des Giza-Plateaus.

Auf der folgenden Doppelseite:

Abb. 107a Blick von Südosten auf die Cheops- (rechts) und Chephren-Pyramide (links). In der Bildmitte liegt das Hauptsteinbruchgebiet, aus dem Material für die Kernmauerwerke beider Grabmäler gewonnen wurde und wo unter Chephren eine Reihe von privaten Grabanlagen entstanden. In der linken Bildmitte die Überreste des Grabmals der Chentkaus I. Im Vordergrund ein islamischer Friedhof.

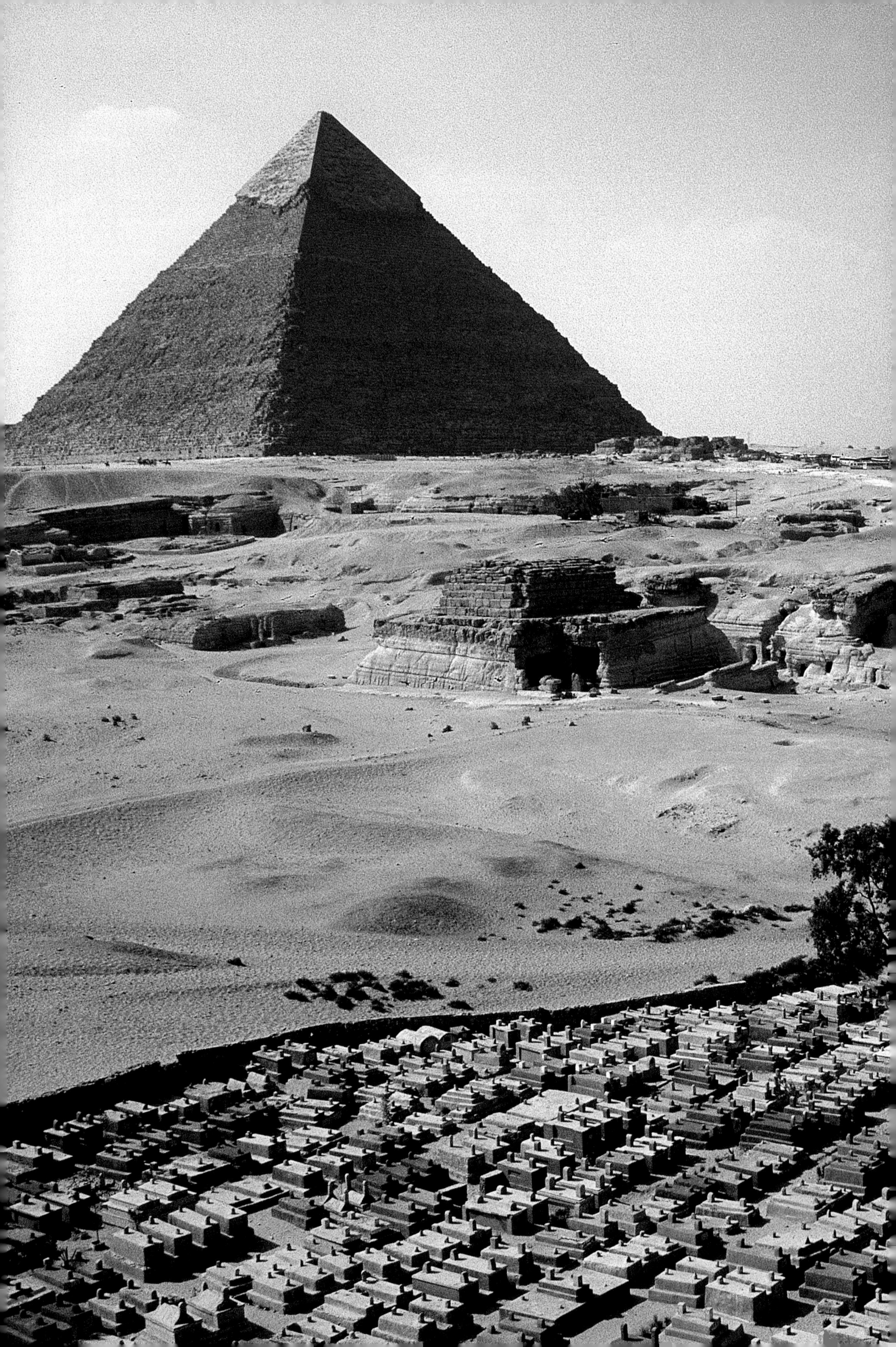

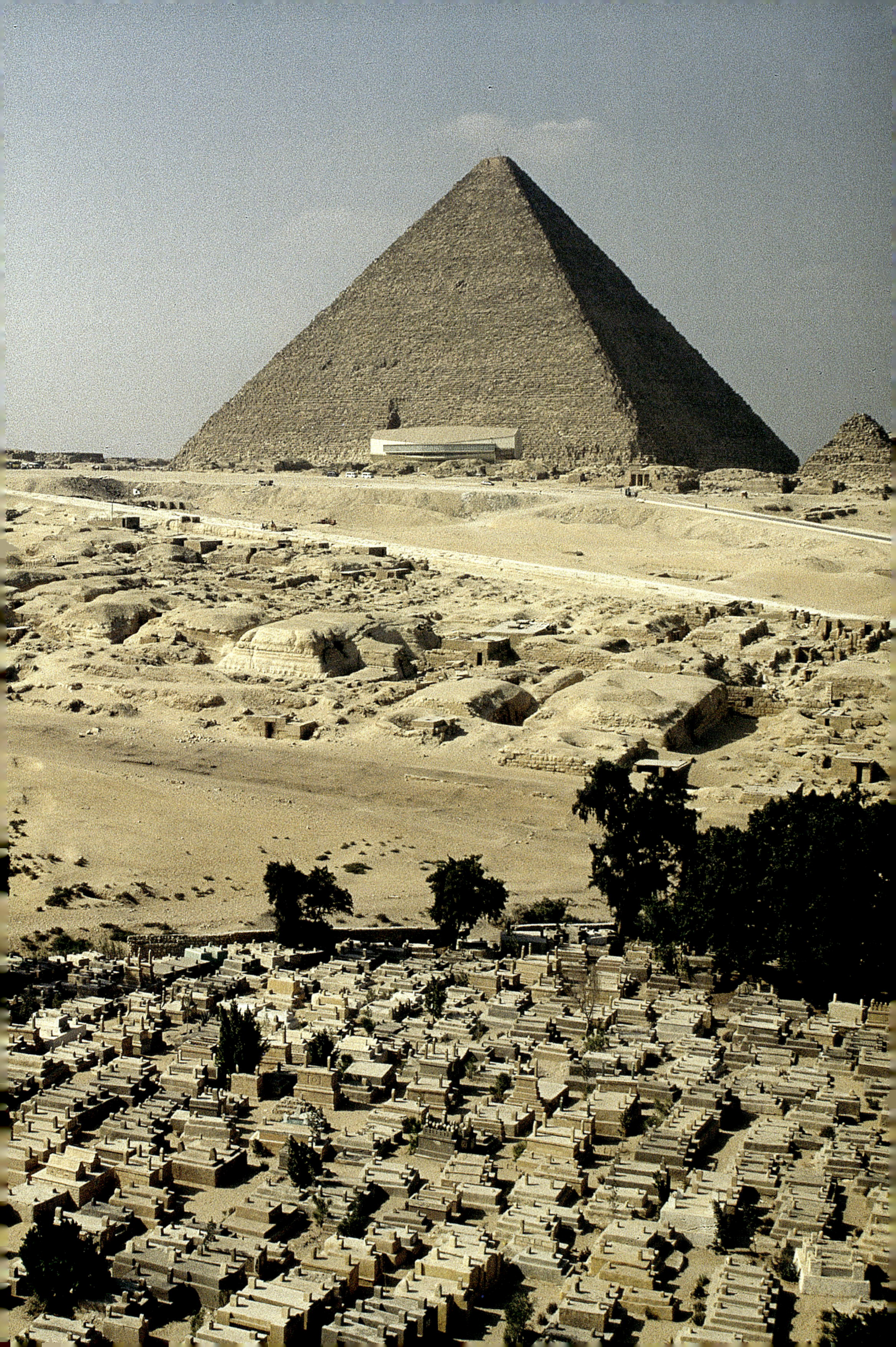

Titel identifiziert werden – davon allerdings nur zehn aus der 4. Dynastie. Sie ließen sich vor allem am Ort ihrer Wirkungsstätte – auf dem Giza-Plateau – bestatten. Eine kleine Anzahl ihrer Gräber findet sich aber auch in Sakkara, Meidum und Abusir.

Die Grabanlagen der Totenpriester auf dem Giza-Plateau sind stets im Umfeld der Nekropole des Cheops errichtet. So wurde z. B. das kleine Grab des Meschet, einem «Aufseher der wab-Priester an der Pyramide des Cheops» aus der 6. Dynastie, direkt an der Westwand der größeren Grabanlage G 1351 errichtet, die sich ihrerseits unmittelbar südlich der Mastabas G 1205 und G 1207 des Kernfriedhofes G 1200 befindet.[278] Die kleine Mastaba des Ibir, ebenfalls ein «Aufseher der wab-Priester an der Pyramide des Cheops» aus der 6. Dynastie, liegt dagegen in der Straße westlich der Mastaba des Hemiunu (G 4000).[279] Nicht unerwähnt sollte auch das Priestergrab G 7101 bleiben, das dem hohen Beamten Kar gehörte, der wiederum in der 6. Dynastie lebte. Das Felsgrab, das einst auch über einen Oberbau verfügt hat, der heute jedoch vollständig verschwunden ist, liegt unmittelbar nördlich der Doppelmastaba des Kawab (G 7110/20) auf dem Ostfriedhof.[280] Die Grabanlage weist eine aufwendige Dekoration auf und gehört zu den wenigen Grabanlagen, die für die Öffentlichkeit zugänglich sind. Auf einem Architrav im Vorraum der Kultanlage finden sich Kars Titel, die zeigen, daß der Priester während seiner Dienstzeit an mehreren Grabkomplexen tätig gewesen war: «Aufseher der Pyramidenstädte von Cheops und Mykerinos», «Priester der Chephren-Pyramide» und «Gärtner der Pyramide Pepis I.» (Abb. 105).

Bislang wurden keine Aufzeichnungen gefunden, die über den Kult an den Pyramiden zur Zeit der 4. Dynastie Aufschluß geben. Erst aus der 5. Dynastie haben die Ägyptologen durch den Fund von Papyri-Archiven in einigen Totentempeln königlicher Pyramidenkomplexe bei Abusir nähere Kenntnis von der praktischen Organisation der Priesterdienste.[281]

Die Basis der Priestergemeinschaft bildeten die «hemu-netjer», die «Gottesdiener». Sie waren vor allem für die Vor- und Nachbereitung der Rituale und für die Weihräucherung während der Kulthandlungen verantwortlich. Den eigentlichen Kultbetrieb führten dagegen die «cheriu-hebet», die «Ritual- und Vorlesepriester», aus. Als die einzigen hauptamtlichen Totendiener bildeten sie eine Art eigene Kaste, denen im Kultvollzug alle anderen Priester (wie etwa die Gruppe der «wabu», «Reinigungspriester») sekundierend unterstellt waren. Die Vorlesepriester vollzogen die täglichen Rituale wie etwa das Totenopfermahl und die Mundöffnungszeremonie an den Königsstatuen und sie leiteten die wichtigsten Monats- und Götterfeste.

Neben den «Gottesdienern» gab es noch das einfache Personal im Tempeldienst: normale Arbeitskräfte, die für die gewöhnlichen Dienste wie die Versorgung der Priester und den Transport von Tempelgütern zuständig waren. Zumindest in der 5. Dynastie konnten sie gelegentlich auch selbst an einigen Ritualen in den Tempeln teilnehmen. Sie trugen die Bezeichnung «chentiu-sche», «Domänenarbeiter», und rekrutierten sich aus der unteren Beamtenschicht und den Bewohnern der Pyramidenstadt.

Aus Papyrustexten der 5. Dynastie geht hervor, daß die «hemu-netjer» und «chentiu-sche» in fünf Abteilungen (sog. Phylen) organisiert waren, die wiederum aus jeweils zwei Unterabteilungen bestanden. Jede Priestergruppe, die sich aus etwa 20–25 Mann zusammensetzte, war in einem festen Rotationssystem jeden zehnten Monat im Tempel beschäftigt.[282] Die Entlohnung erfolgte rangbezogen nach einem festen Verteilungsschlüssel und bestand aus einem Teil der dem Tempel zugeleiteten Opfergaben. Dieses System des «Umlaufopfers» in den Tempeln der Pyramidenanlagen entwickelte sich in der 2. Hälfte des Alten Reiches zu einem Mittelpunkt der Beamtenversorgung.

Die Totenpriester wohnten zusammen mit allen für die Betreibung einer großen Pyramidenanlage notwendigen Dienstleister wie den Handwerkern und den einfachen Arbeitern nebst ihren Familien in einer Siedlung, die im Umfeld des Taltempels der Cheops-Pyramide gelegen hat. Die Siedlung trug ursprünglich den gleichen Namen wie der Pyramidenkomplex: «Achet-Chufu», «Horizont des Cheops». Später nannte man sie zur Unterscheidbarkeit zu den Pyramidenstädten von Chephren und Mykerinos «Gerget mehtit», «Nördliche Siedlung».[283] Stadtplanerische Arbeiten und gezielte wissenschaftliche Tiefenbohrungen, die zwischen 1988 und 1993 südlich des Taltempels der Cheops-Pyramide durchgeführt wurden, haben in einer Tiefe zwischen 3 und 6 m unter dem Bodenniveau der dortigen Dörfer zweifelsfrei Siedlungsreste aus dem Alten Reich zum Vorschein gebracht. Die gefundenen Keramikfragmente, Lehmziegelstrukturen und Bruchstücke von Gebrauchsgegenständen aus Kalkstein gehörten allem Anschein nach zur Pyramidenstadt des Cheops.[284]

Zielpunkt Giza-Plateau

Nachdem Cheops' Nachfolger Djedefre den Thron bestiegen hatte, verlagerte sich der Hauptanteil der königlichen Bauaktivitäten vom Giza-Plateau aus etwa 8 km weiter nach Norden zu einem Bauplatz in der Nähe des heutigen Dorfes Abu Roasch. Während der neue König in seiner vermutlich gut achtjährigen Regentschaft dort auf einem etwa 160 m hohen Bergrücken seinen Pyramidenkomplex fertigstellen ließ[285], wurden in Giza nach bisherigem Kenntnisstand zwar keine neuen privaten Bauvorhaben mehr realisiert, aber sicherlich baute man an einigen alten, noch nicht vollendeten Mastaben aus der Cheops-Ära weiter. Erst mit der Thronbesteigung des Chephren änderte sich die Situation auf dem Giza-Plateau schlagartig. Chephren, der heute allgemein hin als ein Sohn des Cheops und Bruder des Djedefre gilt, ließ seinen Grabkomplex wieder auf dem Giza-Plateau errichten. Chephrens Grabbau sollte dem des Cheops in Bezug auf Größe und Komplexität in nichts nachstehen. Dabei konnten seine Architekten zwar auf die bereits vorhandene Infrastruktur aus der Zeit des ersten königlichen Bauprojektes zurückgreifen und das enorme Potential der Steinbrüche nutzen, mußten aber andererseits beim Bau des neuen Grabkomplexes auf das schon bestehende Gräberfeld Rücksicht nehmen. Die Standorte der neu zu errichtenden Bauten des Grabbezirks mußten den örtlichen, bereits durch die Errichtung der Cheops-Pyramide vorgeformten Gegebenheiten des Geländes angepaßt werden (Abb. 106).[286] Hierbei ist von besonderem Interesse, daß die alte, wahrscheinlich unter Cheops errichtete Arbeitersiedlung südlich der «Krähenmauer» wieder aktiviert und zum Bau der Chephren-Pyramide ausgebaut wurde.

Neben der Errichtung des Pyramidenkomplexes wurde auch der Bau von Privatgräbern wieder aufgenommen – bzw. bereits bestehende Anlagen ausgebaut oder erweitert. Es wird nicht ausgeschlossen, daß unter Chephrens Regentschaft auch mit der Planung und Ausführung der Mastabareihe unmittelbar südlich der Cheops-Pyramide begonnen wurde.[287] In Chephrens Regierungszeit kommt auch ein neuer Grabtyp in Mode, der in direktem Zusammenhang zu den Steinbrüchen des Giza-Plateaus zu sehen ist, die im Rahmen der Grabbauprojekte von Cheops und Chephren entstanden sind – die Felsgräber. Derartige Grabanlagen bestehen in der Regel aus vollständig im Felsgestein befindlichen Kulträumen und dem von dort aus erreichbaren, darunterliegenden Bestattungskomplex (Grabschacht und Grabkammer). Es handelt sich hierbei aber um keine starre morphologische Klasse eines Architekturtyps, sondern um Grabanlagen unter-

Abb. 107b In die steilen Wände am westlichen Rand des Steinbruchgebietes, aus dem Cheops und Chephren Material für ihre Grabbauten gewannen, wurden im Laufe der 4. Dynastie Felsgräber für Personen aus der Königsfamilie und hohe Beamte angelegt. Im Hintergrund die Pyramide des Chephren.

schiedlicher Ausprägung.[288] So wurden oftmals auch zusätzliche Anbauten in Form von mastabaähnlichen Oberbauten oder dem Grab vorgelagerte Räumlichkeiten ausgeführt, die den gänzlich im Fels liegenden Grabanlagen einen öffentlichen Charakter im Kultgeschehen gaben.

Es ist offensichtlich, daß die Felsgräber in bestimmten Bereichen der Steinbrüche erst zu einem Zeitpunkt entstehen konnten, als diese nicht oder nur noch partiell für die Gewinnung von Baumaterial ausgebeutet wurden. Felsgräber sind auf dem Giza-Plateau bis zum Ende des Alten Reiches bezeugt, wobei die meisten aus der 5. und 6. Dynastie stammen. Sie wurden vor allem im großen Steinbruchgebiet südlich der Cheops-Pyramide, zwischen den Aufwegen der Pyramiden von Chephren und Mykerinos (im «Central Field») (Abb. 107a.b), errichtet. Sie finden sich aber auch an der östlichen Hangregion des Plateaus unweit des zur Cheops-Pyramide gehörigen Familienfriedhofes, nordwestlich des Westfriedhofes und im Steinbruchgebiet südöstlich der Mykerinos-Pyramide.

Die Inschriften und Dekorationen der Felsgräber der 1. Generation aus der 2. Hälfte der 4. Dynastie belegen, daß in ihnen bis auf wenige Ausnahmen Königinnen, Prinzen und Wesire bestattet wurden. Während die Familienangehörigen des Cheops auf dem östlich der Großen Pyramide liegenden Friedhof G 7000 Grabanlagen zugewiesen bekommen hatten, war die Errichtung eines solchen geschlossenen und symmetrisch angelegten Gräberfeldes in Form von kompakten Mastabas unter Chephren aufgrund der Lage der Steinbrüche östlich seiner Pyramide nicht möglich gewesen. Um für die Frauen und Nachkommen des Königs dennoch Grabanlagen in einem repräsentativen Stil errichten zu können, wurde offensichtlich der neue Grabtyp der Felsgräber mit einem Oberbau in Form einer Mastaba eingeführt. Die Gräber wurden im großen Steinbruchgebiet so angelegt, daß sie eine dominante, dem Fruchtland zugewandte «Orientierung» erhielten. Die aus dem Felsgestein herausgearbeiteten und/oder meist mit Kalksteinblöcken aufgemauerten Mastabas besaßen keine Grabschächte und somit keine architektonische Verbindung zum eigentlichen Felsgrab wie man dies von normalen Mastabas kennt. Die Untersuchungen der Felsgräber der 4. Dynastie haben gezeigt, daß kein einziges dieser Gräber vollständig fertiggestellt werden konnte – ein Befund, der aufgrund ihrer hochherrschaftlichen Eigentümer äußerst merkwürdig erscheint.

Das einzige in jener Zeit im Friedhof G 7000 angelegte Felsgrab liegt unter der Nord-Ost-Ecke der Mastaba G 7530/40, die unmittelbar südöstlich der Mastaba des Chaefmin G 7430/40 errichtet wurde. Das Felsgrab «G 7530sub» gehörte der Königin Meresanch III. (Abb. 108). Sie war eine Tochter von Kawab und Hetepheres II. und somit eine Enkelin des Cheops. Vermutlich war sie mit dem König Chephren verheiratet. Die nähere Untersuchung der Baugeschichte und des zeitlichen Rahmens der Belegung dieses Felsgrabes erweist sich als komplex und gibt wieder einen kleinen Einblick in das Baugeschehen auf dem Ostfriedhof am Ende der 4. Dynastie.[289]

Wie der Baubefund zweifelsfrei belegt, ist die Mastaba G 7530/40, die sich über dem Felsgrab der Meresanch III. erhebt, durch eine massive Umbauaktion einer älteren Grabanlage entstanden. Ursprünglich wurde ein unverkleideter Kernbau mit den gleichen Ausmaßen wie die Grabanlagen der 1. Bauplanung unter Cheops weiter nördlich errichtet. Diese Anlage G 7520/30 lag unmittelbar südlich neben der großen Grabanlage des Anchchaef und fügte sich in das auf Symmetrie basierende Baukonzept des Ostfriedhofes ein. Man könnte annehmen, daß die Planung dieser Mastaba noch auf die Grundkonzeption der Architekten des Cheops zurückgeht. Bei der Grabanlage G 7520/30 wurde nur eine Schachtanlage im nördlichen Bereich des Kernbaus festgestellt; Hinweise auf eine geplante südliche Bestattungsanlage wurden dagegen bislang nicht gefunden. Bevor die Mastaba vollendet werden konnte, hat man vermutlich in der Regierungszeit des Mykerinos ihre Lage durch einen Umbau verändert. Der nördliche Teil des Tumulus wurde abgerissen und der Kernbau über die Südgrenze des Ostfriedhofes hinaus erweitert. Die so entstandene Mastaba G 7530/40 lag damit etwa auf der Höhe der Gräber des Friedhofes G I S südlich der Cheops-Pyramide. Die Mastaba wurde mit einer kreuzförmigen, vollständig im Mastabamassiv liegenden Kultkapelle ausgestattet, deren Eingang sich im südlichen Bereich der Ostfassade befindet. Eine zweite Kultstelle in Form einer schmalen Scheintür hatte man im Norden an der verkleideten Fassade angebracht. Den bisherigen Untersuchungen zufolge ist die Anlage G 7530/40 die einzige Mastaba im Friedhof G 7000, die über keinen Grabschacht und somit auch über kein unterirdisches Kammersystem verfügt. Falls es kein bislang übersehenes, vermauertes Bestattungssystem in G 7530/40 geben sollte, muß man wohl davon ausgehen, daß das Nichtvorhandensein einer Bestattungsanlage und die Umbauaktion der Mastaba mit der Errichtung des Felsgrabes der Meresanch III. in einem kausalen Zusammenhang standen. Es scheint fast so, als ob das Felsgrab der Königin durch eine nicht vergebene Mastaba gekrönt werden sollte, die sich in repräsentativer Lage an die alten Grabanlagen der Königsfamilie auf dem Ostfeld anschließen konnte. Aufgrund einiger aufgefundener Baugraffiti am Eingang des Grabes und architektonischer Vergleiche mit anderen Felsgräbern auf dem Giza-Plateau könnte die Bestattung von Meresanch III. zu Beginn der Regierungszeit des Schepseskaf stattgefunden haben.

Nach einer relativ kurzen, vier bis vielleicht sogar sieben Jahre andauernden Regierungszeit des Baka, der seinen Grabkomplex in Zawjet el-Aryan, etwa 7 km südlich des Giza-Plateaus beginnen ließ, kehrte dessen Nachfolger Mykerinos mit seinem Grabbauprojekt wieder zur Begräbnisstätte des Cheops zurück. Mit der Errichtung seiner im Verhältnis zu den beiden anderen Königsgräbern von Giza sehr kleinen Pyramide südwestlich des Grabkomplexes des Chephren veränderte sich das Profil der königlichen Grabmäler nachhaltig (Abb. 109). Der exorbitante, staatlich gesteuerte Bauboom in den königlichen Nekropolen erfuhr eine jähe Zäsur.[290] Ab Mykerinos wurden bis zum Ende des

Abb. 108 Blick auf die Nord-West-Ecke der Hauptkultkammer der Grabanlage der Meresanch III. auf dem Ostfriedhof. Dargestellt sind hier v. l. n. r. Königin Hetepheres II. (die Mutter der Grabherrin), Meresanch III. sowie ihr Sohn Nebemachet. Rechts auf dem Pfeiler ist ebenfalls Meresanch III. abgebildet.

Abb. 109 Blick auf die Nordflanke der Mykerinos-Pyramide mit dem Eingang ins Grabmal und der senkrechten Bresche im Kernmauerwerk. Das letzte auf dem Giza-Plateau errichtete Königsgrab enthält nur noch etwa 10 % des Bauvolumens der Cheops-Pyramide. Am Ende der 4. Dynastie veränderte sich das Profil der königlichen Grabmäler nachhaltig. Ab Mykerinos wurden nur noch Pyramiden errichtet, die deutlich kleiner waren als die großen Grabbauten aus der 1. Hälfte der 4. Dynastie.

klassischen Pyramidenzeitalters, etwa 780 Jahre später im Mittleren Reich, nur noch Grabmäler errichtet, die deutlich kleiner waren als die großen Pyramiden aus der 1. Hälfte der 4. Dynastie. Hierbei korrespondierte die Verkleinerung der königlichen Grabmäler offensichtlich nicht mit einer verminderten weltlichen Stellung der Könige, sondern resultierte entweder aus einer veränderten Sichtweise des königlichen Totenkultes oder basierte auf wirtschaftlichen, bautechnischen oder kultpraktischen Sachzwängen.

Unter Mykerinos' Regentschaft wurden im großen Steinbruchgebiet südlich der Cheops-Pyramide wie auch im Steinbruch, aus dem das Kernmaterial für die dritte Königspyramide stammte, weitere Felsgräber angelegt. In dieser Zeit wurde vermutlich auch die Nekropole G I S entlang der Südseite der Cheops-Pyramide fertiggestellt. Dieses aus neun etwa gleich großen und baulich betrachtet gleichgearteten Mastabas bestehende Gräberfeld gruppiert sich in einer Ost-West-Reihe unmittelbar südlich der Umfassungsmauer der Cheops-Pyramide (Abb. 110a.b). Anhand der symmetrischen Anordnung der Grabanlagen und der Nähe zur Großen Pyramide könnte man vermuten, daß ihre Errichtung in die Zeit des Cheops fällt – genauer gesagt, in die letzte Phase seiner Regierungszeit, in der das Königsgrab bereits fertiggestellt und der südliche Bereich der Pyramide frei von Bauchrampen war. Aber aufgrund der Baubefunde an den Gräbern und in deren Umfeld sowie der inschriftlichen Belege geht man heute davon aus, daß die Rohbauten dieser Grabanlagen erst am Ende der Regierungszeit des Chephren, spätestens aber in der des Mykerinos errichtet wurden.[291] Ob hingegen die anfängliche Planung auf die Architekten des Cheops zurückging, ist nicht völlig auszuschließen.

Die archäologische Erkundung des Geländes offenbarte, daß ursprünglich elf unverkleidete und jeweils in einem Abstand von 9,50 m zueinander liegende Grabanlagen errichtet werden sollten, deren Grundmaße interessanterweise relativ genau mit denen der zwölf Kernbauten der 1. Bauphase auf dem Ostfriedhof übereinstimmten. Es wäre denkbar, daß man an der Südseite der Pyramide ein Begräbnisfeld für spätere Nachkommen der Königsfamilie anlegen wollte, da der südliche Bereich des Ostfriedhofes keine guten Voraussetzungen für weitere Mastabas bot. Hierbei muß man sich aber auch die Frage stellen, wieso die später regierenden Könige Chephren und Mykerinos neue Mastabas in unmittelbarer Nähe der Grabstätte ihres Vorfahren bauen ließen, wenn Ihnen zur Verteilung an wichtige Persönlichkeiten ihrer Zeit einerseits noch etliche unbelegte Mastabas auf dem Westfeld zur Verfügung standen und sie zudem genug Platz besaßen, neue Grabanlagen im Umfeld ihrer eigenen Pyramidenkomplexe anlegen zu lassen. Leider geben die drei bislang namentlich bekannten Besitzer von Mastabas auf dem Friedhof G I S (Tab. 15) keinen eindeutigen Hinweis darauf, ob sie mit der Königsfamilie in Zusammenhang standen. Lediglich bei «Djedefchufu», dem

Das Grabmal des Cheops im Wandel der Zeit

Abb. 110a Blick von Osten auf die Nekropole G I S südlich der Cheops-Pyramide. Die Rohbauten dieses Gräberfeldes wurden erst am Ende der Regierungszeit des Chephren, spätestens in der des Mykerinos errichtet. Links im Hintergrund die Grabmäler von Chephren (rechts) und Mykerinos (links). Rechts am Bildrand das Bootsmuseum.

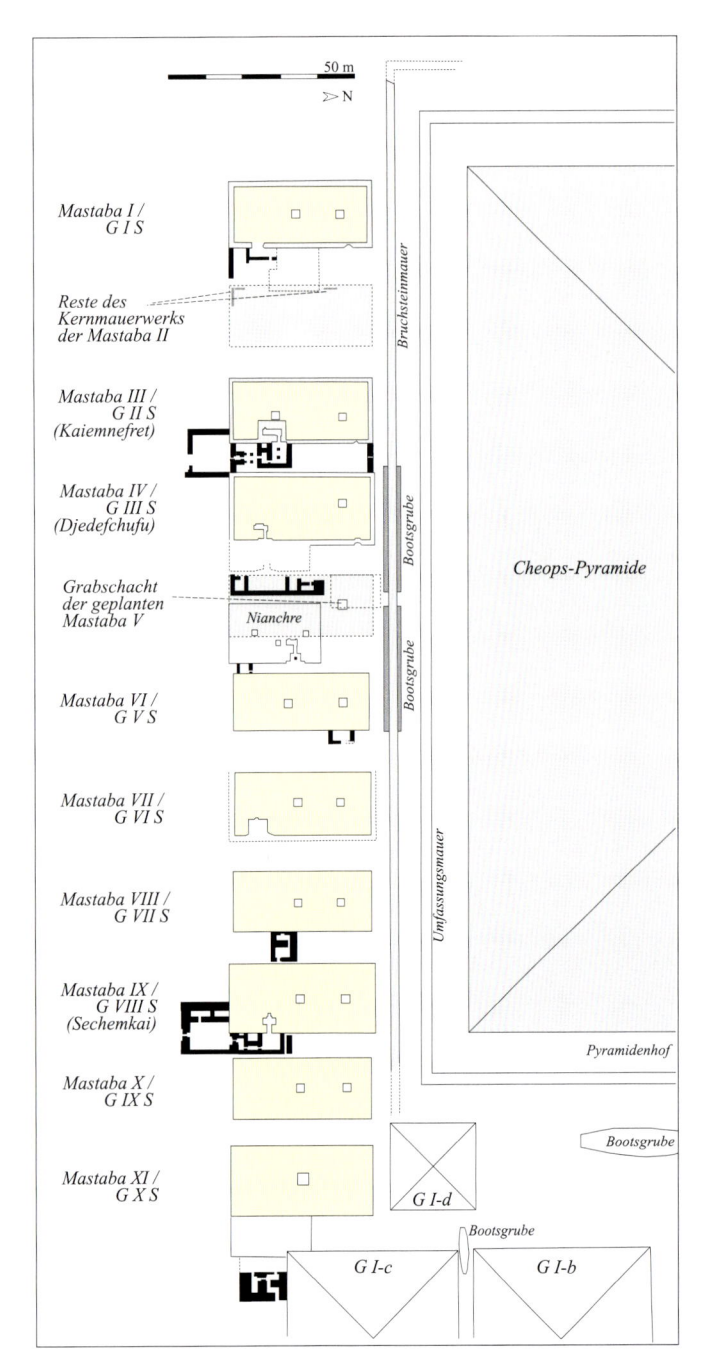

Besitzer der Mastaba G III S, ist der Titel «Königssohn» auf dessen Granitsarkophag überliefert worden (Abb. 111).[292] Demnach könnte er vielleicht ein Enkel des Cheops gewesen sein. Andererseits kann es sich hierbei aber auch wieder um einen Rangtitel handeln, der Djedefchufu als Auszeichnung für verdiente Leistungen verliehen wurde. Die bisherigen Befunde deuten dagegen an, daß die teilweise Belegung der Mastabas frühestens mit Mykerinos begann und bis weit in die 5. Dynastie hinein andauerte (Tab. 15), wobei diese Grabanlagen dabei in der Regel massive Umbauten durch ihre neuen Besitzer erfuhren.

Auch die Bauausführung der Mastabas von G I S lief nach eigenen Regeln ab und läßt bis heute eine Reihe von Fragen offen. Von den elf Grabanlagen der 1. Planung wurden die von Westen aus durchnumerierten Gräber Nr. 2 und Nr. 5 bereits im frühen Baustadium wieder aufgegeben und fast vollständig abgerissen. Lediglich Reste des verbliebenen Kernmauerwerks bei Mastaba Nr. 2 und ein unvollendeter Grabschacht bei Nr. 5 zeugen noch von ihrer einstigen Existenz.[293] Ein Grund für diese Vorgehensweise ist nicht unmittelbar erkennbar. Beide Lücken in der Mastabareihe wurden in der 5. und 6. Dynastie durch die Errichtung kleinerer Grabanlagen geschlossen, so daß zusammen mit den umfangreichen Umbauaktionen mit der Zeit ein unregelmäßiges Bild der einst gleichförmig errichteten Bauwerke entstand. Zwei weitere unvollendete Mastabas (G V S und G IX S) scheinen gar nicht belegt worden zu sein, da hier offensichtlich keine Kultkapellen errichtet wurden.

Abb. 110b Plan der Nekropole G I S. Ursprünglich sollten südlich der Cheops-Pyramide elf Grabanlagen errichtet werden. Die Gräber Nr. 2 und Nr. 5 (von Westen aus gezählt) wurden jedoch bereits im frühen Baustadium wieder aufgegeben und fast vollständig abgerissen. Lediglich Reste des verbliebenen Kernmauerwerks bei Mastaba Nr. 2 und ein unvollendeter Grabschacht bei Nr. 5 zeugen noch von ihrer einstigen Existenz. Beide Lücken wurden in der 5. und 6. Dynastie durch die Errichtung kleinerer Grabanlagen geschlossen. Bislang sind nur drei Grabbesitzer von G I S namentlich identifiziert worden.

Infolge des Ausbaus der alten Gräber und der Entstehung neuer Grabanlagen in deren unmittelbaren Umfeld wurde der Friedhof G I S wahrscheinlich im Lauf der 5. Dynastie durch eine geböschte Bruchsteinmauer vom Pyramidenbezirk des Cheops getrennt. Da diese Mauer auch im Westen und im Norden der Cheops-Pyramide nachgewiesen werden konnte, kann man davon ausgehen, daß mit ihrer Hilfe eine Ausweitung des vermutlich mittlerweile unkoordiniert wachsenden Gräberfeldes bis zur königlichen Umfassungsmauer verhindert werden sollte.[294] Die Mauer, die sich aus unbearbeiteten Kalksteinbruchstücken sowie zahlreichen Basalt- und Granitfragmenten zusammensetzte und mit Lehmmörtel verputzt wurde, war an der Basis etwa 2,5 m breit und erreichte eine Höhe von bis zu 1,66 m. Ihr Abstand zur Südseite der Cheops-Pyramide variierte leicht zwischen den Ecken des Grabmals und betrug im Mittel etwa 18,80 m; ihre Distanz zur Umfassungsmauer des Grabbezirks lag bei ca. 4,30 m. Interessanterweise verlief die Mauer genau über den Deckblöcken der beiden Bootsgruben, die Djedefre verschließen ließ (Abb. 112). Unklar ist hingegen die Bedeutung eines zweiten, etwa 0,75 m breiten Mauerzuges, der zwischen der königlichen Umfassungsmauer und der Bruchsteinmauer lokalisiert wurde.

Zu den ungeklärten Strukturen auf dem Friedhof G I S gehört auch ein kleiner, ca. 1 m breiter Schacht, der in den 1920er Jahren entdeckt wurde. Er beginnt unmittelbar an der Bruchsteinmauer und führt nur wenige Meter weit schräg nach Süden bis unter die Nord-West-Ecke der Mastaba G VI S. Etwa 1 m vor der Stelle, an der der breite Schacht im Untergrund verschwindet, ist der Felsboden zu beiden Seiten der Struktur zu einer kleinen, von Osten nach Westen laufenden Stufe abgearbeitet worden.[295] Aufgrund der Nord-Süd-Ausrichtung erscheint es plausibel anzunehmen, daß an dieser Stelle unter Cheops ursprünglich eine Nebenpyramide (Kult- oder Königinnenpyramide) geplant worden war, aber aus unbekannten Gründen nicht zur Ausführung kam.[296]

Einen anderen wichtigen Befund konnten die Ausgräber an den

Abb. 111 Blick in die Grabkammer der Mastaba G III S des Djedefchufu (Friedhof G I S südlich der Cheops-Pyramide) mit dem Granitsarkophag des Grabherren (altes Grabungsphoto aus dem Jahre 1929). Der Sarkophag befindet sich heute im Ägyptischen Museum in Kairo.

Mastabas G VI S und G VII S machen. Unmittelbar westlich dieser Grabanlagen wurden parallel zu ihnen verlaufende Reste von Rampen gefunden, die von Süden kommend ursprünglich bis auf Höhe der Dächer der Mastabas führten (Abb. 113).[297] Sie wurden aus Bruchsteinen, Geröll und Ziegeln errichtet und weisen an einigen Stellen noch Reste eines Lehmverputzes auf. Die Rampen lehnten einst direkt an den Westwänden der Mastabas an und fungierten bei der Errichtung der Kernmassive als Aufwege für den Materialtransport. Die etwa 3 m breite Rampenstruktur an

Kennung	Besitzer	Belegung	Bemerkungen
G I S	anonym	Ende 4./Anf. 5. Dyn.	–
Mastaba 2		im frühen Baustadium aufgegeben (Sargkammern nicht ausgeführt)	
G II S	Kaiemnefert	5. Dyn.	Granitsarkophag in der südlichen Grabkammer, nördliche Sargkammer fehlt
G III S	Djedefchufu	5. Dyn.	Granitsarkophag in der nördlichen Grabkammer, südliche Bestattungsanlage fehlt
Mastaba 5		im frühen Baustadium aufgegeben; dort wurden später die Grabanlagen von Nianchre und Iimeri II. gebaut	
G V S		anscheinend ungenutzt geblieben	
G VI S	anonym	5. Dyn. (?)	Granitsarkophag in der nördlichen Grabkammer, südliche Sargkammer fehlt
G VII S	anonym	5. Dyn.	Kalksteinsarkophag an der Ostseite der unvollendeten südlichen Grabkammer, nördliche Sargkammer fehlt
G VIII S	Sechemkai	5. Dyn.	Granitsarkophag in der südlichen, Kalksteinsarkophag in der nördliche Sargkammer
G IX S		anscheinend ungenutzt geblieben, Nordschacht nur im Massiv ausgeführt	
G X S	anonym	?	vermutlich auch nördliche Bestattungsanlage vorhanden

Tab. 15 Die Grabanlagen des Friedhofes G I S nach P. Jánosi.

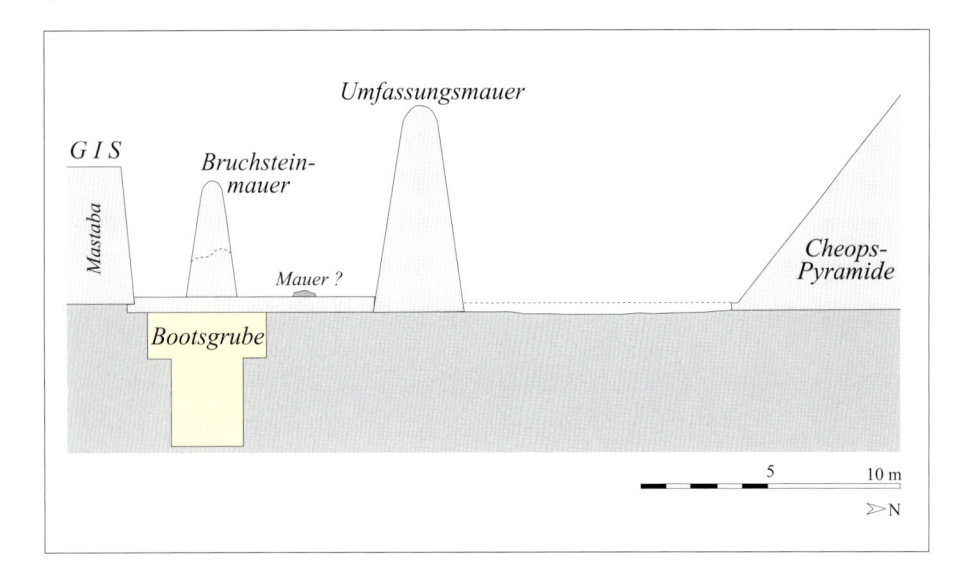

Abb. 112 Die bauliche Situation südlich der Cheops-Pyramide, Nord-Süd-Schnitt. Vermutlich um die «unkontrollierte» Ausweitung des Gräberfeldes bis zur königlichen Umfassungsmauer zu verhindern, wurde der Friedhof G I S wahrscheinlich im Laufe der 5. Dynastie durch eine geböschte Bruchsteinmauer vom Pyramidenbezirk getrennt. Die Mauer, die sich aus unbearbeiteten Kalksteinbruchstücken sowie zahlreichen Basalt- und Granitfragmenten zusammensetzte und mit Lehmmörtel verputzt wurde, verlief interessanterweise genau über den versiegelten Bootsgruben. Unklar ist bislang noch die Bedeutung eines zweiten Mauerzuges, der zwischen der königlichen Umfassungsmauer und der Bruchsteinmauer lokalisiert wurde.

der Mastaba G VI S beginnt etwa 2 m südlich der Südkante und erstreckt sich über eine Länge von 34 m. Sie endet etwas nördlicher als der Nordschacht, in dem die Bestattung des Grabeigentümers vorgenommen wurde. Da die Mastaba eine Höhe von ungefähr 6–7 m hat, lag die Steigung des Aufweges in der Größenordnung von 10–12°. Über diese Rampen transportierte man nicht nur Baumaterial, sondern sie wurden auch für das Einbringen der Bestattung über die Grabschächte und bei besonderen Festen von den Totenpriestern benutzt, um auf dem Dach bestimmte Riten zu vollziehen. Man kann davon ausgehen, daß an allen Mastabas des Friedhofs G I S ähnliche Rampen an deren Westseiten anlagen, die es ermöglichten, die Dächer der Grabanlagen zu erreichen.

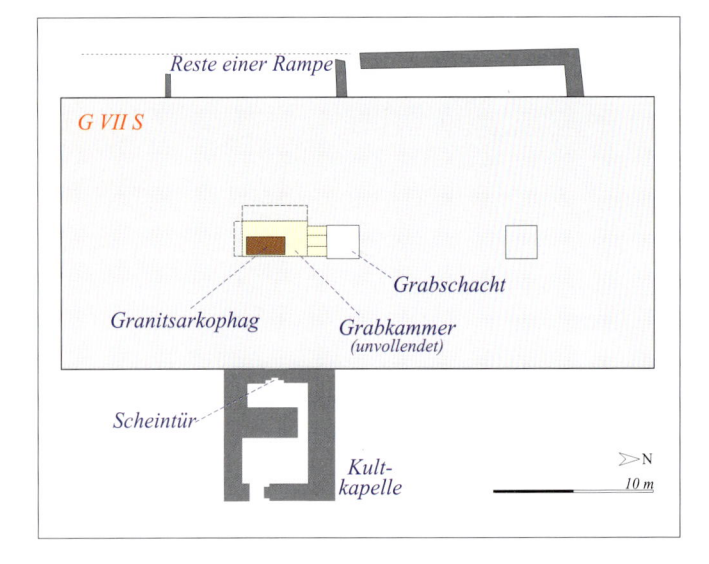

Abb. 113 Grundriß der Mastaba G VII S. Westlich dieser Mastaba wurden die Überreste einer mit Lehm verputzten Rampe aus Bruchsteinen, Geröll und Ziegeln gefunden, die von Süden kommend parallel zum Mastabamassiv, an dessen Westwand sie sich anlehnte, ursprünglich bis auf Höhe des Daches des Grabbaus verlief. Über diese Rampe transportierte man wohl nicht nur Baumaterial, sondern benutzte sie auch für das Einbringen der Bestattung über den Grabschacht und bei besonderen Festen, bei denen Totenpriester vermutlich bestimmte Riten auf dem Dach der Mastaba vollzogen.

In die Zeit des letzten großen Bauherren des Giza-Plateaus dürfte auch die endgültige Fertigstellung der 25 gleichförmigen Rohbauten fallen, die den Westfriedhof nach Osten hin erweiterten.[298] Man nennt dieses Mastabafeld heute aufgrund der Verschiebungen der Grabanlagen gegeneinander «Friedhof en Échelon» (Abb. 89b. 114a.b). Er wurde in drei Nord-Süd-Reihen angeordnet, die sich unmittelbar östlich an die beiden unter Cheops entstandenen Kernfriedhöfe G 4000 und G 2100 anschließen. Nur ein geringer Prozentsatz der Eigentümer dieser Mastabas ist heute bekannt. Ähnlich wie bei den anderen bislang besprochenen Privatnekropolen liegen auch hier wieder mehrere Generationen zwischen der Errichtung der Kernbauten und ihrer Vollendung und Belegung. Der Belegungszeitraum der Mastabas reicht dabei vom Ende der 4. Dynastie bis zur Regentschaft des Djedkare, einem König der späten 5. Dynastie.

Lediglich acht der 25 Grabanlagen erhielten eine Verkleidung aus Kalkstein oder Ziegeln. Bei neun Mastabas konnten bislang keine Kultanlagen festgestellt werden, so daß man davon ausgehen muß, daß sie offensichtlich niemals belegt worden sind. Die erhaltenen Oberbauten weisen bis auf geringfügige Abweichungen relativ einheitliche Maße auf und die in ihnen gemauerten Abschnitte der Grabschächte besitzen normierte Querschnitte. Dies läßt die Vermutung zu, daß die Kernbauten auf eine koordinierte, staatlich gelenkte Bauplanung zurückgehen. Dagegen unterlagen die unterirdischen Bestattungsanlagen offensichtlich keiner baulichen Norm mehr wie man sie beispielsweise von den angrenzenden Kernfriedhöfen aus der Cheops-Zeit her kennt. Unterschiedliche Ausprägungen der Schächte, die in vielen Fällen sogar nur wenige Meter tief in den Felsboden reichen und bei den tieferen Anlagen kontinuierliche Verengungen der Querschnitte aufweisen, sowie verhältnismäßig kleine, teilweise unregelmäßig geformte und stets unverkleidete Grabkammern bestimmen das uneinheitliche Bild der Bestattungsanlagen auf dem «Friedhof en Échelon».[299] Offensichtlich oblag die Gestaltung des Kammersystems den Eigentümern selbst, die die Schachtanlagen je nach sozialem Rang und finanzieller Möglichkeit individuell gestaltet haben.

Mit diesem noch relativ regelmäßig, aber mit gegeneinander verschobenen Grabanlagen ausgestatteten Friedhofsgebiet und der Errichtung der monumentalen Grabstätte der Königin Chentkaus I. im ehemaligen Steinbruchgebiet des Cheops (Abb. 115) enden die umfangreichen Bauaktivitäten der Könige der 4. Dynastie auf dem Giza-Plateau. Etliche der Privatgräber wurden zwar erst in den folgenden zwei Dynastien belegt, umgebaut und

Das Grabmal des Cheops im Wandel der Zeit

Abb. 114a   Blick auf den südlichen Bereich des Westfriedhofes. Das symmetrisch in mehreren Reihen angeordnete Gräberfeld G 4000 ist im Hintergrund gut zu erkennen. Östlich davor liegt der «Friedhof en Échelon» – ein aus drei gegeneinander verschobenen Reihen bestehendes Mastabafeld von insgesamt 25 Grabanlagen, das in der 2. Hälfte der 4. Dynastie angelegt wurde. Siehe auch Abb. 114b.

erweitert, das Giza-Plateau aber aufgrund seiner extensiven Bebauung nicht mehr als königliche Begräbnisstätte ausgewählt. Die Königsnekropolen der 5. und 6. Dynastie liegen dann bei Abusir und Sakkara. Auf dem Giza-Plateau entstanden in dieser Zeit jedoch viele neue Gräber für Totenpriester und einflußreiche Beamte, die u. a. in den angrenzenden Pyramidenstädten tätig waren. So entwickelten sich die Friedhöfe im Schatten der übermächtig wirkenden Königsgräber am Ende des Alten Reich zu einem unüberschaubaren Konglomerat von dicht aneinanderliegenden Grabanlagen, die letztlich das Pyramidenfeld von Giza zur umfangreichsten und kompaktesten Nekropole des Pyramidenzeitalters werden ließen.

Abb. 114b Lage und Ausrichtung des «Friedhofs en Échelon». Dieses Gräberfeld wurde in drei Nord-Süd-Reihen angeordnet, die sich unmittelbar östlich an die beiden unter Cheops entstandenen Kernfriedhöfe G 4000 und G 2100 anschließen. Nur ein geringer Prozentsatz der Eigentümer dieser Mastabas ist heute bekannt. Der Belegungszeitraum der Mastabas reicht vom Ende der 4. Dynastie bis zur späten 5. Dynastie. Lediglich acht der 25 Grabanlagen erhielten eine Verkleidung aus Kalkstein oder Ziegeln. Bei neun Mastabas konnten bislang keine Kultanlagen festgestellt werden. Die Baubefunde zeigen, daß die Gestaltung der Kammersysteme den Eigentümern selbst überlassen wurde.

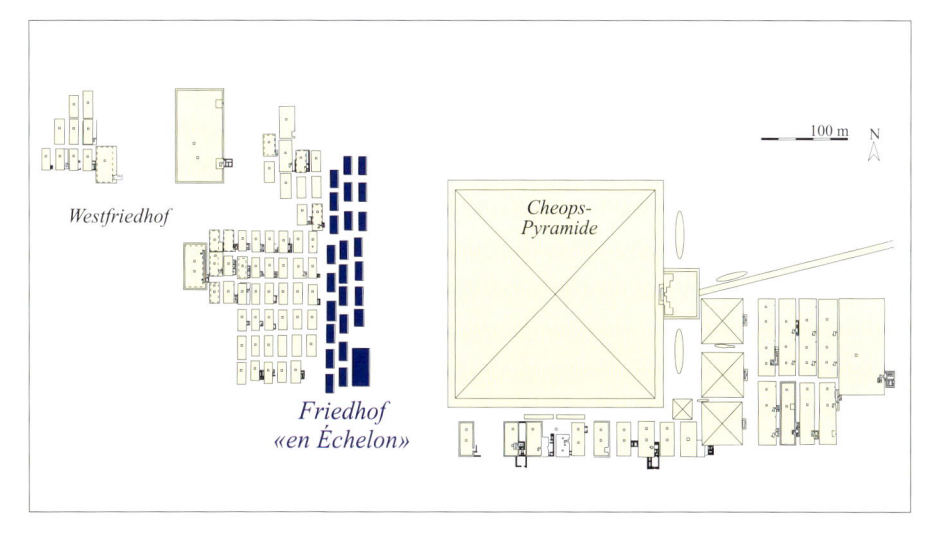

115

Abb. 115   Die Grabanlage der Chentkaus I. wurde im ehemaligen Steinbruchgebiet des Cheops errichtet. Blick von Südosten. Im Hintergrund die Pyramiden von Cheops (rechts) und Chephren (links).

Der Fall des göttlichen Falken

Im Laufe der etwa 160 Jahre lang währenden 6. Dynastie vollzog sich der stetige innenpolitische Zerfall des Alten Reiches.[300] Mehrere unterschiedliche, aber miteinander in Zusammenhang stehende und sich überlagernde gesellschaftspolitische Komponenten führten letztlich zur Destabilisierung der uneingeschränkten Autorität der Zentralregierung. Ganz offensichtlich waren die Könige der späten 6. Dynastie zu schwach, um die Geschicke des Landes noch zentral lenken zu können. In diesem Zusammenhang wird immer wieder auf das Autonomiestreben mächtiger, gezielt auf das Königshaus einflußnehmender Gaufürstentümer und auf den wachsenden individuellen Einfluß hoher memphitischer Beamter hingewiesen, die die Geschicke des Landes relativ autonom mitbestimmen konnten und somit das von je her zentralistisch ausgerichtete Staatsgebilde unterhöhlten. Hinzu kam, daß auch der im Umfang stetig größer gewordene Beamtenapparat den veränderten Gegebenheiten eines mit den Dynastien immer komplexer gewordenen Staatsgefüges offensichtlich nicht mehr gewachsen war und gewisse Befehlsstrukturen zwischen den Provinzen und der Residenz nicht mehr einwandfrei funktionierten. Neben der Dezentralisierung der staatlichen Verwaltungsstrukturen und damit der Schwächung der Handlungsfähigkeit der Zentralregierung werden auch destabilisierende Faktoren im Wirtschaftssystem der 6. Dynastie (u. a. aufgrund des enorm aufwendigen landesweiten Königstotenkultes und der damit in Zusammenhang stehenden hohen Anzahl von königlichen Immunitätsdekreten, die den Pyramidenstädten und Stiftungsgütern umfassende Privilegien zugestanden) für den letztendlichen Kollaps des Alten Reiches verantwortlich gemacht. Am Ende der langen und innen- wie auch außenpolitisch kraftlosen Regentschaft König Pepis II. wurde offenbar die legitime königliche Erbfolge in Frage gestellt, was Thronstreitigkeiten zur Folge hatte. Andererseits kam es zu langanhaltenden Versorgungsengpässen im memphitischen Gau, so daß die Ernährung der Bevölkerung nicht mehr durch die Zentralregierung gewährleistet werden konnte. Hungersnöte waren die Folge und so kam es etwa 390 Jahre nach dem Tod des Cheops zu anarchistischen Zuständen in Memphis, die vermutlich einige Monate lang angedauert haben. Manetho bezeichnete diesen Zeitraum, in dem sich das Volk gegen den Staat erhob, infolge seiner Nomenklatur als «7. Dynastie» und beschreibt das innenpolitische Chaos jener Zeit symbolisch durch die rasche Abfolge von 70 Königen memphitischer Herkunft, die das Land nur jeweils einen Tag lang regiert haben sollen. Auch die gewaltsame vorübergehende Wiederherstellung der alten Machtverhältnisse konnte den Untergang des Alten Reiches nicht abwenden. Nach einer relativ kurzen, bis zu 20 Jahre langen Herrschaftsperiode der Nachkommen der alten Königsfamilie (8. Dynastie) brach das labile Staatsgefüge endgültig zusammen. Um das Jahr 2140 v. Chr. kam es zur Entmachtung der zwischenzeitlich von oberägyptischen Gaufürsten geduldeten und gestützten memphitischen Regierungszentrale und zur Entthronung der Schattenregierung. Etliche rivalisierende Provinzfürsten griffen daraufhin nach der Macht und

Das Grabmal des Cheops im Wandel der Zeit

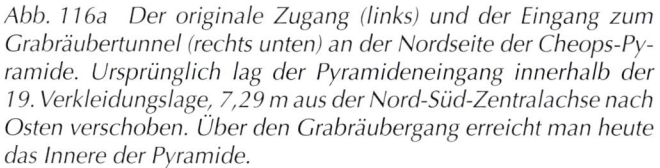

Abb. 116a Der originale Zugang (links) und der Eingang zum Grabräubertunnel (rechts unten) an der Nordseite der Cheops-Pyramide. Ursprünglich lag der Pyramideneingang innerhalb der 19. Verkleidungslage, 7,29 m aus der Nord-Süd-Zentralachse nach Osten verschoben. Über den Grabräubergang erreicht man heute das Innere der Pyramide.

Abb. 116b Im Grabräubertunnel der Cheops-Pyramide; Blick in Richtung Süden. Der vermutlich während der 1. Zwischenzeit angelegte Einbruchstollen war ursprünglich sehr viel kleiner und wurde vor allem im Mittelalter immer weiter ausgebaut. Die letzte Vergrößerung des Tunnels fand 1584 unter der Regie des damaligen Vizekönigs von Ägypten, Ibrahim Pascha, statt.

Abb. 116c Schematische Darstellung des Verlaufes des Grabräubertunnels in der Cheops-Pyramide. Obwohl seine Existenz arabischen Überlieferungen zufolge dem Kalifen al-Ma'mun aus dem 9. Jh. n. Chr. zugeschrieben wird, deutet sein Verlauf eher darauf hin, daß er in Kenntnis des Kammersystems der Pyramide (vermutlich in der 1. Zwischenzeit) angelegt wurde. Der Gang liegt heute auf Höhe der 6. bis 8. Steinlage, etwa 8 m westlich des originalen Eingangs der Pyramide, und verläuft fast horizontal, mit einer leichten Süd-Ost-Orientierung bis auf Höhe der Granitblockierung des aufsteigenden Korridors, die mit ihm gezielt umgangen wurde.

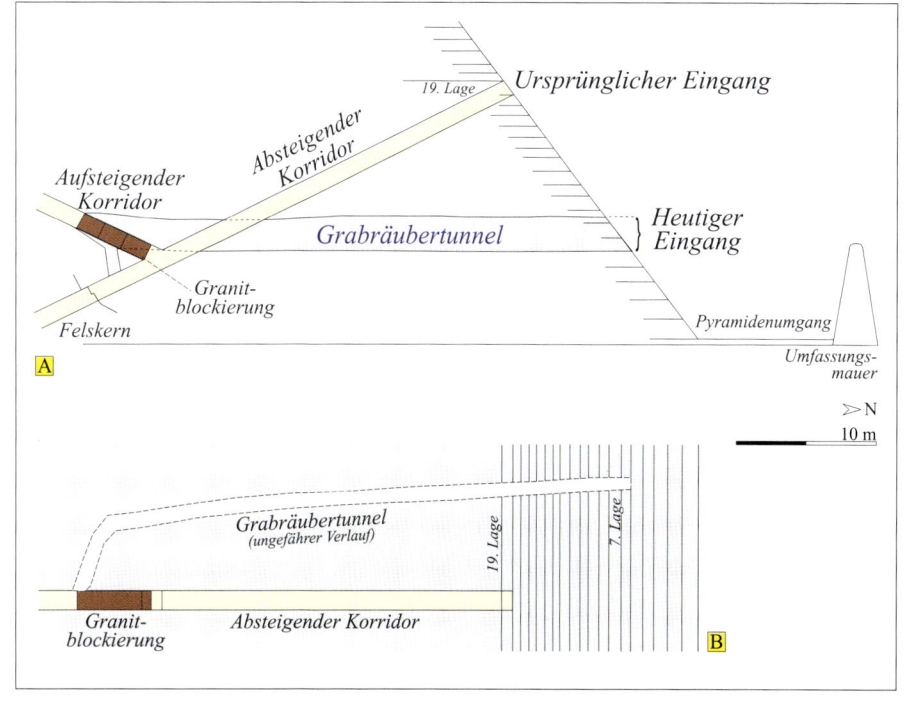

Legende zu Abb. 117

Kalkstein
Granit

1: Vollständige Blockierung des Verbindungskorridors zwischen der Großen Galerie und der Grabkammer: 3 Granitblöcke und ca. 3 Kalksteinblöcke.
2: Vollständige Blockierung des aufsteigenden Korridors: 3 Granitblöcke und wahrscheinlich 17-19 Kalksteinblöcke, die während der Bauarbeiten an der Cheops-Pyramide in der Großen Galerie gelagert wurden.
3: Vermutlich vollständige Blockierung des absteigenden Korridors.

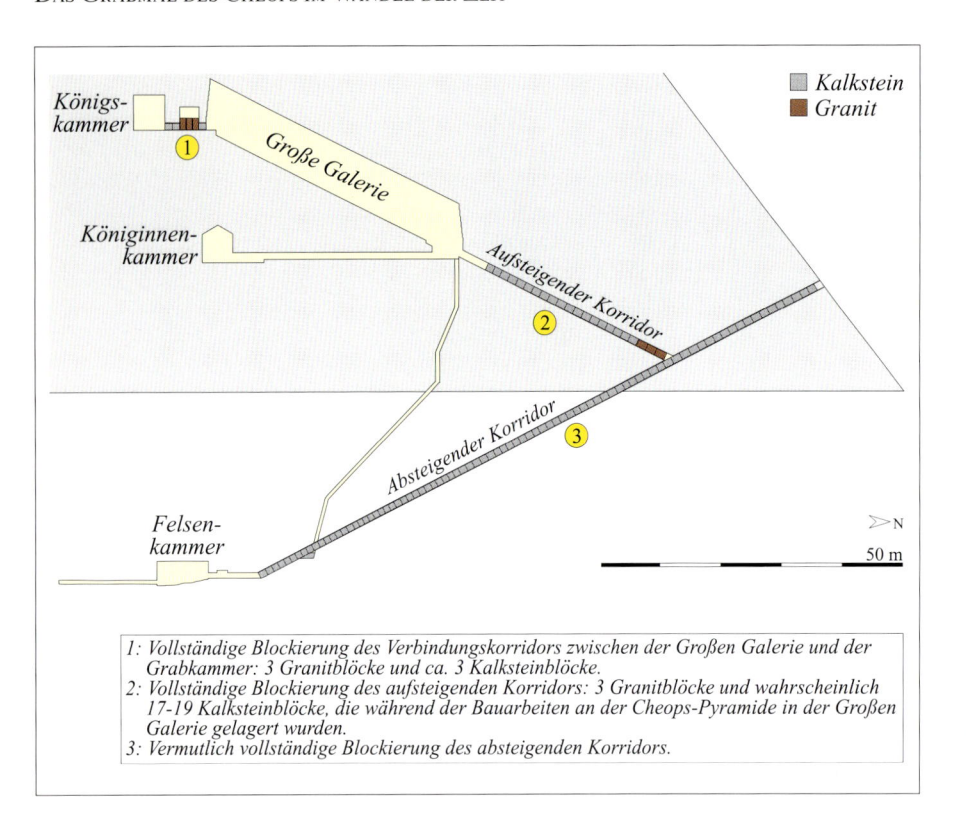

Abb. 117 Übersicht über die Bereiche im Korridorsystem der Cheops-Pyramide, die nach der Bestattung des Königs massiv mit Granit- oder Kalksteinblöcken blockiert worden sind.

ließen sich als Könige proklamieren. Wie so oft in der Menschheitsgeschichte war dies der Nährboden für einen langen Bürgerkrieg, der anfangs durch kleine Provinzfehden motiviert letztlich zu einem Kampf zwischen zwei großen Machtzentren, im Norden (Herakleopoliten) und im Süden des Landes (Thebaner), avancierte. Die Zeit zwischen dem Untergang des Alten Reiches und der Konsolidierung einer neuen Zentralregierung in der Mitte der 11. Dynastie wird heute als 1. Zwischenzeit bezeichnet. Sie dauerte von 2160/40–2020 v. Chr. Einher mit dem Verfall des Staates ging auch der Schutz der königlichen Pyramidenanlagen verloren, da nach der Entmachtung des Königs und der Einstellung des Kultbetriebes auch die Bewachung der Pyramidenkomplexe aufgegeben wurde. Man kann also davon ausgehen, daß die Cheops-Pyramide bereits in der 1. Zwischenzeit ihre Unantastbarkeit verlor und das auserwählte Ziel von Grabräubern wurde.[301]

Im Papyrus Leiden 344, der «Mahnschrift des Ipuwer», aus jener Zeit heißt es dazu: «Siehe, die privaten Kammern, ihre Bücher wurden gestohlen. Die Geheimnisse in ihnen liegen bloß. (...) Siehe, die Ämter wurden geöffnet, ihre Aufzeichnungen gestohlen. (...) Siehe jetzt, die Dinge sind nicht mehr wie sie einmal waren. Der König wurde durch Bettler beraubt. Siehe, der als Falke (d. h. der König, d. V.) bestattet ist (...) Was die Pyramide verbarg, ist ausgeleert. Siehe jetzt, das Land ist des Königtums beraubt worden von ein paar Menschen, die die Gebräuche ignorieren.»[302]

Die Beraubung der Cheops-Pyramide war ein schwieriges Unterfangen – logistisch wie auch arbeitstechnisch. Es wurden in der Vergangenheit verschiedene Einbruchsszenarien diskutiert, die sich vor allem um die Frage drehten, ob die ersten Grabräuber durch den originalen Eingang der Pyramide oder über den Grabräubertunnel, der heute in ausgebauter Form den Touristen als Zugang zum Kammersystem der Großen Pyramide dient, eingebrochen sind. Die unterschiedlichen Vorstellungen hängen dabei im Grunde genommen von den Bewertungen der Fragen ab, ob einerseits der absteigende Korridor massiv mit Kalksteinblöcken aufgefüllt worden war oder nicht und andererseits wann der Grabräubergang überhaupt hergestellt wurde. Obwohl die Existenz des Grabräubertunnels arabischen Überlieferungen zufolge dem Kalifen Abdullah al-Ma'mun zugeschrieben wird, der sich im 9. Jh. n. Chr. über ihn gewaltsam Zugang zur Pyramide verschafft haben soll, erscheint es plausibler, seine ursprüngliche Entstehung in die 1. Zwischenzeit zu datieren. Ein erstes Indiz für diese Annahme vermittelt sein Verlauf im Kernmauerwerk der Pyramide.

Der Tunnel liegt heute auf Höhe der 6. bis 8. Steinlage, etwa 8 m westlich des originalen Eingangs der Pyramide (Abb. 116a.c). Seine Höhe von 6,10 m[303] über dem Basisniveau erforderte entweder eine kleine Anschüttung bzw. Rampe an der Nordflanke der Pyramide oder eine treppenförmige Abarbeitung der Verkleidung unterhalb des Tunneleingangs, um die Einbrucharbeiten durchzuführen. Obwohl die Umfassungsmauer den Eingang des Grabräubertunnels vom übrigen Plateau aus verdeckte, konnten beide Szenarien nicht im Geheimen durchgeführt worden sein, denn sie erforderten einen gewissen organisierten Aufwand an Menschen und Arbeitsmaterial. Interessanterweise liegt der Gang relativ dicht an der Nord-Süd-Zentralachse der Pyramide. Er führt fast horizontal, aber mit einer leichten Süd-Ost-Orientierung ins Kernmauerwerk bis auf Höhe der Granitblockierung des aufsteigenden Korridors, die dann gezielt umgangen wurde (Abb. 116b.c). Sein zielgerichteter Verlauf nährt die Vermutung, daß diejenigen, die diesen Tunnel herstellten, den inneren Aufbau des Kammersystems und die Lage der Grabkammer hoch im Kernmauerwerk kannten. Es wäre demnach durchaus denkbar, daß innerhalb der von Anarchie und Plünderungen beherrschten Phase zwischen dem Alten und Mittleren Reich auch die Baupläne der Pyramiden in den königlichen Archiven entdeckt worden sind, die dann nach ihrer Auswertung den Grabräubern den Weg ins Innere der Königsgräber wiesen.

Existenz, Lage und Ausrichtung des Tunnels würden vor allem dann Sinn machen, wenn das innere Sicherheitskonzept der Großen Pyramide vorsah, auch den absteigenden Korridor massiv mit Kalksteinblöcken aufzufüllen. Eine derartige komplette Blockiermaßnahme ist z. B. im westlichen Korridorsystem der

Knick-Pyramide belegt[304] und wäre im Fall der Cheops-Pyramide aufgrund der Zugänglichkeit des oberen Kammerbereichs durch den Luft-/Fluchtschacht, der den absteigenden Korridor mit der Großen Galerie verbindet, wohl auch notwendig und sinnvoll gewesen. Vermutlich hätte es den Ägyptern nicht ausgereicht, das untere Einstiegsloch in den Schacht einfach nur mit Mauersteinen zu verschließen, zu verputzen und anschließend zu versuchen, die Stelle im Stil der Korridorwand so zu kaschieren, daß sich ein einheitliches Bild in diesem Gangabschnitt ergab. Bei dem Aufwand, den die Konstrukteure insbesondere mit der Blockierung des aufsteigenden Korridors betrieben haben, wäre eine derart einfache Vermauerung eine eher unzureichende Maßnahme gewesen, die in keinem sicherheitstechnischen Verhältnis zu den anderen Blockiervorrichtungen der Pyramide steht.

Wäre der absteigende Gang hingegen nicht vollständig blockiert gewesen, so hätte der Einbruch in die Cheops-Pyramide auch über den originalen Eingang vonstatten gehen können – so wie bei den meisten anderen Pyramiden aus dieser Epoche. Vermutlich hätte man den Übergang vom absteigenden in den aufsteigenden Korridor im Fugenbild nicht so perfekt kaschieren können, daß er den Grabräubern entgangen wäre. Nach der Entdeckung der Übergangsstelle hätten sie dann einen kleinen Tunnel unterhalb der Granitblockierung in Richtung aufsteigenden Gang meißeln und nach Überwindung der weiteren Blockierungen die Grabkammern erreichen können. Auch dieses Szenario erscheint möglich, doch stellt sich die Frage, warum dann später ein weiterer Einbruchstunnel hergestellt werden mußte. Es wäre für die Grabräuber wohl einfacher gewesen – egal aus welcher Epoche sie letztlich gestammt haben mögen – nach dem originalen Eingang zu suchen und sich von dort aus ihren Weg ins Innere der Cheops-Pyramide zu bahnen, anstatt mühsam und über einen langen Zeitraum hinweg einen Tunnel ins Kernmauerwerk zu treiben in der Hoffnung, so auf das Kammersystem zu treffen. Nachdem die Pyramide nachweislich in der Spätzeit Ägyptens wie auch in der Antike zugänglich war, erscheint es merkwürdig, daß es den Arabern im 9. Jh. nicht möglich gewesen sein soll, den originalen Eingang für ihren Raubzug aufzuspüren. Als sinnvolle Erklärung würde sich anbieten, daß die Leute des Kalifen al-Ma'mun den Eingang der Pyramide gar nicht benötigten, da sie den verschütteten alten Grabräubertunnel wiederentdeckt hatten, ihn erneut freilegten und vielleicht sogar erweiterten – woraufhin die arabischen Historiker die gesamte Entstehung des Stollens einfach in ihre Zeit datierten.

Die Beseitigung der Blockierungen im Kammersystem der Großen Pyramide (Abb. 117) selbst stellte ein äußerst mühseliges, aber im Resultat eher unproblematisches Unterfangen für die Grabräuber dar. Die Kalksteinblöcke, die den aufsteigenden Korridor oberhalb der Granitblockierung auffüllten, durchbohrte man vermutlich in ihrem westlichen Bereich und gelangte somit in die Große Galerie. Die Blockierung des Zugangs zur Grabkammer stellte das größere Hindernis für die Grabräuber dar. Nicht ohne Grund wurden mehrere Steinblöcke aus Granit für die Versperrung des Korridors verwendet. Ihre Bearbeitung war mit den damaligen Mitteln zwar machbar, aber dafür waren enorme Anstrengungen und ein hoher Zeitaufwand erforderlich. Wie die Granitfallsteine letztlich beseitigt wurden, läßt sich aufgrund der Befunde in der Pyramide nur teilweise rekonstruieren. Da an der Südwand der Blockiersteinkammer keine Spuren gewaltsamer Einwirkungen vorhanden sind, wurden die Blockiersteine vermutlich einzeln gespalten und aus dem Gang entfernt. Da durch die Aufhängevorrichtung der Blockiersteine im oberen Bereich der Blockierkammer hinreichend Platz vorhanden war, könnte man sich vorstellen, daß die nebeneinanderliegenden Blöcke Stück für Stück wie in den Granitsteinbrüchen bei Assuan durch die Benutzung eines Dolerithammers zerlegt wurden.

Gegen diese unter extrem schwierigen Bedingungen stattfindende, sehr langwierige und mühselige Aufgabe war das Aufbrechen des Granitsarkophages des Königs wohl eher ein Kinderspiel. Der mit Stiften an der Sarkophagwanne fixierte Deckel wird vermutlich ebenfalls durch massiven Einsatz von Dolerithämmern und/oder kupfernen Meißeln und Hebeln an einer Stelle aufgebrochen worden sein. Vielleicht deutet die Beschädigung an der Süd-Ost-Ecke des Sarkophags noch auf die Aktivitäten der Grabräuber hin.

Vielleicht wurden die sterblichen Überreste des Cheops, sofern sie die Plünderung der Pyramide in der 1. Zwischenzeit einigermaßen überstanden haben sollten, in der politisch wieder stabilen 12. Dynastie (Mittleres Reich, um 2020–1780 v. Chr.) neu beigesetzt, provisorisch in der Königskammer verschlossen und der Einbruchstollen versiegelt. In jener Zeit begann aber wohl auch bereits der Abriß der teilweise in Trümmern liegenden Tempelanlagen der Nekropole. Dies deuten beispielsweise die bereits erwähnten, mit Reliefs versehenen Steinfragmente an, die im Grabkomplex Amenemhets I. bei der heutigen Ortschaft Lischt verbaut wurden. Sie tragen den Königsnamen des Cheops und stammten vielleicht aus seinem Taltempel am Giza-Plateau. Somit begann spätestens um das Jahr 2000 v. Chr. die mit offizieller Genehmigung vorangetriebene Demontage des steinernen Vermächtnisses des Cheops.

Aus der 12. Dynastie stammt eine Felsinschrift im Wadi Hammamat[305], die allerdings auch bezeugt, daß frühere Könige wie Cheops noch einen gewissen Einfluß auf lokale Geschehnisse haben konnten. Das Wadi Hammamat liegt etwa 90 km östlich der heutigen Ortschaft Kuft in der Arabischen Wüste und war zu allen Epochen Altägyptens das Ziel großangelegter Expeditionen, die die Aufgabe hatten, das dort vorrätige Grauwacke-Gestein abzubauen. Diese sehr dichte, feinkörnige und meist grüngraue Gesteinsart diente beispielsweise als Dekorationsmaterial in den Tempelanlagen der Pyramidenkomplexe oder wurde zur Herstellung von Sarkophagen und als «Schreibunterlage» in Form von Stelen und sonstigen Kultgegenständen verwendet.

Die besagte Felsinschrift enthält die Königsnamen von Cheops, Djedefre und Chephren sowie die Nennung von vier Teilnehmern einer Expedition, die vielleicht am Ende des Mittleren Reiches im Grauwacke-Steinbruch tätig gewesen war.[306] Man geht davon aus, daß insbesondere die Erbauer der großen Pyramiden von Giza im Wadi Hammamat als Orts- und Schutzheilige fungierten.[307]

Ob diese Inschrift womöglich als indirekter Hinweis auf die Aktivitäten der Prospektoren des Cheops selbst zu werten ist, die hier das kostbare Baumaterial Grauwacke für die Kultanlagen seines Grabkomplexes gewinnen wollten, wird seit langem diskutiert. Immerhin weist die früheste nachgewiesene Expedition im Wadi Hammamat erst in die Regierungszeit des Djedefre[308], dem unmittelbaren Nachfolger des Cheops. Man kann also die Möglichkeit nicht ausschließen, daß die Nennung der drei Könige aus der 4. Dynastie in der Felsinschrift nur eine spätere Zusammenstellung von einst verstreut im Steinbruch angebrachten Inschriften früherer Expeditionen gewesen war[309], von denen insbesondere die des Cheops mit der Zeit verlorengegangen ist.

Giza jenseits des Pyramidenzeitalters

Am Ende der 2. Zwischenzeit (um 1650 v. Chr.) gelang es den aus Vorderasien stammenden «Hyksos» (altägyptisch: «heka-chasut», «Herrscher der Fremdländer») den Norden Ägyptens unter ihre Kontrolle zu bringen – was u. a. auch die Plünderung der Hauptstadt Memphis zur Folge hatte. Erst um 1540 v. Chr. wurden sie von den Thebanern nach langen Kämpfen wieder aus dem Land vertrieben. Nach der ersten Fremdherrschaft auf ägypti-

Abb. 118   In der 18. Dynastie ließ König Amenophis II. einen kleinen Tempel (hier im Vordergrund des Bildes) nordöstlich des Sphinx errichten, dessen Hauptachse auf den Sphinx-Kopf ausgerichtet ist. Links vor der Kolossalfigur liegen hintereinander der sog. Sphinx-Tempel und der Taltempel der Chephren-Pyramide. Im Hintergrund erkennt man eine markante Anhöhe nordöstlich der Maadi-Formation, an deren Basis sich ein islamischer Friedhof erstreckt.

schem Boden werden auch die memphitischen Pyramidenkomplexe zu Beginn des Neuen Reiches erneut beraubt und verwahrlost dagelegen haben. Ob auch wieder eine Beraubung der Pyramiden von Giza stattgefunden hat, ist archäologisch und inschriftlich nicht belegt, aber nicht ganz auszuschließen.

Ahmose I., der Bezwinger der Hyksos und Begründer der 18. Dynastie, war der letzte ägyptische Herrscher, der sich ein Grab in Form einer Pyramide errichten ließ. Sein Grabmal liegt im thebanischen Dra Abu'l Naga, eine zweite Pyramide ließ er offensichtlich in Abydos bauen.[310] Damit endete «offiziell» das über 1000jährige Pyramidenzeitalter und die Ära der königlichen Felsgräber als Begräbnisstätte der Herrscher Ägyptens brach an. Sie wurden in einem schwer zugänglichen Tal des Westgebirges von Theben, im «Tal der Könige», angelegt. Neben religiösen Beweggründen – wie einer veränderten Sichtweise vom königlichen Jenseits – werden auch pragmatische Gesichtspunkte wie Sicherheitsaspekte und Fragen der Wirtschaftlichkeit die Wahl der neuen Grabform beeinflußt haben. Eine Neuordnung des hochherrschaftlichen Begräbniswesens wurde erforderlich. Insbesondere nach den schmerzlichen Erfahrungen der Vergangenheit muß den Ägyptern des neu formierten Staates bewußt geworden sein, daß sich das Konzept der exponiert errichteten Pyramidenkomplexe als Begräbnisstätte der Könige letztlich nicht bewährt und den Verstorbenen keinen ausreichenden Schutz vor Grabräubern geboten hatte.[311] Im Zuge der seit dem Ende des Alten Reiches beginnenden Demokratisierung des Totenglaubens auf der Basis der Osiris-Religion wurde das ehemals königliche Jenseitssymbol hingegen vom Volk adaptiert und krönte fortan die kleinen Grabkapellen von Handwerkern und Künstlern, aber auch die Grabanlagen hoher Würdenträger und Beamter in den thebanischen Nekropolen.[312] Unabhängig davon, daß sich der königliche Totenkult im Neuen Reich fast ausschließlich in Theben konzentrierte, sind auf den alten Pyramidenfeldern eine ganze Reihe von Aktivitäten nachgewiesen, die auch das Giza-Plateau betrafen.

Schon früh in der 18. Dynastie entwickelte sich die Gegend um die Giza-Pyramiden zu einem beliebten Jagdgrund und zum Ziel königlicher Ausflüge. In jener Zeit wuchs auch das religiöse Interesse an den alten Bauwerken auf dem Plateau, die als Schauplätze neuer Kultzentren auserkoren wurden. So wurde der Sphinx von Giza unter Amenophis II. zur verehrungswürdigen Gottheit erhoben, in dem die Ägypter ein Abbild des Sonnengottes zu erkennen glaubten. Auf einer erhöhten Felsterrasse nordöstlich der Kolossalfigur ließ Amenophis II. einen Tempel errichten, dessen Hauptachse direkt auf den Sphinx-Kopf ausgerichtet ist (Abb. 118). Dieses Heiligtum entwickelte sich mit der Zeit zu einem bedeutenden Wallfahrtszentrum in der memphitischen Region. Im Jahre 1936 wurde an der Rückseite der Kultkammer des Tempels die sog. Sphinx-Stele des Amenophis II. entdeckt, die der König dort als eine Art «Gründungsurkunde» des Heiligtums aufstellen ließ. Das zerstörte, aber noch erkennbare Bildprogramm der Stele zeigt in zwei symmetrisch angeordneten Szenen Amenophis II. opfernd vor dem Sphinx, der auf einem hohen Podest liegt. In den Inschriften der Stele findet sich u. a. auch ein Hinweis auf die Könige Cheops und Chephren, der zeigt, daß selbst über 1000 Jahre nach dem Bau der großen Pyramiden von Giza die Namen ihrer Bauherren nicht in Vergessenheit geraten waren: «(...) er hielt an am Ruheplatz des Horus in Achet. Dort verbrachte er eine kurze Zeit, indem er sich umwandte und den kunstvollen Bau dieses Ruheplatzes des Chnum-Chufu und Rachaef [Chephren, d. V.], der Seligen, ansah. Da wünschte sich sein Herz, ihre Namen leben zu lassen. (...)».[313] Diese Stele stellt die einzige inschriftliche Hinterlassenschaft des Neuen Reiches dar, in der die Namen der beiden in Giza bestatteten Könige gemeinsam überliefert wurden. Man kann davon ausgehen, daß sie als Vorlage für die berühmte granitene «Traumstele Thutmosis IV.» diente, die man zwischen den Vorderläufen des Sphinx aufgestellt hat. Hingegen stammt die bislang älteste bildliche Darstellung, die die Cheops-Pyramide zusammen mit der Pyramide des Chephren und dem Sphinx zeigt, aus der 19. Dynastie.[314] Sie befindet sich auf einer Stiftungsstele des Schreibers Montuheru und zeigt hinter dem mit Uräusschlange an der Stirn, Bart und Königsstatue vor der Brust ausgestatteten Sphinx die beiden dicht zusammenliegenden und sehr steil abgebildeten Pyramiden (Abb. 119).

Neben dem sich immer stärker exponierenden Sphinx-Kult etablierte sich auf dem Giza-Plateau vermutlich auch bereits in der 18. Dynastie ein Isis-Kult. Hierfür wurden die Ruinen der Opferkapelle der Nebenpyramide G I-c als Baugrund für einen kleinen Tempel ausgewählt (Abb. 120), der sich mit den Jahrhunderten immer weiter nach Osten ausdehnte. Die ersten inschriftlichen Belege an den Tempelwänden stammen aus der 21. Dynastie (um 1000 v. Chr.). In ihnen wird der Tempel als Heiligtum der Isis, der

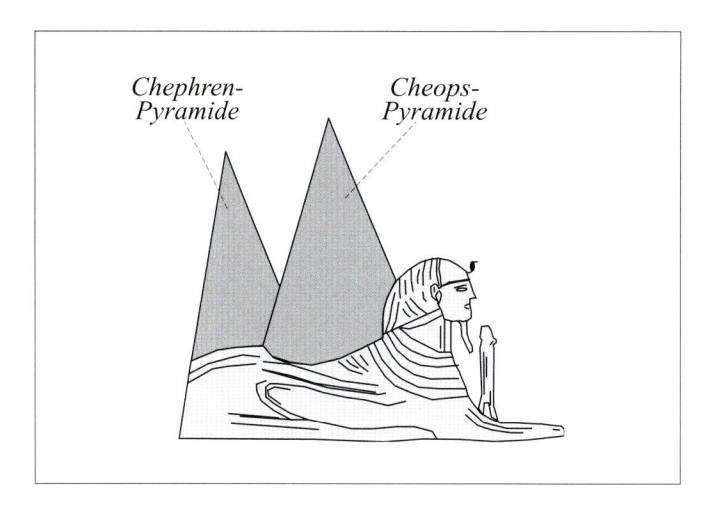

Abb. 119 Umzeichnung einer Darstellung des Sphinx und der beiden großen Pyramiden von Giza, auf der Stele des Montuheru (19. Dynastie). Dies ist die bislang älteste bildliche Darstellung, die die Cheops-Pyramide zusammen mit der Pyramide des Chephren und dem Sphinx zeigt.

Abb. 120 Die Überreste eines Isis-Tempels (westlicher Bereich) an der Ostseite der Königinnenpyramide G I-c. Auf den Fundamenten der Kultkapelle von G I-c wurde in der 18. Dynastie ein Tempel der Göttin Isis errichtet, deren Kult sich neben dem um den Sphinx mit der Zeit immer stärker etablierte. Die ersten inschriftlichen Belege stammen aus der 21. Dynastie (um 1000 v. Chr.) und weisen den Tempel als Heiligtum der Isis, der «Herrin der Pyramide», aus.

«Herrin der Pyramide», bezeichnet.[315] Daß sich die Priester der Isis von den vielen zur Verfügung stehenden verfallenen Gebäuden gerade eine Bauruine in der Nähe des Grabmals des Cheops für ihr neues Kultzentrum aussuchten, wird wohl kein Zufall gewesen sein. Der einzige bislang im Neuen Reich nachgewiesene Kult um Cheops stand in Zusammenhang mit einem Isis-Heiligtum in Koptos, dessen Gründung auf den Bauherren der Großen Pyramide zurückgeführt wird. Interessanterweise läßt sich die Reaktivierung der Nekropole von Giza ab der späten 18. Dynastie auch durch eine Reihe von Gräbern belegen, die Beamte dort errichten ließen.[316]

Etwa um 1200 v. Chr. ließ Chaemwaset, ein Sohn Ramses' II. und Hoherpriester des Ptah von Memphis, im Auftrag des Königs Restaurationsarbeiten an einer Reihe von Pyramiden und Sonnenheiligtümern durchführen. Wie diese Arbeiten im Einzelnen ausgesehen haben, ist nicht bekannt. Vielleicht untersuchte er die zu seiner Zeit zugänglichen Königsgräber und ließ sie erneut verschließen. Es wurde hierbei auch nicht ausgeschlossen, daß es sich bei den Restaurationen vordergründig um eine propagandistische Maßnahme gehandelt haben könnte. Einerseits sollte sie vielleicht eine Verbundenheit mit den großen Herrschern der Pyramidenzeit bekunden, andererseits könnten kleinere Ausbesserungsarbeiten an den monumentalen Königsgräbern aber auch dazu gedient haben, das eigene königliche Ansehen zu steigern.[317]

Interessant ist in diesem Zusammenhang ein 0,68 m breites und 0,22 m hohes Bruchstück eines Kalksteinblocks, welcher einst zur Kultkapelle im Grab des Mehu im Süden von Sakkara gehörte und heute im Ägyptischen Museum von Kairo steht. Auf dem Steinfragment befinden sich auf der linken Seite zwei hockende, nach rechts blickende Gottheiten, von denen nur der Vorderste als falkenköpfiger Re-Harachte eindeutig zu identifizieren ist. Ihnen gegenüber sitzen eine Reihe von Königen, die mit Zeremonialbart und Uräusschlange an der Stirn ausgestattet sind. Sie halten in der rechten Hand den Krummstab und werden durch Kartuschen namentlich erwähnt. Von links nach rechts handelt es sich hierbei um Djoser, Djoser-Teti (Sechemchet) und Userkaf. Wie ein Kartuschenrest (vielleicht Djedkare) andeutet, setzt sich die Reihe der Könige mit unbestimmter Länge noch weiter fort. Die Darstellung der Könige im Grab des Mehu könnte bedeuten, daß der ramessidische Beamte als Mitglied der «Revisionsmannschaft» des Chaemwaset unmittelbar am memphitischen Restaurationsprogramm, das auch die Grabanlagen der obigen Könige umfaßte, beteiligt gewesen war.[318]

Spuren von Chaemwasets Wirken lassen sich indirekt auch auf dem Giza-Plateau finden – und zwar an den Felswänden gegenüber der Nord-West-Ecke der Chephren-Pyramide. Dort befinden sich zwei große hieroglyphische Inschriften des Bauleiters Maja aus Heliopolis, der vermutlich die Arbeiten im Auftrag des Prinzen geleitet hat.[319] Die noch am vollständigsten erhaltene Restaurationsinschrift, deren offenbar fast gleichlautende Texte an alle Baudenkmäler gemeißelt wurden, die man in das königliche «Sanierungsprogramm» aufnahm, befindet sich an der noch erhaltenen Verkleidung an der Südseite der Pyramide des Unas bei Sakkara. Sie lautet: «Seine Majestät [Ramses II., d. V.] hat verordnet, daß verkündet werde: Der Oberste der Künstler, der Sem-Priester und Königssohn Chaemwaset, hat den Namen des Königs von Ober- und Unterägypten Unas dauern lassen, nachdem dessen Name nicht mehr auf seinem Pyramidenfeld gefunden werden konnte; denn der Sem-Priester und Königssohn Chaemwaset wünschte sehr, die Denkmäler der Könige von Ober- und Unterägypten wiederherzustellen in dem, was jene (einst) gemacht hatten und dessen Bestand dem Verfall nahe war. Und er setzte von neuem fest die Liste seiner Gottesopfer auf (...)».[320]

Wahrscheinlich ließ Chaemwaset auch an der Nordwand der Cheops-Pyramide eine entsprechende Inschrift anbringen, die jedoch mit dem Verlust der Verkleidung im Mittelalter verloren ging. Ob die Cheops-Pyramide in jener Zeit zugänglich war und welche Restaurationsarbeiten am Grabmal im Einzelnen durchgeführt wurden, ist nicht bekannt und läßt sich auch nicht mehr schlüssig rekonstruieren. Vielleicht ließ Chaemwaset auch kleinere Reparaturen an den Kultanlagen des Pyramidenkomplexes (vor allem am Totentempel) durchführen. Seine Aktivitäten dehnte er anscheinend auch auf die großen Mastabas der Königsfamilie aus, wie eine in den Ruinen von Memphis gefundene Sitzstatue des Kawab zu belegen scheint. Die Statue aus Diorit weist neben den Titeln und Namen des Kawab auch Inschriften von Chaemwaset auf, in denen dieser sich rühmt, diese Statue aus der verfallenen Mastaba gerettet zu haben. Man vermutete, Chaemwaset habe die Figur in den Ruinen des Oberbaus der Mastaba G 7110/20 gefunden und sie (wie vermutlich noch weitere verworfen aufgefundene Statuen) in den Tempelkomplex von Memphis gebracht, um sie dort am täglichen Gottesopfer teilhaben zu lassen.[321]

Trotz des wiedererwachten Kultgeschehens auf dem Giza-Plateau im Neuen Reich und der königlichen Verbundenheit mit den grandiosen Bauleistungen der Vorfahren wurde der systematische Steinraub an den Tempeln der Pyramidenanlagen bis zum Ende der Ramessidenzeit in der 20. Dynastie fortgesetzt. So findet sich beispielsweise Steinmaterial der Tempel des Giza-Plateaus auch in den Tempelmauern der ramessidischen Städte im Nildelta wieder. Nach der Ära der Ramessiden geht der Steinraub an den Kultbauten auf dem Giza-Plateau zwar vermutlich weiter, er erreicht aber bei weitem nicht mehr den Umfang wie im bauintensiven Neuen Reich.

Die 25. Dynastie schließlich wurde geprägt durch die Auseinandersetzungen zwischen den Ägyptern und den Assyrern, die Mitte des 7. Jhs. v. Chr. die Oberherrschaft über Ägypten innehatten und auch die Stadt Memphis mehrfach eroberten und plünderten. Hierbei sind offensichtlich auch die Kultanlagen auf dem Giza-Plateau in Mitleidenschaft gezogen worden. Erst dem von den Assyrern eingesetzten König Psammetich I. gelang es mittelfristig, die assyrische Oberhoheit über Ägypten abzuschütteln und das Land in eine wirtschaftlich und kulturell aufblühende Epoche zu führen. Die Saitenzeit (26. Dynastie, 664–525 v. Chr.) wurde nach den Wirren der Fremdherrschaft durch den Versuch geprägt, durch die Rückbesinnung auf einheimische Traditionen und Stilformen, die sich vor allem an Vorbildern aus dem Alten Reich orientierten, einen neuen stabilen Ansatzpunkt für die ägyptische Gesellschaft und Kultur zu finden. Die Reorganisation des vielschichtigen Kultgeschehens und der Ausbau der eigenständigen Verwaltung erfaßte auch das Giza-Plateau. Dies führte schließlich zur Erweiterung des alten Isis-Heiligtums.[322] Im Rahmen der Vergrößerung des Tempelkomplexes in Richtung Osten wurden Teile der Grabanlage des Chaefchufu (G 7130/40) für den Prozessionsweg und einige neue

Abb. 121 Blick über den Isis-Tempel nach Osten. Im Rahmen einer Reorganisation des Kultes auf dem Giza-Plateau nach den Auseinandersetzungen zwischen den Ägyptern und den Assyrern in der 25. Dynastie wurde der Isis-Tempel in der 26. Dynastie in Richtung Osten erheblich erweitert. Dafür mußten Teile der Grabanlage des Chaefchufu (G 7130/40) abgetragen bzw. umgebaut werden. Im Hintergrund erkennt man weitere Grabanlagen des Friedhofes G 7000 sowie unterhalb des Plateaus das Dorf Nazlet el-Samman.

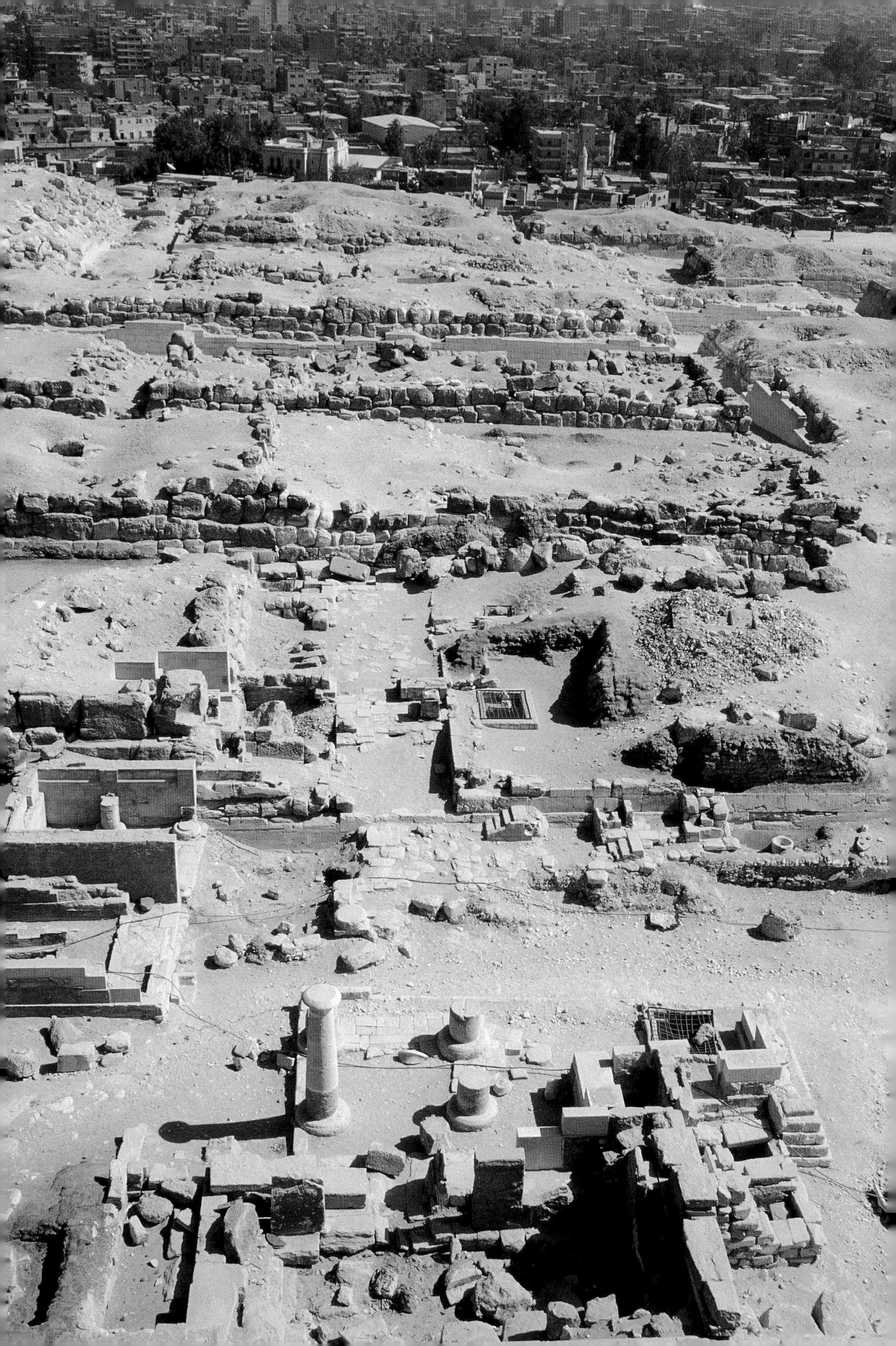

Abb. 122 Östlich des Eingangs der Mykerinos-Pyramide befindet sich auf der geglätteten Granitverkleidung eine bereits von Diodor erwähnte hieroglyphische Inschrift, die den Namen und den Todestag des Mykerinos enthält. Diese Inschrift steht vermutlich mit der Wiederherstellung der Bestattung des Königs in der Spätzeit in Zusammenhang.

Räume abgetragen und umgebaut (Abb. 121). Der Isis-Tempel erreichte nach diesem Anbau seine endgültige Form, die man noch heute erkennen kann.

Die Geschehnisse in jener Zeit auf diesem Pyramidenfeld werden indirekt durch die «Inventory stela» dokumentiert. Sie belegt die Wiedereinführung des Kultes der «Isis, Herrin der Pyramide», der offenbar unter der assyrischen Herrschaft nicht aktiv praktiziert worden war. Ihre Texte sind aber auch von einer Art Rückbesinnung auf die glorreiche Vergangenheit der Pyramidenkönige geprägt, die z. B. als Vorbilder verwendet wurden, um die Bedeutung und die Lage des Isis-Heiligtums auf dem Giza-Plateau stärker zu betonen. Das zentrale Bildfeld der Stele, die 1858 entdeckt wurde, ist in vier Register aufgeteilt und zeigt in erster Linie das Inventar des Isis-Tempels. Neben einem typischen Schrein der Göttin in Form einer Tragbarke erkennt man 22 Götterbilder, denen man heute aufgrund der dünnen kratzerhaften Linienführung der Beischriften teilweise nur relativ schwer Namen, Material und Maße zuordnen kann. Diese Götterbilder standen vermutlich in verschiedenen Heiligtümern des Plateaus und wurden im Rahmen der Revision renoviert oder neu gestiftet. Interessant ist hierbei vor allem der Rahmen der Stele, auf dem sich von der oberen Mitte ausgehend zwei symmetrisch zueinander angeordnete Inschriften befinden. Sie werden eingeleitet durch zwei gleichlautende Protokolltexte, die sich auf Cheops beziehen und wie eine Art Überschrift, die den Namen des Isis-Heiligtums mit diesem alten König in Verbindung bringen soll, über dem Bildprogramm der Stele thronen: «Es lebt Horus ‹Medjedu›, König von Ober- und Unterägypten Cheops, dem Leben gegeben ist.» Danach folgt auf der linken Seite der Text: «Er machte für seine Mutter Isis, die Göttermutter, für Hathor, die Herrin des Himmels, ein Revisionsprotokoll, das auf eine Stele geschrieben wurde; er gab ihr von neuem ein Gottesopfer, und er baute ihre Gotteshalle aus Stein, indem er erneuerte, was er vernachlässigt gefunden hatte, nämlich diese Götter an ihren Plätzen.» Auf dem rechten Stelenrahmen kann man hingegen lesen: «Er fand die Domäne der Isis, der Herrin der Pyramide, neben der Domäne des Hurun im Nordwesten der Domäne des Osiris, des Herrn von ‹Ra-Setau›. Und er errichtete seine Pyramide neben dem Tempel dieser Göttin. Er errichtete (auch) die Pyramide der Königstochter ‹Henutsen› neben ihrem Tempel.» Der Text setzt sich in der Mitte des 4. Registers unterhalb des Bildprogramms der Stele in drei senkrechten Spalten wie folgt fort: «Die Stätte des Hurun Horus in ‹Achet› befindet sich im Süden der Domäne der Isis, der Herrin der Pyramide, und im Norden (der Domäne) des Osiris, des Herrn von ‹Ra-Setau›. Aufgeschrieben für das Haus der Göttin des Horus in ‹Achet› und herbeigebracht zur Revision».[323]

Im Gegensatz zu den archäologischen Befunden, die eindeutig belegen, daß der Isis-Tempel auf den Ruinen der verfallenen Totenopferkapelle der Pyramide G I-c entstanden ist, könnte man ohne eine Differenzierung des Subjektes in den Inschriften den widersprüchlichen Eindruck gewinnen, Cheops sei der Stifter der Stele und zugleich Restaurator eines älteren Heiligtums der Isis gewesen, das bereits vor dem Bau der Großen Pyramide auf dem Giza-Plateau gestanden hat. Alternativ dazu könnte man auch die Vermutung aufstellen, der wahre Initiator der Revision bzw. die Priester des Isis-Tempels hätten hier bewußt eine anachronistische Verdrehung der wahren Gegebenheiten für die Nachwelt niedergeschrieben, um dem Heiligtum einen größeren Stellenwert als den umliegenden Königsgräbern zu verschaffen. Der Text verliert jedoch augenblicklich seine scheinbare innere Widersprüchlichkeit, wenn man 1.) die Inhalte der Textpassagen, die nach den einleitenden, auf Cheops bezogenen Protokollen folgen, nicht dem Erbauer der Großen Pyramide, sondern einem anderen Täter der Handlung, nämlich dem ungenannt gebliebenen Restaurator der Tempelanlage, zuordnet, 2.) die Formulierung «errichtete» im Sinne von «restaurierte/wiederherstellte» interpretiert und 3.) zum inhaltlichen Vergleich andere Revisionsprotokolle mit heranzieht.[324]

Es existiert noch ein zweiter, fast unscheinbar wirkender Beleg für die Restaurierungen der Baudenkmäler auf dem Giza-Plateau in der Saitenzeit. Links (d. h. östlich) des Eingangs der Mykerinos-Pyramide befindet sich eine bereits von Diodor erwähnte[325], heute nur noch schwach zu erkennende Inschrift auf der an dieser Stelle geglätteten Granitverkleidung (Abb. 122), die den Namen und den Todestag des Mykerinos enthält. Diese Inschrift steht damit allem Anschein nach in Zusammenhang mit der Wiederherstellung der Bestattung des Mykerinos, von der der Holzsarg, der den Aufschriften nach eine saitische Arbeit war, Zeugnis ablegt.

Wer die spätzeitlichen Renovierungsarbeiten auf dem Giza-Plateau in Auftrag gegeben hat, ist bis heute nicht eindeutig geklärt. Man darf vermuten, daß es sich hierbei um einen der Saitenkönige gehandelt hat. Der vermutliche Zeitpunkt der Instandsetzungsarbeiten würde am ehesten auf Psammetich I. deuten, aber auch einer seiner Nachfolger könnte als Initiator in Frage kommen.[326]

Ähnlich wie in der Phase der Rückbesinnung auf das Alte Reich in der ramessidischen Epoche wurden auch in der Saitenzeit wieder Grabanlagen auf dem Giza-Plateau angelegt. So ist in dieser Zeit auch im Bereich der ursprünglichen Kulträume des Totentempels der Cheops-Pyramide ein Schachtgrab begonnen, aber offensichtlich nicht fertiggestellt worden, woraus man schließen könnte, daß der Pyramidentempel schon fast vollständig abgerissen worden war.

Cheops im Fadenkreuz antiker Historiker

Um das Jahr 450 v. Chr. – in einer Zeit, als Ägypten bereits seit vielen Jahrzehnten unter persischer Herrschaft stand und von König Artaxerxes I. regiert wurde (27. Dynastie) – besuchte der griechische Historiker Herodot von Halikarnassos das Land der Pharaonen. Seine Ausführungen über die ägyptischen Pyramiden stellen heutzutage die ältesten inschriftlichen Überlieferungen antiker Autoren zu diesem Thema dar. Herodot beruft sich bei seinen Beschreibungen offensichtlich nicht auf einflußreiche Beziehungen zu Regierungskreisen oder auf hochrangige Priester, sondern scheint sein Wissen über die alte Nilkultur eher von Beamten und Priestern niedrigen Ranges aus verschiedenen alten Kultzentren wie Sais und Memphis sowie von diversen Personen aus dem normalen Volk (Ägyptern, wie aber auch vor allem von angesiedelten Griechen und natürlich von seinen Dolmetschern) erhalten zu haben.[327] Da Herodot offensichtlich vornehmlich mit den Volkskreisen in Berührung kam, präsentieren sich seine Ausführungen über Ägypten, die er sicherlich getreu der Informationen, die man ihm gegeben hat, auch der Nachwelt weitergegeben hat, als ein Gemisch aus wahren, nachvollziehbaren Beschreibungen und persönlichen Eindrücken der altägyptischen Kultur und Lebensweise auf der einen und aus Dichtungen, Widersprüchlichkeiten, Ungereimtheiten und fehlerhaften Berichten auf der anderen Seite. Seine Informationen über die Große Pyramide von Giza sind für den zwiespältigen Informationswert seines Ägyptenbildes, das die Antike maßgeblich mitprägen sollte, ein sehr gutes Beispiel. Im Grunde genommen nahm mit Herodot der bis in die heutige Zeit führende Pfad der spekulativen Irrungen und Wirrungen um die monumentalen Königsgräber Altägyptens seinen Anfang.

Herodot zeichnete kein freundliches Bild von den Pyramidenkönigen Cheops und Chephren. Insbesondere Cheops bekam eine extrem negative Beurteilung für sein Wirken. Der griechische Historiker ordnete die Große Pyramide zwar noch eindeutig diesem König zu und war sich auch bewußt, daß die Pyramiden Grabmäler waren. Er stellte die Cheops-Pyramide aber als das Werk eines Herrschers dar, der sein Volk gnadenlos unterjochte und ausbeutete. So soll Cheops laut Herodot alle Tempel geschlossen und seine Untertanen von den Opfern ferngehalten sowie jegliche Feste verboten haben. Zur Errichtung seiner Grabanlage habe er das Volk jahrzehntelang zum Frondienst gezwungen und sei in seiner Schlechtigkeit sogar so weit gegangen, seine eigene Tochter aus finanziellen Sorgen in ein Freudenhaus zu schicken, damit sie Geld für ihn verdienen sollte. Die Tochter, deren Namen Herodot nicht nennt, habe das vom Vater verlangte Geld beschafft und zusätzlich noch von jedem ihrer Freier einen Stein für ihr eigenes Grabmal erbeten, aus denen dann die mittlere der drei Königinnenpyramiden östlich der Cheops-Pyramide gebaut worden sein soll.[328]

Das negative Image des Cheops, das hier auch mit einer Reihe von Phantasiegeschichten und Legenden konstruiert wurde, ist erstaunlich und steht im krassen Widerspruch zum bislang bekannten Status, den Cheops nicht nur im Alten Reich, sondern auch noch in der Saitenzeit innehatte. Immerhin erfuhr dieser König noch etwa 90 Jahre vor Herodot hohe Verehrung und sein Name diente den Priestern der Isis wie schon erwähnt als Ausschmückung für ihre Titelreihen. Offensichtlich wurde der Isis-Tempel jedoch mit der Eroberung Ägyptens durch die Perser aufgegeben und die Erinnerung an den Kult um die Giza-Könige war nach mehreren Generationen bereits verlorengegangen.

Interessanterweise wird auch Chephren, den Herodot als Bruder des Cheops ausweist, ebenso negativ wie der Bauherr der Großen Pyramide charakterisiert, während hingegen Mykerinos, der die kleinste Königspyramide auf dem Giza-Plateau errichten ließ, ein deutlich positives Image erhält. So soll Mykerinos, der bei Herodot ein Sohn des Cheops ist, beispielsweise wieder die Tempel geöffnet und das Volk aus der Sklaverei freigegeben haben. Es scheint fast so, als habe Herodot im Bannkreis seiner eigenen soziokulturellen Wertvorstellungen die Könige Cheops und Chephren nur aufgrund ihrer extrem großen, aus Sicht des Griechen nur durch die maßlose Ausbeutung des Volkes entstandenen Pyramiden negativ beschrieben, währenddessen er Mykerinos wegen seiner sehr viel kleineren Pyramide den Nimbus eines gottesfürchtigen und gerechten Königs verlieh, der sein Volk nicht ausgebeutet hatte.

Trotz dieses Eindruckes, daß Herodots abwertendes Urteil über Cheops auf dem vom griechischen Geist geprägten Vorurteil beruhe, Bauwerke wie die Große Pyramide können nur das Werk grausamer Tyrannen sein, sollte man auch nicht die Möglichkeit außer acht lassen, daß in der Tat Könige wie Cheops und Chephren in der Volkstradition Ägyptens kritischer gesehen wurden als man sie in den offiziellen staatlichen Quellen dargestellt hat. Dies wird im Fall des Cheops auch aus dem Papyrus Westcar erkennbar – einer etwa im 17. Jh. v. Chr. abgefaßten Sammlung von märchenhaften Erzählungen, die vermutlich auf eine Vorlage aus dem Mittleren Reich zurückgehen, womöglich sogar auf noch ältere volkstümliche Überlieferungen aus dem Alten Reich.[329] Dort wird Cheops in einer der Geschichten mit einem negativen Persönlichkeitsbild dargestellt, während beispielsweise sein Vater Snofru charakterliche Züge eines «idealen Königs» trägt. Man könnte infolgedessen die Hypothese aufstellen, daß der im Alten Reich offensichtlich hochangesehene Cheops nach dem Zusammenbruch der alten Ordnung im Lauf der 1. Zwischenzeit in weiten Teilen der ägyptischen Öffentlichkeit einen Imageverlust erlitten hatte, der von Ablehnung und Respektlosigkeit gegenüber dem Bauherren der Großen Pyramide von Giza geprägt war.[330] Dieses unfreundliche Bild hatte sich dann trotz der stets im Königshaus hochgehaltenen Erinnerung an Cheops und des Neuaufflammens seines Andenkens im Rahmen kultischer Aktivitäten auf dem Giza-Plateau allem Anschein nach bis in die Spätzeit hinein unterschwellig in der Volkstradition gehalten und war tendenziös mit haltlosen Geschichten aufgebauscht worden, von denen Herodot schließlich Gebrauch machte.

Neben den kurzen, aber prägnanten Ausführungen über Cheops Charaktereigenschaften und seinem despotischen Herrscherbegehren äußerte sich Herodot auch über den Bau der Cheops-Pyramide. Seine Darstellungen sind allerdings meist nur oberflächlich. So beschrieb er beispielsweise relativ vage, daß das Verlegen der Verkleidungsblöcke an dem bereits stufenförmig errichteten Kernmauerwerk der Pyramide mit Hilfe von Hebevorrichtungen vonstatten gegangen sein soll, die aus kurzen Hölzern gefertigt wurden und jeweils auf einer Stufenreihe stehend die Steinblöcke Lage für Lage nach oben transportierten. So soll letztlich die Verkleidung von der Pyramidenspitze abwärts an das Kernmauerwerk angebracht worden sein.[331] Über den Einsatz von Rampen beispielsweise, die nachweislich die maßgebliche Transportkonstruktion im Pyramidenbau gewesen waren, verliert der Grieche kein Wort.

Der wahre Charakter der Hebevorrichtungen bleibt in der Beschreibung Herodots verborgen. Vielleicht hat Herodot die Ausführungen der Priester aufgrund geringer eigener technischer Kenntnisse nicht verstanden und/oder nur unzureichend wiedergegeben. Dennoch haben seine Andeutungen heutzutage in der Pyramidenforschung bereits eine ganze Reihe von Modellvorschlägen provoziert, die bislang jedoch keine Bestätigung in den archäologischen Untersuchungen gefunden haben. Immerhin scheint der offensichtlich mißverstandene Hinweis auf die Richtung der Verkleidungsarbeiten von oben nach unten zumindest darauf hinzudeuten, daß hiermit die letztendliche Glättung der Außenseiten gemeint ist, die in der Tat von der Spitze abwärts durchgeführt worden sein wird.

Man muß sich bei der Bewertung derartiger antiker Aussagen immer wieder vor Augen halten, daß zu Herodots Zeiten fast 2000 Jahre seit dem Bau der monumentalen Königsgräber der 4. Dynastie vergangen waren. Angesichts dieser enormen zeitlichen Distanz, vor allem aber vor dem Hintergrund der vielen politisch instabilen und vom Chaos geprägten Phasen der altägyptischen Geschichte, in denen durch Plünderungen und blinde Zerstörungsgewalt eine Vielzahl von Informationen des Grabbauwesens zerstört worden sind, kann man nicht erwarten, daß die einfachen Priester und sonstigen aus dem normalen Volk stammenden Gewährsleute des griechischen Historikers tatsächlich relevante Informationen über den monumentalen Pyramidenbau des Alten Reiches geben konnten. Herodots Informationsquellen konnten gar nicht auf ein in den Archiven nur noch teilweise erhalten gebliebenes Wissen aus dem Alten oder Mittleren Reich zurückgreifen, sondern legten vermutlich Erkenntnisse über den zeitlich viel näherstehenden Pyramidenbau im Neuen Reich (Privatgräber bei Theben) und in der Spätzeit zugrunde.

Seit der 25. Dynastie entstanden auf dem Elitefriedhof der Kuschiten bei El Kurru und Nuri in Nubien eine Vielzahl von Pyramiden, die bautechnisch gesehen allesamt nicht mit den monumentalen Königsgräbern des klassischen Pyramidenzeitalters vergleichbar sind, deren Existenz aber den ägyptischen Zeitgenossen Herodots bekannt gewesen sein müßte. Da archäologische Untersuchungen an den Pyramiden des etwa 300 v. Chr. angelegten Königsfriedhofes von Meroe in Nubien die Anwendung des «Schadufs» (eines aus mehreren Holzrundbalken zusammengesetzten, kranähnlichen Hebegerätes) im spätzeitlichen Pyramidenbau zweifelsfrei belegen[332], ist es sehr wahrscheinlich, daß diese Hebevorrichtung, der man auch in Grabmalereien der 19. Dynastie begegnet, auch auf den Friedhöfen der Kuschiten zum Einsatz kam. So wäre es demzufolge denkbar, hier einen Zusammenhang mit den von Herodot beschriebenen Hebegeräten herstellen zu können. Was läge für die Informanten Herodots wohl näher, als das ihnen bei der Errichtung der Pyramiden ihrer Zeit bekannte und offensichtlich maßgebliche Hilfsmittel einfach unreflektiert auf den längst vergangenen Grabbau des Alten Reiches zu übertragen.

Sehr viel konkreter wird Herodot, wenn es darum geht, den Bau der Cheops-Pyramide in Zahlen zu fassen. So berichtet er, daß jeweils 100 000 Menschen drei Monate lang an der Großen Pyramide arbeiten mußten. Insgesamt 30 Jahre Bauzeit überliefert Herodot für die größte Pyramide Ägyptens, davon zehn Jahre für den Aufweg und 20 Jahre für die Errichtung des Grabmals selbst. Der Aufweg beeindruckte den Griechen offensichtlich sehr. Er gibt seine Ausmaße mit einer Länge von 5 Stadien (885 m), einer Breite von 10 Klaftern (17,70 m) und einer Höhe von 8 Klaftern (14,16 m) an. Die Cheops-Pyramide selbst ist bei Herodot acht Plethren (236,80 m) breit wie hoch.[333] Auch wenn die Arbeiterzahlen und die Bauzeit der Pyramide aufgrund ihrer «plakativen Einfachheit und Überschaubarkeit» nur als vage Näherungswerte zu verstehen sind, bewegen sich die Abmessungen der beschriebenen Bauwerke abgesehen von der falsch geschätzten Höhe der Pyramide durchaus in einem vernünftigen Rahmen zu den tatsächlichen Dimensionen.

Interessanterweise berichtete Herodot auch davon, daß an den geglätteten Steinen des Aufweg eingemeißelte Darstellungen zu sehen waren. Er machte jedoch keine Angabe über die genaue Lokalisation dieses «Bildwerkes». Berücksichtigt man, daß es bislang keine archäologischen Hinweise dahingehend gibt, daß die Aufwege der 4. Dynastie beschriftet gewesen waren, und daß der eigentliche Aufweg, d. h. der Verbindungskorridor zwischen Taltempel und Totentempel, zu Herodots Zeiten vermutlich bereits in Trümmern lag, dann könnte man vermuten, daß Herodot den monumentalen, dammartigen Unterbau des Aufweges beschrieb, der womöglich an seinen Seitenwänden Darstellungen trug, die denen an den Tempelpylonen nicht unähnlich waren.

In diesem Zusammenhang gab Herodot auch eine sehr einfache, aber durchaus verläßliche Beschreibung des groben Logistikkonzeptes der Baustelle wieder. Er wies darauf hin, daß Steine aus den Steinbrüchen vom arabischen Gebirge (gemeint ist die Gegend bei Tura und Maasara) bis zum Nil geschleppt und über den Nil geschafft wurden, wo sie von anderen Schleppmannschaften über den Aufweg bis zum libyschen Gebirge (das Giza-Plateau) transportiert werden mußten.[334] Für die Infrastruktur im Umfeld der Baustelle am Giza-Plateau ist hierbei vor allem der Hinweis von Belang, daß auch der Aufweg als Baurampe verwendet wurde.

Über die Innenräume der Cheops-Pyramide wußte Herodot nur sehr wenig und auf den ersten Blick recht Merkwürdiges zu berichten. Er sprach von unterirdischen Kammern als Grabstätte des Königs, die auf einer Insel angelegt wurden, indem man einen Kanal vom Nil hineinleitete.[335] Für diese eigenartige Schilderung der unterirdischen Begräbnisstelle des Königs gibt es mehrere Erklärungsversuche. Allgemein hin nimmt man an, daß Herodot die Cheops-Pyramide nicht betreten und seine Informationen über ihr Innenleben nur aus zweiter Hand bekommen hat.[336] Seine Beschreibung der von Wasser umflossenen Insel, auf der Cheops seine letzte Ruhe fand, entspricht architektonisch den Vorstellungen, die man damals von einem Königsgrab hatte, das nach dem Vorbild des Grabes des Gottes Osiris errichtet wurde. Erst kürzlich ist der Vorschlag gemacht worden, daß eine allem Anschein nach in der Spätzeit unterhalb des Aufweges der Chephren-Pyramide errichtete Schachtgrabanlage fälschlicherweise als Vorlage für Herodots Beschreibung bemüht wurde, da man auf ihrer untersten Ebene heutzutage in der Tat eine vergleichbare Situation (ein in der Mitte der unvollendeten Kammer stehengelassener Felsvorsprung, der vom Grundwasser umgeben ist) vorfindet.[337] Eine andere mögliche Vorlage für die Informanten des Herodot, deren Aussagen der Grieche ungeprüft übernommen hat, könnte auch die Grabanlage des Taharqa (690–664 v. Chr.) gebildet haben. Der vorletzte König der 25. Dynastie ließ sich die größte kuschitische Grabpyramide des Pyramidenfeldes von Nuri errichten und die unterirdisch angelegte Grabkammer wurde offensichtlich in Anlehnung an das «Osireion» konstruiert[338], das Sethos I. (um 1290–1278 v. Chr.) in der 19. Dynastie als symbolisches Osiris-Grab in Abydos anlegen ließ.

Bei der Bewertung von Herodots Aussage sollte man aber auch die Möglichkeit nicht außer acht lassen, daß es hierbei vielleicht gar keiner externen Vorbilder bedurfte, sondern das sich der griechische Historiker in der Tat auf die Felsenkammer selbst bezogen hat. Es wäre durchaus denkbar, daß Herodot diese Kammer tatsächlich aufgesucht und dort eine Situation vorgefunden hat, die ihn an eine Insel mit einem Zuflußkanal erinnerte. Dazu muß man sich nochmals in Erinnerung rufen, wie die unfertige Felsenkammer im Detail aussieht: Das Kammerniveau liegt tiefer als der Boden des Zugangskorridors und gegenüber des Eingangs führt ein kleiner Stollen über 16 m weit von der Kammer aus nach Süden, bevor er blind endet. Der westliche Bereich der Kammer wurde nicht vollständig aus dem Fels gemeißelt. Abgesehen von einem bis zum Boden gehenden Trenngraben steht der Fels bis auf halber Höhe der Kammer an. An zwei Stellen verlaufen Felsvorsprünge auf diesem Sockel geradlinig auf die Westwand der Kammer zu. Wenn man sich nun vorstellt, daß die Felsenkammer unterhalb des Zugangsniveaus unter Wasser stehen würde und versucht, sich in die Situation eines Besuchers vor über 2400 Jahren hineinzuversetzen, der nur mit einer Fackel oder Öllampe bewaffnet am Eingang der vertieften Kammer stehend bemüht war, sich ein Bild von dieser im Halbdunkel liegenden Raumstruktur zu machen, so würde dies fast unweigerlich zu einer ähnlichen Beschreibung führen wie sie Herodot seiner Zeit vorgenommen hat. Hierbei bildeten die nicht abgearbeiteten Felswände vielleicht die «Kammern», die er in seinem Bericht erwähnte. Das gesamte Ensemble vermittelt vor allem mit dem Trenngraben den Eindruck einer von Wasser umspülten Insel, zumal die westliche Wand im spärlichen Licht kaum aufgehellt und nur schemenhaft wahrgenommen worden sein dürfte.

Und schließlich wäre auch einer Deutung des gegenüber des Eingangs liegenden, unfertig gebliebenen und damals ebenfalls halb unter Wasser stehenden Korridors als «Zuflußkanal» nichts entgegenzusetzen. Zu dieser Interpretation paßt auch die Tatsache, daß Herodot nichts über einen Sarkophag schrieb, der in der Felsenkammer auch niemals aufgestellt wurde.

Die Annahme, daß die Felsenkammer zeitweise unter Wasser gestanden haben könnte, sollte hierbei nicht unbedingt als etwas Ungewöhnliches gelten. In den Wintermonaten fällt im Delta und in der Kairoer Gegend ausreichend Regen, der sich über ein «geöffnetes Kammersystem» in der Felsenkammer hätte sammeln können. Diese Problematik war den Ägyptern im königlichen Grabbau wohlbekannt wie man z. B. im Kammersystem der Pyramide von Meidum erkennen kann, wo am Ende des absteigenden Grabkorridors ein senkrechter Schacht zur Aufnahme von Regenwasser installiert wurde.[339] Sollte sich diese Deutung letztlich als zutreffend erweisen und Herodot sich in der Tat in der Pyramide aufgehalten haben, würde daraus folgen, daß das obere Kammersystem zu seiner Zeit nicht mehr zugänglich gewesen war, so daß die Felsenkammer als Grabkammer angesehen wurde. In diesem Fall wird man auch davon ausgehen können, daß die überflutete Felsenkammer durch den originalen Eingang zu erreichen gewesen war.

Interessanterweise hat gerade diese nicht unmittelbar verständliche Stelle in Herodots Bericht bis heute die Spekulationen um geheime Kammern unterhalb der Pyramide nicht abreißen lassen. So wurde vermutlich in römischer Zeit der Versuch unternommen, von der Felsenkammer aus tiefer in das Felsplateau vorzudringen. Im 19. Jh. wurde dieses ursprünglich etwa 1,50 m tiefe Loch noch um über 10 m verlängert, ohne die Spur eines Hohlraumes unterhalb der Felsenkammer entdecken zu können. Auch moderne Bohrungen und Messungen erbrachten – wie zu erwarten war – keine Ergebnisse.

Abschließend sollte man noch kurz auf Herodots interessante Bemerkung eingehen, daß an der Pyramide in ägyptischen Buchstaben verzeichnet gewesen sein soll, welche Mengen von Rettichen, Zwiebeln und Knoblauch die Arbeiter beim Bau der Pyramide verzehrt hätten. Vermutlich beschrieb der Grieche hier eine große hieroglyphische Inschrift an der Nordseite der verkleideten Pyramide, die mit hoher Wahrscheinlichkeit von den Restaurationsarbeiten des Chaemwaset her stammen dürfte. Hierbei handelte es sich wohl in erster Linie um die bereits erwähnte Opferliste, die dem königlichen Protokoll anbei gestellt wurde. Offensichtlich waren Herodots Begleiter und Dolmetscher, die ihn zu der besagten Stelle führten, des Lesens der Hieroglyphen nicht mächtig gewesen, sonst hätten sie ihm (vorausgesetzt, sie handelten nicht aus Boshaftigkeit oder Desinteresse und informierten ihren Gast absichtlich falsch) sicherlich den wahren Charakter der Inschrift mitgeteilt. Weitere Inschriften haben sich an der Südseite nahe der Süd-West-Ecke an der Verkleidung der Cheops-Pyramide befunden. Sie waren noch Anfang des 20. Jhs. zu erkennen und stammten aus der Spät- und Perserzeit.[340]

Daß Herodots Schilderungen über die Cheops-Pyramide in den folgenden Jahrhunderten offensichtlich einen gewissen Einfluß auf die Sichtweise einer ganzen Reihe antiker Historiker hatten, erfährt man indirekt auch aus den Äußerungen des Diodor von Sizilien, der Ägypten gegen 60 v. Chr. besuchte. In Anlehnung an Herodot bescheinigte Diodor den Königen Cheops und Chephren einen schlechten Ruf. Er distanzierte sich aber auch von Herodot und unterstellte dem Griechen ebenso wie anderen, nicht genannten Schriftstellern jener Epoche anstatt die Wahrheit über die ägyptische Geschichte zu berichten lediglich «Wundermärchen und unterhaltende Dichtungen» von sich gegeben zu haben.[341]

Offensichtlich besaß Diodor ganz unterschiedliche Bezugsquellen für seine Schilderungen. Er bezog wohl einen Teil seiner Informationen aus dem verlorengegangenen Werk des Hekataios von Abdera (um 300 v. Chr.)[342]; er berief sich bei seinen eigenen Studien aber auch ausdrücklich auf ägyptische Priester. Er berichtete davon, daß zu seiner Zeit weder die ägyptischen Geschichtsschreiber noch das normale Volk eine übereinstimmende Meinung darüber gehabt haben, wer die wahren Erbauer der Pyramiden von Giza gewesen sind. Demzufolge finden sich in Diodors Berichten zwei verschiedene Versionen über die Nutzung der Königsgräber. Einerseits habe man ihm erzählt, daß die Könige Cheops und Chephren nicht in ihren Pyramiden, sondern heimlich an unbekannten, verborgenen Orten bestattet wurden, weil sie die Rache ihres unterdrückten und gepeinigten, zum Frondienst gezwungenen Volkes an ihren Leichnamen zu fürchten hatten. Andererseits gab er die Geschichte wieder, wonach die Pyramiden ganz anderen Personen zugeordnet worden sein sollen. So wird als Bauherr der Großen Pyramide ein König Harmais genannt – ein Name, der auf die Bezeichnung des Sphinx «Hor-em-achet» bzw. gräzisiert «Harmachis» zurückzuführen sein könnte. Die Pyramiden von Chephren und Mykerinos werden hingegen mit Amasis, einem König aus der 26. Dynastie, und Inaros, dem Helden eines Aufstandes gegen die Perser, in Verbindung gebracht.[343]

Mit der ersten Variante tradierte Diodor nicht nur die offenbar von Herodot in die Welt gesetzte Verknüpfung zwischen Pyramidenbau und Sklaverei, sondern fixierte mit der Deutung der Pyramiden als riesige Kenotaphe, die das rachsüchtige Volk auf eine falsche Fährte locken sollten, vermutlich eher unbewußt eine Version, die ein völlig verzerrtes Bild der damaligen gesellschaftspolitischen und religiösen Grundmotivationen des königlichen Grabbauwesens wiedergibt. Es stellt sich die Frage, ob es sich hierbei um eine Erfindung Diodors handelt oder ob er womöglich Informationsquellen besessen hat, die ihm eine derartige Sichtweise nahelegten. Man könnte sich z. B. vorstellen, daß seine Äußerung nur ein Reflex auf die Tatsache darstellte, daß die Gräber von Cheops und Chephren zu seiner Zeit für leer gehalten wurden und man infolgedessen zu dem Schluß gekommen war, sie seien sogar niemals belegt gewesen. Wieso Diodor allerdings nicht in Betracht gezogen hat, daß die Ursache für den vermeintlichen Leerstand der Pyramidengräber ihre vorangegangene Beraubung war, wird sich nicht mehr beantworten lassen.

Noch ein anderer Aspekt scheint in diesem Zusammenhang erwähnenswert. Interessanterweise wurden in der sog. Königsliste von Karnak, die von der 1. Dynastie bis zu Thutmosis III. (18. Dynastie, um 1479–1425 v. Chr.) reicht, auch ephemere Könige der 2. Zwischenzeit verewigt, während die auf dem Giza-Plateau bestatteten Pharaonen keine Erwähnung gefunden haben. In der in Stein gehauenen Aufzählung folgen auf Snofru sofort Könige der 5. Dynastie. Dieser auf den ersten Blick unerklärliche Befund korrespondiert mit der Tatsache, daß Snofrus Totenkult im Gegensatz zu denen seiner unmittelbaren Nachfolger auch noch im Mittleren Reich weitergeführt wurde. Demnach könnte man vermuten, daß das Fehlen des praktizierten Totenkultes von Cheops und Chephren im Mittleren und frühen Neuen Reich zu dessen Nichtberücksichtigung in der Königsliste von Karnak geführt hat. Womöglich ist hierin das Grundmotiv für die Vorstellung am Ende der ptolemäischen Epoche zu suchen, daß insbesondere der Bauherr der Großen Pyramide von Giza nicht in seinem monumentalen Grabmal, sondern an einem unbekannten Ort bestattet worden war.[344]

Die zweite Zuordnungsvariante Diodors – die Zuweisung der Pyramiden an Harmais, Amasis[345] und Inaros – entspricht offensichtlich nicht der offiziell vorherrschenden Meinung jener Zeit, sondern scheint aus der zeitgenössischen Volkserzählung heraus entstanden zu sein, wonach man Pyramiden bekannten Persönlichkeiten der nahen Vergangenheit zugeschrieben hat. Diese Zuordnung wird zumindest vor dem Hintergrund verständlich, daß es saitische Könige der 26. Dynastie gewesen waren, die den Kult auf dem Giza-Plateau nach den Zerstörungen während der assyrischen Fremdherrschaft wieder reaktivierten. Dabei führten sie offensichtlich auch Restaurierungen an alten Königsgräbern und Bauwerken in deren Peripherie durch. Hierbei läßt sich auch nicht ganz ausschließen, daß bestimmte Pyramiden für erneute, saitische Bestattungen verwendet wurden. Falls dies tatsächlich zutreffen sollte, werden diese Bestattungen in Anbetracht des Stellenwertes, den die alten Pyramiden in jener Zeit genossen, nur auf höchster, sprich königlicher Ebene angesiedelt gewesen sein. Immerhin berichten arabische Überlieferungen davon (s. S. 131), daß in der Cheops- und in der Mykerinos-Pyramide anthropoide Sarkophage (mit offenbar intakten Bestattungen) gefunden worden sind, die in der Regel im Neuen Reich, in der saitischen Spätzeit und bei den Ptolemäern in Benutzung waren. Ob hier tatsächlich ein Zusammenhang existiert, läßt sich derzeit jedoch weder durch klare Fakten untermauern noch durch archäologische Befunde widerlegen – zumindest solange nicht, bis die Königsgräber von Sais, wo man nach allgemeiner Überzeugung die Könige der 26. Dynastie bestattet hatte, ausgegraben worden sind. Bislang kamen in der sumpfigen und nie gründlich erforschten Region um Sais, dem heutigen Sa el-Hagar, lediglich eine Reihe von (teilweise sogar sekundär dorthin verbrachten) Uschebtis ans Tageslicht.[346]

Diodor brachte den Pyramiden von Giza große Bewunderung entgegen, er berichtete aber nicht über ihr Innenleben. Im Gegensatz dazu machte er eine Reihe interessanter Bemerkungen über den Aufbau der Cheops-Pyramide. Die Seitenlänge der Großen Pyramide gab er mit 7 Plethren (etwa 207,20 m), ihre Höhe mit über 6 Plethren (ca. 177,60 m) an. Das Pyramidion der Pyramide scheint zu seiner Zeit bereits zu fehlen, da er die Breite der obersten Pyramidenplattform mit 6 Ellen (bei einer römischen Elle 2,64 m, bei einer ägyptischen Elle 3,15 m) wiedergab. Die Verkleidung der Pyramide muß laut Diodor in hervorragendem Zustand gewesen sein, denn er bemerkte, daß die Pyramide trotz ihres hohen Alters keine Spuren von Verwitterung zeige. Bemerkenswert sind seine Ausführungen über den Bau der Pyramide. Da man noch keine Hebewerkzeuge erfunden hatte, seien sie mit «Dämmen», sprich Rampen, errichtet worden. Wie er besonders hervorhob, sind von den Rampen keinerlei Spuren mehr vorhanden geblieben, weil die Menschen sie nach Fertigstellung des Grabmals wieder abgetragen und das Umfeld der Pyramide aufgeräumt haben. Die Anzahl der Arbeiter, die mit der Errichtung der Cheops-Pyramide beschäftigt gewesen sein sollen, bezifferte Diodor auf 360 000. Die Bauzeit der Pyramide betrug seiner Meinung nach etwa 20 Jahre.[347]

Mit den von Diodor schriftlich niedergelegten ersten Zweifeln an der Zuordnung der Giza-Pyramiden zu den drei Königen Cheops, Chephren und Mykerinos begann ein bis heute teilweise nachvollziehbarer Prozeß der Irritationen um die Frage, wer die eigentlichen Erbauer der Pyramiden von Giza waren. Daß diese Entwicklung von Anfang an nicht zu stoppen war, beweisen indirekt der griechische Gelehrte Strabo aus Amasia (64 v.–21 n. Chr.) sowie vor allem der römische Schriftsteller Plinius der Ältere (23–79 n. Chr.). Strabo kam um 25 v. Chr., also nur wenige Jahre nach der Eroberung Ägyptens durch die Römer, an den Nil und beschrieb die Pyramiden zwar noch als Begräbnisstätten von Königen, erwähnte sie aber nicht mehr in Zusammenhang mit den Namen der in Giza bestatteten Könige.[348] Plinius brachte den Pyramiden und ihren Bauherren besondere Verachtung entgegen.[349] Er sah in den Grabmälern lediglich eine nutzlose Zurschaustellung des Reichtums der altägyptischen Könige, deren Namen er nicht nannte. Seiner Meinung nach dienten sie letztlich nur einer gezielten Arbeitsbeschaffungsmaßnahme, um das Volk zu beschäftigen und besser kontrollieren zu können. Trotz dieser negativen Presse hielt die Pyramide als Grabform auch in Rom Einzug[350], um die Grablegungen einflußreicher Römer weithin sichtbar zu krönen. Das einzige erhaltene Beispiel einer römischen Pyramide ist das 29,50 x 29,50 m breite und 36,40 m hohe Grabmal des Prätors und Volkstribunen Caius Cestius Epulo aus dem 2. Jahrzehnt v. Chr. Es steht an der Piazza di Porta Paolo (der antiken Straße nach Ostia) und wurde später in die Aurelianische Stadtmauer integriert.

Beide antiken Autoren, Strabo und Plinius, berichteten nur sehr wenig und widersprüchliches über das Kammersystem der Cheops-Pyramide. Aufgrund einer Reihe von Details in ihren Ausführungen kann man aber davon ausgehen, daß sie die Pyra-

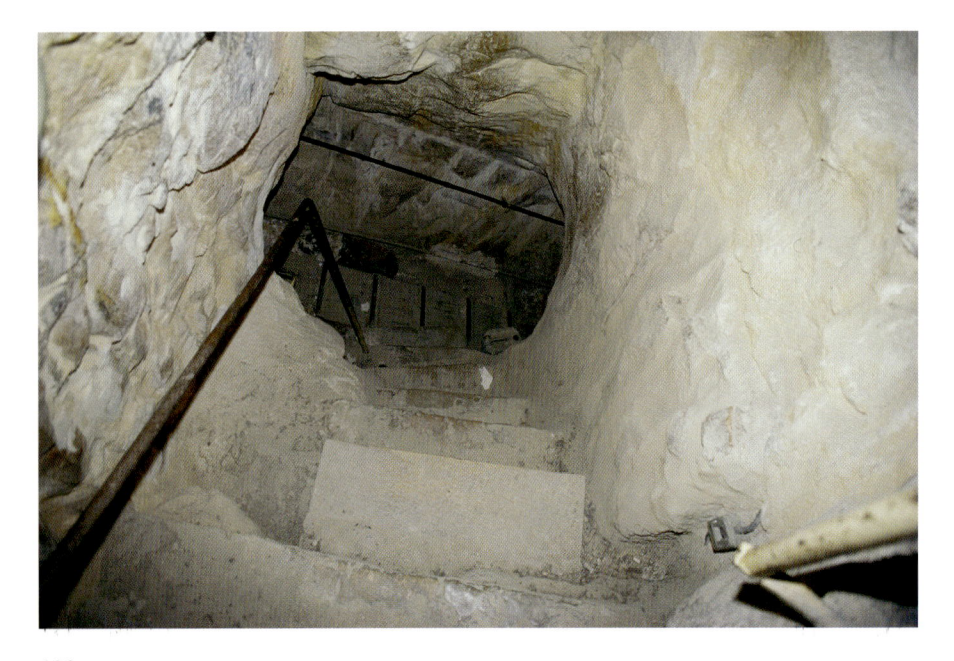

Abb. 123 Blick von Westen in den Übergang vom Grabräubertunnel zum absteigenden Korridor.

mide tatsächlich betreten haben.³⁵¹ So vermerkte beispielsweise Strabo, daß sich «etwa in der Mitte» der Höhe einer Pyramidenseite ein Stein befindet, der herausgenommen werden kann. Dahinter führe dann ein «gekrümmter» Gang bis zur Gruft. Die architektonischen Aspekte dieser Kurzfassung geben kein eindeutiges Bild wieder und haben in der Forschung somit zwangsläufig zu kontroversen Diskussionen geführt. So paßt die Höhenangabe des Eingangs eigentlich besser zum originalen Zugang, der von einem Beobachter an der Basis der Pyramide aus vielleicht perspektivisch verzerrt gesehen in die Mitte der Nordflanke verlegt wurde, als zum Einstieg in den Grabräubertunnel. Der Hinweis auf einen herausnehmbaren Stein hat in Fachkreisen ein merkwürdiges Eigenleben entwickelt. Der steinerne Verschluß des Eingangs wurde allem Anschein nach überinterpretiert und mit Attributen wie «beweglich» oder «anhebbar/aufklappbar» künstlich aufgewertet. Dies hat letztlich zu der bis heute weitverbreiteten Spekulation geführt, es könne sich hierbei um eine Art drehbare Steintür gehandelt haben. Auch wenn man einen solchen Verschlußmechanismus nicht kategorisch für den Fall ausschließen kann, daß die Pyramide in der Antike eine Zeit lang für Besucher offengehalten werden sollte, so folgt dies doch nicht unmittelbar aus Strabos Text, der ausdrücklich nur von einem Stein sprach, der herausgenommen werden kann. Vermutlich handelte es sich hierbei tatsächlich nur um einen einfachen Steinblock, der an oder teilweise in der Mündung des Eingangs plaziert und nach Bedarf von mehreren Männern wegbewegt oder herausgezogen werden konnte. Sicherlich existierte in diesem Fall auch eine hinreichend breit angelegte Plattform auf einer Anschüttung vor dem Eingang, über die man den Einstieg in die Pyramide erreichen konnte.

Auch der dritte Aspekt in Strabos Textpassage läßt sich nicht eindeutig interpretieren. Der Ausdruck «gekrümmter Gang» könnte sich auf den in die Felsenkammer führenden Korridor beziehen. Hier wäre dann etwas verklausuliert und frei interpretiert der Umstand wiedergegeben worden, daß er aus einem geneigten und einem horizontalen Gangabschnitt aufgebaut ist. Dies würde dann aber bedeuten, daß die Pyramide in römischer Zeit über den originalen Eingang betreten werden konnte. Auf der anderen Seite paßt diese Beschreibung sehr viel besser zur Wegstrecke zur Felsenkammer, die sich durch die Kombination aus Grabräubertunnel und absteigendem Korridor ergeben würde. Gerade der Übergang vom Einbruchstollen zum abwärtsführenden Korridor (Abb. 123) mit seinen zwei markanten Richtungsänderungen wäre sicherlich jedem Besucher im Gedächtnis haften geblieben und hätte eine Formulierung im Stile Strabos nahegelegt. Sollte diese Interpretation stimmen, dann wären der Durchbruch zum aufsteigenden Korridor und damit zum oberen Kammersystem vermutlich seit der Saitenzeit blockiert, kaschiert und nicht mehr bekannt und der originale Eingang ins Grabmal noch immer hinter dem Verkleidungsmantel verschlossen gewesen.

Die Vermutung, hinter Strabos spärlicher Beschreibung des gekrümmten Ganges verberge sich der Weg über den Grabräubertunnel, den aufsteigenden Korridor und die Große Galerie bis hin zur Königskammer, erscheint wohl eher unwahrscheinlich, da er kein Wort über die komplexen Räumlichkeiten des oberen Kammersystems verloren hat. Völlig ausschließen kann man die Möglichkeit aufgrund der spärlichen Faktenlage jedoch auch nicht. In diesem Zusammenhang ist auch Plinius' Hinweis interessant, daß es in der Pyramide einen 86 Ellen tiefen Schacht geben soll, der den damaligen Vorstellungen zufolge dazu diente, das Nilwasser in die Pyramide zu leiten. Legt man eine ägyptische Elle zugrunde, hätte der Schacht eine Tiefe von über 45 m aufgewiesen. Hält man diese Geschichte nicht für ein Produkt der Phantasie, dann kann Plinius damit eigentlich nur den insgesamt über 61 m langen Schacht beschrieben haben, der zwischen der Großen Galerie und dem absteigenden Korridor verläuft und zur damaligen Zeit vermutlich noch teilweise verschüttet gewesen war. Dies wiederum könnte letztlich in der Tat bedeuten, daß im 1. Jh. n. Chr. das obere Kammersystem der Cheops-Pyramide bekannt und zugänglich gewesen ist.³⁵²

Die Große Pyramide in arabischer Zeit

Mit der Einführung des Christentums als offizieller Staatsreligion, der Schließung bzw. Zerstörung der letzten pharaonischen Tempel (mit Ausnahme des Isis-Heiligtums auf Philae) und der endgültigen Aufgabe der klassischen Pyramidenform als Begräbnisstätte im ägyptisch-nubischen Raum Ende des 4./Anfang des 5. Jhs. n. Chr. beginnt ein Prozeß der Uminterpretierung der alten Königsgräber. Die Deutung der Pyramiden als die «Kornspeicher Josephs» dürfte in jener Zeit auf Gregor von Nazianz oder auf Stephanos von Byzanz zurückgehen.³⁵³ Der genaue Ursprung dieser Fehldeutung, die sich immerhin bis zum Ende des 15. Jhs. halten sollte, ist unklar. Er könnte auf eine falsche Etymologie des griechischen Wortes πυρος «Weizen» zurückzuführen sein.³⁵⁴ Hier sei darauf hingewiesen, daß eine der modernen Deutungen des Ausgangspunktes des Wortes «Pyramide» auf der griechischen Bezeichnung «pyramis», «Weizenkuchen», fußen soll. Einem aktuellen Ansatz zufolge läßt sich «pyramis» jedoch auch in direkter Linie auf eine ägyptische Bezeichnung für das Wort «Pyramide» zurückführen. Demzufolge stammt das mit der griechischen Endung versehene Wort vom ägyptischen «pa herem» ab, das mit dem bestimmten maskulinen Artikel «pa» und einer eingetretenen Metathese des Wortes «meher», «Pyramide», einfach «die Pyramide» bedeutet.³⁵⁵

Heute wird nicht ausgeschlossen, daß die Cheops-Pyramide im 3. und 4. Jh. n. Chr. absichtlich wieder verschlossen wurde, weil man sie in römischer Zeit mit der Alchemie in Verbindung gebracht und somit als gefährlichen Ort angesehen hatte.³⁵⁶ Aus den darauffolgenden Jahrhunderten byzantinischer Herrschaft über Ägypten liegen keine Informationen über die Cheops-Pyramide vor. Mit dem Verlust der altägyptischen Sprache, dem Vergessen der Namen der wahren Pyramidenbauer und der mit der Blickrichtung auf die biblische Geschichte immer weiter tradierten Fehldeutung der Pyramiden als «Kornspeicher» ging das Wissen um die tatsächlichen Gegebenheiten auf dem Giza-Plateau vollständig verloren. Daran änderte sich auch nichts, als das byzantinische Reich im Jahre 639 durch die Araber erobert wurde und die langsame Islamisierung des Landes begann. In der Frühphase der arabischen Zeit – Ägypten wird ab 661 von den Omaijaden regiert, die als Kalifen von Damaskus das Islamische Reich anführen – wissen die muslimischen Historiker nichts über die Pyramiden zu berichten. Offensichtlich sind die drei Giza-Pyramiden noch immer verschlossen und im Fall der Cheops-Pyramide deutet offenbar nichts mehr auf ihren einstigen Einbruchstollen hin. Diese Situation änderte sich jedoch unter der Herrschaft der Abbasiden, die ab 750 an die Macht kamen und die «Provinz Ägypten» des Kalifenreiches von Bagdad aus regierten.

Eine ganze Reihe früher arabischer und koptischer Beschreibungen und Berichte über die Pyramiden, die der islamische Historiker Taki ad-Din Ahmad al-Makrizi (1364–1442) in seinem Werk *Hitat* zusammengefaßt hat³⁵⁷, schreiben den (erneuten) «Einbruch» in die Cheops-Pyramide fast einheitlich dem Kalifen Abdallah al-Ma'mun zu. Dessen Männer sollen um das Jahr 820 den Tunnel gemeißelt haben, durch den man heute – in erweiterter Form – das Kammersystem der Pyramide erreicht. Doch merkwürdigerweise erfährt man von den Bemühungen des Kalifen, sich Zutritt in die Pyramide zu verschaffen, nicht von zeitgenössischen Historikern wie Ibn Churdadbeh oder Ibn Abd al-Hakam (zumindest geht dies aus dem *Hitat* nicht unmittelbar hervor), sondern erst über ein Jahrhundert später von anderer Seite. Dagegen haben laut dem jakobinischen Patriarchen von Antiochia, Denys von Telmahre, der die Aktivitäten zu jener Zeit beobachtete, al-Ma'muns Männer im Gegensatz zu allen späteren Überlieferungen die Große Pyramide bereits offen vorgefunden.[358] Dies würde darauf schließen lassen, daß man zu Beginn des 9. Jhs. lediglich den alten Einbruchsstollen aus pharaonischer Zeit wiederentdeckt und zum Zwecke einer erneuten Beraubung der Pyramide ausgenutzt hat.

Vielleicht sind die Beschreibungen der beiden Zeitgenossen al-Ma'muns noch vor der Öffnung der Cheops-Pyramide verfaßt worden. Dafür würden ihre knappen Äußerungen über den Kenntnisstand der Pyramiden sprechen, der offensichtlich bis zum 9. Jh. vorgeherrscht hat. Bezeichnenderweise schrieb al-Hakam, daß man zu seiner Zeit keinen «ägyptischen Gelehrten irgend welches Wissens bezüglich der Pyramiden oder irgend einen zuverlässigen Bericht» gefunden habe.[359] Etwas konkreter sind dagegen die Ausführungen Ibn Churdadbehs, der vielleicht bezugnehmend auf antike Schriften bemerkte, daß die Breite und Höhe der beiden großen Pyramiden von Giza, die er ein «Wunder der Baukunst» nannte, mit 400 Ellen gleichlang sind und das an ihren Außenseiten Inschriften über «alle Zauberei und alle Wunder der Medizin» verzeichnet worden sein sollen. Eine der Inschriften, bei denen es sich im Kern nur um Restaurationsprotokolle aus der Ramessidenzeit handeln kann, zitierte Churdadbeh im Stil arabischer Vorstellungen folgendermaßen: «Ich habe sie beide erbaut; wer Anspruch auf den Namen eines mächtigen Herrschers erhebt, der möge sie zerstören, und Zerstören ist leichter als Bauen!»[360] Hieraus wird bereits erkennbar, daß die im *Hitat* zusammengefaßten Beschreibungen und Erkenntnisse über die Pyramiden Altägyptens – unabhängig von den damaligen religiös-ideologischen Vorstellungen, die die Autoren in ihrer Sichtweise mit prägten – lediglich auf der Basis des Hörensagens volkstümlicher Überlieferungen entstanden sind. Dies sollte aber nicht darüber hinwegtäuschen, daß die arabischen und koptischen Überlieferungen trotzdem einen gewissen Prozentsatz an Wahrhaftigkeit in sich bergen, der manchmal durch eine nicht ganz eindeutige Ausdrucksweise kaschiert wird.

Zu den wichtigsten arabischen Gelehrten des 10. Jhs., die über die Pyramiden berichteten, gehörte der Kairoer Kosmograph Abu'l-Hasan al-Mas'udi (gest. 956). In seinem Werk *Geschichte der Zeit und derer, die die Ereignisse dahinrafften* informiert al-Mas'udi auch relativ kurz über die Aktivitäten al-Ma'muns. Seine Ausführungen sind bereits durchsetzt von teilweise nicht nachvollziehbaren Beschreibungen und phantasievollen Ausschmückungen, die die Überlieferungen jener Zeit mitgeprägt haben. Al-Mas'udi berichtete, daß al-Ma'mun den Wunsch hegte, eine der Pyramiden zu zerstören, «damit er wisse, was ihr Inneres berge». So stellte man mit «Feuer, Essig und eisernen Brechstangen» mühsam «für ihn die noch heutigen Tages vorhandene Öffnung her».[361] Interessanterweise beschrieb al-Mas'udi die «Dicke der Mauer», die es seiner Meinung nach zu durchbrechen galt, um in das Kammersystem der Pyramide zu gelangen, mit annähernd 20 Ellen, was im Vergleich zur tatsächlichen Länge des Grabräuberschachtes zwischen der Außenseite der Pyramide und der Stelle, wo die drei Granitblockiersteine im aufsteigenden Korridor der Cheops-Pyramide sitzen (etwa 37 m), viel zu kurz bemessen ist. Sollte diese Angabe der Realität entsprechen, wäre zu vermuten, daß der alte Einbruchsstollen bis auf diese Länge wieder massiv vermauert worden war. Interessant, wenn auch äußerst spärlich, sind al-Mas'udis im *Hitat* wiedergegebenen Äußerungen über das Innenleben von Cheops' Grabmal. Demzufolge suchten zwei Jahre lang immer wieder Leute die Pyramide auf, um «durch den schrägen Schacht darin in sie hinabzusteigen».[362] Dies deutet darauf hin, daß hier nur der untere Kammerbereich der Cheops-Pyramide beschrieben wurde.

Auszüge aus zwei anderen Büchern al-Mas'udis erlauben noch weitere bemerkenswerte Einblicke in den Kenntnisstand der Araber des 10. Jhs. über die Pyramiden Ägyptens. Wichtig hierbei ist vor allem die Tatsache, daß al-Mas'udi entgegen der im christlichen Abendland vorherrschenden «Kornspeicher-Deutung»[363] in den Pyramiden eindeutig Gräber von Königen erkannte und sich offenbar auch der Funktion der Sarkophage in den Grabkammern bewußt war. In dem Buch *Die goldenen Wiesen* schrieb er diesbezüglich: «Es sind Königsgräber; wenn nämlich der König bei ihnen starb, so bettete man ihn in eine steinerne Mulde, die in Ägypten und Syrien ‹grwn› genannt wird und verschloß diese über ihm mit einem Deckel. Dann baute man das Fundament so hoch, wie man es wünschte, trug die Wanne in die Mitte der Pyramide und wölbte darüber den Bau und die Gewölbe. Darauf führten sie die Pyramide zu dieser Höhe empor, die ihr seht. Das Pyramidentor legte man unter der Pyramide an, grub in die Erde einen Zugang und baute ein längliches Gewölbe, dessen Länge unter der Erde 100 Ellen oder mehr betrug. Jede dieser Pyramiden hatte ein Tor, zu dem ein Eingang in der beschriebenen Weise führte.»[364] Im selben Buch findet sich auch die in der Antike bereits bekannte Auffassung, daß die Pyramiden «stufenförmig, in Absätzen wie eine Treppe» gebaut worden sind – und als sie vollendet waren, «glättete man sie durch Behauen von oben nach unten».[365] Dies entspricht dem Aufbau des Kernmauerwerks der Pyramiden und dem Glättungsprozeß der Verkleidung, der wie schon erwähnt nach modernen Auffassungen in der Tat von oben nach unten mit dem Abbau der Baurampe(n) durchgeführt wurde.

Auch zu den damaligen Vorstellungen, welche Könige in den beiden großen Pyramiden von Giza bestattet sein könnten, äußerte sich al-Mas'udi – und zwar in dem Buch *Hinweise und Überblick*: «Die eine von diesen beiden Pyramiden ist das Grab des Agathodaimon, die andere das Grab des Hermes. (...) Allerlei jemenitische Araber meinen, daß in den beiden Pyramiden Saddad b. Ad und ein anderer ihrer früheren Könige, die Ägypten in alter Zeit besiegten, begraben seien».[366] Hierbei ist Hermes (Trismegistos) die in der Spätzeit entstandene griechische Version des ägyptischen Gottes Thot, der als Verfasser eines «Gottesbuches» auch in der arabischen Tradition als Gott und Religionsstifter gilt. Der Verweis auf arabische Könige, die Ägypten in alter Zeit besiegt hatten, könnte sich auf die Herrschaft der Hyksos beziehen, die am Ende der 2. Zwischenzeit stattgefunden hat.[367]

Mit einem Zeitgenossen al-Mas'udis namens Ibn Haukali (gest. 977) wird noch eine ganz andere arabische Volkslegende um den Zweck der Pyramiden im *Hitat* greifbar, die eindeutig jüdisch-christlich orientierte Züge trägt. Haukali lehnte die Funktion der Pyramiden als Gräber ab und glaubte vielmehr, daß sich einer ihrer Erbauer, dessen Name an der entsprechenden Textstelle im «Hitat» nicht genannt wird, veranlaßt sah, sie zu errichten, weil er voraussah, daß eine Sintflut alles auf Erden vernichten werde, was nicht Schutz in derartigen Bauwerken finden würde. Als die Sintflut vorüber war, wurde der Inhalt der Pyramiden, über den hier keinerlei Angaben gemacht werden, an einen Nachkommen des Noah übergeben. Diese Sagengeschichte kombinierte Haukali in seiner Vorstellungswelt schließlich mit der zeitgenössischen christlichen Interpretation, daß die Pyramiden nach der Sintflut von späteren Königen als Kornspeicher benutzt worden seien.[368] Diese Erzählung führt letztlich sogar so weit, daß der arabische Schriftsteller Abu-Raihan al-Beruni (gest. 1048) Anfang des 11. Jhs. in seinem Buch *Spuren, die aus vergangenen Jahrhunderten geblieben sind* schrieb, daß die «Spuren des Wassers der Sintflut und die Beschädigungen durch die Wogen (...) bis zur halben Höhe der beiden Pyramiden deutlich zu erkennen» seien.[369] Wie diese Spuren im einzelnen ausgesehen haben, erfährt man allerdings nicht.

Konkrete Namen in der Sintflutsage nannte hingegen der Richter Muhammad al-Kuda'i (gest. 1062), der sich bei seinen Schilderungen jedoch auf Berichte von Dritten stützte, die ihr Wissen wiederum u. a. aus alten Büchern entnommen haben sollen. Dort war von einer Prophezeiung die Rede, daß «ein Unheil vom Himmel herabkommen und aus der Erde hervordringen werde». Gemeint war eine Wasserflut, «die über die Erde und alles Lebendige und alle Pflanzen auf ihr Verderben bringen werde». Diese Erkenntnis wurde König Saurid (Sohn des Sahluk) mitgeteilt, der daraufhin für sich und seine Angehörigen sichere Grabmäler errichten sollte. So wurden die drei großen Pyramiden von Giza gebaut, wobei in der östlichen (Cheops-Pyramide) Saurid, in der westlichen (Chephren-Pyramide) dessen Sohn Hugib und in der Pyramide, «die unten aus Steinen von Assuan und oben aus Kaddansteinen besteht» (Mykerinos-Pyramide) Hugibs Sohn Karuras bestattet wurden.[370] Auch wenn die Grundmotivation für den Pyramidenbau aufgrund des fehlenden Verständnisses für die altägyptischen Glaubensvorstellungen sowie durch den Verlust der Fähigkeit, originale Texte zu lesen und zu verstehen, im 11. Jh. nicht erkannt wird, ist in dieser Zeit zumindest noch das Wissen um die richtige Belegung der Königsgräber von Giza durch eine familiäre Abfolge von Herrschern präsent. Es wird heute nicht ausgeschlossen, daß der Name des Königs Saurid aus der griechischen Version «Suphis» des altägyptischen Namens Chufu hervorgegangen ist.[371]

In der 1. Hälfte des 11. Jhs. erscheinen offensichtlich auch die ersten konkreten Beschreibungen über die Verhältnisse in der Grabkammer der Cheops-Pyramide. So wird beispielsweise der Arzt Ali Ibn Ridwan (gest. 1060/68) im *Hitat* folgendermaßen zitiert: «Diese Pyramide ließ al-Ma'mun an einer Stelle öffnen; drinnen fand man einen ‹schrägen Schacht›, der zu einer viereckigen, würfelförmigen Kammer emporführte, in deren Mitte ein Marmorsarg stand; er befindet sich noch heutigen Tages dort, niemand hat vermocht, ihn von seinem Platz herunterzubringen.»[372] Sehr viel ausführlicher beschrieb der in der 1. Hälfte des 12. Jh. lebende arabische Schriftsteller Muhammad al-Kaisi die Situation im Inneren der Großen Pyramide: «Al-Ma'mun hat die große Pyramide, die gegenüber von al-Fustat liegt, geöffnet. Ich suchte ihr Inneres auf und erblickte ein großes gewölbtes Gemach, dessen Basis ein Viereck bildete, während es oben rund war. (...) In dem gewölbten Gemach (...) öffnet sich ein Gang, der zu dem höchsten Punkt der Pyramide führt, doch findet man in ihm keine Treppe. Er hat eine Breite von etwa 5 Spannen. Es heißt, man sei zur Zeit al-Ma'muns dort emporgestiegen, und darauf zu einem gewölbten Gemach von geringer Größe gelangt, in dem die Bildsäule eines Menschen stand, die aus grünem Stein, einer Art Malachit, gefertigt war. Man brachte sie zu al-Ma'mun, und es fand sich, daß sie mit einem Deckel verschlossen war. Als man sie öffnete, gewahrte man drinnen den Leichnam eines Menschen, der einen goldenen, mit allerlei Edelsteinen geschmückten Panzer trug. Auf seiner Brust lag eine Schwertklinge ohne Griff und neben seinem Haupte ein roter Hyazinthstein von der Größe eines Hühnereis, der wie Feuerflammen leuchtete. Den nahm al-Ma'mun an sich. Das Götzenbild aber, aus dem man diesen Leichnam hervorholte, habe ich neben der Pforte des königlichen Palastes zu Misr liegen sehen im Jahr 511 [der Higra, d. h. im Jahre 1115 n. Chr., d. V.].»[373]

Al-Kaisis Bericht wirft eine Reihe von Fragen auf, die sich vor allem auf die Glaubwürdigkeit der Funde in der Grabkammer beziehen. Offensichtlich liegt hier einer der frühesten Berichte von einem Leichenfund in der Grabkammer der Cheops-Pyramide vor, der auch von anderen arabischen Quellen bestätigt wird. Um wessen sterbliche Überreste es sich hier gehandelt hat, ist unklar. Die Wahrscheinlichkeit, daß in jener Zeit der Leichnam des Cheops gefunden wurde, erscheint gering, wenn auch nicht völlig ausgeschlossen. Letzteres würde voraussetzen, daß Cheops' Mumie nach jedem Plünderungszug durch die Pyramide dann in politisch stabileren Zeiten erstens noch relativ intakt vorgefunden und zweitens wieder ordnungsgemäß aufbereitet und erneut bestattet wurde. Da die «Bildsäule eines Menschen» vordergründig Assoziationen mit einem anthropoiden, aufwendig gearbeiteten Sarg weckt, wäre sein Ursprung in der Ramessiden- oder in der Saitenzeit denkbar, in der eine Neubestattung des Leichnams im Rahmen eines Restaurationsprogramms vollzogen worden sein konnte.

Wie kompliziert allerdings die Sachlage sein kann, zeigt der Befund in der Grabkammer der Mykerinos-Pyramide. Die ersten Ausgräber fanden im Schutt der Kammer die Reste eines Holzsarges, der den Namen des Mykerinos trug, sowie Teile einer Mumie. Nach der Klassifikation des Sargtyps soll er von einer saitischen, womöglich sogar noch älteren ramessidischen Restauration der ursprünglichen Bestattung herrühren, was sich mit den archäologisch und inschriftlich nachprüfbaren Aktivitäten jener Epochen auf dem Giza-Plateau gut vereinbaren läßt. Doch interessanterweise deuten eingehende Untersuchungen der Mumienbinden und der Knochen darauf hin, daß die Bestattung erst in spätantiker oder frühchristlicher Zeit stattgefunden hat.[374] Demnach kann man im Fall der Großen Pyramide nicht ausschließen, daß Cheops' Mumie im Lauf der Zeit verlorenging und in der Spätzeit Ägyptens oder in der Antike eine sekundäre Bestattung irgendeiner hochrangigen Persönlichkeit jener Zeit im leeren Sarkophag vorgenommen wurde, deren Überreste die Araber unter al-Ma'mun im 9. Jh. in der Grabkammer vorfanden.

Vor allem die hier vermerkten, märchenhaft wirkenden Grabbeigaben lassen Zweifel an der Glaubwürdigkeit dieser Geschichte aufkommen. So liegen mehrere Aussagen von arabischen Historikern vor, wonach man in dem Steinsarkophag, nachdem man seinen Deckel entfernt hatte, der damals offensichtlich noch vorhanden war, nur morsche Knochen gefunden hat.[375] Unklar ist z. B. auch der Hinweis, daß die «Bildsäule» wie eine Statue stand und nicht lag, wenn es sich doch um einen Sarg gehandelt haben sollte. Zudem erwähnte al-Kaisi keinen Steinsarkophag, der bei allen anderen Beschreibungen der Grabkammer stets im Mittelpunkt steht. Man könnte allerdings einwenden, daß das transportable «Götzenbild» den zentralen Kern der Ausführungen darstellt und deshalb auf einen Hinweis auf den eigentlichen Steinsarkophag verzichtet wurde. Vielleicht hat al-Kaisi tatsächlich ein aus seinem Verständnis heraus betiteltes «Götzenbild» am königlichen Palast von Alt-Kairo gesehen, das in der Volkstradition mit der Grabkammer der Großen Pyramide in Verbindung gebracht wurde und somit Aufnahme in seine Aufzeichnungen erfuhr.

Im Vergleich zu den Ausschmückungen der Fundsituation, die al-Kaisi offensichtlich nur auf Zuruf Dritter weitergab, entsprechen seine Beschreibungen über einen Teil des oberen Kammersystems durchaus den tatsächlichen architektonischen Befunden. Mit dem großen «gewölbten Gemach, dessen Basis ein Viereck bildete, während es oben rund war» ist offenkundig die Große Galerie gemeint, die von ihrer Basis am Übergang zum aufsteigenden Korridor aus betrachtet in der Tat in der hier etwas abstrakten Form beschrieben werden kann. Eindeutig wird der Bezug schließlich durch die Äußerungen, daß in dem «gewölbten Gemach» ein Gang zum höchsten Punkt der Pyramide führt, der keine Treppe enthält und etwa 5 Spannen (ca. 1 m) breit ist. Hiermit kann nur der rampenartige Mittelgang in der Großen Galerie gemeint sein, der eine Breite von 1,05 m aufweist. Unzweifelhaft liegt hiermit eine (vermutlich erste) Beschreibung der markanten Korridorerweiterung in der Cheops-Pyramide vor. Wieso al-Kaisi die Grabkammer zwar richtigerweise als von geringerer Größe als die Große Galerie, aber ebenfalls als «gewölbt» bezeichnete, ist unklar und vielleicht nur ein Schreib- oder Interpretationsfehler.

Im Jahre 1231 starb der große Gelehrte Abd al-Latif, der zur Zeit des berühmten Sultans Salah ad-Din (Saladin, 1171–1193) auch die ersten Zerstörungen an den Nebenpyramiden auf dem Giza-Plateau miterlebt hatte. Deren Verkleidungssteine wurden zum Brückenbau in der Stadt Giza benötigt. Al-Makrizi ergänzte diese Aussage fast 200 Jahre später noch um die Bemerkung, daß mit dem gewonnenen Steinmaterial auch das «Bergschloß sowie die Mauer, die al-Kahira und Misr umgibt» errichtet worden sind.[376] Al-Latif war auch Zeuge des gescheiterten Versuchs des Sohnes und Nachfolgers von Salah ad-Din, die Mykerinos-Pyramide abzureißen. Sehr detailliert beschrieb er, wie im Jahre 1197 ein Heer von Arbeitern des neuen Herrschers Al-Malik al-aziz Utman mühsam versuchte, die Verkleidungssteine von der Pyramide abzulösen. Nur mit äußersten Anstrengungen gelang es ihnen, pro Tag ein oder zwei Steine zu brechen. Als schließlich die Arbeiten nach acht Monaten erfolglos aufgegeben werden mußten, bemerkte al-Latif, der dieser Aktion stets mit Ablehnung gegenüberstand, fast spöttisch: «Nichts von dem, was sie erstrebten, hatten sie erreicht, sondern nur die Pyramiden verschimpfiert und ihre Ohnmacht und Schwäche in ein deutliches Licht gerückt. (…) Wer jetzt die Steine der Pyramide (d. h. die Steine, die bei dieser Gelegenheit aus der Pyramide herausgebrochen wurden) sieht, der meint, sie sei in Grund und Boden zerstört worden; erblickt er aber die Pyramide selbst, so meint er, es sei nichts an ihr zerstört, sondern nur auf einer Seite etwas herabgefallen.»[377] Doch trotz dieses mißlungenen Versuchs war damit der Startschuß für die bald folgenden Abrißarbeiten an den Verkleidungen der beiden großen Königsgräber gegeben worden, die Jahrhunderte lang andauern sollten.[378]

Al-Latif erweist sich auch in anderer Hinsicht als aufmerksamer Beobachter. Er erwähnte noch die vielen Inschriften, die sich an den Verkleidungen der beiden großen Pyramiden befanden, und wies mit großem Erstaunen auf die Genauigkeit hin, mit der die Verkleidungssteine verlegt worden waren, so daß die Fugen derart schmal sind, daß man nicht einen Zwischenraum von Haaresbreite finde. Al-Latif erwähnte sogar die im Umfeld der Pyramiden liegenden Privatnekropolen mit ihren «riesenhaften Bauten» und den zahlreichen Felsgräbern, die mit jenen in seiner Zeit völlig unbekannten Hieroglyphen bedeckt waren. Er ließ offensichtlich auch die Breite der Plattform an der Spitze der Pyramide ausmessen (Abb. 124), die er dann mit 10 Ellen (etwa 5,25 m) angab. Demzufolge sind in den ungefähr zwölf Jahrhunderten seit Diodor, der im 1. Jh. v. Chr. die Fläche der obersten Lage mit ca. 3 x 3 m angab, nur lediglich zwei oder drei weitere Steinlagen abgetragen worden. Am interessantesten sind aber al-Latifs Äußerungen zum Kammersystem der Großen Pyramide, die einen kleinen Eindruck von den Gegebenheiten in der Pyramide vor etwa 700 Jahren vermitteln: «Die eine von diesen Pyramiden hat einen Eingang, in den die Leute eindringen, um dann zu engen Gängen, sich kreuzenden Stollen, zu Brunnenschächten, Abgründen usw. zu gelangen, wie die berichten, die sich hineinwagen. Viele Leute sind von dem brennenden Wunsche erfüllt, die Pyramide kennen zu lernen, und haben phantastische Vorstellungen von ihr; sie dringen in ihre Tiefen ein, aber sie gelangen unweigerlich an einen Punkt, wo sie weiter zu gehen außer Stande sind. Der Weg, den man drinnen am häufigsten benutzt, ist ein Gang mit schlüpfrigem Boden, der nach dem höchsten Teil der Pyramide führt. Dort findet man ein viereckiges Gemach, in dem ein steinerner Sarkophag steht. (…) Das Zimmer war angefüllt mit Fledermäusen und mit dem Kot der Tiere, die hier die Größe von Tauben erreichen. Es hatte nach oben Luken und Fenster, die angebracht zu sein schienen, um einen Zugang für den Wind zu schaffen und das Eindringen des Lichts zu ermöglichen (…)».[379]

Von besonderem Interesse ist die letzte Beschreibung al-Latifs, bei der es sich allem Anschein nach um die beiden Öffnungen der Schächte handelt, die von der Grabkammer aus durch das Kernmauerwerk verlaufen. Offensichtlich liegt hier der erste inschriftliche Hinweis auf die Schächte der Königskammer in der langen Überlieferungsgeschichte der Großen Pyramide von Giza vor.

Die europäische Wiederentdeckung der Pyramidenzeit

Die Cheops-Pyramide stand auch Mitte des 13. Jhs. offen, wie eine arabische Inschrift an der Nordwand der Großen Galerie beweist.[380] Im Jahre 1335, gut ein Jahrhundert nach Abd al-Latif, besuchte der niedersächsische Mönch Guilielmus de Boldensele alias Otto von Nienhusen die Pyramiden von Giza. Wie vermutlich jeder interessierte Besucher des Pyramidenfeldes betrat auch er die Große Pyramide, deren Deutung als Kornspeicher er klar ablehnt und sie dagegen als «Denkmäler» bezeichnete, wie seiner Meinung nach die «Inschriften verschiedener Sprachen» an ihrer Verkleidung beweisen. Dies zeigt, daß die Verkleidung im unteren Bereich der Cheops-Pyramide zu dieser Zeit noch intakt gewesen sein muß.

Den Ausführungen von de Boldensele ist zu entnehmen, daß er die Pyramide durch den Originaleingang («eine kleine Tür, die von der Erde ziemlich entfernt ist») betrat und sich bis zur Felsenkammer begab («ein enger und dunkler Weg, durch den man herabsteigt bis zu einem gewissen Raum»).[381] Über das obere, im Kernmauerwerk errichtete Kammersystem berichtete er nichts, so daß man vermuten darf, daß erstens der Grabräuberstollen Anfang des 14. Jhs. versandet und in Vergessenheit geraten war und zweitens der gewaltsam hergestellte Übergang zwischen dem absteigenden und dem aufsteigenden Korridor ebenfalls wieder «blockiert» und womöglich kaschiert wurde.

Im großen Stil hat die Zerstörungsaktion an der Cheops-Pyramide offenbar unter dem Mameluckensultan Hassan el-Nasi (1347–1362) begonnen. Möglicherweise benötigte er die Tura-Kalksteinblöcke der Verkleidung für die Errichtung seiner Moschee in Kairo. Ende des 14. Jhs. war der Abriß der Verkleidung der Cheops-Pyramide einem Augenzeugenbericht des Landedelmanns Simon von Saarbrücken (Seigneur d'Anglure) zufolge bereits in vollem Gange. Er berichtete im Jahre 1395, daß man bereits etwa die Hälfte der Verkleidung abgetragen hatte, wobei man die ausgehebelten Steinblöcke einfach herunterstürzen ließ.[382] In das Innere der Pyramide gelangte d'Anglure nicht, da die Eingänge wieder zugemauert wurden, da «es Brauch gewesen war, dort Falschgeld herzustellen». Er berichtete aber von einem Eingang «ganz unten an der Erde (…), wo man unter diesen Kornspeicher hereinkam, aber er ist nicht einmal mannshoch. Es ist ein dunkler Ort und riecht schlecht, weil Tiere darin hausen».[383] Offensichtlich ist hier vom Grabräubertunnel die Rede, der durch den Steinschotter der Abbrucharbeiten und den angelagerten Flugsand als ebenerdig angesehen wurde und wohl nicht auf seiner vollen Länge zugänglich war. Seine geschätzte Höhe lag damals in der Größenordnung von 1,50 m und dürfte bereits das Resultat seiner Erweiterung gewesen sein, die vermutlich seit dem 9. Jh. etappenweise vorangetrieben wurde.

Die Art und Weise der Abrißarbeiten an der Cheops-Pyramide kann man sich heute beispielsweise an den noch erhaltenen Verkleidungsschichten der Knick-Pyramide des Snofru in Dahschur und der Pyramide des Chephren vergegenwärtigen. Sie begannen an den Ecken der Grabmäler und führten zuerst über die Kanten nach oben. Dann wurden vermutlich einzelne horizontale Bereiche der Seitenflächen von oben nach unten großflächig abgearbeitet, wobei man die erhaltenen glatten Außenflächen als Abraumrutschbahn für die gewonnenen Steinblöcke verwendet hat. Der streifenförmige Bereich unterhalb der erhaltenen Verkleidung an der Spitze der Chephren-Pyramide könnte auf eine derartige Abbaumethode hindeuten (Abb. 125a.b). Der überhängende Teil der dortigen Verkleidung zeigt aber auch, daß die Arbeiten nicht in einem Zug von oben nach unten, sondern offenbar je nach Bedarf an Steinmengen in mehreren Phasen durchgeführt wurden. Dies bedeutet im speziellen Fall der Chephren-Pyramide, daß das Unfallrisiko, von einem oberhalb der Arbeitsstelle überhängenden Steinblock erschlagen zu werden, insbesondere in der letzten Phase der Abrißaktion relativ hoch gewesen sein muß. Auf der anderen Seite gewährleistet die enge Verzahnung der Verkleidungssteine mit dem Kernmauerwerk der Chephren-Pyramide, daß seit der Einstellung der systematischen Abrißarbeiten an dieser Pyramide der obere Verkleidungsmantel noch immer stabil an seinem Platz sitzt.[384]

Wie lange die Abbrucharbeiten an der Cheops-Pyramide insgesamt angedauert haben, ist nicht bekannt. Im Jahre 1434 waren zumindest noch gewisse Flächen des Tura-Mantels mit hieroglyphischen Inschriften vorhanden, wie man durch Kopien dieser Aufschriften des florentinischen Humanisten Ciriaco d'Ancona weiß.[385] Jakob Ziegler erwähnte noch in seinem 1536 gedruckten, aber in Sachen Authentizität der Ägyptenschilderungen kritisierten Buch, daß Steine von der Großen Pyramide abgetragen und zum Bau einer Brücke in Kairo verwendet worden sein sollen.[386] Von Bedeutung ist hierbei letztlich ein auf den Venezianer Domenico dalle Greche zurückgehender Holzschnitt, der mehrfach kopiert u. a. 1574 auch als Zeichnung in der *Kosmographie* von Sebastian Münster veröffentlicht wurde.[387] Abgebildet ist Kairo aus der Vogelperspektive, in einer Ansicht von Westen. Kairo wird dabei in Form eines Stadtplanes wiedergegeben, wobei am rechten Rand des Bildes eine Reihe von Pyramidenfeldern schematisch eingezeichnet sind. Deutlich ist das Giza-Plateau durch den dargestellten Sphinx-Kopf zu erkennen (Abb. 126). Die drei großen Königsgräber zeigen markante Unterschiede in ihrem äußeren Erscheinungsbild. Während die im Vordergrund abgebildete Pyramide (die Cheops-Pyramide) keine Spitze mehr besitzt und ein stufiges, aus kleinformatigen Steinen aufgebautes Erscheinungsbild aufweist, das das Kernmauerwerk darstellen soll, erscheinen die beiden Pyramiden im Hintergrund noch völlig intakt. Die Verkleidungen sind hier offensichtlich durch großflächigere Steine verdeutlich worden. Die extrem spitze Form der Pyramiden ist ein Charakteristikum der damaligen Zeit und beruht vermutlich auch auf der symbolischen Gleichsetzung von Pyramiden mit Obelisken, die man als Zeichen für Festigkeit und Standhaftigkeit gesehen hat. Auch bei der ältesten Darstellung der beiden großen Pyramiden von Giza aus der Ramessidenzeit ist diese markante spitze Form bereits zu beobachten, die auch die nubischen Pyramiden aufweisen. Interessanterweise wird im oberen Bereich der Cheops-Pyramide eine Art Fenster gezeigt, das – möchte man diese Darstellung nicht als Phantasieprodukt oder als stilistisches Element der «Kornspeicherdeutung» sehen – eigentlich nur den Ausgang des nördlichen Schachtes der Königskammer darstellen kann, der zusammen mit dem des südlichen Schachtes spätestens seit dem Verlust der Verkleidung offen dagelegen haben muß. Es sei hier daran erinnert, daß gerade der Nordschacht der Königskammer von Grabräubern – offenbar auf der Suche nach geheimen Räumen – erweitert worden war. Es deutet alles darauf hin, daß dies in arabischer Zeit in Zusammenhang mit dem Abriß der Verkleidung geschehen ist.

Abb. 124 Die heutige Spitze der Cheops-Pyramide. Von den wohl ehemals 210 Steinlagen, mit denen die Cheops-Pyramide aufgebaut wurde, sind noch 201 vorhanden. Das Pyramidion ist offensichtlich schon zu pharaonischen Zeiten verlorengegangen. Bereits Diodor gibt im 1. Jh. v. Chr. die Fläche der obersten Lage mit ca. 3 x 3 m an, wobei sie sich bis zum 12. Jh. n. Chr. auf über 27 m² vergrößerte. Heute beträgt die Seitenlänge der obersten Steinlage der Pyramide etwa 10 m.

Das grafische Detail des «Fensters» im oberen Bereich der Cheops-Pyramide tritt auch in späteren Zeichnungen dieses Grabmals immer wieder auf. Insgesamt scheint es so, als ob die Cheops-Pyramide bereits Mitte des 16. Jhs. ihre Verkleidung weitestgehend verloren hat.

Die bisherigen Ausführungen machen deutlich, daß sich das alte Ägypten bereits gegen Ende des 15. Jhs. inmitten einer Wiederentdeckungsphase durch eine Reihe europäischer Reisender befand, die sich auch immer öfter von der christlichen Fehldeutung der Bestimmung der Pyramiden distanzierten. Hervorzuheben sind hierbei vor allem der Mainzer Breydenbach (1486) und der Oberer der Franziskaner von Angouleme, Bruder Jehan Thenaud (1512), der als Angehöriger einer französischen Mission in Ägypten diplomatisch unterwegs war. Beide sahen in den Pyramiden nicht mehr die «Kornspeicher Josephs», sondern erkannten ihren wahren Charakter als Grabmäler altägyptischer Könige wieder. Thenaud, der als belesener Mönch Kenntnis von den antiken Darstellungen über die Pyramiden hatte, beschrieb, er hielt das Innere der Pyramide betreten und ihren Gipfel er-

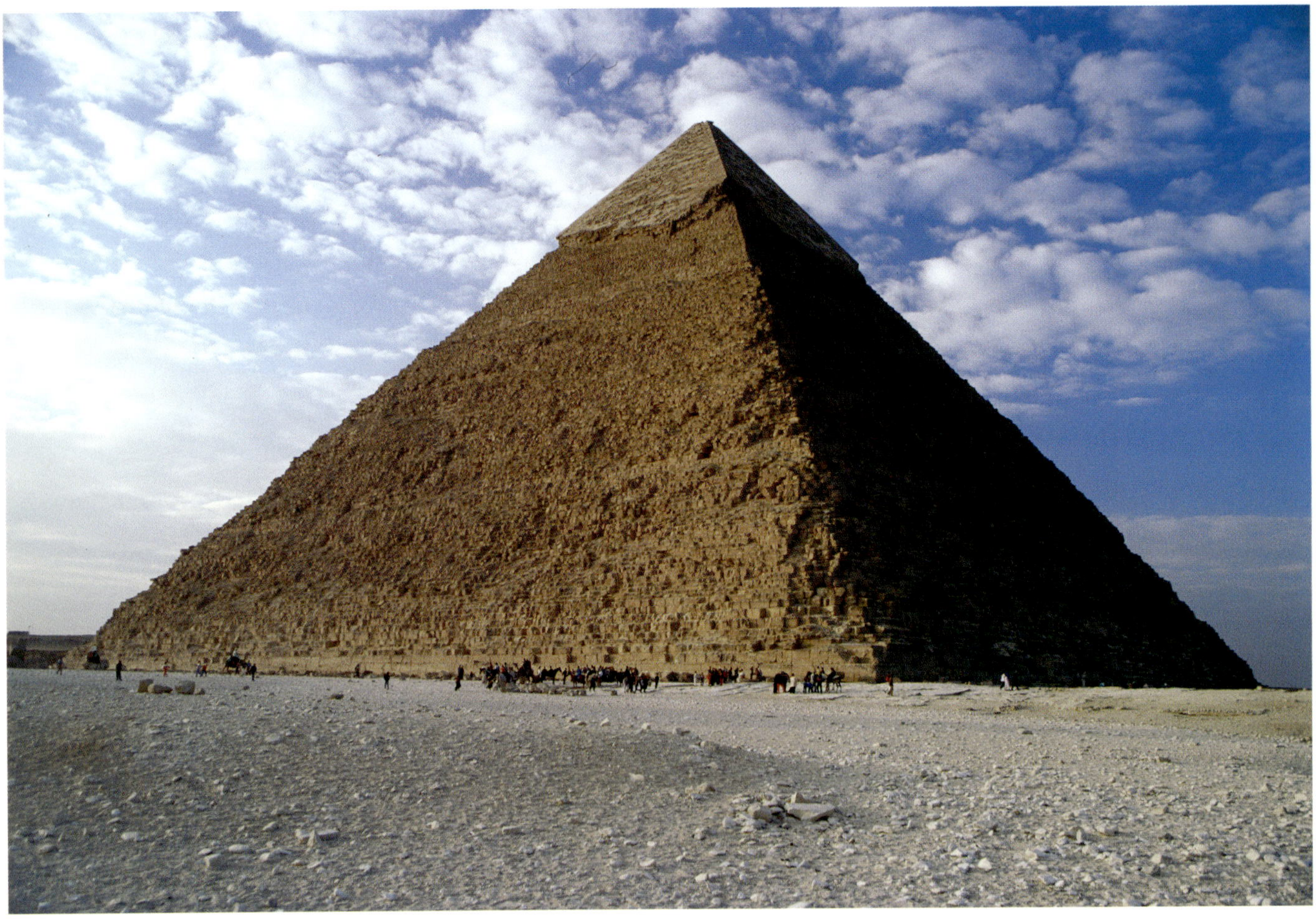

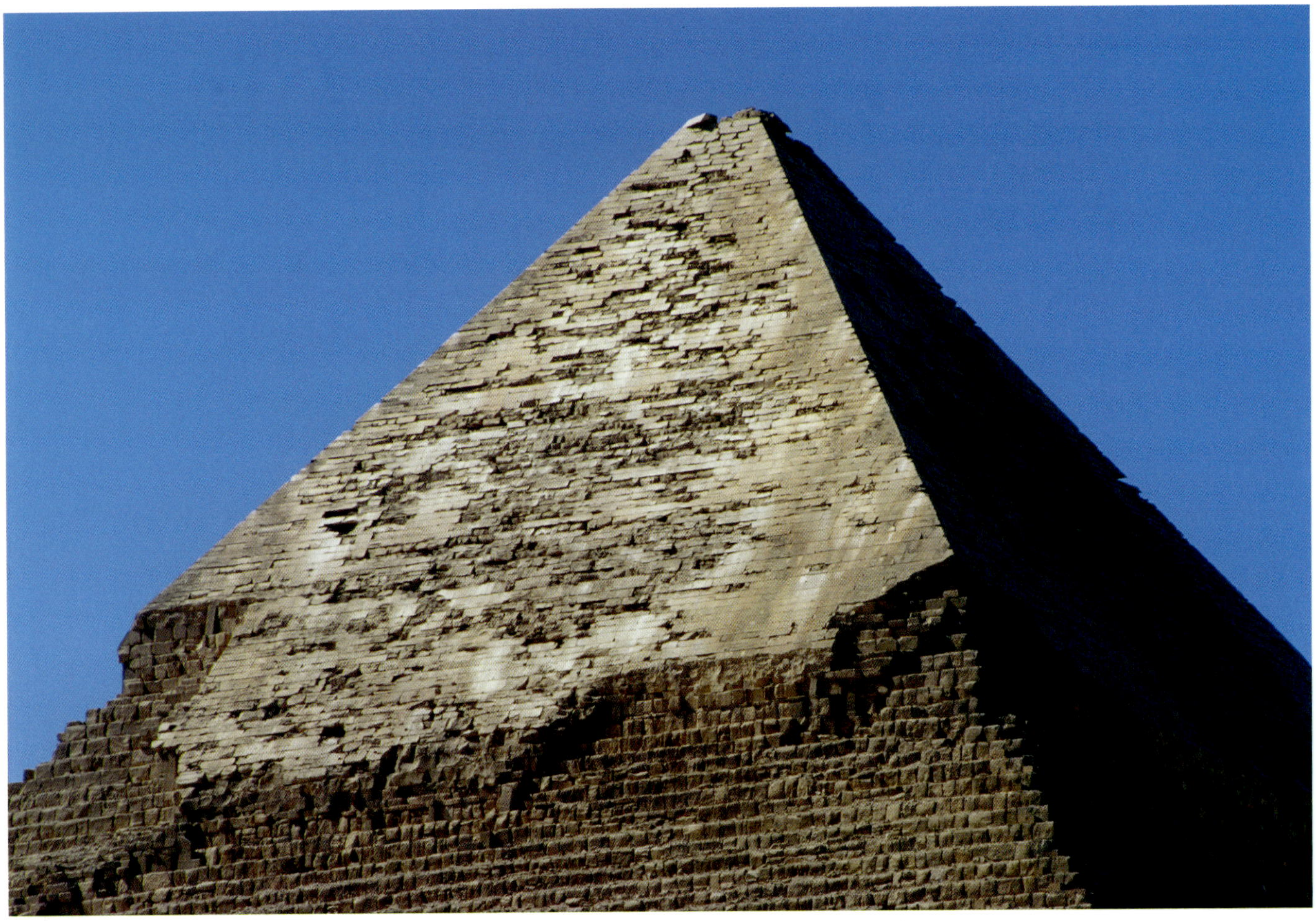

Abb. 125a Die Pyramide des Chephren von Südosten. Der Abriß der Verkleidung, die an dieser Pyramide nur noch im oberen Bereich erhalten geblieben ist, begann offenbar an den Ecken, führte über die Kanten nach oben und verlief dann vermutlich großflächig horizontal über die Seitenflächen von oben nach unten.

Abb. 125b Der obere Bereich der Chephren-Pyramide mit ihrer erhaltenen Verkleidung. Die Verkleidung wurde beim Bau der Pyramide zusammen mit dem Kernmauerwerk verlegt und mit diesem eng verzahnt. Dies gewährleistete wohl, daß z. B. die Verkleidungssteine im oberen Bereich der Chephren-Pyramide auch heute noch stabil an ihrem Platz sitzen.

klommen. Er hielt die Große Pyramide offensichtlich aufgrund ihrer fehlenden Verkleidung im Vergleich zu den beiden anderen Giza-Pyramiden für am wenigsten aufwendig und ordnete sie wie die frühen antiken Autoren wieder König Cheops zu.[388]

Die Zugänglichkeit der Cheops-Pyramide in der 1. Hälfte des 16. Jhs. wird auch durch Berichte von Zaccaria Pagani und Pierre Belon bestätigt. Pagani, ein Mitglied einer diplomatischen Gesandtschaft aus der Republik Venedig, der 1512 die Grabkammer betrat, hielt dabei für die Nachwelt folgendes fest: «Man erblickte dort einen Sarkophag aus Porphyr, der bedeckt ist, aber leer. Das hat viele Besucher vermuten lassen, daß es sich bei der Pyramide um das Grab eines Königs von Ägypten handelt. Gewöhnlich nennt man in diesem Lande die Pyramiden ‹Berge der Pharaonen›».[389] Interessant in diesem Bericht ist vor allem der Hinweis, daß der Sarkophag noch bedeckt sei, was bedeuten könnte, daß der heute verlorengegangene Deckel im Jahre 1512 noch vorhanden gewesen war. Dagegen berichtete der Arzt und Naturforscher Prosper Alpini 1591, daß der Deckel der Sarkophagwanne nicht mehr existiert habe. Offensichtlich wurde er im Lauf des 16. Jhs. von irgend jemandem zertrümmert und aus der Pyramide geschafft. Der Verdacht fällt hierbei vor allem auf die Arbeiter des damaligen Vizekönigs von Ägypten, Ibrahim Pascha, die 1584 den alten Einbruchstollen vergrößern ließen, «daß man darin aufrecht stehen kann»[390], und somit in der Cheops-Pyramide wieder mit Hammer und Meißel am Werk waren.

In seinem 1553 veröffentlichten Buch über seine Reiseerlebnisse äußerte sich Belon, ein Doktor der Medizin an der Fakultät von Paris, der die Große Pyramide 1547 aufsuchte, insbesondere zur in dieser Zeit immer wieder auftauchenden Interpretation der Pyramiden als Kornspeicher kritisch und verwies sie ins Reich der Phantasie. Doch auch im frühen *Zeitalter der Pyramidenaufklärung* blühte die Legendenbildung um die Königsgräber Altägyptens mit der Cheops-Pyramide in ihrem Zentrum unvermindert weiter. Die Pyramidenmystik, der beginnend mit dem eingangs erwähnten Beitrag von John Greaves noch viele weitere

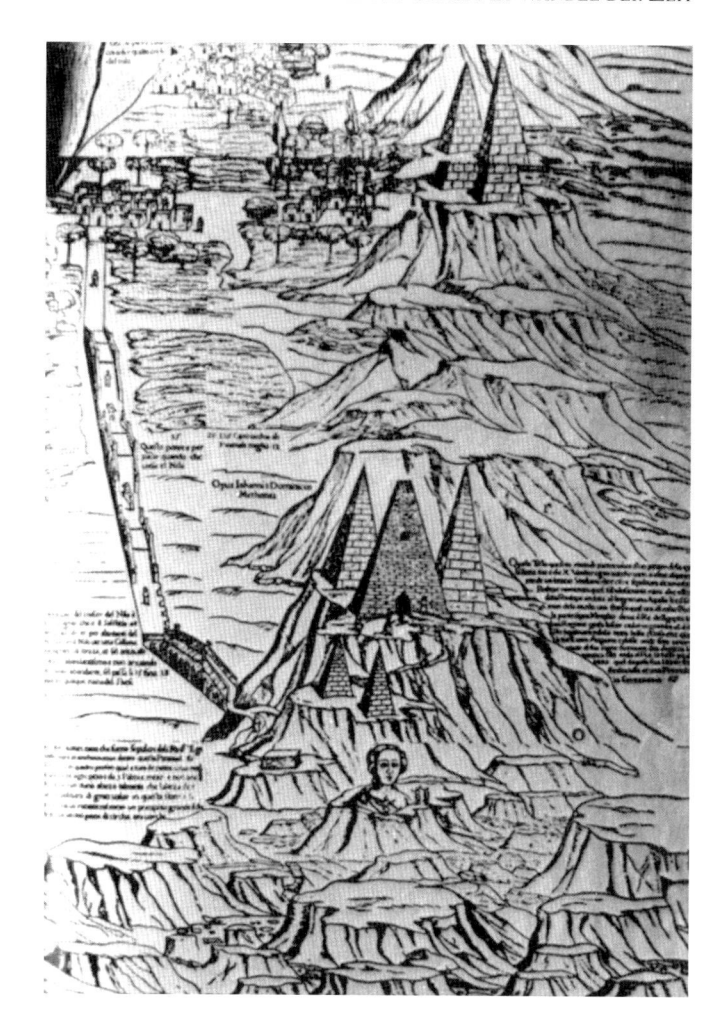

Abb. 126 Auf diesem Ausschnitt eines Holzschnittes aus dem 16. Jh. ist im Vordergrund das Giza-Plateau zu erkennen. Die Cheops-Pyramide besitzt keine Spitze mehr und weist ein stufiges, aus kleinformatigen Steinen aufgebautes Äußeres auf, das das Kernmauerwerk darstellen soll. Im oberen Bereich der Pyramide ist eine Art Fenster zu erkennen. Möglicherweise handelt es sich hierbei um den Ausgang des nördlichen Schachtes der Königskammer. Hinter der Großen Pyramide von Giza erkennt man die Pyramiden von Chephren und Mykerinos, deren Verkleidungen offensichtlich durch großflächigere Steine verdeutlicht worden sind und einen intakten Eindruck machen. Im Vordergrund des Pyramidenensembles ist der Kopf des Sphinx zu sehen. Die Pyramiden im Hintergrund könnten das Gräberfeld von Abusir darstellen.

Werke entgegengesetzt wurden, ist trotz des enormen Wissensstandes, den die moderne Ägyptologie in den letzten zwei Jahrhunderten erarbeitet hat, sogar bis heute in gewissen, wenn auch glücklicherweise sehr kleinen Kreisen lebendig gehalten worden.

Einen Überblick über die wissenschaftliche Erforschung der größten Pyramide Ägyptens liefert abschließend der folgende Abschnitt.

Die Forschungsgeschichte der Cheops-Nekropole seit dem Ende des 17. Jhs. im Überblick[391]

1692–1708
Der französische Konsul in Ägypten, Benoit de Maillet, verfaßt eine Studie über die Große Pyramide, die vernünftige, richtige Erklärungen zu architektonischen Befunden liefert, aber auch fehlerhafte Deutungen und Vermutungen enthält. Er erkennt als erster, daß die Blockierung des aufsteigenden Korridors ursprünglich umfangreicher war als nur die drei Granitsteinblöcke und deutet den Luftschacht zwischen Großer Galerie und absteigendem Korridor als Fluchttunnel für die Arbeiter, die mit der Versiegelung des oberen Kammerbereichs beschäftigt waren.

1737
Der Engländer Richard Pococke stellt die Vermutung auf, daß man Felshügel verkleidete, um die königlichen Pyramiden zu errichten. Damit wies er wohl auch als erster indirekt auf den Felskern unterhalb der Cheops-Pyramide hin.
Der dänische Marineoffizier Frederick Norden interpretiert die Spuren in der kleinen Blockiersteinkammer richtig und erklärt die Verschließung der Grabkammer mittels massiver Granitsteinblöcke.

1765
Der britische Diplomat Nathaniel Davison betritt in Begleitung des französischen Händlers Meynard, der allem Anschein nach bereits einige Jahre zuvor Kenntnis vom Innenleben der Großen Pyramide hatte, das Grabmal des Cheops und entdeckt die unterste «Entlastungskammer» oberhalb der Grabkammer wieder, die seitdem seinen Namen trägt.

1799
Edmé-François Jomard, der für Napoleons *Description de l'Égypte* (Abb. 127a.b) das Kapitel über die Pyramiden von Memphis verfaßte, und der Architekt Célile zählen bei der Cheops-Pyramide 203 Steinlagen. Sie vermessen ihre jeweiligen Höhen und geben eine Gesamthöhe der Pyramide von 137,218 m an.

1801
Der französische Oberst Coutelle, der während Napoleons Feldzug in Ägypten Grabungen im memphitischen Raum leitet, interpretiert den Hohlraum oberhalb der Grabkammer als «Entlastungskammer». Der Bereich der Nord-Ost-Kante der Pyramide wird freigelegt und der Felshügel an dieser Stelle lokalisiert. Coutelle und der Architekt Le Père ermitteln für die Große Pyramide eine Seitenlänge von 232,747 m. Edmé-François Jomard verbessert dann diesen Wert auf 230,902 m. Die Gesamthöhe der Pyramide wird von Coutelle, nachdem er die einzelnen Stufen des Kernmauerwerks nochmals vermessen ließ und eine Höhe von 138 m erhielt, mit 144,194 m angegeben.

1817
Der Italiener Giovanni Battista Caviglia befreit den absteigenden Korridor von Schutt und Geröll und erreicht die Felsenkammer, die offenbar seit Jahrhunderten verschüttet war. Dabei entdeckt er den Zugang zum Luft-/Fluchtschacht wieder, der den absteigenden Korridor mit der Großen Galerie verbindet. An der Westwand des Verbindungskorridors zwischen Großer Galerie und Grabkammer läßt Caviglia einen Tunnel ins Kernmauerwerk treiben und stellt fest, daß der nördliche Schacht der Königskammer nicht linear, sondern mit einer westlichen Umlenkung um die Große Galerie herum nach Norden verläuft.

1837
Die britischen Pyramidenforscher Howard Vyse und John S. Perring brechen die vier weiteren «Entlastungskammern» oberhalb der «Davison-Kammer» auf. Sie finden eine Vielzahl von Bauarbeiterinschriften; darunter auch mehrfach den Namen des Königs Cheops, so daß die Bauherrenzuordnung der Pyramide erstmals auch eindeutig im Grabmal selbst belegt ist. Man findet außerdem die Außenmündungen der Schächte der Königskammer und reinigt die Kanäle, wodurch eine merkliche Luftzirkulation in der Grabkammer eintritt.
Bei Grabungen an der Ostseite der Pyramide kommen die Reste des Basaltpflasters und weitere Spuren des Totentempels ans Tageslicht. Außerdem werden die Eingänge der Königinnenpyramiden freigelegt und deren Kammersysteme erforscht.
Auf der Suche nach einem weiteren Eingang und unbekannten Kammern wird an der Südseite eine Bresche ins Kernmauerwerk gesprengt. Die Pyramidenkanten werden freigelegt.

1872
Der Brite Waynman Dixon entdeckt die beiden Schächte der Königinnenkammer.

1880–82
Der britische Pyramidenforscher William Matthew Flinders Petrie führt eine umfangreiche Vermessung der Cheops-Pyramide durch.

1902–32
Durch den amerikanischen Archäologen George Andrew Reisner finden im Auftrag des Harvard Museum of Fine Arts umfangreiche Grabungen auf dem Westfeld statt.

1912–14
Der deutsche Archäologe Hermann Junker führt im Auftrag des Österreichischen Archäologischen Instituts umfangreiche Grabungen auf dem Westfeld durch. Dabei entdeckt er 1912 z. B. in der Mastaba G 4000 die über 1,50 m hohe Sitzstatue des Hemiunu, der Bauleiter an der Cheops-Pyramide gewesen war.

1920/22–38
An der Cheops-Pyramide und im östlichen Umfeld der Nekropole finden durch den ägyptischen Archäologen Selim Hassan im Auftrag des Service des Antiquités de l'Égypte Grabungen statt.

1925
George Andrew Reisner entdeckt im Umfeld der Nord-Ost-Ecke der nördlichen Königinnenpyramide G I-a die Grabschachtanlage G 7000x mit Teilen der Grabausrüstung der Mutter des Cheops, Hetepheres I.

1925–35
Hermann Junker setzt seine Grabungen auf dem Westfeld mit Unterbrechungen fort. In den Jahren 1928 und 1929 untersuchte er den Friedhof GI S südlich der Cheops-Pyramide.

1954
Die beiden verschlossenen Gruben mit den in Einzelteilen zerlegten Booten südlich der Cheops-Pyramide werden durch die ägyptischen Archäologen Kamal el-Malakh und Zaki Iskander entdeckt. Das nach jahrelanger Arbeit wieder zusammengesetzte und restaurierte Boot aus der östlichen Grube wird seit 1982 in einem Museumsgebäude oberhalb der Fundstelle ausgestellt.

1971–75
Die Reste einer Arbeitersiedlung aus der Zeit des Cheops südlich des Taltempels der Mykerinos-Pyramide werden durch den österreichischen Ägyptologen Karl Kromer untersucht.

1986/87
Mehrere Versuche französischer und japanischer Forschergruppen, in der Cheops-Pyramide mit mikrogravimetrischen Instrumenten und elektromagnetischen Scannern nach verborgenen Hohlräumen im Sinne von Kammern zu fahnden, bleiben erfolglos. Lediglich hinter den Wänden des horizontalen Ganges zwischen der Großen Galerie und der

Königinnenkammer werden etwa 25 cm breite, mit Sand gefüllte Fugen entdeckt, die bautechnischen Ursprungs sind.

1988–93
Östlich des Giza-Plateaus (südlich der 1990 entdeckten Überreste des Taltempels der Cheops-Pyramide) werden bei stadtplanerischen Arbeiten und wissenschaftlichen Erkundungen in einer Tiefe zwischen 3 und 6 m unter dem Bodenniveau allem Anschein nach Siedlungsreste der Pyramidenstadt des Cheops lokalisiert.

1988–heute
Unter der Leitung des amerikanischen Ägyptologen Mark Lehner finden südöstlich des Giza-Plateaus Grabungen an einer Arbeitersiedlung statt.

1990
Bei Bauarbeiten im Dorf an den Pyramiden werden gut 750 m östlich der Cheops-Pyramide die Reste des Bodenpflasters des Taltempels entdeckt. Außerdem werden weitere Fundamentreste des Aufweges gefunden.

1990–heute
Unter der Leitung des ägyptischen Ägyptologen Zahi Hawass legen Archäologen der ägyptischen Antikenverwaltung ein Friedhofsareal westlich der Arbeitersiedlung frei, die seit 1988 von Mark Lehner erforscht wird.

1992
Die Schächte der Königskammer werden durch das Deutsche Archäologische Institut gereinigt und erforscht. Anschließend wird ein Ventilationssystem in diese beiden Schächte eingebaut. Unweit der Süd-Ost-Ecke der Cheops-Pyramide entdeckt Zahi Hawass bei Arbeiten im Auftrag der ägyptischen Antikenverwaltung die Überreste der Kultpyramide des Cheops.
Ein französisches Ingenieurteam versucht erfolglos unter Einsatz von gravimetrischen Meßinstrumenten und Bohrungen im Umfeld der Felsenkammer verborgene Hohlräume aufzuspüren.

1993
Mittels eines kabelgesteuerten Roboterfahrzeugs werden die Schächte der Königinnenkammer unter der Leitung des deutschen Ägyptologen Rainer Stadelmann im Auftrag des Deutschen Archäologischen Instituts teilweise erforscht. Am Ende des südlichen Schachtes entdeckt man dabei einen Verschlußstein.
Ewa 550 m östlich der Ruinen des Taltempels der Cheops-Pyramide werden Mauerreste entdeckt, die entweder auf die östliche Begrenzung eines Flutbeckens hindeuten oder zu den Kaimauern eines umfangreicheren Hafenkomplexes der Cheops-Nekropole gehörten.
Das Pyramidion der Kultpyramide der Cheops-Pyramide wird gefunden.

2002
Die Untersuchungen des Supreme Council of Antiquities unter der Leitung von Zahi Hawass in den Schächten der Königinnenkammer werden fortgesetzt: Hinter dem Verschlußstein im südlichen Schacht entdeckt man einen kleinen Hohlraum (Verlängerung des Schachtes). Bei der Erkundung des nördlichen Schachtes wird ebenfalls ein Blockierstein gefunden.
Die Forschungen in den Schächten der Königinnenkammer sollen 2004 fortgesetzt werden ...

Abb. 127a Zeichnung aus der «Description de l'Égypte» der französischen Expedition unter Napoleon Bonaparte, die die Situation am Sphinx von Giza zu Beginn des 19. Jhs. zeigt. Im Hintergrund die Cheops-Pyramide und rechts daneben die kleinen Königinnenpyramiden G I-c und G I-b.

Abb. 127b Zeichnung aus der «Description de l'Égypte», die französische Wissenschaftler bei der Erkundung der Großen Galerie zeigt. Links das obere Ende der Großen Galerie: Franzosen und Araber beim Einstieg in den Verbindungstunnel zur untersten Entlastungskammer. Rechts: Am Beginn der Großen Galerie bei der Erkundung des oberen Bereichs des Luft-/Fluchtschachtes.

Zeittafel Altägypten (3200–332 v. Chr.)

Zeit [v. Chr.]	Epoche	Dynastie	Könige	Bemerkungen
etwa 3200–3050	Prädynastisch	«0.»	einige Könige namentlich bekannt	königliches Begräbniszentrum in Abydos
etwa 3050–2700	Frühzeit	1.–2.	etwa 16 Könige: Menes, ..., Chasechemui	Königsgräber in Abydos und Sakkara; erste Steinverarbeitung in den Grabbauten (Nischenmastabas), morphologische Strukturen der späteren königlichen Grabkomplexe sind an den Privatgräbern erkennbar
etwa 2700–2160	Altes Reich	3.–6.	3. Dynastie (um 2700–2620 v. Chr.): Djoser, Sechemchet, Chaba, Nebka, Huni	unter Djoser (um 2700–2680 v. Chr.) erste Stufenpyramide (in Sakkara); danach zwei unvollendete Stufenpyramiden-Projekte (Sechemchet, Chaba); Grabbauten von Nebka und Huni bislang unbekannt
			4. Dynastie (um 2620–2470 v. Chr.): Snofru, Cheops, Djedefre, Chephren, Baka, Mykerinos, Schepseskaf	unter Snofru (um 2620–2580 v. Chr.) drei Pyramidenanlagen (eine in Meidum, zwei in Dahschur); Cheops (um 2580–2550 v. Chr.): Bauherr der größten Pyramide Ägyptens; am Ende der Dynastie Zäsur im königlichen Grabbau durch Verkleinerung der Pyramiden
			5. Dynastie (um 2470–2320 v. Chr.): Userkaf, Sahure, Neferirkare, Schepseskare, Neferefre, Niuserre, Menkauhor, Djedkare, Unas	Pyramidenanlagen in Abusir (Sahure, Neferirkare, Schepseskare, Neferefre, Niuserre), Sakkara (Userkaf, Djedkare, Unas) und vielleicht in Dahschur (Menkauhor); Sonnenheiligtümer bei Abu Gurob (bislang nur die von Userkaf und Niuserre archäologisch nachgewiesen), erstmals Pyramidentexte (Unas-Pyramide)
			6. Dynastie (um 2320–2160 v. Chr.): Teti, Userkare, Pepi I., Merenre I., Pepi II., Merenre II., Nitokris	Pyramidenkomplexe in Sakkara, Standardisierung der Architektur in den königlichen Grabanlagen; Pyramidentexte in Königs- und später auch in Königinnengräbern; in der 2. Hälfte der Dynastie Schwächung der Zentralregierung, eigenständige Provinzgouverneure mit zunehmendem Machtanspruch; am Ende der Dynastie Thronfolgeprobleme
etwa 2160–2020	1. Zwischenzeit	«7.», 8.– 1. Hälfte der 11.	8.– 1. Hälfte der 11. Dynastie: etwa 40 Könige	Zusammenbruch der Zentralregierung (mit der 8. Dynastie); es folgen Thronstreitigkeiten mit gewaltsamen Auseinandersetzungen; Beraubung der königlichen Grabmäler; vermutlicher Einbruch in die Cheops-Pyramide; Herakleopoliten und Thebaner (9.–10. Dynastie) herrschen in Nord- bzw. Südägypten; Thebaner siegen letztendlich und vereinen das Land
etwa 2020–1780	Mittleres Reich	2. Hälfte der 11.–12.	Mentuhotep II., Amenemhet I., Sesostris I., Amenemhet II., Sesostris II., Sesostris III., Amenemhet III., Amenemhet IV., Nefrusobek	Pyramidenanlagen in Lischt (Amenemhet I., Sesostris I.), Dahschur (Amenemhet II., Sesostris III., Amenemhet III. [«Bauruine»]), Illahun (Sesostris II.), Abydos (Sesostris III.) und Hawara (Amenemhet III.), Gräber des Amenemhet IV. und der Königin Nefrusobek vermutlich in Mazghuna; zu Beginn der 12. Dynastie offensichtlich Wiederverwertung von Steinmaterial aus den Taltempeln der Pyramidenkomplexe des Giza-Plateaus im Grabbezirk Amenemhets I. in Lischt

Tab.: Daten z. T. nach J. v. Beckerath, Chronologie des pharaonischen Ägyptens, MÄS 46 (1997).

Zeit [v. Chr.]	Epoche	Dynastie	Könige	Bemerkungen
etwa 1780–1550	2. Zwischenzeit	13.–17.	Thronfolgeprobleme, unbestimmte Herrscherabfolgen und Datierungen, aber noch stabile Regierungsgewalt (13.–14. Dynastie), 50 (?) Könige in der 13. Dynastie; 15. Dynastie: 6 Hyksos-Könige; 17. Dynastie: in Theben, etwa 1645–1550 v. Chr., 15 (?) Könige	Könige der 13. Dynastie lassen kleine Pyramiden in Sakkara und Dahschur errichten: nur die des Ameni-Qemau in Dahschur und die des Chendjer im Süden von Sakkara konnten bislang identifiziert werden; 15. Dynastie (ca. 1650–1540 v. Chr.): in Nordägypten Fremdherrschaft durch die Hyksos
etwa 1550–1070	Neues Reich	18.–20.	18. Dynastie: Ahmose I., Amenophis I., Thutmosis I., Thutmosis II., Hatschepsut, Thutmosis III., Amenophis II., Thutmosis IV., Amenophis III., Amenophis IV., Semenchkare, Tutanchamun, Eje, Haremhab; 19. Dynastie: Ramses I., Sethos I., Ramses II., Merenptah, Amenmessu, Sethos II., Siptah; 20. Dynastie: Sethnacht, Ramses III.–XI.	Aufgabe des Pyramidenbaus; nur Ahmose I. läßt noch Grabpyramiden im thebanischen Dra Abu'l Naga und in Abydos errichten; die Könige des Neuen Reiches werden in Felsengräbern auf der Westseite des Nils («Tal der Könige») bei Theben begraben; kleine Pyramiden krönen von nun an die Gräber einflußreicher thebanischer Privatpersonen (bis in die 26. Dynastie [?]) wie auch die der Künstler und Handwerker in Deir el-Medina; vermutlich bereits in der 18. Dynastie wird an der Ostseite der Königinnenpyramide G I-c (Giza) ein Isis-Tempel errichtet; der im Laufe der Zeit nach Osten vergrößert wird; unter der Herrschaft Ramses' II. finden Restaurationsarbeiten an einer Reihe von Pyramiden (auch auf dem Giza-Plateau) und Sonnenheiligtümern statt; in der Ramessidenzeit weitere Demontage von Tempelanlagen auf dem Giza-Plateau zur Steingewinnung für andere Bauvorhaben
etwa 1070–664	3. Zwischenzeit	21.–25.	21.–24. Dynastie: Smendes, … Bokchoris; 25. Dynastie (Kuschiten, um 750–664 v. Chr.): 6 Könige, u. a. Taharqa	langsamer, aber stetiger Niedergang der ägyptischen Zentralmacht; Fremdherrschaften in Ägypten (Könige libyschen Ursprungs, Kuschiten, Assyrer); 25. Dynastie: Pyramiden bei El Kurru und Nuri in Nubien
664–332	Spätzeit	26.–31.	26. Dynastie (Saitenzeit, 664–525 v. Chr.): Psammetich I., Necho, Psammetich II., Apries, Amasis, Psammetich III.; 27. und 31. Dynastie: Perserkönige (Kambyses, …, Dareios III.)	in der 26. Dynastie Reorganisation der Kulte auf dem Giza-Plateau und Restaurationsarbeiten an den Königsgräbern; Sekundärbestattungen (?); weitere Vergrößerung des Isis-Tempels östlich der Pyramide G I-c nach Osten (wodurch Teile der Mastaba des Chaefchufu abgetragen werden müssen); 27. und 31. Dynastie: Fremdherrschaft durch die Perser; um 450 v. Chr. (27. Dynastie, zur Zeit der Herrschaft des Perserkönigs Artaxerxes I.) besucht der griechische Historiker Herodot von Halikarnassos Ägypten

ANHANG

Abkürzungen und Literatur

ÄA:	*Ägyptologische Abhandlungen*, Wiesbaden
ÄF:	*Ägyptologische Forschungen*, Glückstadt
Ä&L:	*Ägypten und Levante. Zeitschrift für Archäologie und deren Nachbargebiete*, Wien
ASAE:	*Annales du Service des Antiquités*, Kairo
BÄBA:	*Beiträge zur Ägyptischen Bauforschung und Altertumskunde*, Zürich/Kairo/Wiesbaden
BdE:	*Bibliothèque d'Etude, Institut Français d'Archéologie Orientale*, Kairo
BIFAO:	*Bulletin de l'Institut Français d'Archéologie Oriental*, Kairo
CdE:	*Chronique d'Egypte*, Brüssel
CRAI:	*Comptes rendus de l'Académie des Inscriptions et Belles-Lettres*, Paris
DE:	*Discussions in Egyptology*, Oxford
Genava:	*Revue d'histoire de l'art et d'Archéologie*, Genf
GM:	*Göttinger Miszellen*, Göttingen
G.R.A.L.:	*Zeitschrift für Ägyptologie und archäologische Grenzwissenschaften*, Berlin
HÄB:	*Hildesheimer Ägyptologische Beiträge*, Hildesheim
JARCE:	*Journal of the American Research Center in Egypt*, Boston
Kêmi:	*Revue de philologie et d'archéologie égyptiennes et coptes*, Paris
KMT:	*KMT. A Modern Journal of Ancient Egypt*, Sebastopol
LÄ:	*Lexikon der Ägyptologie*, Wiesbaden
MÄS:	*Münchner Ägyptologische Studien*, Berlin/Mainz
MDAIK:	*Mitteilungsblatt des Deutschen Archäologischen Instituts Kairo*, Berlin/Wiesbaden/Mainz (bis 1980: MDIK)
OBO:	*Orbis biblicus et orientalis*, Fribourg
Or:	*Orientalia, Nova Series*, Rom
RE:	*Paulys Realencyclopädie der klassischen Altertumswissenschaften*, Stuttgart
RecTrav:	*Recueil de Travaux Relatifs á la Philologie et á l'Archéologie et Assyriennes*, Paris
SAK:	*Studien für Altägyptische Kultur*, Hamburg
SAOK:	*Studies in Ancient Oriental Civilization*, Chicago
SDAIK:	*Sonderdruck des Deutschen Archäologischen Instituts Kairo*, Mainz
Sokar:	*Sokar. Die Welt der Pyramiden*, Berlin
SPAW:	*Sitzungsberichte der Preußischen Akademie der Wissenschaften*, Berlin
UÖAI:	*Untersuchungen der Zweigstelle Kairo des Österreichischen Archäologischen Instituts. Denkschriften der Österreichischen Akademie der Wissenschaften*, Wien
WZKM:	*Wiener Zeitschrift für die Kunde des Morgenlandes*, Wien
ZÄS:	*Zeitschrift für Ägyptische Sprache und Altertumskunde*, Leipzig/Wiesbaden

Anmerkungen

[1] Nach M. Lehner, *Das erste Weltwunder. Die Geheimnisse der ägyptischen Pyramiden* (1997) 44.

[2] W. M. F. Petrie, *Abydos*, Band II (1903) 30 und Pl. XIV, Abb. 284.

[3] Eine weitere vermutete Zuordnung eines im Berliner Ägyptischen Museum befindlichen Königskopfes aus Kalkstein (Inv.-Nr. 14396) an Cheops durch E. Russmann, *Two Heads of the Early Fourth Dynasty*, in: *SDAIK* 28 (1995) 118 wurde durch K. Finneiser, *Beobachtungen zu einem Königskopf des Alten Reiches*, in: *GM* 163 (1998) 60 ff. relativiert, der die Rundplastik nicht in die 4. Dynastie datiert. Er hält es für wahrscheinlich, daß der Königskopf Neferefre (5. Dynastie) darstellt.

[4] Siehe z. B. Abb. 64 in: R. Schulz / M. Seidel, *Ägypten. Die Welt der Pharaonen* (1997) 76.

[5] R. Stadelmann, *Le Grand Sphinx de Giza. Chef-d'œuvre du Règne de Chéops*, in: *CRAI* 3 (1999) 863–879, oder jüngst R. Stadelmann, *Die Große Sphinx von Giza*, in: *Sokar* 6 (2003) 3–11.

[6] R. Stadelmann, *Formale Kriterien zur Datierung der königlichen Plastik der 4. Dynastie*, in: *Les critères de datation stylistiques à l'Ancien Empire*, in: *BdE* 120 (1998) 366 f.

[7] Siehe A. H. Gardiner / T. E. Peet, *The Inscriptions of Sinai*, Band 1 (1917) Pl. III.

[8] J. v. Beckerath, *Handbuch der ägyptischen Königsnamen*, MÄS 49 (1999) 52f.

[9] Siehe O. Zorn, *Chnum, er schützt mich. Das Fragment einer Widderstatue im Ägyptischen Museum Berlin*, in: *Sokar* 6 (2003) 12–13.

[10] H. Junker, *Grabungen auf dem Friedhof des Alten Reiches bei den Pyramiden von Gîza. Bericht der Akademie der Wissenschaften in Wien*, Band 1 (1929) 161.

[11] K. P. Kuhlmann, *The «Oasis Bypath» or The Issue of Desert Trade in Pharaonic Times*, Festschrift Kuper (2002) 136 ff., Fig. 10. Zu den anderen Datierungen aus der Regierungszeit des Cheops siehe M. Verner, *Archaeological Remarks on the 4th and 5th Dynasty Chronology*, in: *Archiv orientální* 69 (2001) No. 3, 372 f.

[12] Aus dem sog. Palermo-Stein geht hervor, daß unter Snofrus Herrschaft die 7. und 8. Zählung in direkt aufeinanderfolgenden Jahren stattfanden. Siehe H. Schäfer, *Ein Bruchstück altägyptischer Annalen* (1902) 30 f. Eine bauleistungsmäßige Untersuchung verschiedener Datumsangaben auf Verkleidungssteinen der Roten Pyramide macht plausibel, daß unter Snofru offenbar auch die 16. Zählung unmittelbar auf die 15. Zählung folgte. Siehe R. Krauss, *Zur Berechnung der Bauzeit an Snofrus Roter Pyramide*, in: *ZÄS* 125 (1998) 32. Diese Vorgehensweise könnte auf einen steigenden Finanzbedarf des Staates zurückgeführt werden und insbesondere in direktem Zusammenhang mit den Anfangsphasen der ökonomisch ungemein aufwendigen Pyramidenbauprojekte gesehen werden.

[13] Der Königspapyrus von Turin ist eine aus vielen Fragmenten bestehende Königsliste, die um 1200 v. Chr. (19. Dynastie) als Abschrift fein säuberlich in hieratischer Schrift auf der Rückseite eines Verwaltungsdokuments festgehalten wurde. Sie enthielt wohl einst über 300 Königsnamen sowie die Länge der Regierungszeiten der dort festgehaltenen Regenten.

[14] Siehe T. Schneider, *Lexikon der Pharaonen. Die altägyptischen Könige von der Frühzeit bis zur Römerherrschaft* (1994) 100.

[15] Herodot, Historien II, 127 (nach einer Übersetzung von H. Stein, *Neun Bücher der Geschichte*, 107).

[16] R. Krauss, *Chronologie und Pyramidenbau in der 4. Dynastie*, in: *Or* 66,1 (1997) 13.

[17] 35–36 Jahre in R. Stadelmann, *Beiträge zur Geschichte des Alten Reiches. Die Länge der Regierung des Snofru*, in: *MDAIK* 43 (1987) 238; 30–32 Jahre in R. Stadelmann, *Die großen Pyramiden von Giza* (1990) 260.

[18] Unberücksichtigt blieb hierbei offenbar einen Versuch einer indirekten Zuordnung der Regierungszeit des Cheops in die Mitte des 25. Jh. v. Chr. durch die Hypothese von K. Spence über das Nordungsverfahren der Pyramidenkanten zur Zeit der 4. Dynastie. Siehe K. Spence, *Ancient Egyptian chronology and the astronomical orientation of pyramids*, in: *Nature* 408, 16. 11. 2000, 330–324. Siehe hierzu auch relativierend R. Krauss, *Zur Hypothese von Kate Spence über die Nordorientierung der ägyptischen Pyramiden*, in: *Sokar* 3 (2001) 4–7.

[19] Siehe G. Foucart, *Notes Prices dans le Delta*, in: *RecTrav* XVII (1895) 100.

[20] Siehe E. Naville, *Bubastis* (1891) 5, Pl. VIII und XXXII. und bei S. Schott, *Zur Krönungstitulatur der Pyramidenzeit*, in: *Nachrichten der Akademie der Wissenschaften Göttingen, Philologisch-Historische Klasse*, Nr. 4 (1956) 65, Abb. 2.

[21] G. Möller, *Bericht über die Aufnahme der hieroglyphischen und hieratischen Felseninschriften im Alabasterbruch von Hatnub in Mittelägypten*, in: *SPAW* 32 (1908) 680 f.

[22] Siehe J. Dümichen, *Baugeschichte des Denderatempels und Beschreibung der einzelnen Theile des Bauwerks nach an seinen Mauern befindlichen Inschriften* (1877) 14 und T. III. Pl. 7, Fig. k. Siehe auch D. Wildung, *Die Rolle ägyptischer Könige im Bewußtsein ihrer Nachwelt, Teil 1, Posthume Quellen über die Könige der ersten vier Dynastien*, in: *MÄS* 17 (1969) 189.

[23] W. M. F. Petrie, *Koptos* (1886) 23, Pl. XX, Fig. 3.

[24] Siehe J. E. Quibell, *Hierakonpolis I* (1989), Pl. XLVI, Fig. 13.

[25] T. A. H. Wilkinson, *Royal Annals of Ancient Egypt. The Palermo Stone and its associated fragments* (2002) 223 ff. Siehe auch Schneider a. O. (Anm. 14) 100.

[26] Ein paralleler Befund ist im Grabkomplex des Userkaf (1. König der 5. Dynastie, um 2480 v. Chr.) bezeugt. An der Südseite des Hofes des Totentempels stand einst eine etwa 5 m hohe Granitstatue des Königs, deren Kopf heute im Ägyptischen Museum von Kairo ausgestellt wird.

[27] M. Valloggia, *Fouilles archéologiques à Abu Rawash (Égypte). Rapport préliminaire de la campagne 2002*, in: *Genava* 50 (2002) 249 ff., Abb. 15, 16.

[28] S. Yoshimura / N. Kawai, *An Enigmatic Rock-Cut Chamber. Recent Waseda University Finds at North Sakkara*, in: *KMT* 2/2002, 26 ff. Dieser Fund wird von R. Stadelmann neuerdings als Beleg dafür herangezogen, daß der Große Sphinx von Giza bereits unter Cheops errichtet wurde. Siehe Stadelmann a. O. (Anm. 5) 11.

[29] A. Rowe, *Provisional notes on the Old Kingdom inscriptions from the diorite quarries. II. The Cheops stela inscription*, in: *ASAE* 38 (1933) 393 ff., Pl. LV, Fig. 1. Siehe auch E. Zippert, *Diorit-Steinbrüche in Nubien*, in: *Archiv für Orientforschung* 12 (1937–39) 187 f., Abb. 32.

[30] P. Montet, *Notes et Documents pour Servir a l'Histoire des Relations entre l'Ancienne Égypte et la Syrie*, in: *Kêmi* 1 (1928) 85.

[31] Siehe A. Rowe, *A Catalogue of Egyptian Scarabs. Scaraboids, Seals and Amulets in the Palestine Archaeological Museum* (1936) 36 f., Pl. XXXVI. Auf der Kupferaxt ist der Titel «Gold (Goldener) der zwei Falken» wiedergegeben, der entweder den Goldhorusnamen des Cheops oder aber den des Sahure darstellt. So kann man nicht ausschließen, daß hier eine Bootsmannschaft des Königs Sahure namentlich benannt wurde.

32 WILDUNG a. O. (Anm. 22) 156 ff.
33 Siehe zu den Pyramiden des Snofru allgemein bei M. HAASE, *Das Feld der Tränen. König Snofru und die Pyramiden von Dahschur* (2000) 83–204.
34 Vielleicht war «Menat Chufu», übersetzt «Amme des Cheops», der Heimatort des Cheops. Diese Ortschaft lag im 16. oberägyptischen Gau beim heutigen Beni Hassan in Mittelägypten. «Menat Chufu» ist neben dem Grabkomplex bei Giza bislang der einzige bekannte Ort in Ägypten, dessen Bezeichnung zusammen mit dem Königsnamen gebildet wurde. Dort wurde auch nach dem Untergang des Alten Reiches – nachdem der Totenkult des Cheops bedeutungslos geworden war – die Erinnerung an den großen Pyramidenkönig lebendig gehalten. Interessanterweise existierte auch ein Stiftungsgut des Snofru (dargestellt in der Domänenliste im Tempel am Aufweg der Knick-Pyramide), das den Namen «Menat Seneferu» trug und offensichtlich ebenfalls im 16. oberägyptischen Gau gelegen hat. Man hat die Möglichkeit in Betracht gezogen, daß Snofru dort geboren und die Domäne später in «Menat Chufu» umbenannt wurde. Siehe zu diesem Thema bei WILDUNG a. O. (Anm. 22) 107, Anm. 4 und 173; S. MORENZ, *Traditionen um Cheops*, in: *ZÄS* 97 (1971) 117, A. FAKHRY, *The Monuments of Sneferu at Dahshur*, Band I (1959) 17 und P. MONTET, *Geographie de l'Égypte Ancienne* II (1961) 160. H. Junker schloß dagegen eine Herkunft Snofrus aus dem östlichen Delta nicht kategorisch aus. Siehe H. JUNKER, *Die Grabungen des Museums der Universität Pennsylvania Philadelphia bei Medum*, in: *MDAIK* 3 (1932) 167.
35 Lediglich R. Stadelmann vermutet, daß der in der Mastaba G 7130/40 auf dem Ostfriedhof der Cheops-Nekropole bestattete Prinz Chaefchufu, ein Sohn des Cheops, mit dem späteren König Chephren identisch sein könnte. Siehe R. STADELMANN, *Khaefkhufu = Chephren. Beiträge zur Geschichte der 4. Dynastie*, in: *SAK* 11 (1984) 165–172. Siehe hierzu im Widerspruch A. O. BOLSHAKOV, *Princes who became Kings: Where are their tombs?*, in: *GM* 146 (1995) 11–22.
36 Siehe zum geologischen Aufbau des Giza-Plateaus und zu den Standortfaktoren der dortigen Nekropole bei T. AIGNER, *Zur Geologie und Geoarchäologie des Pyramidenplateaus von Giza, Ägypten*, in: *Natur und Museum* 112 (1982) 377 ff.
37 siehe R. STADELMANN, *Die großen Pyramiden von Giza* (1990) 107. Dagegen wird in LÄ 2 «Gave» 394 das Giza-Plateau zum 2. unterägyptischen Gau gezählt.
38 Siehe zu diesem Thema bei G. T. MARTIN, *«Covington's Tomb» and Related Early Monuments at Giza*, in: *Orientalia Monspeliensia* IX, Band 2 (1997) 279–285; M. D. COVINGTON, *Mastaba Mount Excavations*, in: *ASAE* 6 (1905) 193–218 und K. KROMER, *Nezlet Batran. Eine Mastaba aus dem Alten Reich bei Giseh (Ägypten)*, in: *Untersuchungen der Zweigstelle Kairo des Österreichischen Archäologischen Instituts*, Band 11 (1991).
39 Siehe R. STADELMANN / N. ALEXANIAN, *Die Friedhöfe des Alten und Mittleren Reiches in Dahschur. Bericht über die im Frühjahr 1997 durch das Deutsche Archäologische Institut Kairo durchgeführte Felserkundung in Dahschur*, in: *MDAIK* 54 (1998) 299 ff.
40 STADELMANN a. O. (Anm. 37) 107.
41 Siehe V. MARAGIOGLIO / C. RINALDI, *L'Architettura delle Piramidi Menfite* IV (1965) 12.
42 In der Literatur finden sich leider widersprüchliche Angaben zur maximal nachgewiesenen Höhe des Felshügels. In MARAGIOGLIO / RINALDI a. O. (Anm. 41) 12 wird eine Höhe von etwa 7 m angegeben, während im dazugehörigen Tafelteil 3, Fig. 1, der Felshügel mit 5,70 m wiedergegeben wird. STADELMANN a. O. (Anm. 37) 109 gibt dagegen eine Höhe von 7,90 m an.
43 R. Stadelmann hält es sogar für möglich, daß die etwa 21 m über dem Basisniveau liegende Königinnenkammer «mehr oder weniger direkt über dem Felskern aufgemauert worden ist», wodurch der terrassenförmig angelegte Felshügel eine Höhe von bis zu 19 m erreicht hätte. Siehe R. STADELMANN, *Die ägyptischen Pyramiden. Vom Ziegelbau zum Weltwunder* (1997)³ 132.
44 R. KLEMM / D. D. KLEMM, Steine und Steinbrüche im Alten Ägypten (1993) 194. Die Ausdehnung der einzelnen Steinbruchgebiete auf dem Giza-Plateau werden in der Literatur nicht einheitlich wiedergegeben – insbesondere für den Hauptsteinbruch des Cheops, Siehe z. B. KLEMM / KLEMM 54, Abb. 52 und LEHNER a. O. (Anm. 1) 230.
45 Siehe R. KLEMM, in: M. HAASE, *Vom Steinbruch zur Pyramidenspitze. Interview mit Rosemarie und Dietrich D. Klemm über das «Integralrampenmodell» im Pyramidenbau*, in: *Sokar* 5 (2002) 35.
46 Siehe zu diesem Thema z. B. Z. HAWASS, *The Discovery of the Harbors of Khufu and Khafre at Gîza*, in: *Études sur l'Ancien Empire et la nécropole de Saqqâra dédiées à Jean-Philippe Lauer, Orientalia Monspeliensia* IX (1997) 247 f., oder V. DAVIES / R. FRIEDMAN, *Unbekanntes Ägypten. Mit neuen Methoden alten Geheimnissen auf der Spur* (1999) 38 ff.
47 HAWASS a. O. (Anm. 46) 248 ff. und Fig. 2 auf 254.
48 LEHNER a. O. (Anm. 1) 204 f.
49 Zu den Ergebnissen der Grabungen an der Arbeitersiedlung siehe M. LEHNER, *The Giza Plateau Mapping Project*, unter http://www-oi.uchicago.edu/OI, sowie die Beiträge in den letzten Jahrgängen des amerikanischen *Newsletter of the Ancient Research Associates* Aeragram. Siehe zu den Grabungen auf dem Friedhofsgelände westlich der Siedlung z. B. bei Z. HAWASS, *The Workmen's Community at Giza*, in: M. BIETAK (Hrsg.), *Haus und Palast im Alten Ägypten*, in: *UÖAI* 14 (1996) 62 ff.
50 K. KROMER, *Siedlungsfunde aus dem frühen Alten Reich in Giseh. Österreichische Ausgrabungen 1971–1975* (1978).
51 STADELMANN a. O. (Anm. 37) 166.
52 Durchschnittliche Meßwerte an den einzelnen Seiten: Ostseite: 230,369 m, Nordseite: 230,328 m, Westseite: 230,372 m und Südseite: 230,372 m. Siehe J. DORNER, *Die Absteckung und astronomische Orientierung ägyptischer Pyramiden*, (1981) 77.
53 Beim Bau der Cheops-Pyramide lag allem Anschein nach ein Ellenmaß von 52,35 cm zugrunde. Siehe DORNER a. O (Anm. 52) 97 oder L. BORCHARDT, *Längen und Richtungen der vier Grundkanten der großen Pyramide bei Gise*, in: *BÄBA* 1 (1937) 8.
54 Siehe hierzu LEHNER a. O. (Anm. 1) 212.
55 Siehe zusammenfassend zu den Meßergebnissen an der Cheops-Pyramide bei DORNER a. O. (Anm. 52) 71 ff.
56 Siehe zur Diskussion der einzelnen Meßverfahren bei M. HAASE, *Das Vermächtnis des Cheops. Die Geschichte der Großen Pyramide* (2003) 46–69.
57 G. GOYON, *Die Cheopspyramide. Geheimnis und Geschichte* (1990) 218.
58 BORCHARDT a. O. (Anm. 53) 4 und Taf. 5.
59 STADELMANN a. O. (Anm. 37) 113.
60 Die Cheops-Pyramide verfügte ursprünglich wohl über etwa 210 Lagen, deren Höhen zwischen 0,50 m und 1,50 m variieren. Heute sind noch 201 Lagen vorhanden. Zu den Höhen der einzelnen Steinlagen siehe z. B. GOYON a. O. (Anm. 57) 220–222.
61 Siehe BORCHARDT a. O. (Anm. 53) 15, Abb. 2.
62 STADELMANN a. O. (Anm. 43) 114.
63 STADELMANN a. O. (Anm. 43) 228.
64 KRAUSS a. O. (Anm. 12) 32.
65 Zu den Arbeiterzahlen beim Pyramidenbau siehe bei STADELMANN a. O. (Anm. 37) 271; LEHNER a. O. (Anm. 1) 224 f.; HAWASS a. O. (Anm. 49) 67 und GOYON a. O. (Anm. 57) 219. Siehe insbesondere die Ausführungen von M. VERNER zur Organisation der Arbeitskräfte auf den Pyramidenbaustellen der Alten Reichs-Nekropolen in M. VERNER, *Abusir II. Baugraffiti der Ptahschepses-Mastaba* (1992) 23–39.
66 Siehe zu den Transportwegmodellen z. B. bei STADELMANN a. O. (Anm. 43) 223 ff.; GOYON a. O. (Anm. 57) 39 ff.; J.-P. LAUER, *Das Geheimnis der Pyramiden* (1980) 239 ff. und D. ARNOLD, *Building in Egypt. Pharaonic Stone Masonry* (1991) 79–101.
67 Siehe STADELMANN a. O. (Anm. 43) 225.
68 Siehe M. LEHNER, *The Development of the Giza Necropolis: The Khufu Project*, in: *MDAIK* 41 (1985) 129 ff. und LEHNER a. O. (Anm. 1) 216.
69 LEHNER a. O. (Anm. 1) 129 f. Hierbei setzte sich die Spiralrampe aus folgenden Rampenabschnitten (s. a. Abb. 18, S. 19) zusammen: A (zwischen Steinbruch und Pyramide): Länge: 320 m, Steigung: 6° 36'; B (Westflanke der Pyramide): Länge: 250 m, Steigung: 7° 18'; C (Nordflanke): Länge: 180 m, Steigung: 10° 23'; D (Ostflanke): Länge: 100 m, Steigung: 12° 57'; E (Südflanke): Länge: 60 m, Steigung: 14° 2' und F (Westflanke): Länge: 40 m, Steigung: 18° 39'.
70 Z. HAWASS, *Pyramid Construction. New Evidence Discovered at Giza*, in: H. GUKSCH / D. POLZ (Hrsg.), *Stationen. Beiträge zur Kulturgeschichte Ägyptens*, Festschrift Rainer Stadelmann (1998) 57–60.
71 Siehe Diskussion in STADELMANN a. O. (Anm. 43) 101 und 226, und LEHNER a. O. (Anm. 1) 123.
72 Siehe hierzu LEHNER a. O. (Anm. 1) 220 f.
73 Siehe hierzu D. ARNOLD, *Überlegungen zum Problem des Pyramidenbaus*, in: *MDAIK* 37 (1981) 24, oder GOYON a. O. (Anm. 57) 65 f.
74 Oftmals wird in der Literatur eine vereinfachende Abschätzung für die in der Cheops-Pyramide verbaute Anzahl der Steinblöcke (bei einer durchschnittlichen Größe der Steinblöcke von «Länge x Breite x Höhe = 1 x 1 x 1 m») in der Größenordnung von 2,3 Millionen (theoretisches Volumen der Pyramide abzüglich des Felshügels, der Hohlräume und des Mörtel- und Bauschuttanteils) wiedergegeben. Die durchschnittliche Höhe einer Steinlage beträgt aber 0,69 m, so daß man von kleinerem Steinmaterial im Baukörper ausgehen muß. Eine neuere Studie deutet an, daß in Cheops' Grabmal deutlich mehr, womöglich bis zu 4 Millionen Steinblöcke verbaut wurden. Siehe A. P. SAKOVICH, *Counting the stones. How many Blocks comprise Khufu's Pyramid?*, in: *KMT* 3 (2002) 56.
75 Die Dimensionierung der Rampe orientiert sich an den Daten des Spiralrampenmodells von M. Lehner. Siehe LEHNER a. O. (Anm. 68) 129 f.
76 Z. B. auf Zugpisten aus «Kalksteinbruch- und Mörtelverfüllungen», in denen quer zur Zugrichtung Holzbalken eingezogen wurden, die dem Untergrund genügend Stabilität gaben. Als Schmiermittel für die Kufen der Schlitten könnte nasser Lehm oder Schlamm (sowie ständiges Befeuchten der Bahn mit Wasser) gedient haben. Siehe hierzu ARNOLD a. O. (Anm. 66) 87 ff. auch LEHNER a. O. (Anm. 1) 202 f.
77 Wie man heute an der obersten zusammenhängenden Steinlage, an den Schichten des äußeren Kernmauerwerks wie auch innerhalb der Bresche an der Südseite der Cheops-Pyramide erkennen kann, wurden innerhalb der einzelnen Lagen keine Steinblöcke gleicher Größe und Formgebung verlegt. Der hier verwendete Ansatz gleichgroßer Steine dient nur der Vereinfachung der Modellberechnung.
78 Über die Formel $Z > G \times (\sin(\alpha) + \eta \, x\cos(\alpha))$, wobei Z: Zugkraft, G: Gewicht der zu ziehenden Last (Steinblock und Schlitten nebst Seile), η: Reibungskoeffizient und α: Steigungswinkel der Rampe ist. In der TV-Dokumentation von M. BARNES, Die Mini-Pyramide von Gizeh (1994), in der die Ergebnisse des «NOVA-Experiments» (die Errichtung einer kleinen Pyramide unter «genäherten» altägyptischen Bedingungen) vorgestellt wurden, konnte man sehen, wie auf einer gut 4° steilen Baurampe (Konfiguration der Rampe: Anstieg um 1 m auf 14 m Länge; siehe LEHNER a. O. (Anm. 1) 215; die Zugstrecke wurde mit hölzernen, quer zur Zugrichtung liegenden Schwellen präpariert, siehe Anm. 76) ein 2 t schwerer Steinblock auf einem Schlitten von 20 Mann gezogen wurde, währenddessen drei Mann den Block von hinten mitangeschoben haben. Veranschlagt man den Schlitten mit 300 kg (inkl. Seile) und setzt einen Reibungskoeffizienten zwischen $\eta = 0{,}09$ und $0{,}17$ voraus, dann lag in diesem Fall die individuelle Zugkraft eines Arbeiters etwa zwischen 172,9 N (zu ziehendes Gewicht: 17,6 kg) und 258,9 N (26,4 kg) (nach Lehner konnten 20 Mann sogar einen 2,5 t schweren Steinblock über ein Gefälle von ca. 6° be-

fördern (siehe LEHNER a. O. [Anm. 1] 224); diese Zugleistung würde bei einem Reibungskoeffizienten zwischen η = 0,09 und η = 0,17 eine individuelle Zugkraft eines Arbeiters implizieren, die zwischen 266,7 N (zu ziehendes Gewicht: 27,2 kg) und 357,9 N (36,5 kg) liegt). Bei längeren und steileren Zugstrecken und bei mehrfachem täglichen Einsatz der Schleppmannschaften verringern sich dieser Wert aufgrund des höheren Kraftaufwandes und der Ermüdung der Schlepper. Dieser Aspekt wurde innerhalb der vorliegenden Modellrechnung näherungsweise berücksichtigt.

[79] Der Platzbedarf einer Zugreihe wird hier mit 1,50 m angesetzt. Die Länge des Schlittens soll ca. 3 m betragen. Der Abstand zwischen der ersten Zugreihe und dem Schlitten kann man mit 3 m veranschlagen.

[80] Siehe hierzu auch L. CROON, in: L. BORCHARDT, *Die Entstehung der Pyramide an der Baugeschichte der Pyramide bei Mejdum nachgewiesen* (1928) 29. M. Lehner veranschlagt z. B. eine Schleppgeschwindigkeit von 1 km pro Stunde auf dem Weg vom Steinbruch zur Pyramide (Gefälle der Rampe/Schleppbahn wird mit ca. 6° angegeben). Siehe LEHNER a. O. (Anm. 1) 224. Der Sicherheitsabstand zweier hintereinander laufender Schleppmannschaften läge bei einer Zugfolge von 4 min. (5 min.) und konstanter Zugleistung bei 66,67 m (83,35 m).

[81] Dort hatte ein Vergleich zweier in unterschiedlichen Lagen der Pyramide gefundener Datumsangaben eine Reduzierung der täglichen Arbeitsleistung im zweiten Teilabschnitt von etwa 46 % ergeben, so daß die Ägypter zwischen dem 9. und 12. Höhenmeter der Roten Pyramide nur noch im Mittel 643 m^3 gegenüber den gut 1400 m^3 Baumaterial an der Basis verlegen konnten. Siehe Krauss a. O. (Anm. 12) 32.

[82] Schriftliche Mitteilung von J. Becker vom 5. 6. 2003 an den Autor.

[83] Das bedeutet, daß in diesem speziellen Fall der Abraum im Steinbruch in der gleichen Größenordnung wie das Volumen des gewonnenen Steinmaterials lag. Bei einer Breite des Trenngrabens von 0,40 cm (0,35 cm) beträgt der Abraum bei der Gewinnung eines Steinblockes der Größe 1,30 x 1 x 0,69 m nur noch 0,745 m^3 (0,64 m^3). Dies entspricht 83 % (71,3 %) des Steinblockvolumens. Im Fall eines 35 cm breiten Trenngrabens reduziert sich die Anzahl der benötigten Arbeiter in der Modellrechnung auf 886 Mann.

[84] Zum Kammersystem der Cheops-Pyramide siehe allgemein auch die Ausführungen des Autors, in: HAASE a. O. (Anm. 56) 89–96 und 115–158.

[85] Siehe zu den Eingangsverschiebungen und deren Korrelation mit den Korridorsystemen der Königsgräber der 4. Dynastie bei J. BECKER, *Die Funktion der Pyramidenkorridore als vermessungstechnische Einrichtungen*, in: *Sokar* 6 (2003) 14–21.

[86] Siehe ARNOLD a. O. (Anm. 55) 182.

[87] J. DORNER, *Das innere System der Cheopspyramide – Überlegungen zu den geplanten Massen*, in: *Ä&L* 10 (2000) 43.

[88] GOYON a. O. (Anm. 57) 114.

[89] Siehe zur Diskussion dieser Hohlraumstruktur MARAGIOGLIO / RINALDI a. O. (Anm. 41) 140 ff. und STADELMANN a. O. (Anm. 37) 107.

[90] Siehe HAASE a. O. (Anm. 56) 94 f.

[91] STADELMANN a. O. (Anm. 37) 126.

[92] I. E. S. Edwards schloß auch die Möglichkeit nicht aus, daß diese Vertiefung im Boden ursprünglich die erste Stufe eines nicht weitergeführten Arbeitsganges zur Vertiefung der Felsenkammer gewesen war. Siehe I. E. S. EDWARDS, *Die ägyptischen Pyramiden* (1967) 76.

[93] Siehe HAASE a. O. (Anm. 56) 115 f.

[94] Innerhalb einer einheitlichen Planung des Gesamtkammersystems der Cheops-Pyramide wird z. B. der Felsenkammer die Funktion einer «Höhle des Sokar» zugeordnet, die unvollendet, aber nicht aufgegeben worden sein soll. Siehe STADELMANN a. O. (Anm. 37) 127 und (Anm. 43) 113.

[95] Das Neigungsverhältnis des aufsteigenden Korridors lag vermutlich ursprünglich bei einem Seked von 57 1/6 Fingerbreiten (rekonstruierter Winkel: 26° 5' 44''). Siehe DORNER a. O. (Anm. 87) 41.

[96] MARAGIOGLIO / RINALDI a. O. (Anm. 41) 32 ff. und 114 f. Siehe auch STADELMANN a. O. (Anm. 43) 114.

[97] Ob hierbei irgendwelche Richtgrößen am Himmel eine Rolle spielten, ob die Neigungen der Korridore in der Cheops-Pyramide beispielsweise mit den Höhen kulminierender Sterne korrespondiert haben, bleibt vorerst Spekulation. Siehe Hinweise bei DORNER a. O. (Anm. 87) 40.

[98] Als aktuelles Beispiel siehe die erst im Jahre 2001 entdeckte Bestattungsanlage aus der 4. Dynastie nahe der Mastaba des Wesirs Nebit im Grabbezirk Sesostris' III. bei Dahschur, die ein gut erhaltenes Kraggewölbe aufweist, welches an allen vier Seiten der Wände hervortritt. Siehe D. ARNOLD, *Die letzte Ruhestätte ägyptischer Beamter. Ein Mastaba-Feld des Mittleren Reiches in Dahschur, Ägypten*, in: *AW* 6 (2002) 628 f.

[99] Es existieren an der Ost- und Westwand der Großen Galerie noch jeweils drei weitere Vertiefungen: zwei Paare in den Banketten am unteren Beginn und ein Paar am oberen Ende der Großen Galerie. Siehe MARAGIOGLIO / RINALDI a. O. (Anm. 41) Taf. 6, Fig. 1 und Taf. 7, Fig. 1.

[100] Siehe z. B. STADELMANN a. O. (Anm. 43) 115 f. und MARAGIOGLIO / RINALDI a. O. (Anm. 41) 120 ff. Siehe zu den Nischen und Vertiefungen sowie zur Lagerung der Blockiersteine in der Großen Galerie auch bei M. LEHNER, *Niches, Slots, Grooves and Stains. Internal Frameworks in the Khufu Pyramid?*, in: GUKSCH / POLZ a. O. (Anm. 70) 102 ff.

[101] Siehe Hinweise bei EDWARDS a. O. (Anm. 92) 82 und STADELMANN a. O. (Anm. 43) 116.

[102] GOYON a. O. (Anm. 57) 205 ff. Eine ähnliche, wenn auch technisch viel leichter zu realisierende Verschlußvorrichtung findet man in der Kultpyramide der Knick-Pyramide vor. Auch dort wurden im oberen, erweiterten Abschnitt des ansteigenden Grabkorridors vier Kalksteinblöcke gelagert und zum Verschließen des unteren Bereichs des Gangs durch Lösen eines Sperrbalkens in Bewegung gebracht. Siehe A. FAKHRY, *The Monuments of Sneferu at Dahshur*, Band I (1959) 96, Fig. 56.

[103] Siehe z. B. bei EDWARDS a. O. (Anm. 92) 83. Siehe auch HAASE a. O. (Anm. 56) 130 f.

[104] Der Fluchttunnel wurde sicherlich auch an seinem oberen Ende an der Westwand der Großen Galerie durch einen Steinblock verschlossen und an seinem Übergang zum absteigenden Korridor zugemauert und kaschiert.

[105] In der Literatur wird der Beginn des Korridors oftmals eher in der kleinen stufenförmigen Kante gesehen, die das Ende des aufsteigenden Korridors im Anfangsbereich der Großen Galerie definiert. Der Korridor verläuft hierbei auf den ersten 4,58 m noch innerhalb der Großen Galerie. Die Gesamtlänge des Korridors beträgt in diesem Fall 38,15 m. Siehe etwa MARAGIOGLIO / RINALDI a. O. (Anm. 41) Taf. 3, Fig. 1, Taf. 6, Fig. 1 und 7.

[106] STADELMANN a. O. (Anm. 43) 118; EDWARDS a. O. (Anm. 92) 78 glaubte dagegen, daß die Kammer unvollendet geblieben ist.

[107] Nach DORNER a. O. (Anm. 87) 42 beträgt das geplante Höhenmaß der Königinnenkammer 41 Ellen und 12 Fingerbreiten.

[108] I. E. S. Edwards hielt es für wahrscheinlich, daß dort die Aufstellung einer Statue des Königs geplant gewesen war, sie aber vielleicht niemals an diese Stelle gebracht wurde. Es gebe seiner Meinung nach eine Reihe von Anzeichen dafür, daß die Arbeiten in dieser Kammer vor ihrer Beendigung eingestellt wurden. Siehe EDWARDS a. O. (Anm. 92) 78.

[109] STADELMANN a. O. (Anm. 37) 130 und W. M. F. PETRIE, *The Pyramids and Temples of Gizeh* (1883) 136 f.

[110] Siehe HAASE a. O. (Anm. 56) 135 f.

[111] Siehe zu den Abmessungen der Schächte und ihren Verläufen bei R. Gantenbrink, www.cheops.org: *The Upuaut Story* (1999).

[112] MARAGIOGLIO / RINALDI a. O. (Anm. 41) 136.

[113] Ähnliche Druckumlenkprozesse muß man bei der Errichtung eines Kraggewölbes als Deckenkonstruktion der Königskammer erwarten. Siehe hierzu auch D. LUDWIG, *Offene Fragestellungen in Zusammenhang mit der Cheopspyramide in Giza aus bauhistorischer Sicht. Die Entlastungskammer*, in: *GM* 173 (1999) 139–141.

[114] Derartige Inschriften haben sich z. B. auch auf vielen «backing stones» des Verkleidungsmantels befunden. Leider nicht mehr überprüfbaren Aussagen zufolge wurden auf einigen «backing stones», auf die man bei der Freilegung der Pyramidenflanken an den unteren sechs Steinlagen gestoßen ist, Bauarbeiterinschriften und -markierungen gefunden. Darunter sollen auch die Bezeichnungen von Arbeitermannschaften gewesen sein, die offensichtlich wieder den Namen des Cheops beinhalteten. Siehe L. GRINSELL, *Egyptian Pyramids* (1947) 103.

[115] Siehe A. M. ROTH, *Egyptian Phyles in the Old Kingdom. The Evolution of a System of Social Organization*, in: *SAOC* 48 (1991) 125 ff. u. a. G. A. Reisner ging offenbar von einer weiteren Mannschaft mit dem Namen «Horus ›Medjedu‹ ist der Reine der ›Beiden Länder‹» aus. Siehe G. A. REISNER, *Mykerinos. The Temple of the third Pyramid at Giza* (1931) 275.

[116] Zu den Bauarbeiterinschriften und -markierungen in den Entlastungskammern siehe REISNER a. O. (Anm. 115) Plan XII und bei H. VYSE, *Operations Carried on at the Pyramids of Gizeh in 1837*, Bd. 1 (1840). Siehe auch MARAGIOGLIO / RINALDI a. O. (Anm. 41) Taf. 7, Fig. 2, und Taf. 8.

[117] Siehe hierzu D. A. STOCKS, *Stone sarcophagus manufacture in ancient Egypt*, in: *Antiquity* 73 (1999) 919 ff. und auch PETRIE a. O. (Anm. 109) 84.

[118] Zu diesem Thema siehe STOCKS a. O. (Anm. 117) 920 f. ARNOLD a. O. (Anm. 55) 51 geht von 108 Bohrungen pro Steinlage aus.

[119] Nach STOCKS a. O. (Anm. 117) 921.

[120] LEHNER a. O. (Anm. 1) 111.

[121] Lediglich die aufgefundenen Überreste einer Mumie in einer unvollendeten Pyramide in Abusir werden von einigen Fachleuten als Überbleibsel der originalen Bestattung des Königs Neferefre (5. Dynastie, um 2440–2430 v. Chr.) angesehen. Siehe zu diesem Thema R. GERMER, *Überreste von Königsmumien aus Pyramiden des Alten Reiches – Gibt es sie wirklich?*, in: *Sokar* 7 (2003) 36–41.

[122] Zur Mumifizierungstechnik siehe allgemein bei A.-P. LECA, *Die Mumien* (1984) oder R. GERMER, *Mumien. Zeugen des Pharaonenreiches* (1991).

[123] LECA a. O. (Anm. 122) 78 f. und GERMER a. O. (Anm. 122) 40 f.

[124] Als unmittelbare Grabbeigaben für den verstorbenen König in seinem Sarkophag könnte man sich hypothetisch eine Totenmaske und die königlichen Insignien vorstellen.

[125] Siehe hierzu H. JUNKER, *Grabungen auf dem Friedhof des Alten Reiches bei den Pyramiden von Gîza. Bericht der Akademie der Wissenschaften in Wien*, Band 9 (1950) 13 f.

[126] GANTENBRINK a. O. (Anm. 111) *The findings. Additional measurements*.

[127] Siehe R. STADELMANN, *Die sog. Luftkanäle der Cheopspyramide. Modellkorridore für den Aufstieg des Königs zum Himmel* (mit einem Beitrag von R. Gantenbrink), in: *MDAIK* 50 (1994) 285–294.

[128] Nach STADELMANN a. O. (Anm. 127) 288 und 294 (Teil von R. GANTENBRINK): 59,84 m. Hierbei wurde der horizontale Abschnitt des Schachtes in der Wandverkleidung der Kammer mit 2,29 m angegeben. Mittlerweile geht man von einer Länge dieses Abschnittes in 1,96 m aus. Siehe GANTENBRINK a. O. (Anm. 111) *The findings. The lower southern shaft*. Demnach sollte der Schacht eine Gesamtlänge von 59,51 m besitzen. In der Konstruktionszeichnung auf der Homepage von GANTENBRINK a. O. (Anm. 111) wird die Länge des Schachtes bis zum Blockierungsstein jedoch mit 59,45 m wiedergegeben.

[129] Siehe Z. HAWASS, www.guardians.net/hawass: *The Secret Doors Inside the Great Pyramid* (2003).

[130] In der Umgebung der Kammern und in den Bereichen der Richtungswechsel variieren die Abmaße der Schächte dagegen beträchtlich – die Breiten zwischen 17 und 22 cm, die Höhen zwischen 14 und 23,5 cm. Siehe Gantenbrink a. O. (Anm. 111) *The findings*.

[131] Siehe R. GANTENBRINK, in: STADELMANN a. O. (Anm. 127) 293 f. Der nördliche Schacht der Königskammer weist auf seinen letzten 11 m im oberen Ab-

¹³¹ schnitt (im Bereich des Grabräubertunnels) nur noch einen Neigungswinkel von 31,20° auf. Siehe GANTENBRINK a. O. (Anm. 111) *The findings. The upper northern shaft.*
¹³² Längenangaben zu den Schächten der Königskammer nach GANTENBRINK a. O. (Anm. 111) *Cyber drawings.*
¹³³ R. GANTENBRINK, in: STADELMANN a. O. (Anm. 127) 293.
¹³⁴ Siehe Z. HAWASS, www.guardians.net/hawass: *The three Secret Doors and the Magician Djedi* (2003).
¹³⁵ 32,61°: Seked von 11 Handbreiten, 45°: Seked von 7 Handbreiten und 39,61°: Seked von 8½ Handbreiten.
¹³⁶ Siehe hierzu auch J. PERRING, *The Pyramids of Gizeh*, Band 1 (1839) Taf. 4 oder VYSE a. O. (Anm. 116) 278 (obere Abb.).
¹³⁷ Siehe STADELMANN a. O. (Anm. 37) 137.
¹³⁸ Der Durchmesser und das Material der Steinkugel wurden bislang in der Fachliteratur falsch wiedergegeben. Der Autor dankt Jeffreys Spencer vom Britischen Museum in London für die Übermittelung der korrekten Daten (E-Mail vom 5. 11. 2002).
¹³⁹ H. W. CHISHOLM, *Recent Discoveries in the Great Pyramid of Egypt – Ancient Egyptian Weight*, in: *Nature* 26. 12. 1872, 146–149.
¹⁴⁰ HAWASS a. O. (Anm. 130).
¹⁴¹ HAWASS a. O. (Anm. 130).
¹⁴² Siehe M. HAASE, *Randbetrachtungen. Bemerkungen zur Blockierung im südlichen Schacht der Königinnenkammer*, in: *G.R.A.L.* 1 (1995) 22 f. Aufgrund der maximalen Breite der Stifte kann man von einem Durchmesser der Bohrlöcher zwischen 0,5 und 0,7 cm ausgehen. Die dunklen, an ihrer Oberseite fast kreisrunden Asphaltspuren, das obere Ende der sichtbaren Kupferstifte umhüllen, weisen einen Durchmesser von etwa 1 cm auf. Ihre markanten senkrechten Verlaufsspuren an den Seiten der Stifte sind unterschiedlich ausgeprägt. Die fast konzentrischen vermeintlichen Gipsmörtelspuren variieren in ihren Ausmaßen zwischen 1,1 cm am rechten und 2,5 bis 3 cm am linken Stift.
¹⁴³ Nach HAWASS a. O. (Anm. 130).
¹⁴⁴ Siehe bei STADELMANN a. O (Anm. 127) 289 und 287 (Abb. 2).
¹⁴⁵ Siehe STADELMANN a. O. (Anm. 127) 290 ff. R. Stadelmann verwendet für die Schächte (in Analogie zu den normalen Grabkorridoren) den Begriff «Modellkorridore».
¹⁴⁶ Siehe zu diesem Thema zusammenfassend bei R. KRAUSS, *Astronomie in den Pyramidentexten*, in: *Sokar* 2 (2001) 23. Zu den astronomischen Inhalten in den Pyramidentexten allgemein siehe R. KRAUSS, *Astronomische Konzepte und Jenseitsvorstellungen in den Pyramidentexten*, in: *ÄA* 59 (1997).
¹⁴⁷ Siehe hierzu auch die Ausführungen in M. HAASE, *Brennpunkt Giza. Die Schachtsysteme der Cheops-Pyramide*, in: *Sokar* 2 (2001) 8 ff.
¹⁴⁸ Siehe T. SASSE / M. HAASE, *Im Schatten der Pyramiden. Spurensuche im Alten Ägypten* (1997) 153 und M. VERNER, *Die Pyramiden* (1998) 230.
¹⁴⁹ STADELMANN a. O. (Anm. 127) 291.
¹⁵⁰ STADELMANN a. O. (Anm. 127) 291 f.
¹⁵¹ Falls außerdem die Vermutung zutrifft, daß die Fixierung dieser (dem toten König dauerhaft und uneingeschränkt zur Verfügung gestellten) Texte in den Pyramiden des späten Alten Reiches nur als zusätzliche Sicherheit gegenüber einer womöglich unzuverlässig werdenden Priesterschaft vorgenommen wurde (siehe LAUER a. O. [Anm. 66] 288, und STADELMANN a. O. [Anm. 43] 186), erscheint ein funktionaler Zusammenhang zwischen den Anbringungsorten der Pyramidentexte und beispielsweise der Königinnenkammer noch zweifelhafter.
¹⁵² Siehe STADELMANN a. O. (Anm. 43) 282. Diese Deutung fußt vermutlich u. a. wieder auf den Pyramidentexten, in denen vom gemeinsamen «Gehen des Königs zu seinem Ka zum Himmel» die Rede ist. Nach U. SCHWEITZER, *Das Wesen des Ka im Diesseits und Jenseits der alten Ägypter*, in: *ÄF* 19 (1956) 50.
¹⁵³ Der Ba ist ein für die alten Ägypter spezifischer, im Alten Reich vornehmlich den Königen zugesprochener spiritueller Aspekt des ganzheitlichen Menschen, der heute allgemein hin mit dem Begriff der «Seele» in Zusammenhang gebracht wird. Der Ba sollte durch die Beseitigung von Gegnern und durch das Passieren der Himmelstore dem König bei seinem Himmelsaufstieg behilflich sein, damit er letztlich durch eine Reihe göttlicher Aktivitäten in der himmlischen Jenseitssphäre den Status eines «verklärten Geistes», «Ach» genannt, erreichen und somit eine übernatürliche, ewig währende Erscheinungsform an der Spitze der Götter einnehmen konnte. Während der Ach eines Kulus sein Wirkungsfeld am Firmament besitzt, scheint der königliche Ba eine örtlich wechselhafte Beziehung zwischen dem königlichen Grabmal und dem am Himmel lokalisierten Jenseits aufzuweisen. Einerseits wird der königliche Ba in die jenseitige Sphäre des Himmels miteinbezogen, andererseits besteht aber auch eine enge Bindung zum Leichnam des Verstorbenen im Grabmal, was letztlich auch in einigen Pyramidennamen im Alten Reich (wie z. B. «Der Ba des Sahure erscheint») zum Ausdruck zu kommen scheint. Siehe zu diesem Thema z. B. die Ausführungen in J. ASSMANN, *Tod und Jenseits im Alten Ägypten* (2001) 116–139 und K. KOCH, *Erwägungen zu den Vorstellungen über Seelen und Geister in den Pyramidentexten*, in: *SAK* 11 (1984) 230 ff.
¹⁵⁴ Siehe hierzu ASSMANN a. O. (Anm. 153) 131 ff.
¹⁵⁵ Nach M. LEHNER. Siehe Zitate und Texte zu diesem Thema auf der Homepage www.zdf.de zur TV-Sendung *Mythos Ägypten. Geheimnis der großen Pyramide*, die im ZDF am 22. 6. 2003 gesendet wurde.
¹⁵⁶ Siehe hierzu HAWASS a. O. (Anm. 147) 10 ff. Siehe zur «Luftschacht»-Hypothese außerdem J. A. R. LEGON, *The air-shafts in the Great Pyramid*, in: *DE* 27 (1993) 35–44, R. KRAUSS, *Astronomie in den Pyramidentexten*, in: *G.R.A.L.* 1 (1995) 15 und Verner a. O. (Anm. 148) 231.
¹⁵⁷ Siehe VYSE a. O. (Anm. 116) 286.
¹⁵⁸ Siehe z. B. VERNER a. O. (Anm. 148) 231.
¹⁵⁹ STADELMANN a. O. (Anm. 43) 113.
¹⁶⁰ M. HAASE, *Am Rande der Ewigkeit. Bemerkungen zur Architektur des Kammersystems der Cheops-Pyramide*, in: *Sokar* 1 (2000) 11.

¹⁶¹ KRAUSS a. O. (Anm. 156) 15.
¹⁶² Hinweis von R. Krauss am 12. 6. 2003 während eines Gesprächs mit dem Autor über die Reihenfolge der Versiegelung der Korridore in der Cheops-Pyramide.
¹⁶³ Siehe zu diesem Thema auch STADELMANN a. O. (Anm. 37) 135.
¹⁶⁴ STADELMANN a. O. (Anm. 127) 292.
¹⁶⁵ Insbesondere gibt es für einen bewußt architektonisch konstruierten Zusammenhang zwischen der Ost-West-Ausrichtung der Pyramidenanlagen und dem täglichen Lauf der Sonne am Himmel keine stichhaltigen Beweise.
¹⁶⁶ Z. HAWASS, *The Programs of the Royal Funerary Complexes of the Fourth Dynasty*, in: W. HELCK (Hrsg.), *Probleme der Ägyptologie*, 9. Band (D. O'CONNER / D. P. SILVERMAN [Hrsg.], *Ancient Egyptian Kingship*) (1995) 224 f.
¹⁶⁷ In Nord-Süd-Richtung erstreckt sich das Basaltpflaster offensichtlich auf einer Länge von 56 m. Siehe Z. HAWASS, *Recent Discoveries at Giza Plateau*, in: *Atti* I (1992) 241 f. Es wird vermutet, daß der Taltempel ähnlich wie der Totentempel über einen großen, mit Pfeilern umrahmten, offenen Hof verfügte. Siehe STADELMANN a. O. (Anm. 37) 170.
¹⁶⁸ H. GOEDICKE, *Re-used Blocks from the Pyramid of Amenemhet I at Lisht*, Katalog des Metropolitan Museum of Art (1971) 11 f.
¹⁶⁹ Siehe D. ARNOLD, *Hypostyle Halls of the Old and Middle Kingdom*, in: *Studies in Honor of William Kelly Simpson* (1996) 50.
¹⁷⁰ Siehe etwa bei LEHNER a. O. (Anm. 1) 26, der z. B. eine architektonische Parallele zwischen dem Raumplan des Taltempels Pepis II. in Sakkara-Süd und im Grab des Kar wiedergegebenen Grundriß einer Balsamierungsstätte sieht.
¹⁷¹ Siehe D. ARNOLD, *Rituale und Pyramidentempel*, in: *MDAIK* 33 (1977) 2 ff. und auch STADELMANN a. O. (Anm. 43) 209 f. Interessanterweise wurde dabei auch nicht ausgeschlossen, daß die Taltempel (wie übrigens auch die Totentempel) keine besondere Bedeutung im Rahmen der Begräbniszeremonie gespielt haben und zur Durchführung der königlichen Bestattung nur «temporäre, kulissenartige Konstruktionen aus vergänglichem Material» verwendet wurden. Siehe ARNOLD a. O. 2. Hiergegen läßt sich jedoch einwenden, daß es nur schwer nachvollziehbar erscheint, daß aufwendige Bauten wie der Taltempel (und in diesem Zusammenhang auch der Aufweg) «mehr oder weniger funktionslos und ohne Bezug auf den königlichen Begräbniszug» errichtet worden sein sollen. Siehe STADELMANN a. O. (Anm. 43) 210. Zudem lassen sich aus dem Dekorationsprogramm der Taltempel auch Hinweise dafür ableiten, daß der Bestattungszug durch die Kultanlagen geführt wurde. Siehe STADELMANN a. O. (Anm. 43) 213.
¹⁷² Siehe hierzu z. B. D. STOCKFISCH, *Untersuchungen zum Totenkult des ägyptischen Königs im Alten Reich. Die Dekoration der königlichen Totenkultanlagen*, in: *Antiquitates – Archäologische Forschungsergebnisse* 25 (2003) Band 1, 399.
¹⁷³ U. HÖLSCHER, *Das Grabdenkmal des Chephren* (1912) 16 f.
¹⁷⁴ Siehe STOCKFISCH a. O. (Anm. 172) Band 1, 399.
¹⁷⁵ STADELMANN a. O. (Anm. 43) 213.
¹⁷⁶ Herodot, *Historien* II 124.
¹⁷⁷ Siehe HAWASS a. O. (Anm. 167) 241 und auch Fig. 1 in HAWASS a. O. (Anm. 166) 253. Die Länge des östlichen Abschnittes des Aufweges wird bei HAWASS a. O. (Anm. 167) 241 mit 125 m angegeben. Aus Fig. 1 in HAWASS a. O. (Anm. 166) 253 läßt sich eine Länge von über 150 m ablesen.
¹⁷⁸ M. LEHNER, *The Pyramid Tomb of Hetep-heres and the Satellite Pyramid of Khufu*, in: *SDAIK* 19 (1985) 72.
¹⁷⁹ P. JÁNOSI, *Giza in der 4. Dynastie. Die Baugeschichte und Belegung einer Nekropole im Alten Reich. Die Mastabas der Kernfriedhöfe und die Felsengräber*, Habilitationsschrift (2000, wird voraussichtlich 2004 veröffentlicht) 92.
¹⁸⁰ GOYON a. O. (Anm. 57) 108.
¹⁸¹ MARAGIOGLIO / RINALDI a. O. (Anm. 41) 170, Obs. 52.
¹⁸² Siehe S. HASSAN, *Excavations at Giza*, Band 10 (1960) 20 ff., und J.-P. LAUER, *Note Complémentaire sur le Temple Funéraire de Khéops*, in: *ASAE* 49 (1949) Pl. II.
¹⁸³ Bereits Herodot sprach von der Bebilderung des Aufweges (Herodot, *Historien* II, 124). Siehe hierzu in der modernen Pyramidenforschung z. B. bei HASSAN a. O. (Anm. 182) 20 ff., STADELMANN a. O. (Anm. 37) 170 oder LEHNER a. O. (Anm. 1) 109.
¹⁸⁴ H. RICKE, *Bemerkungen zur ägyptischen Baukunst des Alten Reiches II.*, in: *BÄBA* 5 (1950) 44 und STOCKFISCH a. O. (Anm. 172) Band 2, Beleg 4.2.2.
¹⁸⁵ HASSAN a. O. (Anm. 182) 37. Siehe Hinweise in STADELMANN a. O. (Anm. 37) 164.
¹⁸⁶ Siehe K. R. LEPSIUS, *Denkmaeler aus Aegypten und Aethiopien* 3 (1851) Abt. II, Blatt 2, Abb. D, und A. B. EDWARDS, *The provincial and private Collections of Egyptian Antiquities in Great Britain*, in: *RecTrav* X (1888) 132.
¹⁸⁷ J. K. HOFFMEIER, *The Use of Basalt in Floors of Old Kingdom Pyramid Temples*, in: *JARCE* 30 (1993) 120.
¹⁸⁸ KLEMM / KLEMM a. O. (Anm. 44) 416 f.
¹⁸⁹ MARAGIOGLIO / RINALDI a. O. (Anm. 41) 60 f.
¹⁹⁰ HASSAN a. O. (Anm. 182) 35 ff.
¹⁹¹ Siehe STADELMANN a. O. (Anm. 43) 121 f. und Abb. 32, und STADELMANN a. O. (Anm. 37) 164 f.
¹⁹² Siehe LAUER a. O. (Anm. 182) 116 f.
¹⁹³ Siehe zu dieser Thematik die Ausführungen von P. JÁNOSI, *Die Entwicklung und Deutung des Totenopferraumes in den Pyramidentempeln des Alten Reiches*, in: *HÄB* 37 (1994) 151 ff.
¹⁹⁴ JÁNOSI a. O. (Anm. 193) 153.
¹⁹⁵ P. JÁNOSI, in: M. HAASE, *Offene Fragen der Pyramidenforschung. Interview mit Peter Jánosi*, in: *Sokar* 4 (2002) 17.
¹⁹⁶ Siehe STADELMANN a. O. (Anm. 43) 212.
¹⁹⁷ Siehe hierzu bei STADELMANN a. O. (Anm. 43) 213 und STOCKFISCH a. O. (Anm. 172) Band 1, 392.

¹⁹⁸ Stadelmann a. O. (Anm. 43) 214.
¹⁹⁹ Siehe Maragioglio / Rinaldi a. O. (Anm. 41) Taf. 3, Fig. 1.
²⁰⁰ Siehe hierzu Stockfisch a. O. (Anm. 172) Band 1, 393.
²⁰¹ Siehe zur Kultpyramide des Cheops bei Z. Hawass, *The Discovery of the Satellite Pyramid of Khufu (G I-d)*, in: *Studies in Honor of William Kelly Simpson* (1996) 385 f. Allgemein zu den Kultpyramiden im klassischen Pyramidenzeitalter siehe in P. Jánosi, *Die Kultpyramiden des Alten und Mittleren Reiches*, in: *Sokar* 7 (2003) 4–25.
²⁰² Hawass a. O. (Anm. 201) 386.
²⁰³ Siehe Diskussion in Stadelmann a. O. (Anm. 43) 68. Man hat versucht, die Kultpyramiden vor allem mit der Bestattung von Ka-Statuen in Verbindung zu bringen. Siehe etwa bei Lehner a. O. (Anm. 1) 126.
²⁰⁴ Stadelmann a. O. (Anm. 37) 181.
²⁰⁵ Siehe hierzu M. Haase, *Aktuelles aus Dahschur*, in: *Sokar* 3 (2001) 3 (basiert auf einem DAI-Bericht, den mir freundlicherweise R. Stadelmann zur Verfügung stellte).
²⁰⁶ Gestützt wird diese Hypothese durch ein an der Kultpyramide aufgefundenes Stelenfragment (heute im Ägyptischen Museum in Kairo), auf dem der König in einem Sedfest-Gewand abgebildet ist. Siehe z. B. Haase a. O. (Anm. 33) 185 ff. wie auch J. Brinks, *Die Entwicklung der königlichen Grabanlagen des Alten Reiches. Eine strukturelle und historische Analyse altägyptischer Architektur*, in: *HÄB* 10 (1979) 118 ff.
²⁰⁷ Siehe LÄ V, «Rituale», 274.
²⁰⁸ Siehe zu den Abmessungen der Grube und der Abdecksteine bei A. M. Abubakr / A. Y. Mustafa, *The Funerary Boat of Khufu*, in: *BÄBA* 12 (1971) 2.
²⁰⁹ Siehe Abubakr / Mustafa a. O. (Anm. 208) 9 ff.
²¹⁰ Krauss a. O. (Anm. 16) 4.
²¹¹ Lehner a. O. (Anm. 1) 119.
²¹² Siehe Abubakr / Mustafa a. O. (Anm. 208) 2 oder Lauer a. O. (Anm. 66) 139. In der Literatur wird die Länge des Bootes auch oftmals mit 43,30 m angegeben. Siehe etwa Stadelmann, a. O. (Anm. 37) 163 oder Verner a. O. (Anm. 148) 238.
²¹³ Abubakr / Mustafa a. O. (Anm. 208) 3.
²¹⁴ Stadelmann a. O. (Anm. 37) 163. Anders Z. Hawass, der glaubt, daß sich das Boot nie im Wasser befunden hat und auf Spuren von Spänen um die Grube herum verweist, die andeuten, daß die Barke direkt bei der Pyramide gefertigt wurde. Siehe Verner a. O. (Anm. 148) 239.
²¹⁵ Stadelmann a. O. (Anm. 43) 243 f.
²¹⁶ Siehe Stadelmann a. O. (Anm. 37) 181 und Lehner a. O. (Anm. 1) 119.
²¹⁷ P. Jánosi, *Die Pyramidenanlagen der Königinnen. Untersuchungen zu einem Grabtyp des Alten und Mittleren Reiches*, in: *UÖAI* 13 (1996) 66.
²¹⁸ Stadelmann a. O. (Anm. 37) 163.
²¹⁹ Goyon a. O. (Anm. 57) 184.
²²⁰ Maragioglio / Rinaldi a. O. (Anm. 41) Tafel 10. Die Gruben liegen nicht exakt parallel zur Ostkante der Pyramide, wobei die Abweichung der nördlichen Grube größer ist als die der südlichen. Zusammen mit den leicht unterschiedlichen Abständen zur Ostkante könnten hier Meßfehler vorliegen, da die Gruben vermutlich während oder sogar erst nach der Errichtung des Totentempels aus dem Felsuntergrund gemeißelt wurden und demnach kein Fluchten in Nordsüdrichtung möglich war. Siehe Daten bei Maragioglio / Rinaldi a. O. (Anm. 41) 70 und 170 ff.
²²¹ Werte nach Maragioglio / Rinaldi a. O. (Anm. 41), Tafelband, Tafel 9, Fig. 1.
²²² Siehe Goyon a. O. (Anm. 57) 182.
²²³ Maragioglio / Rinaldi a. O. (Anm. 41) 172.
²²⁴ Hassan a. O. (Anm. 182) 35, Fig. 7.
²²⁵ Stadelmann a. O. (Anm. 37) 164 oder Goyon a. O. (Anm. 57) 182.
²²⁶ Siehe z. B. Diskussion in Verner a. O. (Anm. 148) 238.
²²⁷ Siehe hierzu bei Goyon a. O. (Anm. 57) S. 182, Maragioglio / Rinaldi a. O. (Anm. 41) 70 und Verner a. O. (Anm. 148) 238.
²²⁸ Siehe Hinweis bei Jánosi a. O. (Anm. 217) 165, Anm. 1138.
²²⁹ Hassan a. O. (Anm. 182) 37.
²³⁰ Schulz / Seidel a. O. (Anm. 4) 64.
²³¹ Jánosi a. O. (Anm. 179) 91 ff.
²³² Siehe zur Baugeschichte der Nekropole G 7000 bei G. A. Reisner, *A History of the Giza Necropolis*, Band 1 (1942) 16 und 70 ff., und aktuell bei Jánosi a. O. (Anm. 179) 91 ff. und P. Jánosi, *Bemerkungen zur Entstehung, Lage und Datierung der Nekropolenfelder von Giza unter Cheops*, in: *Sokar* 4 (2002) 7 ff. Zu einem möglichen «Urbauplan» der Nekropole G 7000, der lediglich die Errichtung der Kultpyramide, die Mastaba des Anchchaef und den Bau einer bereits in der Anfangsstadium wieder aufgegebenen Pyramide G I-x beinhaltete siehe Jánosi a. O. (Anm. 179) 96 ff.
²³³ Siehe Jánosi a. O. (Anm. 179) 95.
²³⁴ Nach P. Jánosi könnte aufgrund der symmetrischen Konzeption der Nekropole G 7000 auch der Verlauf des Aufweges ursprünglich parallel zum Gräberfeld und axial zur Pyramide ausgerichtet geplant gewesen sein. Siehe Jánosi a. O. (Anm. 179) 92.
²³⁵ Jánosi a. O. (Anm. 179) 96.
²³⁶ Siehe Ausführungen in Jánosi a. O. (Anm. 217) 13 ff.
²³⁷ Als möglicher Kandidat wurde die Mastaba I/1 auf dem Lepsiusfriedhof von Dahschur angesehen. Siehe Hinweis z. B. in S. Roth, *Die Königsmütter des Alten Ägypten von der Frühzeit bis zum Ende der 12. Dynastie* (2001) 78, Anm. 429. Bei der Untersuchung der Bestattungsanlage der Mastaba I/1 stellte sich heraus, daß der Gang vor der Grabkammer nachträglich von innen her erweitert worden war. Man vermutete, daß man etwas Breites, z. B. den Sarkophag, zu einem Zeitpunkt hinaustransportiert hatte als die Grabkammer bereits gedeckt und überbaut worden war (Die Grabkammer wurde offensichtlich innerhalb einer Baugrube errichtet und war von Norden über einen absteigenden Korridor/Baurampe erreichbar, der später aufgeschüttet wurde). Der gesamte Mastabaoberbau konnte allerdings bei dieser Aktion noch nicht fertiggestellt worden sein, da der Grabschacht schmaler ist als der Zugangskorridor. Siehe R. Stadelmann / N. Alexanian / H. Ernst / G. Heindl / D. Raue, *Pyramiden und Nekropole des Snofru in Dahschur. Dritter Vorbericht über die Grabungen des Deutschen Archäologischen Instituts in Dahschur*, in: *MDAIK* 49 (1993) 276.
²³⁸ Roth a. O. (Anm. 237) 264.
²³⁹ Es wird hierbei auch nicht ausgeschlossen, daß Hetepheres keine Gemahlin des Snofru und Cheops folglich nicht dessen Sohn war. Siehe Roth a. O. (Anm. 237) 73 wie auch W. Federn, *Zur Familiengeschichte der IV. Dynastie Ägyptens*, in: *WZKM* 42 (1935) 190.
²⁴⁰ Siehe hierzu Roth a. O. (Anm. 237) 79 und 262 f., Anm. 1460.
²⁴¹ P. Jánosi vermutet in der erhaltenen Architektur von G 7000x den letzten Rest eines unvollendet gebliebenen Grabes aus der 3. Dynastie, «das unter Cheops – als sein Pyramidenbezirk geplant und begonnen wurde – beseitigt und später für die Grabausstattung der Hetepheres I. (aus welchen Gründen auch immer) hergerichtet wurde. Der heute noch erkennbare Stiegenabgang von G 7000x ist als Rest der älteren Grabanlage anzusehen, die am Beginn der 4. Dynastie mit dem tiefen Schacht und der im Süden liegenden Felskammer versehen wurde. Der Felsschacht und der stehengelassene Stiegenabgang sind zeitlich zwei getrennten Bauphasen zuzuweisen, die zu der heute sichtbaren und eigentümlichen Architekturform von G 7000x führten.» Aus Jánosi a. O. (Anm. 179) 69.
²⁴² Jánosi a. O. (Anm. 217) 14, Anm. 89.
²⁴³ Lehner a. O. (Anm. 178) 41 ff. Siehe auch Roth a. O. (Anm. 237) 75 ff.
²⁴⁴ Siehe auch Hinweis bei Jánosi a. O. (Anm. 217) 19, Anm. 121.
²⁴⁵ Jánosi a. O. (Anm. 217) 72ff. Siehe auch Roth a. O. (Anm. 237) 53 f. und 316.
²⁴⁶ Siehe hierzu P. Jánosi, *Die Grabanlagen der Königin Hetepheres II.*, in: *ZÄS* 123 (1996) 61 f. und Jánosi a. O. (Anm. 232) 9 und Anm. 19.
²⁴⁷ Jánosi a. O. (Anm. 217) 78.
²⁴⁸ Siehe Diskussion in Jánosi a. O. (Anm. 217) 79 ff.
²⁴⁹ Wildung a. O. (Anm. 22) 182.
²⁵⁰ Siehe Stadelmann a. O. (Anm. 37) 165–172. Dagegen Bolshakov a. O. (Anm. 35) 11–22.
²⁵¹ Stadelmann a. O. (Anm. 37) 167.
²⁵² Siehe Ausführungen bei Jánosi a. O. (Anm. 217) 105 ff.
²⁵³ Zu den Abmessungen der Gruben siehe Maragioglio / Rinaldi a. O. (Anm. 41) Taf. 11, Fig. 1.
²⁵⁴ G. Jéquier, *Les Pyramides des Reines Neit et Apouit* (1933) 33 ff.
²⁵⁵ Zu den Bootsbestattungen an den Pyramidenanlagen der Königinnen und deren Bedeutungen siehe Jánosi a. O. (Anm. 217) 164 ff. und Roth a. O. (Anm. 237) 79 f.
²⁵⁶ Siehe zu diesem Thema z. B. Bemerkungen bei W. Helck, *Geschichte des Alten Ägypten*, in: *Handbuch der Orientalistik. Erste Abteilung: Der Nahe und Mittlere Osten* (1981) 55.
²⁵⁷ Verner a. O. (Anm. 148) 334 f. Siehe auch Jánosi a. O. (Anm. 201) 16.
²⁵⁸ Siehe zur Diskussion der königlichen Familienzugehörigen Kawabs bei Jánosi a. O. (Anm. 217) 105 ff., Reisner a. O. (Anm. 232) 28 oder Stadelmann a. O. (Anm. 37) 186.
²⁵⁹ Siehe zur Grabanlage des Kawab bei W. K. Simpson, *Giza Mastabas 3, The Mastabas of Kawab, Khakhufu I und II* (1978) 1–8
²⁶⁰ Nach Simpson. a. O (Anm. 258) 6.
²⁶¹ Simpson a. O (Anm. 259) Fig. 5.
²⁶² Simpson a. O (Anm. 259) 3 und Fig. 13.
²⁶³ Jánosi a. O. (Anm. 179) 153 ff.
²⁶⁴ H. Junker, *Grabungen auf dem Friedhof des Alten Reiches bei den Pyramiden von Gîza. Bericht der Akademie der Wissenschaften in Wien*, 12 Bände, Nr. 69–75 (1929–1955) und G. A. Reisner, *A History of the Giza Necropolis*, 2 Bände (1942/1955). Siehe auch Jánosi a. O. (Anm. 179).
²⁶⁵ Jánosi a. O. (Anm. 179) 75, siehe vor allem ab 389. Siehe auch G. Haeny, *Zu den Platten mit Opfertischszene aus Heluan und Giseh*, in: *BÄBA* 12 (1971) 158.
²⁶⁶ Siehe zu dem gesamten Abschnitt die Ausführungen bei Jánosi a. O. (Anm. 179) 133–137.
²⁶⁷ Jánosi a. O. (Anm. 179) 314 f.
²⁶⁸ Zur Grabanlage G 2000 siehe Reisner a. O. (Anm. 264) Band 1, insbesondere 414 ff., und Jánosi a. O. (Anm. 179) 179–184.
²⁶⁹ Zur Beschreibung der Grabanlage G 4000 siehe H. Junker, *Grabungen auf dem Friedhof des Alten Reiches bei den Pyramiden von Gîza. Bericht der Akademie der Wissenschaften in Wien*, Band 1 (1929) 132–161.
²⁷⁰ Zu den Titeln des Hemiunu siehe Junker a. O. (Anm. 269) 148 ff.
²⁷¹ Siehe allgemein zu den Opferplatten in den Grabschächten von Privatgräbern z. B. bei Junker a. O. (Anm. 268) 104.
²⁷² Siehe Junker a. O. (Anm. 269) 158 ff.
²⁷³ Zur Grabanlage G 4150 siehe Junker a. O. (Anm. 269) 169–179.
²⁷⁴ Zur Opferplatte des Iunu siehe Junker a. O. (Anm. 269) 175 ff.
²⁷⁵ Siehe zur Mastaba G 1201 bei Reisner a. O. (Anm. 232) 385 ff.
²⁷⁶ W. Helck, *Untersuchung zur Thinitenzeit*, in: *ÄA* 45 (1987) 260 und 285.
²⁷⁷ Siehe Liste der Domänen des Cheops und Bemerkungen bei Wildung a. O. (Anm. 22) 156 ff.
²⁷⁸ H. Junker, *Grabungen auf dem Friedhof des Alten Reiches bei den Pyramiden von Gîza. Bericht der Akademie der Wissenschaften in Wien*, Bd. 10 (1955) 234 f.
²⁷⁹ Junker a. O. (Anm. 278) 102.
²⁸⁰ W. K. Simpson, *The Mastabas of Qar and Idu* (1976) 1–18.
²⁸¹ Siehe zur Organisation der Priester und zur Tempelwirtschaft in: LÄ IV «Priester» 1086, LÄ VI «Tempelwirtschaft» 415ff., LÄ VI «Totenpriester» 680, wie auch zusammenfassend z. B. in Lehner a. O. (Anm. 1) 235.
²⁸² LÄ VI, «Priester» 1086.

²⁸³ Der Fund eines Kalksteinpflasters etwa 300 m südlich des Taltempels der Cheops-Pyramide deutet darauf hin, daß innerhalb der Pyramidenstadt womöglich einst ein königlicher Palast oder ein größeres Verwaltungsgebäude gestanden hat. Siehe z. B. Lehner a. O. (Anm. 1) 232 und Abb. 230 f.
²⁸⁴ Hawass a. O. (Anm. 65) 56 ff.
²⁸⁵ Siehe zu den aktuellen Ausgrabungen in der Nekropole des Djedefre bei M. Valloggia, Fouilles archéologiques à Abu Rawash (Égypte). Rapport préliminaire de la campagne, in: Genava 43–50 (1995–2002).
²⁸⁶ Siehe hierzu die Ausführungen des Autors in M. Haase, Im Zeichen des Re. Ungelöste Probleme der Pyramidenforschung (1999) 86 ff.
²⁸⁷ Jánosi a. O. (Anm. 179) 356 f.
²⁸⁸ Siehe zu den Felsgräbern auf dem Giza-Plateau die ausführlichen Darstellungen bei Jánosi a. O. (Anm. 179) 413–488.
²⁸⁹ Siehe zum Felsgrab der Meresanch III. bei D. Dunham / W. K. Simpson, The Mastaba of Queen Mersyankh III (1974) und bei Jánosi a. O. (Anm. 179) 489–504.
²⁹⁰ In der «Umbruchphase» des Pyramidenzeitalters am Ende der 4. Dynastie nimmt vor allem das Grabmal von Mykerinos' Nachfolger Schepseskaf eine Sonderstellung ein. Sein Grabbau südlich der Ortschaft Sakkara wurde nicht als Pyramide, sondern in Gestalt einer mächtigen Mastaba errichtet, die in ihrer architektonischen Grundform die Privatgräber jener Zeit «repräsentierte» und sich konzeptionell vielleicht an den Nischenmastabas der 1. Dynastie auf dem nördlichen Gräberfeld von Sakkara orientierte. Welche genauen Ursachen diesem «Formwechsel» zugrunde lagen – ob hier politische, wirtschaftliche, kultpraktische oder religiöse Motive ein Rolle gespielt haben oder ob die Mastaba vielleicht nur eine durch den frühen Tod des Königs erzwungene «provisorische Lösung» (siehe Verner a. O. [Anm. 148] 291) darstellte –, ist noch immer ein offener Diskussionspunkt. Siehe hierzu zum Überblick auch Haase a. O. (Anm. 286) 164 ff.
²⁹¹ Siehe zu diesem Themenkomplex bei Junker a. O. (Anm. 278) 1 f., wie auch Jánosi a. O. (Anm. 179) 350 ff.
²⁹² Junker a. O. (Anm. 278) 50.
²⁹³ Junker a. O. (Anm. 278) 3 ff.
²⁹⁴ Siehe Maragioglio / Rinaldi a. O. (Anm. 41) 170 und Jánosi a. O. (Anm. 179) 383 ff.
²⁹⁵ Junker a. O. (Anm. 278) 9 ff., Abb. 6 und Taf. VII.
²⁹⁶ Siehe Maragioglio/Rinaldi a. O. (Anm. 41) 174.
²⁹⁷ Junker a. O. (Anm. 278) 68 f. und 85.
²⁹⁸ Siehe hierzu Jánosi a. O. (Anm. 179) 318 ff.
²⁹⁹ Siehe zu diesem Themenkomplex bei Jánosi a. O. (Anm. 179) 330 ff.
³⁰⁰ Siehe hierzu allgemein bei R. Gundlach, Der Pharao und sein Staat. Die Grundlagen der ägyptischen Königsideologie im 4. und 3. Jahrtausend (1998) 271–296 und P. Schulze, Der Sturz des göttlichen Falken. Revolution im alten Ägypten (1986).
³⁰¹ Siehe hierzu z. B. D. Arnold, Zur Zerstörungsgeschichte der Pyramiden, in: MDAIK 47 (1991) 21–26; L. Kákosy, The Plundering of the Pyramid of Cheops, in: SAK 16 (1989) 145–169, und auch Goyon a. O. (Anm. 57) 212. Neben der 1. Zwischenzeit existieren noch zwei andere Zeiträume, in denen die alten Königsgräber vermutlich das Ziel von Grabräubern geworden sind: In der 15. Dynastie (um 1650–1540 v. Chr.), als der Norden Ägyptens von den aus Vorderasien stammenden «Hyksos» beherrscht wurde, und in der 27. Dynastie (525–404 v. Chr.), in der Ägypten unter der Herrschaft der Perser stand.
³⁰² Nach M. Lichtheim, Ancient Egyptian Literature, Band I: The Old and Middle Kingdoms (1973) 155 f.
³⁰³ Der Einbruchtunnel lag allem Anschein nach innerhalb der 6. Steinlage des Verkleidungsmantels. Die Höhen der ersten sechs Steinlagen werden in der Literatur unterschiedlich angegeben: z. B. bei Maragioglio / Rinaldi a. O. (Anm. 41) Taf. 3, Fig. 1 mit 6,10 m (dieser Wert wurde hier zugrunde gelegt); bei Goyon a. O. (Anm. 57) 220 mit 5,95 m.
³⁰⁴ Die Knick-Pyramide verfügt bautechnisch bedingt über zwei separate Korridorsysteme. Den westlichen, in 32,76 m Höhe befindlichen Eingang entdeckte man 1839 noch intakt (der Verschlußstein bestand aus einem von außen in die Korridormündung geschobenen Verkleidungsstein, der sich nicht von denen in seiner Umgebung abhob). Der absteigende Korridor wurde schließlich 1951 von innen vollständig freigeräumt. Er war noch auf einer Länge von 50 m mit Steinblöcken vermauert. Siehe A. Fakhry, Monuments of Seneferu I (1959) 52 ff.
³⁰⁵ Wildung a. O. (Anm. 22) 164.
³⁰⁶ Auch die Söhne des Cheops, Djedefhor und Baefre, deren Grabanlagen auf der Ostseite der Cheops-Pyramide zu finden sind, werden namentlich in einer Inschrift entgegen der historischen Realität als Könige aufgeführt. Laut D. Wildung könnte sich hier bereits die im Neuen Reich weitverbreitete Gewohnheit abzeichnen, Namen von Prinzen in Königsringe zu schreiben, auch wenn sie niemals den Thron bestiegen haben. Siehe Wildung a. O. (Anm. 22) 205.
³⁰⁷ Vielleicht existierte hier ein Zusammenhang mit den Erzählungen aus dem Papyrus Westcar. Vermutlich wird hierbei auch eine Rolle gespielt haben, daß in Koptos, von wo aus die Expeditionen das Steinbruchgebiet erreichen konnten, ein Heiligtum des Cheops gestanden hat. Siehe Wildung a. O. (Anm. 22) 164 f.
³⁰⁸ Die im Steinbruchgebiet des Wadi Hammamat hinterlassenen Inschriften der dort tätig gewesenen Steinbrucharbeiter decken einen Zeitraum von der 4. Dynastie bis zur Regierungszeit des römischen Kaisers Maximus im 3. Jh. n. Chr. ab. Siehe LÄ VI, «Wadi Hammamat», 1103 ff.
³⁰⁹ Wildung a. O. (Anm. 22) 196.
³¹⁰ Lehner a. O. (Anm. 1) 190 f.
³¹¹ Vielleicht war der Bruch zwischen der Begräbnisart der Könige des Alten und Mittleren Reiches und des Neuen Reiches doch nicht so absolut ausgefallen wie man heute immer wieder meint. Denn obwohl die Felsgräber im Tal der Kö-

nige ohne sichtbare Oberbauten blieben, wird das Tal im Süden durch ein vom Talkessel aus sichtbares, einer Pyramide ähnelndes Bergmassiv («el-Qurn», arab. «Horn») dominiert, das damals vielleicht noch immer als Symbol und Wahrzeichen des früheren Königsgrabes angesehen wurde.
³¹² Siehe hierzu I. Gamer-Wallert, Pyramiden im oberägyptischen Theben, in: Sokar 5 (2002) 45–51.
³¹³ Wildung a. O. (Anm. 22) 168.
³¹⁴ Siehe S. Hassan, Excavations at Giza, Band 8 (1953) 62, Fig. 53 und Stadelmann a. O. (Anm. 37) 8.
³¹⁵ Wildung a. O. (Anm. 22) 183.
³¹⁶ Wildung a. O. (Anm. 22) 170.
³¹⁷ Siehe hierzu Wildung a. O. (Anm. 22) 170 f.
³¹⁸ Wildung a. O. (Anm. 22) 74 ff. und M. H. Gauthier, Notes et Remarques Historiques. Un Nouveau nom Royal, in: BIFAO 5 (1906) 41–42.
³¹⁹ Siehe F. Gomaà, Sohn Ramses' II. und Hoherpriester von Memphis (1973) 62, und L. Habachi, Grands Personnages en mission ou de passage à Assouan. I. Mey, attaché au Temple de Re, in: CdE 29 (1954) 212 f., Fig. 25 und 26. Eine weitere, aber kleinere hieroglyphische Inschrift stammt von dem ramessidischen Oberbildhauer Paminiu, der vermutlich ebenfalls unter Chaemwaset oder Maja arbeitete. Siehe U. Hölscher, Das Grabdenkmal des Chephren (1912) 12, Fig. 4.
³²⁰ Wildung a. O. (Anm. 22) 170.
³²¹ Gomaà a. O. (Anm. 319) 64 und 67 ff.
³²² Isis war in der Spätzeit Ägyptens zu einer universellen Gottheit aufgestiegen, die das Wesen anderer Göttinnen wie das der Maat, Nut und Hathor in sich vereinte.
³²³ Alle Übersetzungen der Inschriften nach Wildung a. O. (Anm. 22) 182.
³²⁴ Siehe Wildung a. O. (Anm. 22) 182 f., und W. Wreszinski, Zur Stele der ‹Henutsen›, in: ZÄS 48 (1910) 175 f.
³²⁵ Diodor I, 64 (Diodor von Sizilien, Geschichts-Bibliothek, übersetzt von A. Wahrmund [1866] 106).
³²⁶ Siehe Wildung a. O. (Anm. 22) 183. Dagegen vermutete Wreszinski a. O. (Anm. 324) 176, der Stifter der Stele könnte ein Gouverneur von Memphis gewesen sein.
³²⁷ Siehe W. Spiegelberg, Die Glaubwürdigkeit von Herodots Bericht über Ägypten im Lichte der ägyptischen Denkmäler (1926) 17 f.
³²⁸ Siehe zu diesem Absatz Herodot, Historien II, 124–126.
³²⁹ Zum Papyrus Westcar siehe A. Erman, Die Märchen des Papyrus Westcar, Band 1 (1890) und E. Brunner-Traut, Altägyptische Märchen (1991) 46–59. Der Papyrus befindet sich heute in der Sammlung des Ägyptischen Museums in Berlin.
³³⁰ Siehe hierzu Morenz a. O. (Anm. 34) 111–118.
³³¹ Herodot, Historien II, 125.
³³² Siehe F. W. Hinkel, Die Königspyramiden von Meroe. Bauaufnahme einst und jetzt, in: AW 2 (2002) 189–204, insbesondere 197–200.
³³³ Herodot, Historien II, 124.
³³⁴ Herodot, Historien II, 124.
³³⁵ Herodot, Historien II, 124.
³³⁶ Siehe z. B. bei Edwards a. O. (Anm. 92) 76 f.
³³⁷ Siehe zu dieser Grabanlage z. B. bei Z. Hawass, The Osiris Shaft, www.guardians.net/hawass/osiris1.htm.
³³⁸ Siehe hierzu Lehner a. O. (Anm. 1) 196.
³³⁹ Siehe Stadelmann a. O. (Anm. 43) 85.
³⁴⁰ Siehe L. Borchardt, Längen und Richtungen der vier Grundkanten der großen Pyramide bei Gise (1926), in: BÄBA 1, 16–20.
³⁴¹ Diodor I 69 a. O. (Anm. 325) 114.
³⁴² Siehe E. Hornung, Das geheime Wissen der Ägypter und sein Einfluß auf das Abendland (1999) 29.
³⁴³ Diodor I 64 a. O. (Anm. 325) 104. Siehe hierzu auch W. Helck, Pyramiden, in: RE 23,2, Reihe 1 (1959) 2272.
³⁴⁴ Morenz a. O. (Anm. 34) 116.
³⁴⁵ Die Verknüpfung einer Pyramide des Giza-Plateaus mit dem König Amasis blieb bis zur Mitte des 1. Jhs. n. Chr. lebendig. Siehe Kákosy a. O. (Anm. 301) 157 und Helck a. O. (Anm. 343) 2272.
³⁴⁶ P. A. Clayton, Die Pharaonen. Herrscher und Dynastien im alten Ägypten (1994) 197.
³⁴⁷ Diodor I 63 a. O. (Anm. 325) 104.
³⁴⁸ Strabon, Geographie, 17. Buch (1851) 1448.
³⁴⁹ Siehe Plinius, Naturgeschichte, Buch 36, 77 (aus T. Hopfner, Fontes historiae religionis Aegyptiacae [1922] 199 f.).
³⁵⁰ Der Pyramidenbau war bereits im 1. Hälfte des 1. Jts. v. Chr. nicht mehr nur auf Ägypten beschränkt gewesen. Die Form der Pyramide als Begräbnisstätte hatte sowohl in der hellenistischen als auch in der vorderasiatischen Welt zur mannigfaltigen Nachahmung angeregt. So plante allem Anschein nach auch Alexander der Große für seinen Vater Philipp eine Pyramide als Grabmal, die sogar mit der Großen Pyramide des Cheops konkurrieren sollte. Ausgeführt wurde dieser Plan jedoch nie. Auch in Palästina verwendeten die Makkabäer seit Mitte des 2. Jhs. v. Chr. die Pyramidenform für ihre Gräber (siehe Hornung a. O. [Anm. 341] 29 und 31.) In den ersten Jahrhunderten n. Chr. wurde der Bau von Grabmälern mit Architekturelementen, die auf der Pyramidenform basierten, auch im nordostafrikanischen und vorderasiatischen Raum fortgesetzt. Bis um 350 n. Chr. entstanden Pyramiden in der königlichen Nekropole von Meroe im Sudan. Zwischen dem 4. und 6. Jh. wurden im syrischen Raum Mausoleen z. B. in Bouda oder El-Barah errichtet, deren Dächer der Pyramidenform nachempfunden worden sind.
³⁵¹ Daß die Felsenkammer in der Griechenzeit wahrscheinlich offen gestanden hat, könnte auch eine vermeintlich griechische Besucherinschrift belegen, die G. B. Caviglia dort im Jahre 1817 entdeckt hatte. Siehe E. Graefe, Der Pyra-

midenbesuch des Guilielmus de Boldensele im Jahre 1335, in: *SAK* 11 (1984) 576.
352 In jene Epoche – in die letzten beiden vorchristlichen Jahrhunderte oder spätestens ins 1. Jh. n. Chr. – datiert auch der letzte bekannte hieroglyphische Beleg, der den Erbauer der Großen Pyramide von Giza erwähnt. In dem stark beschädigten und nur in Fragmenten erhaltenen «Geographischen Papyrus Tanis» – einer Art «Tempelhandbuch», das 1883/84 in einer Wohnsiedlung nahe des Tempelareals von Tanis gefunden wurde – nehmen zwei Textstellen direkt auf Cheops bezug. Eine von ihnen lautet: «Ich spreche zu [den Menschen, die sind, und zu de]nen, die sein werden (…) [… ich habe geöffnet] alle Tore, die versiegelt waren; [ich habe gefunden] diese Elle des Thot [… unter einer Sta]tue aus [der Zeit des] Königs ‹Chu[fu› …]. Ich erneuere sie (…)». Zur Diskussion des Papyrus und dieser Textpassage siehe Wildung a. O. (Anm. 22) 190 ff.
353 Siehe hierzu HORNUNG a. O. (Anm. 342) 160, wie auch E. GRAEFE, *A Propos der Pyramidenbeschreibung des Wilhelm von Boldensele aus dem Jahre 1335* (II), in: *OBO* 95 (Zum Bild Ägyptens im Mittelalter und der Renaissance) (1990) 19.
354 HELCK a. O. (Anm. 343) 2203.
355 Siehe J. F. QUACK, *Zum Namen der Pyramide*, in: *Sokar* 4 (2002), 15. Offensichtlich leitet sich aus «ḫrm» letztlich auch das arabischer Wort für Pyramide «haram» ab.
356 Siehe z. B. KÁKOSY a. O. (Anm. 301) 168.
357 Siehe E. GRAEFE, *Das Pyramidenkapitel in al-Makrizi's ‹Hitat›* (1911) 1–89.
358 Siehe LEHNER a. O. (Anm. 1) 41.
359 GRAEFE a. O. (Anm. 357) 73.
360 GRAEFE a. O. (Anm. 357) 81.
361 GRAEFE a. O. (Anm. 357) 56. Gemäß einer arabischen Überlieferung von Ibn Abd as-Salam fand dagegen der Einbruch in die Pyramide des Chephren erst um 1372 vermutlich durch den Grabräuberstollen statt, der über 8 m oberhalb des Basisniveaus an der Nordseite beginnt und abwärtsorientiert bis zum horizontalen Abschnitt des Grabkorridors verläuft (siehe GRAEFE a. O. [Anm. 351] 582 ff.). Da die Grabräuber mit diesem Tunnel ähnlich wie bei der Cheops-Pyramide ganz gezielt den vollständig mit Granitsteinen aufgebauten und mit einer Granitblockierung versehenen, oberen absteigenden Korridorbereich umgangen haben, kann man nicht ausschließen, daß auch dieser Stollen ursprünglich während der ersten Beraubungsphase der Pyramiden in der 1. Zwischenzeit angelegt und von den Arabern nur wiederentdeckt wurde.
362 GRAEFE a. O. (Anm. 357) 56 f. und Anm. S. 90.
363 Mit wenigen Ausnahmen wie z. B. der Patriarch von Antiochia, Dionysios von Tell Mahré aus dem 9. Jh., der in Pyramiden keine Kornspeicher mehr, sondern ausschließlich Grabanlagen sah. Von Tell Mahré schilderte, daß die Pyramiden massiv und hohl sind und daß er in eine bis zu 25 m tief eindringen konnte. Siehe GRAEFE a. O. (Anm. 353) 16.
364 GRAEFE a. O. (Anm. 357) 64.
365 GRAEFE a. O. (Anm. 357) 64.
366 GRAEFE a. O. (Anm. 357) 65.
367 LEHNER a. O. (Anm. 1) 40.
368 GRAEFE a. O. (Anm. 357) 60.
369 GRAEFE a. O. (Anm. 357) 74.
370 GRAEFE a. O. (Anm. 357) 69 ff.
371 LEHNER a. O. (Anm. 1) 40.
372 GRAEFE a. O. (Anm. 357) 59 und Anm. auf S. 90.
373 GRAEFE a. O. (Anm. 357) 67.
374 STADELMANN a. O. (Anm. 37) 196. E. Graefe gibt allerdings zu bedenken, da «der Fund nicht wissenschaftlich gehoben wurde, ist mit rezenter Kontamination der Probe zu rechnen und diese Datierung wahrscheinlich wertlos». Siehe GRAEFE a. O. (Anm. 353) 22.
375 Siehe LEHNER a. O. (Anm. 1) 41 und GRAEFE a. O. (Anm. 357) 77. Aus einem arabischen Text geht z. B. hervor, daß al-Ma'mun nach dem Erreichen der Grabkammer der Cheops-Pyramide und dem enttäuschenden Fund im Sarkophag von der Öffnung anderer Pyramiden abgesehen haben soll. Siehe GRAEFE a. O. (Anm. 357) 57.
376 GRAEFE a. O. (Anm. 357) 4.
377 GRAEFE a. O. (Anm. 357) 86.
378 Aus dem Buch *Die Wunder der Baukunst* eines unbekannten Autoren, der fast wörtlich bei al-Latif abgeschrieben hat. Siehe GRAEFE a. O. (Anm. 357) 81 ff.
379 GRAEFE a. O. (Anm. 357) 83 f.
380 Die Inschrift nennt die Mameluckenfürsten Aijbek und Baibars, die das Land ab 1250 bzw. 1260 regieren. Siehe LAUER a. O. (Anm. 66) 314, Anm. 22.
381 GRAEFE a. O. (Anm. 351) 573 f.
382 Siehe Ausführungen zu den Abrißarbeiten in GRAEFE a. O. (Anm. 353) 13. Siehe auch LAUER a. O. (Anm. 66) 31. Merkwürdigerweise erwähnt man bei al-Makrizi (1364–1442) nichts über den Abriß der Verkleidung der Cheops-Pyramide. Da er in seiner kurzen Einleitung im *Hitat* ausdrücklich auf die Zerstörungen der kleinen Pyramiden durch Sultan Salah ad-Din Jussuf eingeht, könnte man auf den Gedanken kommen, sein gesamtes Kapitel über die Pyramiden stelle eine Art Hommage an diese alten Baudenkmäler dar.
383 Siehe LAUER a. O. (Anm. 66) 31 und GRAEFE a. O. (Anm. 351) 577.
384 Reiseberichten zufolge haben die Abbrucharbeiten an der Chephren-Pyramide nicht vor dem Jahre 1611 begonnen. Siehe GRAEFE a. O. (Anm. 353) 10. Wie lange die Abrißarbeiten an den Pyramiden von Giza insgesamt angedauert haben, ist nicht genau bekannt. Hingegen weiß man, daß beispielsweise zum Bau der Zitadelle unter Pascha Mohamed Ali (1769–1849) und sogar bis in die 1880er Jahre hinein an den Pyramiden von Dahschur und Abu Roasch systematisch Steine gebrochen wurden.
385 GRAEFE a. O. (Anm. 353) 19.
386 Siehe LAUER a. O. (Anm. 66) 33.
387 Siehe hierzu V. MEINECKE-BERG, *Eine Stadtansicht des mamlukischen Kairo aus dem 16. Jahrhundert*, in: *MDAIK* 32 (1976) 116 f. und Taf. 36b.
388 LAUER a. O. (Anm. 66) 32.
389 LAUER a. O. (Anm. 66) 32.
390 Siehe LEHNER a. O. (Anm. 1) 43.
391 Als Grundlage für diesen Abschnitt dienen LAUER a. O. (Anm. 66) 43 ff., LEHNER a. O. (Anm. 1) 44 ff., und STADELMANN a. O. (Anm. 43) 267 ff.

Bildnachweis

Abb. 3: J. Liepe.
Abb. 4: Staatliches Museum Ägyptischer Kunst, München.
Abb. 6: aus S. Hassan, Excavations at Giza, Bd. 10 (1960) Pl. VI fig. 1.
Abb. 7: M. Haase, nach A. Gardiner/E. Peet.
Abb. 8: Staatliche Museen zu Berlin – Preußischer Kulturbesitz, Ägyptisches Museum/bpk berlin 2003.
Abb. 10: M. Haase, nach G. Möller.
Abb. 11: M. Haase, nach T. A. H. Wilkinson.
Abb. 18: M. Haase, z. T. nach M. Lehner.
Abb. 20: C. Winter, nach M. Lehner; überarbeitet: M. Haase.
Abb. 21, 22, 30, 32a.b, 34b, 42, 44a, 45a, 73b, 80b: M. Haase, nach V. Maragioglio/C. A. Rinaldi.
Abb. 26: M. Haase, oben nach R. Krauss, unten nach M. Isler.
Abb. 45b: M. Haase, nach H. Vyse und J. Perring.
Abb. 47: M. Haase, nach D. A. Stocks und D. Arnold.
Abb. 50: M. Haase, modifiziert nach Vorlagen von V. Maragioglio/C. A. Rinaldi und R. Gantenbrink.
Abb. 51: © Copyright The Trustees of the British Museum.
Abb. 52b: M. Haase, nach einem Photo von R. Gantenbrink.
Abb. 53: Photo © dpa, Frankfurt.
Abb. 57: M. Haase, nach H. Goedicke.
Abb. 60: M. Haase, nach S. Hassan.
Abb. 62, 63a: M. Haase, nach R. Stadelmann.
Abb. 63b: M. Haase, nach J.-Ph. Lauer.
Abb. 64, 75, 76c, 93a, 98a, 100a.b, 102a: © Archiv des Instituts für Ägyptologie der Universität Wien.
Abb. 65b: M. Haase, nach Z. Hawass.
Abb. 68: aus H. Ricke, Beiträge zur Ägyptischen Bauforschung und Altertumskunde 12 (1971) Taf. 1b.
Abb. 70: M. Schulz.
Abb. 72, 76a, 86, 89a: P. Jánosi.
Abb. 76b, 78b, 112, 114b: M. Haase, nach P. Jánosi.
Abb. 77: M. Haase, nach P. Jánosi/L. Majerus.
Abb. 78a, 79a–c: aus G. A. Reisner, A History of the Giza Necropolis, Bd. 2 (1955) Pl. 1c, 4a, 44c, 44a.
Abb. 87a.b: M. Haase, nach W. K. Simpson.
Abb. 87c: aus W. K. Simpson, The Mastabas of Kawab, Khafkhufu I and II (1978) Pl. 10 fig. a.
Abb. 89b: M. Haase, nach H. Junker und G. A. Reisner.
Abb. 93b, 94b, 95, 104: aus G. A. Reisner, A History of the Giza Necropolis, Bd. 1 (1942) Pl. 26b, 25c, 17a.
Abb. 94a, 103a.b: M. Haase, nach G. A. Reisner.
Abb. 96b, 110b: M. Haase, nach H. Junker und P. Jánosi.
Abb. 97: aus H. Junker, Giza 1. Die Mastabas der IV. Dynastie auf dem Westfriedhof (1929) Taf. XV b.
Abb. 98b, 102b: © Roemer- und Pelizaeus-Museum Hildesheim.
Abb. 99, 101, 113: M. Haase, nach H. Junker.
Abb. 106: M. Haase, nach V. Maragioglio/C. A. Rinaldi und M. Lehner.
Abb. 111: aus H. Junker, Giza 10, Der Friedhof südlich der Cheopspyramide: Westteil (1951) Taf. XII a.
Abb. 119: M. Haase, nach R. Stadelmann und S. Hassan.
Abb. 126: aus V. Meinecke-Berg, Eine Stadtansicht des mamlukischen Kairo aus dem 16. Jahrhundert, in: MDAIK 32 (1976) Taf. 36b.
Abb. 127a.b: © Bibliothèque Sainte-Geneviève, Paris.
Umschlag hinten: C. Mende.
Alle übrigen Abb. vom Verfasser.

Danksagung

Dies ist nicht mein erstes Buch über die ägyptischen Pyramiden. Die Realisierung dieses Bildbandes lag mir aber aufgrund der Komplexität des Themas besonders am Herzen.
An dieser Stelle möchte ich allen Personen danken, die mich bei der Umsetzung dieses Buchprojektes ein Stück weit auf den Spuren der Cheops-Nekropole begleitet haben.

Mein besonderer, herzlicher Dank geht an Rainer Stadelmann und Peter Jánosi. Rainer Stadelmann, der meine Arbeit rund um die Königsgräber Altägyptens seit Jahren unterstützt und mit dem ich über viele Aspekte des Pyramidenbaus diskutieren konnte, erklärte sich freundlicherweise bereit, ein Vorwort für diesen Bildband zu schreiben. Ebenso war mir Peter Jánosi ein unverzichtbarer Gesprächspartner und bei so mancher Recherche behilflich. Er stellte mir seine im Jahre 2000 erschienene Habilitationsschrift über die Privatgräber auf dem Giza-Plateau zur Verfügung – eine hervorragende Arbeit, die eine der Grundlagen für einen Teil meines Buches bildet. Das von ihm außerdem zur Verfügung gestellte Bildmaterial aus dem «Hermann Junker-Archiv» des Ägyptologischen Instituts der Universität Wien wie auch einige eigene Fotos sind eine Bereicherung für den Bildband.

Für so manche Hinweise und sonstige Hilfestellungen im Rahmen der vorliegenden Publikation möchte ich außerdem folgenden Personen danken: Renate Germer, Alexandra von Lieven, Olivia Zorn, Richard Bußmann, Rolf Krauss, Joachim Quack, Klaus Richter, Jeffreys Spencer, Michel Valloggia und Christian Winter. Jürgen Becker danke ich für die intensiven Gespräche über arbeitstechnische Aspekte in den altägyptischen Steinbrüchen sowie über transporttechnische Fragestellungen im Pyramidenbau.

Den Verantwortlichen des Verlages Philipp von Zabern bin ich dankbar dafür, daß sie meine Buchidee aufgegriffen und realisiert haben. Frau Gerhild Klose und Frau Katharina Angermeyer gebührt ein Lob für die professionelle Betreuung und die Bemühungen, die sie meinem Buchprojekt zuteil werden ließen.

Abschließend möchte ich auch meiner Frau Christine Mende wieder für ihre vielseitige Unterstützung danken. Ohne ihre Geduld und ihr Verständnis für meine Arbeit, ohne die notwendige Rückendeckung im alltäglichen Leben wäre es nicht möglich gewesen, dieses Projekt in der mir zur Verfügung stehenden Zeit und in der jetzigen Form zu realisieren.

Michael Haase
November 2003

Anschrift des Autors

MICHAEL HAASE
Drakestr. 41
D-12205 Berlin